실학박물관자료총서 2

東亞細亞 實學思想家 99人

동아시아 실학사상가 99인

한국실학학회 · 중국실학연구회
일본동아실학연구회 · 실학박물관

학자원

『동아시아 실학사상가 99인』을 내면서

2009년에 개관한 실학박물관은 그동안 18세기 전후의 실학사상을 현재화·생활화 하기 위해 전시·교육·연구 세 가지 방향에서 힘써 왔습니다. 이를 통해 우리는 조선후기 실사구시(實事求是)의 신학풍의 출현과 그 내용 성격을 이해하고, 나아가 실학이 추구한 개혁과 문명지향의 정신을 오늘과 새로운 시대를 위한 가치모색의 동력으로 삼고자 합니다. 이러한 모색이 바로 신실학 운동의 일환이라고 생각해 봅니다

그러나 실학의 대중화를 위해서는 아무래도 전시와 체험 교육이 주가 되고 연구는 이를 안받침하는 데 우선하게 되었습니다. 그런 가운데에서도 자연히 실학자 인물, 주제사상, 자료에 대한 연구가 확산되면서 그것을 정리해서 여러 가지 책자를 내게 되었습니다. 그리고 가능한 연구물은 몇 가지 성격으로 묶어 '총서(叢書)'라 이름하기로 하였습니다.

실학자를 연구하여 열천처럼 정리하는 사업을 〈실학인물총서〉로, 하나의 주제사상을 개인이 연구하여 저술하거나 연구 결과를 심포지엄으로 발표하고 이를 정리하는 사업을 〈실학연구총서〉라 이름하게 되었습니다. 그래서 적지 않은 책자를 내 놓았습니다. 그러면서 몇 년 전부터 신자료의 발굴 소개와 국역사업, 공구서 등을 조금씩 진행하여 왔습니다. 앞으로 이 사업도 계속하고 그 결과물들을 〈실학자료총서〉로 간행하고자 합니다.

이 책 『동아시아 실학사상가 99인』은 실학박물관에서 기획 진행하고 있는 '실학자료총서'의 두 번째 결실입니다. 동아시아 각국의 주요 실학사상가를 소개하고 공유하기 위한 목적으로 지난 2013년부터 한·중·일의 실학학회와 공동으로 준비하였습니다. 그리고 이제 세 나라에서 동시에 출판하게 되었습니다. 이 책을 통해 동아시아 실학사상가들의 학술활동과 그 의의를 일반 대중들도 이해하고, 한·중·일 각국에서 전개되었던 실학의 특징적 양상도 짐작할 수 있을 것으로 기대합니다.

한국·중국·일본은 지리적으로 가까운 사이이지만 지난 긴 역사 동안 끊임없는 화해와 갈등을 함께 해 왔습니다. 이러한 역정을 돌이켜 보면서 실학박물관을 중심으로 한·중·일의 실학학회가 힘을 모아 동아시아 삼국이 공유할 수 있는 사상적 가치를 확인해보는 이 작은 노력은 나름대로 의미가 있을 것입니다. 우리 박물관은 2009년에 개관기념으로 제10회 동아시아실학국제학술회의를 유치하였는바 26년이 되는 올해 제13회 국제학술회의를 다시 주관하면서 이 책자를 내게 되어 더욱 의의를 가집니다.

한·중·일 삼국의 집필자와 실학학회에 감사의 말씀을 드리고 이 책을 맵시 있게 만들어준 학자원에 고마움을 표합니다.

2015.11
실학박물관장 김시업 삼가

서문

17세기 이후의 동아시아 역사는 그 이전과 무엇이 다른가. 선진적인 과학과 조직적인 종교를 앞세운 서구문명의 내습(來襲)에 직면하여 각자도생(各自圖生)에 급급했던 양상이었다고 하면 과언일까. 거대한 변혁의 시대에는 전(前) 시대를 유지했던 그 어떤 사상도 이념도 종래와 같아서는 어떠한 위력도 발휘하지 못한다. 마치 지병이 심해져서 위독한 상황에 이른 환자에게 늘 복용하던 약이 더 이상 효력이 없는 것처럼 말이다. 17세기 이후에 동아시아는 고황(膏肓)에 병든 몸을 소생시켜야 하는 비상 국면에 처했고 전신(全身)에 명현감(瞑眩感)을 느끼게 하는 극약을 복용하지 않고서는 고질병을 치유할 방도가 없었다. 해현경장(解弦更張)으로 가능한 상황이 아니라 파구혁신(破舊革新)만이 유일한 해구책(解救策)인 절체절명의 위기였던 것이다.

영웅이 시대를 만들지 않는다. 시대가 영웅을 만든다. 특히 난세(亂世)는 불세출(不世出)의 인걸을 배출한다. 시대가 배출한 영웅들은 민중의 열망을 업고 역사의 무대 위에 등장하여 주어진 사명을 다하기 위해 진력하였고, 사정에 따라 생명도 희생하였다.

한국의 조선후기, 중국의 명말청초(明末淸初) 이후, 일본의 에도[江戶]시대는 '실학의 시대'라는 공식(共識)이 있다. 이 시대를 연구하는 한·중·일의 실학 유관학회에서 각 나라마다 33인의 대표적 실학자를 선정, 모두 99인의 간략한 이력과 그 사상 및 성과를 기술하여 세상에 널리 알려 후일의 귀감이 되게 하자는 취지에 의견을 모은 것은 2년 전 일본 동경의 국제기독교대학에서 열렸던 제12회 동아시아실학 국제학술회의에서였다. 2년이 지난 지금 그 결과를 세상에 내어놓는다.

조선의 경우, 17세기 이후, 경세제민(經世濟民)·이용후생(利用厚生)을 주축으로 한 실학자의 현실 구제 방략이 다방면으로 제시되었다. 식자인(識字人)의 소임을 다 한 것이다. 우리 한국실학학회는 이 분야 연구자들의 중지(衆智)를 모아 33인을 선정하기는 했다. 그러나 이것이 누구나 동의하는 선정이라고 말하기는 어렵다. 밤하늘을 수놓은 찬란한 중성(衆星)을 보자. 유난히도 밝게 빛나는 별이 눈에 뜨인다. 그러나 그건 우리 눈과의 거리가 가까워서 그런 것일 뿐, 우리 눈에는 희미하게 보이지만 실은 더 크고 더 밝은 별들이 우주 공간에 무수히 있다.

참으로 애석한 것은 조선의 실학자들이 뇌즙(腦汁)을 짠 방책들이 거의가 현실에 적용되지 못했다는 것이다. 불행히도 그것은 공염불(空念佛)이 되었고, 그 결과 조선은 경장(更張)의 기회마저도 놓치고 유례없는 질곡으로 빠져 들고 말았다. 우리는 이 질곡에서 벗어나기 위해 너무나 큰 대가를 치렀다.

한중일 실학자 99인이 제기한 문제와 대책을 읽고도 우리가 이 시대와 미래에 관련하여 모종의 새로운 각성을 하지 않는다면 우리의 역사는 나선형(螺旋形) 형태로 반복될 수도 있을 것이다.

전(前) 한국실학학회 회장
김언종(金彦鍾)

서문

우선 독자 여러분들께 '실학(實學)'이 무엇인지 소개할 필요가 있겠다. 중국사상사에서 유학(儒學), 불학(佛學), 도학(道學)은 누구나 다 아는 지명도가 아주 높은 학술 유파이다. 이렇게 큰 학술 유파는 내부에서 다시 구체적 학술 유파와 사조로 수없이 세분화되는데, '실학'은 유학 내부에 존재하는 중요한 학술 사조 중의 하나이다. 중국실학연구회(中國實學研究會)의 개척자이자 중국실학연구회 명예회장인 거룽진(葛榮晋) 교수가 말한 것처럼, "실학은 비교적 다층적 함의를 지닌 개념이다. 실학은 원기실체철학(元氣實體哲學)*과 도덕실천철학(道德實踐哲學)적인 의미를 포괄하고, 또한 경세실학(經世實學)과 실측실학(實測實學)의 의미도 지닌다. 게다가 고증실학(考證實學)과 계몽실학(啓蒙實學) 등과 같은 의미까지 있는데, 그 중에서도 경세실학이야말로 중국 실학의 주류이자 핵심이다."**라고 하겠다.

유학의 창시자인 공자(孔子)는 중국 실학사상의 최초 창도자이기도 한데, 그는 현실에 기반을 두고 우주, 인생, 사회 발전의 법칙을 탐구하는 과정 속에서 일종의 '실사구시(實事求是)' 정신을 창도하였다. 그는 "아는

---

* 원기실체철학(元氣實體哲學): 원기(元氣)를 만물 존재의 근원으로 보는 철학이론으로, 왕충(王充), 왕부지(王夫之), 대진(戴震) 등의 기학파(氣學派)가 주장하였다. 【역자주】

** 葛榮晋, 『中國實學文化導論』(中共中央黨校出版社, 2003년) 9면.

것을 안다고 하고 모르는 것을 모른다고 하는 것, 이것이 바로 아는 것이다."(『論語』「爲政」)라고 하였는데, 공자는 학문을 단순히 지식을 위한 지식이나 지식인의 유희의 일종으로 본 것이 아니라 나라와 백성을 구하고자 하는 우환의식(憂患意識)의 발로라고 여겼다. 그래서 공자는 줄곧 '배운 것을 실제로 활용하는 것[學以致用]'을 강조하였다. 그는 "『시경(詩經)』 300편을 외우더라도 정치를 맡김에 제대로 해내지 못하고, 사방(四方)에 사신(使臣)감에 혼자서 처결하지 못한다면 비록 많이 외운들 어디다 쓰겠는가."(『論語』「子路」)라고 하였으니, 공자가 중국 실학사조의 기원을 열었다고 할 수 있겠다.

유학이 발전해 감에 따라 중국 실학도 점차적으로 '실질을 숭상하고 허무를 배격한다[崇實黜虛]'라든지, '실사구시(實事求是)'나 '경세치용(經世致用)'을 주요 특징으로 하는 실학 문화를 형성해 갔다. 실학의 '실(實)'은 자연히 허무의 '허(虛)'에 대응해서 나온 것이니, 진한시기(秦漢時期)를 거친 뒤로 사회에 허무하고 현묘한 학문이 성행할 때마다 실학 사조가 곧바로 출현해서 그것에 대한 교정 작업을 진행하였다. 특히 위진남북조(魏晉南北朝)와 수당(隋唐) 시기에는 현학(玄學), 불교(佛教), 도교(道教)가 큰 발전을 이루면서 사회에 현허(玄虛)한 말들로 공리공담을 일삼으며 실효(實效)를 추구하지 않는 풍조가 매우 성하였는데, 이로 인해 또 다시 실학 사조의 발전을 불러일으켰다. 송대(宋代)부터 시작해서 점진적으로 장재(張載)·왕정상(王廷相)·왕부지(王夫之)의 '실기실학(實氣實學)', 이정(二程)·주희(朱熹)의 '실리실학(實理實學)', 육구연(陸九淵)·왕양명(王陽明)의 '실심실학(實心實學)', 진량(陳亮)·섭적(葉適)의 '사공실학(事功實學)', 방이지(方以智)의 '실측실학(實測實學)', 건가학파(乾嘉學派)의 '고증실학(考證實學)', 위원(魏源)·강유위(康有爲)의 '계몽실학(啓蒙實學)' 등등이 형성되었으니, 17~19세기야말로 중국 실학 발전의 절정기였다. 이처럼 중국사상사에서 실학 사조는 그야말로 대성황을 이루었으니, 중화문화(中華文化)의 주류 가치관이 되어서 실효를 숭상하고 현담(玄談)을 중시하지 않는 중국문화의 기본 발전 방향을 결정하였다. 근현대 및 당대(當代)의 중국 사회에서는 전통적으로 전해오는 현묘한 학문이든 아니면 구미(歐美)나 소비에트 러시아에서 전래해 온 현묘한 학문이든 모두 중국 주류 문화의 억제와 교정을 받게 되었고, 이리하여 중국 사회가 기본적으로 역사발전의 법칙에 부합된 방향을 따라서 발전해 갈 수 있는 길을 확보할 수 있었다.

중국 실학은 유학의 중요 사조 중의 하나로서, 유학 전통과 함께 동아시아 각국, 특히 한국과 일본에 유입되었다. 한국과 일본의 실학 및 그것이 해당 사회에 끼친 영향에 관해서는 한국과 일본의 학자들 스스로가 소개를 할 터이니, 우리는 여기서 특별히 중국 독자 여러분에게 당대 중(中)·한(韓)·일(日) 삼국 학자의 실학 연구 및 실학 응용의 상황에 대해 간단히 소개해 보도록 하겠다.

한국에서 17~19세기에 출현한 실학은 일종의 봉건 통치에 반대하는 현대 지향적 의미를 지닌 학술 사조로서, 한국 사회를 인도해서 현대화로 나아가게 하는 사상적 무장이 되었다. 그렇지만 현·당대 한국 학자의 실학연구에서는 일종의 '서구 근대주의에 저항하는 의미'가 출현했는데, 그들은 "한자문명(漢字文明)[즉 유교문명(儒教文明)]의 사상 전통을 포기하지 말아야지 비로소 동아시아 삼국이 서구 중심주의의 정신 궤도에서 해방될 수 있다."*라고 생각하고 있다.

일본은 삼국 가운데 현대화 진행을 가장 일찍 시작한 국가인데, 일본 학자들은 "근대를 기점으로 일본의 실학은 두 가지 차원의 의미를 지닌다. 하나는 근대 이후의 '실용지학(實用之學)'이고, 다른 하나는 근대 이전의 실

---

* [韓] 林荧泽, 『新实学的现实可能性与发展方向』(『实学研究』 第一辑, 中国实学研究会主编), 17~19면.

학이다. 현대 사회의 기술 중심주의는 이미 사회를 주도하고 있고 과도하게 발전해가는 경향이 있다. 이에 반해 근대 이전의 실학은 '성심(誠心)'을 중시한다는 의미에서 '실심실학(實心實學)'이라고 정의할 수 있기에, 현대 사회의 가치 결핍을 바로잡는데 응당 보완 작용을 할 수 있을 것이다."라고 생각하고 있다.

한국과 일본 사회에 비해서 중국 사회는 발전 정도가 상대적으로 낙후된 상황이니, 현대화 진행과 현대화 진행에 따른 문제 교정의 수요가 동시에 중국 학술계의 면전에 놓여 있다고 할 수 있겠다. 그러므로 당대 중국에서 신실학(新實學)을 구축한다는 것, 혹은 환언해서 당대 중국에 있어서 실학의 사상적 가치는 응당 다각도의 내용을 가져야하겠다. 중국 각 분야에서의 사회목표 실현을 촉진할 수 있도록, '사실에 토대를 두어 진리를 탐구하고[實事求是]', '진리를 추구하되 실효에 힘쓰며[求眞務實]', '제대로 실효성 있게 일을 해나가는[眞抓實幹]' 기풍을 제창할 필요가 있고, 또한 '진실한 마음으로 성실히 덕행을 쌓아가고[實心實德]', '성실한 마음가짐으로 실질적 수양을 이루어 가는[誠意實修]' 품행을 선도해 갈 필요도 있겠다.

중·한·일 삼국의 실학연구회가 연합해서 이 『동아시아 실학사상가 99인』을 출판하게 된 이유는 일면 삼국 각자의 사회문제를 해결해 가기 위한 것이지만, 더욱 중요한 이유는 삼국 국민의 문화교류를 촉진하고 동아시아 특색을 가진 일종의 동양식 현대화 문화모델을 정립해가기 위한 것이기도 하다. 이와 같이 동아시아의 문화적 공감대를 건설해 가는 것은 또한 우리 삼국의 실학연구회가 삼국의 평화 발전을 위해 노력해가는 일종의 시도이기도 하다.

중국실학연구회 회장
장지엔[张践]

서문

실학을 되살리는 실심실학(實心實學) 규정

동아시아 3국의 17세기 중엽부터 19세기 중반까지의, 일본의 용법으로 말하자면 근세의 실학사상가 99인을 소개하는 사전(事典)이 처음으로 게다가 3국에서 거의 동시에 선을 보이게 되었다. 1990년부터 시작된, 전 12회에 걸친 동아시아 3국 실학 심포지엄의 성과이다.

동아시아 근세의 실학사상가란 무엇인가. 그것은 언뜻 알 것 같으면서도 실은 현대 일본인에게 그다지 자명하지 않다. 실학에는 근대 이전과 근대 이후에 있어 의미의 차이가 있기 때문이다.

실학이 무엇이냐고 묻는다면 현대 일본인에게 도움이 되는 학문, 즉 일용(日用)의 학문이라고 답할 수 있다. 이는 곧 실용의 학문이다. 그러나 실심실학(實心實學)이 무엇이냐 묻는다면 대부분 사람들의 대답은 궁해질 것이다. 근대 이전의 실학은 실심을 갖는 실학으로 그러한 실학이 동아시아 근대 이전에 있었다는 사실을 현대 일본인은 배운 적이 없기 때문이다. 에도[江戶]도 먼 옛날이 되었다.

실은 동아시아 3국에서는 유교가 실학을 의미했던 시대가 있었다. 출세간을 설유하는 불교와 자연을 규범으로 삼았던 노장사상(老莊思想)과는 달리 실생활을 중시하는 유교야말로 진실한 학문, 즉 실학이라는 자기의식이다. 유교는 수기치인(修己治人)의 학문을 자인한다. 수기한 후에야 비로소 사람을 다스릴 수가 있다는 위정자의 학문이다. 치인의 측면은 남존여비를 바탕으로 하는 신분사회의 차별의식에 뿌리를 두고 있기 때문에 보편성을 가질 수 없으나, 수기의 측면은 유교 안에서 높게 평가할 수 있는 면이 있다. 즉 훌륭한 인간일수록 수기에 노력했기 때문이다. 인(仁)이라는 동정의 덕은 어머니의 시선이므로 여성원리라고 할 수 있다. 남존여비의 유교 이데올로기의 근간에 인이라는 여성원리가 들어 있다는 것은 주목할 만하다. 양명학은 지행합일(知行合一)을 주장했다. 이것도 여성원리이다. 이러한 수기의 측면을 '실학'으로 이해하면 수기치인의 학문은 곧 실심실학이 된다. 치인의 학문은 오늘날 이야기하는 실학에 해당하기 때문이다.

근대 이전의 실학이 유교의 대명사이고 그것을 실심실학이라 규정할 수 있다면 그것은 공자 시대부터 있었던 것이 되겠지만, 우리가 주목하는 것은 17~19세기의 그것이다. 왜냐하면 예수회의 선교사가 동아시아에 전해 준 서학(西學)의 세례를 받은 실심실학이어야 하기 때문이다. 마테오리치의 세계지도를 통해 세계의 중심은 중국이 아니라는 것을 알게 된, 세계에 열린 실심실학이 17~18세기의 동아시아에서 실현되었다. 특히 우리가 주목하는 것은 17~18세기의 자연철학자, 자연학자, 백과전서파들의 실심실학이다. 그것은 '천인(天人)'형 실심실학이라 규정할 수 있다. 그들의 학문은 11세기 중국 장재(張載)의 기일원 철학(氣一元哲學)을 철학의 기반으로 삼으면서 눈은 널리 천(天)으로 열려 있었다. 그들에게 있어 천은 사람이 따라야 할 스승이었다. '성(誠)은 하늘의 도이고, 그것을 따르는 것은 사람의 도이다.[誠者, 天之道也. 順之者, 人之道也.(『中庸』)]' 미우라 바이엔[三浦梅園]에게 성이란 윤리가 아닌 자연의 단절 없는 영위였다. 21세기 이후의 학문은 18세기의 '천인'형 실심실학이 규범이 되어 인도해줄 끈이 되어 줄 것이라 확신한다. 모럴과 그 스케일에 있어서 말이다.

그리고 이 시기의 실학을 발견하고 거국적으로 부단히도 열심히 연구를 계속해 온 나라가 있었으니 곧 이웃 나라 조선이다. 1920년 전후부터 20년대, 30년대에 걸쳐, 즉 일본에 의한 36년의 조선 통치 시대에 조선의 지식인들은 근대를 지향하고 민족의식에 눈뜬 새로운 사조로서 '실사구시(實事求是)의 학풍'을 가지는 사상인 실학을 발견한 것이다. 조선은 16세기 말 히데요시[秀吉]에 의해 침략을 받았고, 17세기 전반에는 만주족에 의해 침략을 받았다. 그 타격으로부터 재기하고 피폐한 조국을 재건하기 위해 일어난 학문을 20세기의 지식인들이 발견하고 이를 실학사조라 명명했다. 민족의식에 눈뜨고 근대를 지향했던 학문과 그 본질을 깨달았음에 백 년 가까이 나라 전체가 이를 연구해 온 것은 당연하다.

뒤돌아 일본을 생각해 보면, 17세기부터 19세기 중엽까지 에도 시대의 사상을 실학사상으로서 나라 전체가 연구한 적은 없다. 근대 이후 문명개화의 길을 일직선으로 달려왔기 때문이다. 근대 일본은 교육칙어에 유교도덕을 악용했기 때문에 패전 후 일본사상사 연구는 장려되지 못했고 에도 시대의 유교연구는 홀대를 받았다. 미나모토 료엔[源了圓] 선생의 선구적 연구는 있었지만 우리가 에도 시대 유교에 제대로 된 관심을 갖게 된 것은 대체로 조선실학(한국실학) 연구의 영향을 받은 이후부터이다. 조선실학을 매개로 해서 알게 된 것은 에도 시대에 유학사상이 꽤 발달해 있었다는 것이며, 이는 곧 근대 이전 실학사상의 매력이었다. 실용 학문으로서의 실학과 같은 용어로 사용하고는 있지만 거기에는 실심이라는 요소가 중시되었다. 곧 실심실학의 발견이다. 유교를 다시 보자는 말이 아니다. 에도 시대의 사상에 지금부터라도 제대로 관심을 가져 보자. 근대를 준비했다는 근대화의 시점이 아닌 근대가 잃어버린 소중한 것, 앞으로의 학문의 모범이 되는 실심실학의 군상이 거기에 있다. 실심실학이라는 시점이 불가결하다.

일본동아실학연구회 회장
오가와 하루히사[小川晴久]

차례

한국 韓國

중국 中國

일본 日本

한국 韓國

이수광 李睟光
유형원 柳馨遠
정제두 鄭齊斗
신경준 申景濬
원중거 元重擧
홍대용 洪大容
이덕무 李德懋
정조 正祖
서유구 徐有榘
김정희 金正喜
박규수 朴珪壽

김육 金堉
박세당 朴世堂
이익 李瀷
안정복 安鼎福
위백규 魏伯珪
서호수 徐浩修
이가환 李家煥
빙허각 이씨 憑虛閣李氏
유희 柳僖
이규경 李圭景
남병철 南秉哲

윤휴 尹鑴
조성기 趙聖期
유수원 柳壽垣
서명응 徐命膺
황윤석 黃胤錫
박지원 朴趾源
박제가 朴齊家
정약용 丁若鏞
홍길주 洪吉周
최한기 崔漢綺
최성환 崔瑆煥

李
睟
光

이수광

1563-1628, 號: 芝峯, 字: 潤卿, 諡號: 文簡

> 도(道)는 백성의 삶과 일용생활 가운데 있다. 배고프면 먹고, 목마르면 마시는 것이 바로 도이다. 이것 밖에서 도를 말하는 것은 틀렸다.
>
> (『芝峯集』 序文)

이수광은 자신의 『지봉집(芝峯集)』 서문에서 자신의 학문의 근본적 지향이 '실학(實學)'에 있음을 밝혔다. 이수광은 16세기 후반에서 17세기 전반기를 살았던 인물로서 임진왜란(壬辰倭亂)과 정묘호란(丁卯胡亂)이라는 대외 전쟁을 정치 일선에서 직접 겪었다. 인조대(仁祖代)에는 공조판서(工曹判書), 이조판서(吏曹判書), 대사헌(大司憲) 등 고위직을 지내면서 정국을 주도하기도 하였다. 학문적으로는 율곡(栗谷) 이이(李珥)의 학통을 계승하였으며, 실학적인 측면을 중시하였다.

그의 학문과 연관해 의미가 있는 사실은 명(明)에 세 차례 사행(使行)을 다녀온 것이다. 1590년(선조 23)에 성절사(聖節使)의 서장관(書狀官)으로, 1597년에는 진위사(陳慰使)로, 1611년(광해군 3)에는 주청사(奏請使)의 부사(副使)로 가서 임진왜란을 전후해 외교현안을 해결하는 데 일조하였다. 그는 또 사행 당시 북경에서 안남(安南), 유구(琉球), 섬라국(暹羅國)의 사신과 교류하였다.

2차 사행 때 북경의 옥하관(玉河館)에서 50여 일간 머무르는 동안 베트남의 사신 풍극관(馮克寬)을 만나 시문을 수창(唱酬)하고 필담(筆談)으로 대화를 나누었다. 특히 조선시대 대외교류사에서 이수광과 외국사신들과의 필담창화(筆談唱和)는 중요한 의미를 지니고 있다.

> 그가 중국에 사신으로 갔을 때 안남·유구·섬라의 사신들이 모두 그의 시문을 구해보고 그 시문을 자기들 나라에 유포시키기까지 하였다. 우리나라 사람으로 일본에 포로로 잡혀갔던 자가 상선(商船)을 타고 교지(交趾)에 갔었는데, 교지 사람들이 그의 시를 보이면서 '그대 나라 사람인 이지봉(李芝峯)을 아는가?'라고 물었다 한다. 이처럼 그는 다른 나라 사람들로부터도 존경을 받았다.

『인조실록(仁祖實錄)』 6년(1728년) 12월 26일조에 나오는 이수광의 「졸기(卒記)」 기사이다. 일생의 업적 가운데 외국 사신들과의 교류와 그것을 통해 그의 문명(文名)이 동남아시아 국가에 널리 알려진 사실이 주요 사항으로 기술되어 있다.

실제 1597년에 이루어진 이수광과 베트남 사신 풍극관의 시문 창수는 그 파급효과가 매우 컸다. 두 사람의 교류가 매우 우호적이면서 상호 존중하는 분위기 속에서 이루어진 매우 격조 높은 것이었고, 창수한 시문도 아주 훌륭하였다. 풍극관이 이수광의 시를 베트남에 전파하였고, 그 사실이 임진왜란 직후 피로인(被虜人)으로 베트남을 세 차례 방문한 조완벽(趙完璧)에 의해 조선에 전해지자, 더욱 유명해졌다.

1611년 3차 사행 때는 유구와 섬라국 사신과 교류하였다. 2차 사행시 베트남 사신과의 교류 사실은 『지봉집』 권8 「안남국사신창화문답록(安南國使臣唱和問答錄)」과 권10 「조천록(朝天錄)」에, 그리고 3차 사행시 유구·섬라국 사신과의 필담 내용은 『지봉집』 권9 「유구사신증답록(琉球使臣贈答錄)」과 권16 「속조천록(續朝天錄)」에 각각 수록되어 있다.

또 이때 그는 북경에서 마테오 리치(Matteo Ricci)가 만든 세계지도인 「곤여만국전도(坤輿萬國全圖)」를 보았으며, 『천주실의(天主實義)』와 『중우론(重友論)』 등 서양서적을 접하였다. 이와 같이 3차에 걸친 사행을 통해 이수광은 세계에 관한 새로운 지식과 정보를 얻었으며, 인식의 지평을 넓힐 수 있었다. 그의 학문이 당시로서는 드물게 박학성을 띠고 개방적인 세계관을 소유하게 되는 계기가 되었다.

저서로는 『지봉유설(芝峯類說)』 20권을 비롯해 『지봉집』 31권과 『승평지(昇平志)』 2권 등이 있으며, 문장이 뛰어나 많은 외교문서를 작성하였다. 이 가운데서 『지봉유설』은 그가 1613년 벼슬을 사직한 후 그동안 계속 기록해왔던 비망기(備忘記)를 비롯해 방대한 자료를 바탕으로 1614년에 완성하였다. 이 책은 총 25부 182항목으로 구성되어 있고, 보다 세분된 항목으로는 모두 3,435 조항이 수록되어 있는 일종의 문화백과전서이다. 인용된 서목이 348권, 수록된 인명이 2,265명에 달하는 등 그의 고증적이고 실사구시(實事求是)적인 학풍이 잘 드러나 있는 명저이다. 『지봉유설』이 지니는 이러한 성격으로 인해 그는 조선후기 실학의 선구자로 평가되고 있다.

특히 제국부(諸國部) 「외국(外國)」에서는 동남아시아·서역(西域)·유럽 지역의 50여 개 나라의 역사와 문물을 기술하였다. 이들 내용의 대부분은 『오학편(吾學編)』 등 중국 서적에서 나오는 기사를 요약한 위에 유구, 베트남, 섬라 사신과의 교류를 통한 자신의 체험과 전문(傳聞)을 통해 습득한 지식도 적지 않다. 하여튼 이수광은 17세기 전반기 조선에서 대외적 지식이 가장 풍부한 인물이었다. 그는 이러한 저술을 통해 세계에는 유교문명권 외에도 기독교문명권·불교문명권·이슬람문명권이 있다는 사실을 소개함으로써 전통적인 화이관(華夷觀)에 빠져 있던 당시의 조선지식인들에게 대외인식과 세계관의 확대를 촉발시켰다. 이수광은 조선왕조가 전기에서 후기로 변화하는 사회적 변동기에 새로운 사상적 방향을 개척한 사상가로서 중요한 위치를 차지하고 있다.

◉ 참고문헌

유홍렬, 「실학의 선구자 芝峯 李睟光」(『한국학』 20집, 한국학연구소, 1979)
이만열, 「芝峯 李睟光 연구 -그의 행적과 대외인식을 중심으로」(『淑大史論』 6집, 1971)
清水太郎, 「ベトナム使節と朝鮮使節の中國での邂逅」(『北東アジア文化研究』 12집, 2000)
하우봉, 『조선시대 해양국가와의 교류사』 제2부 제3장 「동남아시아 국가와의 교류」(경인문화사, 2014)

◉ 필자

성명 : 하우봉(河宇鳳)
현직 : 전북대학교 사학과 교수.
연구분야 : 조선시대 한일관계사, 실학사상사

金堉

김육

1580–1658, 號: 潛谷, 字: 伯厚

(자신의) 마음을 바르게 하고 행실을 닦고, 나라를 다스리고 천하를 평안케 하는 도(道)는 성현(聖賢)들이 사람들에게 가르친 법인데, (그 목적은) 백성들에게 은택(恩澤)이 돌아가게 하려는 것일 뿐이다. 뜻을 성실히 하고 마음을 바르게 하는 데 대해 말하는 이 세상 학자들은 모두 책에 실려 있는 것을 주워 모아서는 …… 단지 입으로만 말한다. 그러면서 일을 하기에 급급해 하는 사람들을 …… 왕안석(王安石)이나 장의(張儀)에 비유하여 헐뜯기까지 한다. 이것이 어찌 마음을 합하여 나라를 다스리는 도(道)이겠는가? …… 내가 원하는 것은 다만 마음을 바르게 가지고 실제적인 것으로 일을 삼는 것이다. (재정 지출을) 절용(節用)하여 백성을 사랑하고 요역(徭役)을 가볍게 하여 세금을 낮추고, 멀고 헛된 이상(理想)에 내달려 뜬 문장[浮文]을 숭상하지 않는 것이다.

(「湖西大同事目」 序文)

1651년 처음으로 충청도에 대동법(大同法)이 실시되면서 그 시행규정인 「호서대동사목(湖西大同事目)」이 작성되었다. 그 맨 앞에 이 법의 성립에 크게 기여한 영의정(領議政) 김육이 작성한 서문이 있다. 윗글은 여기에 나온다.

대동법은 당시 국가 세금의 대부분을 차지했던 공물(貢物)에 대한 개혁 입법이다. 그 내용이 대단히 이상적이어서, 이 법을 지지했던 사람들조차 입법 가능성을 낮게 보았었다. 하지만 이 법이 당시 곤경에 처해있던 조선의 민생(民生)과 국가재정을 뚜렷하게 개선시키자, 이후 다른 도(道)에까지 차례로 확대되었다. 호서대동법은 대동법의 전국 확산에 튼튼한 토대가 되었다.

대동법은 이전의 공납제도에서 크게 두 가지 사항을 바꾸었다. 첫째, 기존의 공물 납부액을 약 1/5 수준으로 줄였다. 둘째, 공물을 부과하는 대상이 바뀌었다. 기존 인두세(人頭稅) 성격의 공물이 대동법에 의해 지주층(地主層)에 부과되면서 토지세로 바뀌었다. 때문에 대동법 입법 과정은 지주들의 격렬한 반대를 불렀다. 동시에, 이 법은 당대는 물론 지금도 해결하기 어려운 문제 하나를 해결했다. 국가재정 개선과 민생 개선 사이의 상충을 해결했던 것이다. 그 방법은 권력이 개입되어 초래된 세금 수취와 운영의 비효율을 청산하는 것이었다. 백성이 낸 세금이 국고로 들어오는 경로에 있었던 누수(漏水)를 차단했다. 이런 이상적 입법에는 사회 전체를 조망하는 거시적 안목과 개혁적 사회사상, 그것을 가꾸고 현실에 관철시킨 일군의 사람들이 있었다.

김육은 그 생애의 10대와 50대에 조선왕조가 겪은 두 전쟁인 임진왜란(1592-1600)과 병자호란(1636)을 겪었다. 두 전쟁 모두 국제전(國際戰)이었다. 흥미롭게도 참전국인 중국과 일본에서는 이들 전쟁 후 각각 정체(政體)가 바뀌었는데, 정작 전쟁의 현장이었던 조선은 그렇지 않았다. 이들 전쟁 후에 조선이 강력한 국정개혁을 자체적으로 성공시킨 결과였다. 그 국정개혁의 핵심 내용이 바로 조세개혁 대동법이다.

전통시대 한국에서 성리학은 고려 말 조선 초에 도입되었지만, 주체적으로 소화된 것은 이황(李滉, 1501-1570) 단계에 이르러서였다. 이 시기에 지식인과 관료의 평생 과업이 '수기(修己)'와 '치인(治人)'이라는 점이 분명해졌다. 한편, 성리학에서 수기와 구분되는 치인의 독자성을 분명히 한 사람이 이이(李珥, 1536-1584)이다. 동시에 그는 추상적 개념인 치인을 가장 현실적 제도인 세금문제와 연결 지은 최초의 사람이기도 하다. 경세(經世)는 치인의 영역에 속하기에, 후일 이익(李瀷)은 이이를 조선 경세론의 개척자로 보았다. 이이 이후 포괄적 경세론이 특정한 정책으로 구체화되는 데에는, 또다시 해당 시기의 구체적 현실문제와 많은 사람들의 기여가 필요했다.

16세기 중후반 이후 조선의 정치적 사회적 지배세력은 사림(士林)이었다. 그들에게 치인과 경세의 대원칙은 '안민(安民)'이었다. 그런데 원칙이 동일하다하여 누구나 동일한 정치 행위를 하는 것은 아니었다. 정치 행위는 사림 각자의 사회적 존재방식과 거기에서 얻어진 현실경험에 따라 다르게 나타났다. 김육을 비롯한 일부 관료들도 스스로 사림의 정체성을 가졌고 그 원칙에 동의했다. 하지만 내우외환(內憂外患)에 처한 조선의 국정 운영의 경험을 통해서, 그들은 그 경험을 갖지 못했던 사림들과는 다른 안목과 행동방식을 갖게 되었다. 위에서 김육이 비판한 "이 세상 학자들"이 바로 그들이다. 대동법 성립으로 표현되는 조선의 자발적 국정개혁은 사림의 원칙과 현실에서의 국정운영 감각이 결합되어 나타난 결과였다. 김육은 그것을 겸비하며 면면히 이어지던 일군(一群)의 사람들을 대표했다.

◉ 참고문헌

이정철, 『大同法 : 조선 최고의 개혁 : 백성은 먹는 것을 하늘로 삼는다』(역사비평사, 2010)
한영국, 「大同法의 시행」(『한국사』 30, 국사편찬위원회, 1998)
이헌창, 「金堉의 경제사상과 경제 업적」(『잠곡 김육 연구』, 태학사, 2007)
이정철, 「金堉 개혁사상의 연원과 성격」(『한국사학보』 44호, 고려사학회, 2011)

◉ 필자

성명 : 이정철(李廷喆)
현직 : 한국국학진흥원 책임연구위원
연구분야 : 조선시대 정책사

尹鑴

윤휴

1617–1680, 號: 白湖, 夏軒 字: 希仲

회옹(晦翁)[주희(朱熹)]이 제경서(諸經書)를 풀이하면서 중설(衆說)을 모은 뒤에 이를 절충하여 학설을 이루었다. 그렇게 하고도 매번 문인(門人)들과 강습(講習)하면서 몸소 그것을 체험하여, 혹 설명이 통투(通透)하지 못하거나 견해가 도달하지 못하거나 실행되지 않는 곳이 있으면 반드시 그를 위하여 토론하여 바로 잡았다. (중략) 그리하여 "이즈음 붕우(朋友)들의 변질(辨質)에 따라서 내가 전날에 미타(未妥)하게 여겼던 것들을 비로소 깨닫게 된 것들이니, 이러한 일이 한두 번이 아니다."라고 늘 말씀하였다.

(『白湖全書』「讀書記」'中庸序')

이것은 17세기 중후반 조선의 유학자 윤휴(尹鑴, 1617–1680)가 그의 「독서기(讀書記)」 '중용서(中庸序)'에 적은 글이다. 당시 윤휴는 송학자(宋學者) 주희(朱熹)의 『중용장구(中庸章句)』의 33장과는 달리 이 책을 10장으로 분장(分章)하였다. 그의 이러한 분장과 독자적 해석에 대하여 당시 조선 유학계의 주류를 점하였던 주자학자들이 강도 높은 비난을 가하였는데, 윗글은 그에 대한 윤휴의 반론이었다. 즉 주희와 그의 학문을 맹종하였던 조선 주자학자들에게 윤휴는 도리어 주희의 언론에 근거하여 역공을 하였던 것이다.

16세기 중반 이황(李滉)과 이이(李珥)의 시대를 거치면서 한껏 꽃을 피웠던 조선의 주자학은 17세기를 접어들면서 두 사람을 추종하는 영남학파(嶺南學派)와 기호학파(畿湖學派)로 분열하였고, 상호간에 치열한 논쟁을 벌였다. 양자는 각기 자기 학파가 우월하다고 주장하면서 상대를 공격하였는데, 그 결과 17세기 주자학 융성의 이면에는 자파의 이론에만 집착하는 교조적·폐쇄적 학풍이 팽배하였다. 이러한 폐쇄성은 주자학의 절대화 경향을 초래하였다. 이런 상황 속에서 독자적 학문태도를 견지하여 경전을 탐구하고 그에 담긴 정신대로 실천하였던 학자가 윤휴이다. 그는 당대의 주자학자들이 빠짐없이 다루었던 이기심성(理氣心性) 같은 사변적 주제보다는 경전 탐구에 주력하였던 조선시대 최초의 유학자이다. 그의 저작을 총집(總輯)한 『백호전서(白湖全書)』 46권 중에는 경전에 대한 탐구와 주해가 모두 11권에 이른다.

윤휴의 독자적 경학 학설은 『대학(大學)』과 『중용(中庸)』 주해에서 가장 잘 드러난다. 본래 이 책을 비중 있게 다룬 이들은 중국의 송학자들이고, 그 결정판이 주희의 『대학장구』와 『중용장구』이다. 『대학』의 경우, 주희의 장구 재구성은 3강령 8조목의 체계에 충실하였다는 긍정적 평가를 받는다. 그러나 주희의 장구는 8조목 가운데 격물(格物)·치지(致知)에 지나치게 치중하였다는 데에 문제가 있다. 주희는 지(知)와 행(行)의 영역을 엄정하게 구분한 뒤 지(知)에 보다 큰 비중을 둔 것이다. 그 결과 대학지도(大學之道)의 실천을 담은 성의(誠意)·정심(正心) 이하에 대한 관심이 상대적으로 약화되었다.

윤휴는 그의 저작 『대학고본별록(大學古本別錄)』에서 『대학』이 실천

주체의 도덕적 자각을 토대로 대학지도를 가정·국가·천하로 확장하여 구현하기 위한 실천서라고 주장하였다. 그 중에서도 성의(誠意)가 최초의 공부라고 강조하였다. 나아가 격물(格物)·치지(致知)에 대한 해석도 주희와 달랐다. 격물이란, 자기 마음을 바탕으로 앎을 넓혀 가는 것과 함께 자세히 탐구하고 오래도록 사색하여 궁극적인 앎의 경지에 들어가는 것의 두 길이 있다고 설명하였는데, 두 길 모두 격물의 주체로서 실천자 자신의 노력에 중점이 두어진다. 그리고 격물·치지의 격(格)도 외부 사물에 대한 탐구가 아니라 성실한 마음과 깊은 생각을 바탕으로 한 실제적 활동이라고 설명하였다. 이러한 해석은 주체 실천을 강조한 것이다.

윤휴는 또 주희의 『중용장구』와 달리 10장의 체계로 재해석한 『중용장구보록(中庸章句補錄)』을 지었다. 이러한 그에 대하여 당시 조선의 주자학자들과 그들이 주류를 이룬 집권당국자들은 마침내 그를 사문난적(斯文亂賊)으로 지목하였고, 치열한 정쟁(政爭)의 끝에 그가 사형을 당하게 된 원인의 하나가 되기도 하였다.

윤휴가 관심을 가졌던 다른 고전은 『효경(孝經)』과 『내칙(內則)』이다. 『효경』은 주희와 유청지(劉清之)가 『소학(小學)』을 편찬하기 전까지는 대표적인 수신서(修身書)였다. 역시 『효경간오(孝經刊誤)』를 남긴 주희와 달리, 윤휴는 원본대로의 『효경』이 옳다고 보았다. 나아가 윤휴는 『효경장구고금문고이(孝經章句古今文考異)』를 지었고, 『효경외전(孝經外傳)』 3편과 『효경외전속(孝經外傳續)』 3편을 새로 편찬하여 『효경』을 부연하였다. 『내칙』 역시 『예기』의 한편으로서 가족 간의 도리를 상세하게 기록한 글로서, 그 중심적인 덕목은 효의 실천이다. 윤휴는 효를 중심으로 『효경』과 『내칙』의 밀접한 연결을 꾀하였다. 『내칙』은 효의 실천 사례를 구체적으로 적은 각론이고, 『효경』은 그 총론이라고 관계 지은 것이다. 앞에서 본 바, 윤휴는 『대학』의 8조목 가운데 성의(誠意)에 주목하였다. 유학적 실천은 인간의 주체적 실천이며, 자기 자신을 토대로 가족·사회·국가·천하로 확장하여 간다. 이런 관점에서 윤휴는 그 시초는 가족 관계에서 비롯되며 그 중심 덕목이 효라고 본 것이고, 『대학』·『효경』·『내칙』은 윤휴의 사상에서 효를 매개로 한 일관된 체계를 갖는다.

윤휴는 이기(理氣)·사칠(四七) 등에 관한 지난(支離)한 토론은 구체적 삶과는 전혀 상관없는 언어적 유희에 지나지 않는다고 보았다. 그는 그러한 추상적 논변보다는 성현들의 실천적 가르침을 담은 경전을 종합하고 체계화하기에 주력하였다. 『효경외전(孝經外傳)』·『내칙외기(內則外記)』 등은 윤휴가 효와 관련된 격언들을 다른 경전(經傳)에서 추출하여 그에 담긴 실천정신을 더욱 구체화시킨 것들이다.

윤휴의 경전 탐구는 실천 가능한 주제들을 중심으로 진행되었다. 이 점은 사변적 이론에 매여 있던 당시 주자학자들과 확실히 다른 것이었다. 그리하여 그는 옛 것 그대로의 고경(古經)을, 『가례(家禮)』보다는 고례(古禮)를 중시하였고, 생애의 마지막 5년여의 출사(出仕) 중에는 고경에 담긴 고제(古制)를 현실 정치에 적용하고자 끊임없는 정책 제안을 하였다. 이는 서서히 노정되기 시작한 조선 주자학의 한계가 윤휴에 의하여 선구적으로 확인되었다는 사실을 알려 주는 것이다. 관념적 이론으로서가 아니라, 현실에 바탕을 둔 실천성을 담지할 수 있는 사상체계를 17세기의 조선은 요구하고 있었던 것이다. 그것은 그 직후인 18세기 실학자들의 다양한 학술 활동으로 꽃 피우는 동력이 되었다.

◉ 참고문헌

尹鑴, 『白湖全書』(경북대학교 출판부, 1974)
이을호 編, 『실학논총』(전남대학교 출판부, 1975)
안병걸 外, 『조선후기 經學의 전개와 그 성격』(성균관대학교 출판부, 1998)
한우근, 「白湖 尹鑴 研究」 1~3(『역사학보』 제15,16,19호, 역사학회, 1961~1962)
정호훈, 『17세기 北人系南人學者의 정치사상』(연세대학교 사학과 박사학위논문, 2001)

◉ 필자

성명 : 안병걸(安秉杰)
현직 : 안동대학교 동양철학과 교수
연구분야 : 유학(조선후기경학)

柳馨遠

유형원

1622–1673, 號: 磻溪, 字: 德夫

옛날의 정전법(井田法)은 지극한 것이었다. 토지의 경계(經界)가 한번 바르게 되자 만사(萬事)가 모두 바로 섰다. 백성은 늘 안정된 생업을 영위하게 되고, 병사들을 수색하여 모아들이는 폐단이 사라지게 되며, 귀천(貴賤)·상하(上下)의 직분(職分)이 제 자리를 얻지 않는 경우가 없어졌다. 이 때문에 인심이 차분히 가라앉고, 풍속이 두터워졌다. 옛날에 수천 년 동안 나라를 공고하게 유지하고 예악이 떨쳐 일어났던 까닭은 이 바탕이 있었기 때문이다. 후세에는 이 제도가 폐지되어 토지를 사사로이 무한히 점거하니, 만사가 모두 잘못되어 일체 그 반대가 되었다.

(『磻溪隨錄』 권1, 田制 上, 1ㄱ)

유형원의 저술 『반계수록(磻溪隨錄)』 본문의 첫 머리에 나오는 문장이다. 짤막하지만, 이 글은 『반계수록』이 어떤 의도로 저술되었으며, 어떤 체재를 갖추며 구성될 것인지를 어느 정도 알려준다. 유형원은 토지제도의 성격에 따라 백성들의 생활, 풍속, 사회적 존재 형태가 결정되고, 나라의 형세와 예악이 좌우된다고 여겼다. 오래 전에 정전제가 시행될 때에는 모든 것이 정상이었지만, 개인들이 사사로운 점거로 말미암아 그 제도가 무너지게 되면서는 그 모든 것이 반대로 바뀌었다는 것이다.

유형원의 사고는 이 지점에서 출발하고 있었다. 유형원은 개인에 의해 사점(私占)된 토지제도를 예전의 법제로 되돌리는 것이 현 상태를 벗어나는 관건이 된다고 보았다. 현재의 개인이 사사로이 점거하고 있는 토지제도는 요컨대 조선의 지주전호제(地主佃戶制)였으므로, 유형원의 시각은 이 제도의 존재를 전면적으로 문제 삼는 것이었다. 그런데 토지제도는 그 자체 독립적으로 움직이지 아니했다. 정치, 군사, 교육, 예악, 신분, 문화와 풍속 등 국가의 제반 법제가 이 제도와 얽혀 있었으므로, 토지제도를 고치려 한다면 연관된 법제를 모두 바꾸어야 했다. 토지제도의 변화는 결국 국가 체제 전반의 개혁과 맞물릴 수밖에 없었다.

『반계수록』은 그리하여 유형원이 살았던 17세기 조선을 대수술하는 변법안(變法案)으로 제시되었다. 여기에 실린 공전제(公田制), 노비제 개혁안, 병농일치의 군제(軍制) 등은 조선의 실정법인 『경국대전(經國大典)』에 실려 있는 제도와는 전적으로 성격을 달리하였다. 유형원은 경서와 역사서, 정론가(政論家)들의 글에 제시된 중국과 조선에서의 사유와 경험을 치밀하게 검토하고, 당대 조선의 법제와 관습, 현실의 폐단을 하나하나 살피며, 제도별로 최선의 절목(節目)을 찾으려 했다. 후대에 오광운이 "규모의 광대함과 조례(條例)의 치밀함은 전현(前賢)들이 미처 발휘하지 못한 바로서 이제껏 우리 동방에 없던 저술"이라고 극찬하는 면모를 이 책은 지니고 있었다.

『반계수록』을 밑받침하는 근본 사유는 천리인욕론(天理人欲論)이었다. 유형원은 성리학의 근본 명제인 천리인욕론을 원용하여 국가 구상의 근거로 삼았다. 이때 그가 생각하는 이 개념은 통상적인 내용과는 성격을 달리하였는데, 유형원은 천리는 공(公), 인욕은 사(私)의 성격을 지니고 있다고 이해하고 그 천리와 인욕은 법제(法制)를 통하여 구현된다고 보았다. 곧, 현실의 법제는 인욕으로 물들어 있으며, 『반계수록』의 법제는 그것을 혁파하고 천리를 담아 온전히 실현하는 매체라는 인식이었다. 주자학의 천리인욕설을 긍정하되 그 실현을 법제 속에서 구하는 독특한 논리였다. 이러한 언명은 또 『반계수록』의 정당성을 천리의 절대 개념으로 보증하는 일이기도 했다.

유형원의 사상·저술이 가지는 의미는 대단히 크다. 무엇보다 먼저 개인의 차원에서, 새로운 국가의 상(像)을 제시하며 이상적인 국가의 모습이 어떠해야 할 것인가를 고민하고 구체화한 점을 거론할 수 있다. '국가학(國家學)'의 출현이라 할 것이다. 주자학의 이기심성론(理氣心性論)에 기초한 학문 활동이 주류를 이루던 당시 학계에서, 유형원의 작업은 전혀 새로운 학술 영역을 개척하는 일이었다.

둘째, 이상적인 국가·사회와 삶의 양태를 소유론(所有論)의 측면에서 고민한 점이다. 유형원의 생각은 부강한 나라의 건설과 연관되어 있었지만, 그 핵심을 이루는 것은 생산수단의 '사유(私有)'를 어떻게 지양할 것인가 하는 문제였다. 유형원은 그 대안으로 과감하게 '공전제(公田制)'를 제시했다.

셋째, 유형원의 구상은 인간에 대한 새로운 이해와 연관되어 있었다. 이는 '노비'에 대한 그의 생각에서 단적으로 드러난다. 유형원은 노비를 재물이 아니라 동류의 인간으로 생각했다.

> 지금 우리나라에서 노비는 재산이다. 대저 사람은 동류(同類)인데, 그 어찌 사람이 사람을 재산으로 여길 수 있단 말인가? 예전에는 나라의

재부[國富]를 묻는다면 말[馬]의 수를 헤아려 대답했다. 비록 천자 제후라 할지라도 사람을 다스리는 것을 임무로 했지, 사람을 자신의 재물로 여기지 않았던 것이다. 지금 우리나라의 풍속은, 누군가 어느 정도 재부(財富)를 소유했는가 묻는다면, 반드시 노비와 토지로서 대답한다. 여기서 이 법의 잘못과 풍속의 폐단을 볼 수 있다.

유형원의 사상은 경학이나 성리학 방면이 아니라 『반계수록』의 구상 곧 '국가학'의 차원에서 구체화되었다. 그의 생각이 가지는 새로운 면모를 모든 사람이 동의하지는 않았지만, 그의 국가론은 18세기 이후 다양한 형태로 주목받았다. 홍계희(洪啓禧)와 같은 인물은 나라의 힘을 빌려 이 책을 공간(公刊)하기도 했고, 이익·안정복 등은 이 책에서 새로운 정치적 사유의 단서를 얻었다. 19세기 초반 정약용이 지은 『경세유표(經世遺表)』는 『반계수록』을 잇는 또 다른 형태의 국가학 성과였다.

◉ 참고문헌

천관우, 「磻溪 柳馨遠 硏究(上), (下)」(『역사학보』 2·3, 1952)
김준석, 『조선후기 정치사상사 연구』(지식산업사, 2003)
정호훈, 『조선후기 정치사상 연구』(혜안, 2004)
김태영·김무진·최윤오·김선경·문석윤, 『반계 유형원 연구』(사람과 무늬, 2013)

◉ 필자

성명 : 정호훈(鄭豪薰)
현직 : 서울대학교 규장각한국학연구원 부교수
연구분야 : 조선사상사

朴世堂

박세당

1629-1703, 號: 西溪, 字: 季肯

『대학(大學)』은 바로 '初學入德之門'이니, 그 말하는 바가 더욱 친절함이 있어야 한다. 그런데 지금 (주자의 주석은) 그렇지 않고 말 할 때마다 만 리를 가는 첫 길에 한 걸음을 떼어 놓는 자리가 곧 성인의 지극한 공과에 속한다고 하며, 자기에게 절실하고 알기 쉬운 이치를 열어 보여서, 한 걸음을 떼어 조심스럽게 한 계단을 밟고 한 계단을 밟아 또 한 계단 나아가게 하여, 너무 멀어 미치기 어렵다는 탄식이 없게 하고, 또 단계를 뛰어넘는 잘못이 없게 하지 않은 것은 도대체 어째서인가. 지금 (격물치지에 관한 내용의) 전문(傳文)이 결락(缺落)되어 '격치(格致)'에 대한 설은 이미 의거할 곳이 없다. 그러나 '성의(誠意)'·'정심(正心)'의 뜻을 발명한 것에 의거해 참조하면 (격물의 본래 내용이) 그렇지 않음을 알 수 있다.

(「大學思辨錄」)

위의 글은 박세당이 「대학사변록(大學思辨錄)」에서, '격물(物格)'과 '지지(知至)'에 대한 주희(朱熹) 해석의 문제점을 지적한 글이다. 이 글로부터 박세당의 경서 해석, 나아가서는 그의 학문에 있어서의 문제의식 및 조선유학사에서의 위치를 다음과 같이 분석해낼 수 있다.

첫째, 그는 시종(始終) 초학자들이 덕에 들어가는 문이라는 취지에서 『대학』을 해석하고자 하였다. 즉, 정이가 제창하고 주희가 『대학장구』에 인용하여 의미를 부여한 '大學, 孔氏之遺書, 而初學入德之門'을 『대학』 해석의 기준으로 삼고 있는 것이다. 이로부터 그의 경학적 문제의식이 주자학적 경서해석의 근본을 부인하는 차원에 있지 않다는 점을 유추할 수 있다.

둘째, 그는 『대학』의 전문(傳文)에는 본래 격물치지에 관한 내용이 존재했으나 결락되었다는 주자학설을 전제로 삼고 있다. 이 또한 그가 주자학적 경서체계를 부인하고자 하는 뚜렷한 목적의식을 갖고 있지 않았다는 점을 유추하게 한다.

셋째, 그럼에도 불구하고 그는 주자학적 해석의 문제점을 직설적으로 지적하고 자신의 새로운 견해를 제시하고 있다. 이는 당시 대부분의 유자들이 주희의 『사서집주』의 해석과 견해를 달리하는 경우, 주희의 저술을 철저하게 고찰·분석하는 방법을 통하여 주희의 많은 저술 속에 존재하는 다양한 학설을 확인하고, 자신의 견해가 주희의 정론(定論)과 일치한다고 주장하면서 새로운 견해를 제출하곤 했던 것과 매우 다른 것이다.

넷째, 학문에 있어서 고원함이 아닌 비근함을 추구해야한다는 주장은 박세당을 비롯한 조선시대 유자뿐만이 아니라, 일본의 이토진사이 등의 유자들이 주자학의 문제점을 지적하는 내용 속에 포함되어 있기도 하지만, 주희의 학문론에서도 역시 발견할 수 있는 내용이므로, 실제적으로 주자학을 비판한 내용이 된다고 인정하기 어렵다.

주자학설에 대한 박세당의 과감하고 직설적인 비판은 일찍이 조선시대 학술사에 있어서 매우 유의미한 것으로서 인정받았다. 예컨대,

이병도(李丙燾, 1896-1989)는 박세당의 “견해와 해석이 주자의 그것보다 일보 더 나아갔는가 아닌가의 여부는 잠시 별문제로 하더라도 학문의 자유를 부르짖고 구각(舊殼)을 탈피하려는 진보적인 계몽적인 그 태도와 사상이 귀하고 훌륭하다.”라고 평가하였다. 이러한 평가는 17세기 조선에서 주자학이 관학으로서 압도적인 권위를 누리고 있었으며, 정치적 당파의 대립이 심화되면서 주자학을 비판한 저술이 희생양이 되었던 조선 중기 이래의 정치적 배경을 전제로 한 것이었다.

조선유학사에서 주자학의 권위에 굴복하지 않고 과감히 비판하는 태도를 찾아내어, 이를 근대성의 맹아로서 해석하고자 한 경우, 박세당 경서주석의 비판적 문맥이 지나치게 강조되어 주자학 사상 및 체계 자체를 부정하고자 한 의도로 해석되거나, 그와 동료들과의 학술논변이 반주자학과 주자학의 대립으로 해석된 적이 있었다. 그러나 박세당은 경서 연구에 있어서 문맥을 중시하여 자신이 충분히 납득할 수 있을 때까지 끊임없이 연구를 계속하였으며, 이러한 과정 속에서 주희의 경서 해석 및 개정이 미흡하다는 생각을 갖게 되고 이를 지적해내면서 자신의 견해로써 수정하는 결과를 얻은 것이다. 그가 새로운 주석을 통하여 주자학 사상 및 체계 자체를 부정하고자 했는지에 대해서는 단정할만한 근거가 없다.

그와 동료들과의 학술논변은, 주희의 방대한 저작에 대한 분석 및 고찰이 17세기 조선 학술계의 기본적인 연구방법이었음을 보여준다. 예컨대, 박세당은 주희의 다른 저술에서의 서술과 『장구』의 내용이 모순된다거나 의미가 불명확하다고 주장하고, 윤증은 『장구』의 불명확한 점을 주희의 다른 저술을 통해 보충하는 입장을 취하면서 논변을 전개하고 있다. 이러한 논변은 주자학 연구 수준이 높은 조선시대 유자 사회이기 때문에 성립 가능했던 것으로, 박세당의 문제 제기와 동료들의 반론은 17세기 조선유학계의 활발한 학술활동을 나타내고 있다고 하겠다.

◉ 참고문헌

이병도, 「朴西溪와 반주자학적 사상」(『대동문화연구』 3집, 성균관대학교 대동문화연구원, 1966.12)

강지은, 「尹鑴의 『讀書記』와 朴世堂의 『思辨錄』이 주자학 비판을 위해 저술되었다는 주장의 타당성 검토(Ⅰ)-『大學』의 格物 주석에 대한 재고찰을 중심으로-」(『한국실학연구』 22집, 한국실학학회, 2011.12)

◉ 필자

성명 : 강지은(姜智恩)

현직 : 臺灣大學 國家發展研究所 助理教授

연구분야 : 조선시대 유학사, 동아시아 유학사·학술사

趙聖期

조성기

1638-1689, 號: 拙修齋, 字: 成卿

생각건대, 천하의 만 가지 일은 본시 이 '일리(一理)'이다. 이런 이유 때문에 비록 사람들에게 고금의 차이가 있고 일에 고금의 차이가 있으나, 리(理)는 고금의 차이가 없다. 무릇 나의 정신지려(精神知慮)가 고인(古人)에 미치지 못하는 이유는 단지 한 개의 기품(氣稟)에 얽매였기 때문이지 리(理)에 의해서 제한되어 그런 것은 아니다. 오늘날 마음에 구비된 리(理)로 고인의 일용이발(日用已發)의 사리를 증험하면 그 리(理)는 진실로 약동하고 그 일은 반드시 분명해진다. 생각건대, 고인이 만사의 변화에 응해서 실수한 것이 없었던 것은 이 리(理)를 벗어나지 않았기 때문이다.

(『拙修齋集』 卷5 「答林德涵書」)

위 언급은 조성기의 사유형성에 있어서 가장 중요한 근간이 되었다. 일리(一理)의 강조는 조성기의 심성론, 경세론 형성에 중요한 영향을 끼쳤으며, 그의 사상 전체를 관통하는 것이었다. 대부분의 성리학자들이 리(理)의 보편성을 주장하였지만, 그에게서 특히 이점은 두드러졌다.

조성기에게 중요한 사상적 영향을 준 인물은 소옹(邵雍, 1011-1077)과 여조겸(呂祖謙, 1137-1181)이었다. 그는 주자학이 현실생활에서 다소 부합하지 않는 것을 발견하고 소옹의 역학(易學)과 여조겸의 사학(史學)을 사법(師法)으로 삼았음을 고백하였다. 이를 통하여 그의 사유에 소옹과 여조겸이 많은 영향을 끼쳤음을 알 수 있다. 소옹에 있어서 그는 『황극경세서(皇極經世書)』의 관물론(觀物論)에 많은 영향을 받았다. 그가 관물론을 통하여 발견한 것은 일리(一理)의 보편성이었다. 그의 사유는 이후 일리(一理)의 보편성[理通]을 통하여 인물성동론(人物性同論), 성범심동론(聖凡心同論)을 주장한 김창협(金昌協, 1651-1708)·김창흡(金昌翕, 1653-1722) 등의 낙론 학맥에 많은 영향을 끼쳤다. 기(氣)의 제약성을 넘어서 리(理)의 능동성을 강하게 주장하였다는 측면에서 18세기 조선 사상계에서 진행된 호락논쟁(湖洛論爭) 과정에서 그의 학술은 중요한 의미를 가졌다.

그는 경세학(經世學)에 대해서도 깊은 관심을 기울였다. 그의 경세학은 여조겸으로부터 많은 영향을 받았다. 여조겸은 경세의 도에 착안하되 공리(功利)를 잃어서는 안 된다고 말하면서 사공학(事功學)·역사학에 많은 관심을 보였고, 이점은 주학(朱學)과 육학(陸學)이 심성론에 많은 비중을 두었다는 것과는 대비되는 부분이었다. 여조겸은 경세학의 관심을 토대로 관대충후(寬大忠厚)의 국가규모론(國家規模論)을 주장하였으며, 이에 따른 다양한 제도개혁론을 제시하였다. 그 한 가지 예를 들면 그는 『역대제도상설(歷代制度詳說)』(四庫全書, 子部 11)에서 과목(科目), 학교(學校), 고과(考課), 부역(賦役), 조운(漕運), 염법(鹽法), 주금(酒禁), 전폐(錢幣), 황정(荒政), 전제(田制), 둔전(屯田), 병제(兵制), 마정(馬政) 모두 13항목에 걸쳐 역대 제도들을 상세히 설명해 놓았다. 뿐만 아니라 그는 『양한재론(兩漢財論)』을 지었는데, 이것은 지금은 없어져 그 내용을 구체적으로 알 수는 없으나, 국가재정에 관한 책이라고 짐작된다. 또한 여조겸은 경세학적 측면에서 관자(管子)와 안자(晏子)에 대해서도 많은 관심을 가졌다. 그는 일반 유자(儒者)들로부터 패도(覇道)라고 비판받는 관자를 부정적으로 평가하지 않았다.

여조겸에 영향을 받았던 조성기의 경세학은 한당국가규모론(漢唐國家規模論)으로 요약할 수 있다. 조선이 한당국가(漢唐國家)의 규모를 따라야 한다는 주장은 대부분의 보수적인 주자학자들이 조선은 송(宋)나라의 국가규모를 따라야 한다는 주장과는 달랐다. 그는 국가적 개혁론을 주장하면서 한당국가가 가지고 있는 장점들을 힘주어 소개하였다. 그는 "생각건대, 정치를 하는 것은 다언(多言)에 있지 않으니 도리어 힘써 행함이 어떠한가? 그런데 힘써 행함에는 반드시 일정한 바꿀 수 없는 규모가 있어야 하니 이미 삼대(三代)의 왕좌(王佐)의 규모가 있고 또한 한당의 소강구시(小康救時)의 규모가 있다. 규모는 또한 그냥 세울 수 있는 것이 아니다. 그 손익(損益)·경혁(更革)·운용(運用)의 묘를 운용함은 반드시 그 당한 세상의 기강(紀綱)·풍속(風俗)·치란(治亂)·성쇠(盛衰)·대체(大體)가 어떠한가에 따라서 폐단을 구하고 변통하여 그 마땅함에 곡진히 맞게 하는 것이다.(『拙修齋集』 卷4 「與林德涵書」)"라고 하였다.

그는 당시 조선의 폐단을 구하기 위해서는 '질박함을 숭상하여 사치스러운 병폐를 구(救)해야 한다[尙質救文]'고 주장하였다. 그는 상질구문(尙質救文)하기 위해서는 반드시 관대돈박(寬大敦朴)으로 근본을 삼고 정심엄중(靜審嚴重)으로 용(用)을 삼은 연후에 구폐(舊弊)를 구할 수 있을 것이라고 말하였다. 관대돈박하고 정심엄중은 '질(質)' 자체는 아니나, 이렇게만 한다면 질박(質朴)함은 기약하지 않아도 자연히 얻을 수 있을 것이라고 하였다. 또한 지금의 현실은 문(文)을 숭상한 나머지 질박함을 잃어버려 인심(人心)이 병들고 있으니 이것을 하루빨리 제거하지 않으면 나라는 위망해질 것이라고 경고하였다.

그의 한당국가규모론은 당시에도 많은 논란을 일으켰다. 왕도론을 강조하였던 조선의 주자학자들은 사공학(事功學)에 바탕을 둔 한당국가규모론을 그대로 받아들일 수 없었다. 그러나 조성기는 삼대(三代)국가규모와 같은 불변하는 국가규모를 인정하면서도 그 당대의 병폐를 고치기 위해서는 현실 가능한 국가규모론이 필요하다는 점을 주장하였다. 삼대의 정치도 충(忠)·질(質)·문(文)으로 각각 차이가 있었듯이 후대의 정치도 그 일정한 도는 상존하나 그 모습과 형태는 다를 수 있다는 것이었다.

조성기의 학술은 다음과 같은 점에서 중요한 의의를 지닌다. 첫째, 소옹의 관물론에 영향을 받아서 그는 일리(一理)의 보편성을 주장하였다. 조성기는 일리(一理)가 고금과 현우(賢愚)를 넘어서 모든 사람과 사물에 존재하는 것임을 강하게 주장하였다. 이후 이 사유는 호락논쟁(湖洛論爭) 과정에서 인물성동론과 성범심동론을 주장하면서 리(理)의 보편성을 주장한 낙론의 주장에 많은 영향을 끼쳤다. 둘째, 그의 한당국가규모론은 당시 조선이 처한 현실을 극복하기 위한 대안으로 한나라와 당나라의 국가규모를 중시하는 것이었다. 그의 이러한 경세론은 서울·경기지역의 서인 학맥으로 구성되어 있었던 한당(漢黨)의 정치사상에 많은 영향을 끼쳤다.

◉ 참고문헌

趙聖期, 『拙修齋集』(한국문집총간 147, 민족문화추진회 편, 1995)
이승수, 「拙修齋 趙聖期論」(『동아시아 문화연구』 23, 한양대학교 한국학연구소, 1993)
이승수, 「拙修齋 趙聖期論 序說」(『한국사상과 문화』 12, 한국사상문화학회, 2001)
조성산, 「17세기 후반 趙聖期의 학문경향과 경세론」(『한국사학보』 10, 고려사학회, 2001)
조성산, 「17세기 후반 林川趙氏 가문의 경세학」(『한국사상사학』 30, 한국사상사학회, 2008)

◉ 필자

성명 : 조성산(趙成山)
현직 : 성균관대학교 사학과 조교수
연구분야 : 조선시대사

鄭齊斗

정제두

1649-1736, 號: 霞谷, 字: 士仰, 諡號: 文康

진실[誠]을 느낀다는 것은 바로 실심(實心)과 진정(眞情)으로 서로 느끼고 움직이는 것이다.

(『霞谷集』, 「存言」)

정제두(1649-1736)는 호가 하곡(霞谷), 시호(諡號)는 문강(文康)이다. 한양(漢陽)에서 출생하여 조선의 격변기인 숙종대와 영조대를 살았다. 영정조 시대의 많은 조선의 지식인들은 당면한 국가적 문제를 해결함에 있어서는 1세기 전의 명말청초기 지식인들의 개선방안에 공감하면서도, 문물수용과 외교질서에서는 동시대의 청조 지식인들의 의견을 수용하였다. 정제두는 24세 무렵부터 과거 공부를 그만두면서, 그 무렵 양명학과의 만남을 가졌다. 23세에 첫 번째 부인과 어린 아들이 죽고, 이어서 자신마저도 병이 들면서 학문적 성향에 큰 변화를 일으켰던 것으로 생각된다. 그는 41세 때는 거처를 경기도의 안산(安山)으로 옮겼고, 다시 60세 때 강화도로 옮기면서 저술과 학문에 전념하였다. 정제두의 사상은 그 시대의 사상적 요청에 대한 응답이었다. 안산에서는 본격적으로 양명학적 관점에서 저술을 하였는데, 그게 바로 『거변(學辨)』과 『존언(存言)』이다. 이러한 저술을 통하여 그가 중국의 양명학을 비롯한 다양한 학문이 수용되어 찬반 논쟁이 일어났던 학문의 전환기에 처해서, 조선에 뿌리내린 주자학적 형이상학에 의문을 갖고, 그 대안으로 양명학적 실천이론의 관점에서 유교적 가치를 조선 문화에 회복하고자 하였던 것을 알 수 있다. 그는 성학의 바른 길이 어디에 있는지를 분별하여 제시하기 위하여 왕양명의 학설에 애착을 가진다고 하였다.

하지만 강화도에서의 저술은 고전을 재해석하여 종합한 『심경집의(心經集義)』와 『경학집록(經學集錄)』, 『중용설(中庸說)』 등이다. 경서 재해석을 통하여 그는 경서를 양명학적 실천성을 담보하는 문헌으로 자리매김하였다. 경서에 대한 새로운 관점을 제시함으로써 경서 자체의 정신을 회복하고자 함이다. 양명학을 이단시하는 조선의 학풍에 대하여 정제두는 양명의 이론을 가지고 유학을 재해석하여 유교문화의 정체성을 제시하고자 하였다. 시속의 병폐에 대한 위기감에서 정제두는 새로운 해석을 추구하였고, 문화전통에 대한 새로운 해석을 제시하고자 하였다. 이것이 정제두의 학문관이었다.

정제두는 조선의 유교가 실천보다는 이론에서 심화되는 상황에 대하여 강한 의문과 위기감을 가졌다. 당시 조선의 학문 상황은 심성론조차 본래 고대 유교가 갖고 있었던 실천 주체의 마음에 대한 주목보다는, 형이상학적 천리로서의 성(性)을 해명하기 위하여 이원론적 세계관이 형성되었다. 이에 대하여 정제두는 양명의 지행합일적 '양지'의 관점에 입각하여, 주자학적 인식대상으로서의 '천리'와 '성' 대신에 '심체(心體)' 즉 인간이 본래 갖고 있는 마음에 주목하였다. '양지'는 바로 실천이다. '치양지'는 인간 내면의 '양지'가 사회 속에서 실천하는 것이고, 수양이다. '심즉리'는 '심(心)'='리(理)'이다. 이 경우 '심'은 성정을 통괄하는 주자적 ‘심’이 아니라, ‘정(情)’에 가까운 ‘마음’이다. ‘리’도 형이상학적 천리가 아닌 ‘마음의 조리’이다. 정제두가 말하는 ‘실심(實心)’과 ‘진정(眞情)’은 곧 ‘양지’의 다른 표현이다. 즉 실천하는 마음, 수양에서 얻어지는 마음이다. 따라서 행함이 곧 앎이 된다. ‘성’이 곧 ‘정’이고 ‘천리’라고도 한다. 둘로 나눌 수 없는 지성무식(至聖無息)의 실천, 수양이 바로 ‘치양지’인 것이다. ‘치양지’를 하기 위하여 경서의 본의를 재해석할 필요성이 있었던 것이고, 경서의 본의를 실천함으로써 ‘실심’과 ‘진정’을 갖추어 진실한 사람이 될 수 있다고 보았다. 이것이 정제두의 인간관이다.

정제두는 주자의 학설은 “말(末)에서 본(本)으로 가고” 양명의 학설은 “뿌리로부터 가지 끝으로 간 것”이지만 서로 다른 것이 아니기 때문에, 두 학파의 학문을 잘 활용하면 “天地位, 萬物育”이라는 목표에 도달할 수 있다고 보았다. 따라서 그의 학문을 주자학에서 양명학으로 갔다가 다시 주자학으로 전향하였다고 하는 기존의 평가는 나무를 보고 숲을 보지 못한 평가라고 할 수 있다. 정제두는 학문을 통하여 고대 유학의 실천의 도를 회복하여 당시 조선의 현실을 해결하고 이끌어갈 도(道)를 제시하고자 하였다고 평가할 수 있다.

◉ 참고문헌

鄭齊斗, 『霞谷全集』(여강출판사, 1988)
鄭齊斗, 『국역 霞谷集』(민족문화추진회, 1977)
정인보, 「조선양명학파」(『양명학연론』, 삼성미술문화재단, 1972)
윤남한, 『조선시대의 양명학 연구』(집문당, 1982)
김교빈, 『양명학자 정제두의 철학사상』(한길사, 1995)
이용주, 『주희의 문화 이데올로기』(이학사, 2003)
松田弘, 「朝鮮陽明學의 특질과 그 논리구조 – 鄭霞谷과 王陽明과의 비교에 의한 검증」(『한국학보』 25집, 일지사, 1981)

◉ 필자

성명 : 한예원(韓睿嫄)
현직 : 조선대학교 한문학과 교수
연구분야 : 동아시아 교육사상, 한문교육

李瀷

이익

1681–1763, 號: 星湖, 字: 自新

> 경(經)을 연구하는 것은 그 지식을 실제로 사용하기 위해서이다. 경을 논하면서도 세상의 허다한 사안들에서 활용하지 못한다면, 그것은 한갓 읽기만 잘 하는 것에 불과하다.
>
> (『星湖僿說』「誦詩」)

이익은 심법(心法)에 중심을 두고 경전을 연구하는 이학(理學)의 학문 방식이 식무(識務)에 무능한 결과를 초래하였다고 비판하고, 치용(致用)을 위한 지식의 탐구로 학문 방식을 전환하였다. 그는 윤행(倫行)의 확립을 위해 인륜을 중시하면서도, 심법에 대한 이론 탐구가 인륜을 수행하는 데 실용의 도움이 되지 못함을 비판하였다. 또한 고거(考據)를 연구방법으로 중시하면서도, 기본적으로 박학(博學)의 차원이 아닌 식무(識務)를 위한 수단으로 이용하였다. 이러한 이익의 관점은 유형원(柳馨遠)의 학풍을 계승한 것으로, 윤동규(尹東奎), 안정복(安鼎福), 이병휴(李炳休), 신후담(愼後聃), 권철신(權哲身), 권일신(權日身), 이기양(李基讓) 등 문하의 학자들에게 확산되고, 정약용에 이르러 집대성되어, 경세치용

(經世致用)에 중점을 둔 조선 실학의 한 큰 줄기를 이루었다.

이익은 생재(生財)를 위주로 국가를 경영하는 기본 방략을 여러 글로 제시하였다. 그는 『곽우록(藿憂錄)』에서 경연(經筵), 생재(生財), 국용(國用), 치군(治郡), 균전론(均田論) 등 전체 19개의 절목에 걸쳐, 부국강병이 아닌 안민리국(安民利國)을 지향하는 관점에서 국가 제도의 개혁방안을 개괄적으로 제시하였다. 이러한 이익의 경세론은 유형원의 『반계수록(磻溪隧錄)』, 정약용의 『경세유표(經世遺表)』와 함께 조선후기 실학에서 정치체제와 제도의 개혁안을 구체적으로 수립한 대표적 사례가 된다. 또한 지식을 위주로 탐구하는 이익의 글들은 『성호사설(星湖僿說)』과 『성호전서(星湖全書)』로 정리되어 전한다.

이익은 서교(西敎)와 서학(西學)을 구분하여 유교의 입장에서 그리스도교 교리를 비판하고, 지식으로서 서학을 수용하였다. 그는 종래 심장 위주로 심(心)의 개념을 이해하던 시야를 넓혀 기억의 담당기관을 뇌로 이해하는 관점을 함께 수용하였다. 천문, 지리, 역법 등 자연학에 대한 서학의 가치를 높이 평가하고, 『칠극(七克)』의 극기설(克己說)이 유교의 "극기복례(克己復禮)"와 같은 관점을 가진 것으로 긍정하였지만, 『천주실의』의 천당지옥설 등에 대해서는 불교의 윤회설과 같은 부류로 간주하고 비판하였다. 이러한 관점은 안정복에게 이어졌다.

이익은 유교 경전을 탐구할 때 유교의 경전 본문 자체의 맥락을 먼저 충실하게 이해하고, 주석들을 보조적으로 활용하는 방법을 취하였다. 그는 이러한 방법으로 당시 주희의 주석을 규구(規矩)로 삼아 경전의 내용을 이해하는 이학(理學)의 한계를 넘어서고자 하였다. 그러나 주희의 주석을 도외시하고 "경(經)은 경(經)을 가지고 논증하고, 전(傳)은 전(傳)을 가지고 해명한다[以經治經, 以傳解傳]"는 새로운 한학(漢學)의 방법으로 돌아가지는 않았다. 또한 주희의 이학에 대하여 비판하였던 육왕(陸王)

의 심학(心學)에 대해서는 비판적 입장을 명확히 취하였다. 『심경질서(心經疾書)』에서 이익은 『중용』의 "미발(未發)" 개념을 경험적인 심리 의식의 한 상태로 파악하여, 주희가 경험과 관련 없이 설명한 내용들을 배제하였지만, 한편으로 정민정(程敏政)이 『심경부주(心經附註)』에서 존덕성(尊德性)을 강조하는 논의들을 인용하여 주희의 만년정론으로 설명한 것에 대하여 비판하였다. 이러한 육왕의 학문방식에 대한 비판은 주희와 이황의 학문방식을 계승하는 것이었다.

이익은 안정복 등 문하의 제자들과 함께 이황(李滉)의 학문을 정리하고 계승하는 한편, 향촌사회에서 사족들이 세대를 이어 안정적으로 종족을 보전하면서 생활해나가는 방안을 강구하였다. 그 학문적 결실은 전자의 측면에서 『사칠신편(四七新編)』, 『이자수어(李子粹語)』, 『이선생예설유편(李先生禮說類編)』 등이, 그리고 후자의 측면에서 『가례질서(家禮疾書)』, 『성호예식(星湖禮式)』, 「종의후설(宗議後說)」 등의 산출되었다.

이익은 당시 가정경제에서 가례의 수행으로 발생하는 재정부담을 완화시키기 위하여 자신의 집안에서 행하는 예식(禮式)을 대폭 간소화하였다. 또한 동시에 종족의 화합 범위를 넓히기 위해 사족이 자체적으로 대종(大宗)을 세울 수 있는 경학론을 제시하고, 자신의 집안에 적용하였다. 이익의 예식은 사후 이병휴에 의해 『성호예식』으로 정리되어 전해졌는데, 당시 이학자들로부터 정통적 방식이 아니라고 비판을 받았다. 그러나 주희의 『가례』 체제에서 벗어나 고례(古禮)에 의거해서 가례를 사족의 사정에 맞게 수행할 수 있는 형태로 간소하게 재정립하는 한 계기가 되었고, 정약용이 새로운 가례(家禮)체제를 수립하는 데 영향을 주었다.

이익은 서학서(西學書)를 전면적으로 독서하면서 지식으로서 서학을 섭취하면서, 유교 경전의 내용을 치용을 위한 지식으로 연구하고 활용하는 학풍을 확립하는 데 앞장섰다. 그가 경학과 경세 양 방면에서 이룬 학문적 업적은 심법을 우선시하는 이학의 한계를 넘어서서 경세치용의 실학으로 당시 조선의 학풍을 유도하는 데 결정적 역할을 하였다.

◉ 참고문헌

강세구, 『성호학통 연구』(혜안, 1999)

강병수, 「星湖 李瀷과 河濱 愼後聃의 서학 담론 -腦囊에 대한 인식을 중심으로-」(『한국실학연구』 8, 한국실학학회, 2003)

이봉규, 「실학의 예론-성호학파의 예론을 중심으로」(『한국사상사학』 24, 한국사상사학회, 2005)

최석기, 「星湖學派의 『대학』 해석 - 星湖, 貞山, 茶山을 중심으로-」(『한국실학연구』 19, 한국실학학회, 2010)

정만조 외, 『성호 이익 연구』(실시학사 실학연구총서 1, 사람과무늬, 2012)

◉ 필자

성명 : 이봉규(李俸珪)

현직 : 인하대학교 철학과 교수

연구분야 : 한국철학, 유교

柳壽垣

유수원

1694-1755, 號: 聾庵, 字: 南老

영조(英祖)가 전(前) 병조참판(兵曹參判) 심악(沈鍔)을 직접 국문했는데 그가 공초(供招)하기를, "신은 유수원(柳壽垣)을 사형에 처한 이유가 흉언(凶言)인 줄로만 알았지 대역(大逆)인지는 몰랐습니다. 신은 그의 역절(逆節)을 나라를 향한 정성이라 여겼고, 그의 흉언을 대역이라고 생각한 적은 없었습니다."
심악이 또 "유수원과 함께 죄를 받는다면 죽더라도 기쁘겠습니다."고 말하자, 임금은 즉시 그를 법에 의거하여 사형에 처했다.

(『英祖實錄』 영조 31년 5월 26일)

유수원(柳壽垣)은 18세기 전반 조선사회가 안고 있는 가장 큰 병폐 두 가지로 지배신분인 사족(士族)의 '자폐적(自閉的) 엘리트'로의 전환과 문벌사회의 형성을 꼽았다. 그의 주저 『우서(迂書)』 편찬 목적이 여기에 있다고 단언할 정도로 그의 입장은 확고했다. 명색이 비록 지배층이었지만 공부 이외에는 아무 것도 할 수 없게 되어버린 사족들은 지배층이라는 허울 속에 두 손 두발이 모두 묶여버린 '자폐적 존재'에 불과했다.

더구나 소수의 노론 집권세력이 문벌집단을 강고하게 형성한 상황에서, 그들은 그토록 갈구했던 관직을 얻기 힘들었고, 그렇다고 다른 직업을 감히 가질 수도 없는 딱한 처지로 내몰리고 있었다.

유수원이 사족의 생계 마련을 위해 제시한 방안은 사민(四民) 분업이었다. 그는 사족을 사(士)·농(農)·공(工)·상(商)이라는 사민의 바운더리에 집어넣은 다음, 사민 간의 평등과 계층 이동을 용인하게 되면, 그들의 생계 문제를 해결할 수 있으리라 믿었다. 그의 개혁안의 독창성은 사족의 생계 방안으로 상업을 주목했다는 점에 있다. 그는 사족이 상업에 투신하게 되면, 그 동안 상업을 천업(賤業)이라 하여 무시해온 분위기가 일신되고, 경제 전반이 활성화될 계기가 마련될 것으로 믿었다. 그렇게 되면 사민들이 경제적 안정을 얻게 되고, 국가도 자연스럽게 부강해질 수 있을 것이었다. 그런 점에서 그의 개혁론의 핵심은 사민 분업의 실현과 사족의 상업 전업의 허용이었다. 사족의 전업 직종으로 상업을 꼽았다는 점에서, 그는 '사족이자 상인인' 이른바 사상층(士商層)의 출현을 염두에 두고 있었다.

그의 이러한 개혁 구상은 중국역사에 관한 꼼꼼한 분석에서 나온 것이었다. 그는 삼대(三代) 시기로부터 명청시대에 이르기까지 중국의 역사 전체를 훑어본 다음, 조선이 모델로 삼아야 할 중국왕조가 명청왕조임을 확신하게 되었다. 이 시기가 사민 평등과 직업 선택의 자유, 그리고 사민 분업 등 '중국 고유'의 이상적 요소들이 꽃피운 시기로 이해했기 때문이다. 그는 특히 동시기의 중국, 곧 청나라에 대한 애호가였다. 그는 청대 중국사회가 이룩한 사회경제적 성취를 높이 평가했고, 조선이 가능한 한 빨리 그러한 성취를 따라잡기를 간절히 희망했다. 그러한 역사적 임무를 수행할 새로운 사회세력이 바로 사상층(士商層)이었다.

그렇지만 당대 중국사회를 모델로 하는 그의 독창적 개혁안은 현실사회에서 실현되기 어려웠다. 첫 번째 원인은 그가 노론과 소론이 정권 쟁취를 위해 한판 싸움을 벌였던 신임사화(辛壬士禍, 1721-1722) 당시, 노론 측에 대한 공세의 최선봉에서 맹활약했던 소론 근본주의자였기 때문이다. 이런 정치 행로로 인해 그는 1718년(숙종 44) 관직 진출 이후 1755년(영조 31) 61세를 일기로 생을 마감할 때까지 국왕 영조와 집권 노론세력으로부터 요주의 인물로 낙인찍혔고, 그들의 끈질긴 감찰의 대상이 되었다.

두 번째 원인은 청나라를 모델로 하는 그의 개혁안이 숭명배청(崇明排淸) 사상과 소중화주의를 기치로 내건 영조 정부의 집권 이데올로기와 정면으로 충돌했기 때문이다. 청나라를 긍정하고 더구나 상업의 중요성을 강조하는 그의 개혁안이 당시 사회에서 받아들여지는 것은 거의 불가능한 일이었다. 이러한 혁신적 주장들이 조선의 지식인들 사이에서 재논의된 시점은 그로부터 5,60여 년이 경과한 정조대(치세기간: 1776-1800)였다. 그가 가장 싫어했던 서울에 거주하는 노론가문의 자제들이 주도한 북학(北學) 운동이 그것이었다. 1730~40년대 실세(失勢)한 한 소론계 개혁가의 주장이 북학파의 그것과 거의 일치한다는 점에서, 그의 사상은 그만큼 혁신적이었고 또 시대를 앞선 것이었다.

노론·소론 연합정부가 운영되던 시절, 그의 탁월한 재능을 안타까워 한 조현명(趙顯命), 박문수(朴文秀), 이종성(李宗城) 같은 소론계 고위관료들은 그를 몇 차례 국왕 영조에게 추천한 적이 있었다. 그는 1741년(영조 17) 영조를 직접 알현, 그의 정치구상을 역설할 수 있는 흔치 않은 기회를 갖기도 했다. 그렇지만 '경종(景宗)의 충신'을 자처했던 그를 집권 노론세력은 결코 좌시하지 않았고, 그로 인해 그는 아주 짧은 기간 동안 사헌부(司憲府)와 사간원(司諫院)의 하위관직을 전전했을 뿐이었다.

그는 1755년(영조 31) 역심(逆心)을 품었다는 단 하나의 혐의만으로 '을해옥사(乙亥獄事)'에 연루, 한 많은 인생을 마감하고 말았다.

소론의 정치적 몰락과 그의 죽음으로 인해 그가 꿈꿨던 세계는 이제 조선사회에서 더 이상 추진될 수 있는 동력을 상실했다. 그리하여 동시기의 중국, 곧 청대사회를 모델로 하여 국가중심의 개혁으로 조선사회를 중국과 대등한 부국으로 만들고자 했던 그의 웅혼한 꿈은 영원한 미완으로 남게 되었다.

◉ 참고문헌

김성우, 「조선시대 사회구조의 변화와 聾庵 柳壽垣의 신분제 개혁론」(『농암 유수원 연구』, 사람의무늬, 2014)

이헌창, 「《迂書》에 나타난 聾庵 柳壽垣 경제사상의 기본구조」(『농암 유수원 연구』, 사람의무늬, 2014)

정만조, 「聾庵 柳壽垣의 생애와 정치개혁론」(『농암 유수원 연구』, 사람의무늬, 2014)

한영국, 「해제」(『(國譯) 迂書』, 민족문화추진회, 1967)

한영우, 『柳壽垣 – 꿈과 반역의 실학자』(지식산업사, 2007)

◉ 필자

성명 : 김성우(金盛祐)

현직 : 대구한의대학교 호텔관광학과 교수

연구분야 : 조선시대 사회경제사

申景濬

신경준

1712-1781, 號: 旅庵, 字: 舜民

> 대장부가 이 세상을 살아감에 천하의 모든 일이 나의 직무(職務)가 된다. 하나의 사물이라도 이치를 궁구하지 못함이 부끄럽고, 하나의 기예라도 능숙하지 못함이 근심이다. 성현처럼 되고자 한다면 깊이 생각하고 힘써 실천할 따름이다. 학문은 도(道)를 깨우침이 귀중한데, 도는 자득(自得)에 달려 있다.
>
> (「左承旨旅庵申公墓碣銘」, 『耳溪集』 권28)

이것은 신경준(申景濬)이 젊은 시절 스승이 없이 독학하면서 자신의 학문관을 밝히면서 한 말이다. 이는 그가 격물치지(格物致知)의 전통적 학문관을 넘어서 실생활에 유용한 기예 또한 학문적 대상으로 중시하였으며, 그 방법에 있어서는 자득(自得)의 정신을 근본으로 여겼음을 말해준다. 이처럼 기술과 실용을 강조하고 자득의 학문을 중시한 신경준은 지리학, 문자학, 기술서 등에 있어 탁월한 성취를 이루어 18세기 사상사에서 독특한 위치를 점한다.

신경준의 삶은 1754년, 43세의 늦은 나이로 과거에 급제하여 관료

생활에 종사하는 것을 기점으로 나누어 살펴볼 수 있다. 43세 이전에 그는 고향인 전남 순창(淳昌) 외에 서울, 강화(江華), 온양(溫陽), 소사(素沙), 직산(稷山) 등 전국 각지를 편력하며 학문을 연마하였다. 당대의 대표적인 박학지사(博學之士)로 손꼽히는 그의 학문은 유불도(儒佛道)의 삼교(三敎)와 구류(九流)를 섭렵하는 개방적인 면모를 지녔다. "배우는 자는 서로 다른 바로부터 박학을 이루고, 같은 바에서 그 요체를 지킨다."(「四部節選序」)고 하여, 박학을 통한 회통(會通)을 추구한 그는 이단의 학문 또한 천하 사물의 이치를 궁구하고 선비의 직분을 넓히는 데 도움이 된다고 여겼다. 이러한 신경준의 학문 사상은 박학을 중시하며 삼교회통(三敎回通)적인 사상을 지닌 소북(小北)의 가학 전통과 서울 학풍을 폭넓게 소화한 바탕에서 형성되었으며, 이용후생(利用厚生)을 목적으로 하는 매우 실용주의적인 것이었다.

박학을 통한 회통 사상이 잘 드러난 저술이 20대 소사에 거주할 때 지은 「소사문답(素沙問答)」이다. 이 글은 만물의 형태와 색상의 차이를 음양의 조화와 오행의 원리로 설명한 것으로 구류(九流)의 각 관점에서 현상을 살피는 논리를 전개하고, 이를 하나하나 비판적으로 분석함으로써 현상과 본질의 차이를 논리적으로 명백하게 드러내고자 한 것이다. 그가 젊은 시절부터 성리학만을 교조적으로 숭상하여 이단을 배척하는 것이 아니라 여러 사상을 폭넓게 수용하였음을 보여주는 것이다.

그가 1750년에 지은 『운해훈민정음(韻解訓民正音)』은 독창적인 관점에서 한글 분석을 시도했다는 점에서 주목되는 저술이다. 이 저술은 음(音, 소리)과 운(韻, 韻素)을 구분하여 인식한 점, 조음체(調音體) 운동의 정밀한 관찰을 통해 각 소리의 특징을 규정하고 있는 점 등 여러 가지 이유에서 실용적, 과학적 방법에 기초한 연구로 주목받고 있다. 문자학에 대한 그의 관심은 일본어와 베트남어에까지 관심이 미치고 있다.

일본어에 대한 연구서로 『일본증운(日本證韻)』이 있으며, 제주 목사를 지낼 때에 제주 사람 중에서 안남국(安南國)에 표류했다가 돌아온 사람을 통해서 백여 종의 베트남어 발음을 조사하여 기록해 두기도 했다.

신경준은 관계에 진출한지 2년 뒤인 1756년에 『강계지(疆界志)』를 완성하여 역사지리학자의 지위를 확고히 이후, 『산수고(山水考)』·『사연고(四沿考)』·『도로고(道路考)』·『가람고(伽藍考)』 등 일련의 지리서를 편찬한다. 『사연고』는 압록강, 두만강과 8도의 연해로 및 중국과 일본으로의 해로, 조석간만 현상 등을 정리하였고, 『도로고』는 전국 각 지역의 육로·수로 교통 및 중국·일본과의 교통로를 기록하였으며, 『가람고』는 전국 각처에 산재한 절의 이름과 소재지 등을 밝힌 책이다.

신경준은 1769년(영조 45) 영의정 홍봉한(洪鳳漢)의 천거로 비변사(備邊司) 낭청(郎廳)으로 임명되어 『동국문헌비고(東國文獻備考)』의 편찬에 참여하고, 『여지편람(輿地便覽)』을 감수하게 된다. 홍봉한이 신경준을 천거한 것은 『강계지』를 보고 그의 학식을 높이 평가하였기 때문이거니와, 『도로고』의 편찬 또한 신경준이 『동국문헌비고』의 「여지고(輿地考)」 부분을 전담한 것이 계기가 되었다. 그는 평소에 우리나라의 지리에 꾸준한 관심을 가지고 있었으며, 관직 생활의 경험을 통해 지리서의 편찬이 무엇보다 급선무임을 더욱 절실히 느낀 것으로 여겨진다. 여기에는 물론 전국적 시장권(市場圈)이 형성되면서 상품 유통이 활성화되면서 도로의 기능이 중요하게 부각된 조선 후기의 현실이 작용했을 것이다.

신경준의 국토지리관 중에서 특기할 점은 바다와 해로에 대한 관심이다. 『산수고』에서 그는 국토를 이루는 산과 강을 상호 보완적인 존재로 이해하였는데, 이는 자연스레 국토 지리의 인식에 있어서 강과 바다의 의미를 강조하게 되는 것으로 나아가게 된다. 이 같은 생각에서 편찬된 것이 『사연고』로, 우리나라 연해 지역에 대한 최초의 전문 저술이라는 의의를 지닌다. 『사연고』의 서문에서 신경준은 삼면이 바다로 둘러싸이고 대륙과 통하는 북쪽 변방 또한 압록강과 두만강으로 경계를 이루는 한반도 지형의 특수성을 언급하고, 국가 방비를 굳건히 하기 위한 의도에서 이를 편찬하였음을 밝혔다.

이러한 국방에 대한 관심에서 저술된 것이 「논병선화차제비어지구(論兵船火車諸備禦之具)」로 선박, 화기, 수차(水車) 등을 도설(圖說)을 통해 자세히 분석하고 활용법을 제시한 글이다. 이 글은 실용, 실증을 중시한 그의 실학 정신이 잘 드러난 저술로 여기에서 그가 제시한 창견(創見)은 과학적 통찰에 입각한 것으로 인정되고 있다. 이 글의 말미에서 신경준은 국방을 강화하고 민생을 풍요롭게 하는 기기를 유형지도(有形之道)라 하고, 유형지도에 관심을 쏟지 않고 무형지도(無形之道)에만 관심을 쏟음은 공허한 일이라고 비판하였다. 이는 사물의 이치나 기예를 하나라도 모르는 것이 대장부의 부끄러운 일이라고 한 그의 주장을 떠올리게 하는 말로, 신경준이 시대의 현실을 몰각한 채 실질적 내용이 없는 형이상학에만 몰두하는 당대의 학문 풍토를 매우 비판적으로 인식했음을 말해준다.

◉ 참고문헌

申景濬, 『旅菴全書』(경인문화사, 1976)
김석득, 「실학과 국어학의 전개 – 崔錫鼎과 申景濬의 학문적 거리」(『동방학지』 16권, 1975)
양보경, 「여암 신경준의 지리사상」(『국토』 211권, 국토연구원, 1999)
고동환, 「여암 신경준의 학문과 사상」(『지방사와 지방문화』 6권 2호, 역사문화학회, 2003)
신익철, 「申景濬의 국토지리관과 海路·船舶에 대한 인식」(『한국한문학연구』 43집, 한국한문학회, 2009)

◉ 필자

성명 : 신익철(申翼澈)
현직 : 한국학중앙연구원 한국학대학원 인문학부 교수
연구분야 : 한국한문학

安鼎福

안정복

1712–1791, 號: 順菴, 字: 百順

> 후세의 학자는 하학(下學)을 비천(卑賤)하게 여겨 물리치고, 항상 천인성명(天人性命)과 이기사칠설(理氣四七說)에 집착하는데, 그 행실을 보면 칭찬할 만한 것이 전혀 없으면서 오직 상달(上達)을 모르는 것만 부끄럽게 여긴다. 평생 학문을 하여도 덕성(德性)은 끝내 세우지 못하고 재기(才器)는 끝내 성취하지 못하여 여전히 학문을 하지 않은 사람 모양을 하고 있으니 과연 무슨 유익함이 있겠는가? 이는 하학(下學)의 공부를 몰라 그런 것이다.
>
> (『順菴集』 卷19, 題後, 題下學指南)

안정복(安鼎福)이 『하학지남(下學指南)』 서문에 밝힌 글이다. 학자들이 성리학(性理學)으로 공리공담에 빠져 평생 공부하여도 성취하지 못하는 모습을 보고 유익함이 없다고 비판하면서 하학(下學)에 충실할 것을 강조하는 내용이다. 물론 『논어(論語)』 「헌문(憲文)」편의 '下學而上達'에 근원하고 있다. 그는 또 『의문(擬問)』에서 사칠이기(四七理氣)를 요약 정리한 다음, 마지막 부분에 성리학은 얽혀있는 털이나 실뭉치 같아 풀기 어렵다고 하며 학자들은 모름지기 하학에 힘쓸 따름이라고 결론을 내렸다.

그가 왜 이토록 성리학을 비판하면서 하학을 강조하였을까? 우선 성리학은 실체가 없는 그림자요 허공의 설화(說話)인 반면, 하학은 일상생활에서 소용되고 실천할 수 있는 유용한 학문이라는 것이다. 그는 '하(下)'란 우리 주위에서 흔히 볼 수 있고 가까운 것을 말한다고 하였다. 모든 유학자가 그러하였듯이, 그도 상달(上達)의 경지에 이르고 싶은 철저한 유학자였다. 다만 어려서부터 어려운 성리학에 집착하는 공부를 배제하고, 일상생활과 관계 깊은 공맹(孔孟)의 가르침을 배워 실천함으로써 자연스럽게 상달의 경지에 이른다는 신념을 지니고 있었다. 그가 말년에 '먼 것에 힘쓰고 가까운 것을 소홀히 하였다[務遠忽近]'고 자책하면서 일상생활의 일에 더욱 노력하겠다고 다짐한 것도 같은 맥락이다. 여기에서 유학자 안정복의 실학(實學)이 하학에 근원을 두고 있으며 현실과 실천이 중시되고 있다는 사실을 찾아 볼 수 있다.

하학에 바탕을 둔 그의 실학은 유형원(柳馨遠)을 사숙(私淑)하고, 이익(李瀷)의 문하생이 됨으로써 더욱 빛을 발하였다. 그는 유형원의 역사이론을 수용하여 『동사강목(東史綱目)』 저술에 응용하였고, 『반계수록(磻溪隧錄)』을 '만세에 태평을 열어줄 책[萬世開太平之書]'이라 감탄하면서, 정책에 적용하면 큰 효험이 있을 것이라는 견해를 보였다. 이익은 안정복의 실학에 결정적인 역할을 하였다. 본시 실천궁행(實踐躬行)의 하학에 철저하고, 유형원의 실학을 일찍이 접한 이익은 안정복에게 자득(自得)의 학문 방법, 역사고증(歷史考證)과 자주의식, 그리고 현실개혁의 필요성과 실천의 중요성을 강조하였다. 이익의 『성호사설(星湖僿說)』을 『성호사설류선(星湖僿說類選)』으로 재편할 정도로 안정복은 이익의 실학을 충분히 익혔다. 편지를 통한 질의응답도 수백통에 이른다. 따라서

17-18세기 대표적인 실학자 유형원과 이익의 저술을 섭렵하고, 직접 이익의 가르침과 도움으로 저술된 『동사강목』은 18세기 조선후기 역사학과 실학사상의 조화 속에서 이루어진 역사서라고 할 수 있다.

그의 현실적인 실천 실학은 현실 모순의 개혁을 주장하는 내용으로 확대 응용되어 나타난다. 『동사강목』과 『임관정요(臨官政要)』에 잘 드러나 있다. 그는 『동사강목』 사론(史論)을 통하여 역사적인 전거를 제시하면서 당대 각종 현안에 대한 개선안을 내놓았다. 예를 들면 시무책(時務策)과 경론(經論) 중심의 과거시험 개선, 고문(拷問)의 금지와 연좌제(緣坐制) 폐지, 환곡제도(還穀制度)의 폐지와 사창제(社倉制)의 확대, 철저한 자주국방과 해방변어(海防邊禦)의 강화, 노비천적(奴婢賤籍)의 혁파 등을 들 수 있다. 『임관정요』에서는 목민관이 민생을 위하여 갖추어야 할 여러 조건을 구체적으로 제시하였다.

한편 사실적 증거를 중시하는 안정복의 역사학에서 고증은 매우 중요한 학문 연구 수단이다. 그는 『동사강목』을 집필하면서 종래 역사서 기록의 많은 오류를 지적하고 문헌고증(文獻考證)을 통하여 바로 잡은 고증 과정과 결과를 『동사강목』 부록에 붙였다. 그가 고증 과정에서 불승(佛僧)의 기록과 전래하는 각종 설화의 내용을 허황하다 하여 배척하고 수용하지 않으려 한 것은 사칠이기(四七理氣)를 실체가 없는 그림자라고 비평하면서 하학에 매진할 것을 강조한 논리와 크게 다를 바 없다. 그는 이렇게 하학에 바탕을 둔 학문관에서 출발하여 민생을 위한 현실 개혁 주장에 이르기까지 확대 응용된 실학적 논리를 폈던 것이다. 그가 정통 유학을 고수하면서도 조선후기 대표적인 역사학자이고 고증학자이며 실학자인 이유가 여기에 있다.

◉ 참고문헌

정구복, 「磻溪 柳馨遠의 사회개혁사상」(『역사학보』 45집, 1970)
한우근, 『星湖 李瀷 研究』(서울대학교출판부, 1980)
원재린, 『조선후기 星湖學派의 학풍 연구』(혜안, 2003)

◉ 저자

성명 : 강세구(姜世求)
연구분야 : 한국사(실학)

徐命膺

서명응

1716-1787, 號: 保晩齋, 字: 君受

> 성곽과 주택, 수레와 기물은 어느 것 하나 자연(自然)의 수법(數法)이 없는 경우가 없다. 이 수법을 제대로 갖추면 견고하고 완전하여 오래 갈 것이요, 그렇지 않으면 아침에 만든 것이 저녁이면 벌써 못쓰게 되니, 백성과 나라에 끼치는 폐해가 적지 않다.
>
> (『北學議』 序文)

위는 조선 실학의 대표적인 저술인 박제가(朴齊家)의 『북학의』에 쓴 서명응(徐命膺)의 서문 중 일부이다. 이 글에서 그는 성을 쌓거나 집을 짓고 수레나 도구를 만드는 등, 모든 일에는 '자연의 수법'이 들어있다고 하였다. 여기서 말한 자연의 수법이란 곧 우주 만물에 내재하는 수학적 법칙을 가리키는 것으로, 이 법칙을 탐구하는 학문으로 동양에서는 '상수학(象數學)'이라는 분야가 있었다. 서명응은 바로 이 상수학을 바탕으로 하여 천문(天文), 역산(曆算), 악률(樂律) 등에 특장이 있었다. 상수학은 하도(河圖)와 낙서(洛書)에 나타난 상(象)과 수(數)를 기원으로 우주와 현상의 생성 발전을 수리적으로 연역하는 학문이다. 그것은 중국 송대의 소옹(邵雍)에 의해 체계화되었으며, 조선에서는 서경덕(徐敬德)을 비조로 하고 있다. 즉 서명응은 주자학이나 양명학이 아닌 상수학을 가학(家學)으로 하고 있다는 점에 가장 큰 특징이 있다. 일반적으로 조선의 철학 사상은 성리학이 절대적인 다수를 차지하고, 일부 학자들 사이에서 양명학의 전통을 이어온 정도로 설명된다. 그런데 이와는 다른 상수학이라는 분야가 서명응 가를 중심으로 계승되어 왔던 것이다.

상수학은 하도와 낙서를 주요 원리로 한다는 측면에서 흔히 '선천역(先天易)'이라고 불리었다. 이러한 차원에서 서명응은 역학적 이론을 동원해서 서양 천문학을 포함한 천문·역법 지식 전반을 해석하였다. 예를 들면 땅이 둥글다는 사실, 하늘과 별은 왼쪽으로 돌고 해와 달은 오른쪽으로 돈다는 사실, 위도에 따라 기후에 차이가 나는 사실 등의 원리를 선천방원도(先天方圓圖)에서 찾는 것이 그것이다. 또 나아가 중국의 매문정(梅文鼎)이나 완원(阮元)처럼 주나라 말기에 천문·역산·악율을 담당하던 주인(疇人)들이 외국으로 달아나서, 그것이 결국 서양 과학의 원류가 되었다는 이른바 '서기중국원류설(西器中國源流說)'을 주장하였다.

그렇다면 '상수학'은 조선후기 실학과 어떻게 연관되는가? 우주와 만물에 대한 상수학적 해석은 흔히 세상과 인간의 운세를 점치는 일종의 술수처럼 여겨지기도 하였으나, 서명응의 경우 점차 자연과학의 영역으로 발전하고 있다. 예를 들어 서명응은 종래의 리(理)와 기(氣)에 수(數)를 더하여 태극이 리이며, 음양오행이 기이며, '일·삼·오·칠·구'와 '이·사·육·팔·십'이 수라고 설명하였다. 그리고 역리(易理)를 상(象)과 수(數)로 풀어내듯이 천지만물에 내재한 리를 기와 수로서 밝히지 않을 수 없다고 하였다. 위의 인용문에서 언급한 성곽과 주택, 수레와 기물을 만드는 수법이란 결국 그 구체적 적용이라고 할 수 있다.

한편 서명응의 학문관은 아들 서호수(徐浩修), 손자 서유구(徐有榘)로 계승되면서 천문, 수학, 농학 등의 분야로 전문화하게 된다. 이들은 문광도(文光道), 유금(柳琴), 김영(金泳) 등 당대의 산학자(算學者)들을 스승으로 기하학을 공부하였는데, 그 사승관계를 명나라 말기의 마테오리치[Matteo Ricci]와 서광계의 그것에 견주고 있다. 이런 점에서 이 집안의 학문은 그 행적과 저술에 있어 서광계의 그것과 매우 흡사한 궤적을 보이고 있다. 즉 중국의 소옹을 연원으로 조선의 서경덕을 거쳐 마테오리치와 서광계로부터 직접적인 영향을 입고 있다고 할 수 있다.

이러한 전개 과정을 거쳐 서명응의 학문은 조선학술사에서 보기 드문 자연과학적 전통 하나를 형성하게 된다. 그것은 여느 사대부처럼 국가 체제나 제도 등에 대한 품격 있는 담론이 아니었으며, 다만 중인(中人)의 기술로 간주되던 실용 지식에 치중한 것이었다. 이러한 경향은 교양적 지식을 실용적 지식보다 윗길에 두었던 전근대적 학문관을 어느 정도 넘어선 것으로 평가할 수 있다. 또한 그것이 근대 과학의 기초가 되는 수학에 기반하고 있다는 점에서 한 집안의 학문적 특징에 그치지 않고, 한국의 과학사 내지는 실학사에서 매우 독특한 계통 한 줄기를 보여주는 것이라고 할 수 있다.

◉ **참고문헌**

임유경, 「徐命膺의 문학관 및 시경론」(『한국한문학연구』 9, 한국한문학회, 1993)

김문식, 「徐命膺 저술의 종류와 특징」(『한국의 경학과 한문학』, 태학사, 1996)

박권수, 「徐命膺, 徐浩修 父子의 과학활동과 사상」(『한국실학연구』 11, 한국실학학회, 2006)

한민섭, 「徐命膺 一家의 박학과 총서·유서 편찬에 관한 연구」(고려대학교 박사논문, 2010)

이봉호, 『正祖의 스승, 徐命膺의 철학』(동과서, 2013)

◉ **필자**

성명 : 조창록(曺蒼錄)

현직 : 성균관대학교 대동문화연구원 수석연구원

연구분야 : 조선후기 한문학

元重擧

원중거

1719–1790, 號: 玄川, 字: 子才

> 일본에는 총명하고 영수(英秀)한 사람들이 많았으며 진정(眞情)을 토로하고 심금(心襟)을 명백히 하였다. 시문(詩文)과 필화(筆話)도 모두 귀히 여길 만해서 버릴 수 없다. 그런데 우리나라 사람들은 (일본인을) 오랑캐라고 무시하며 언뜻 보고 나무라며 헐뜯기를 좋아한다.
>
> (『淸脾錄』 권1 「蒹葭堂」)

원중거(元重擧)가 한 말을 이덕무(李德懋)가 자신의 『청비록(淸脾錄)』 권1 「겸가당(蒹葭堂)」에서 인용한 글귀이다. 그는 본래 충실한 주자학자로서 화이관(華夷觀)을 가지고 있었지만 통신사행을 통해 일본인을 직접 접하고 난 후 그것이 지니는 폐쇄성과 비현실성을 자각하면서 일본이적관(日本夷狄觀)을 청산하고자 하였다.

원중거는 관료로서 크게 현달하지도, 개혁적 사상을 제시한 실학자로서 이름을 떨친 인물도 아니다. 그가 최근 학계에서 주목받는 이유는 『화국지(和國志)』라는 저술 때문이다. 그는 1763년(영조 39) 계미통신사행(癸未通信使行)에 서기(書記)로 수행하면서 일본에서 문명(文名)을 날렸고, 귀국한 후 『승사록(乘槎錄)』, 『화국지(和國志)』, 『일동조아(日東藻雅)』라는 일본 사행록을 남겼다. 『승사록』은 4권 4책으로 사행의 전 과정을 기술한 사행일기이다. 『화국지』는 '문견록(聞見錄)'과 같은 성격을 띠는 것이지만 별도의 책으로 저술되었다. 천(天)·지(地)·인(人) 3권으로 구성되어 있는데, 76개의 방대한 항목에 걸쳐 일본사회의 여러 측면을 소개하고 있다. 『일동조아』는 현재 전하지 않지만 일본에서 창화(唱和)한 시를 모은 창화록일 것으로 추정된다.

즉, 원중거는 사행일기로서의 『승사록』, 문견록으로 『화국지』, 창화록으로 『일동조아』를 각각 독립된 책인 3부작으로 저술하였다. 특히 『화국지』는 그 내용이 종합적인 '일본국지(日本國志)'의 성격을 지니며, 원중거의 일본 이해가 조선시대 지식인 가운데 가장 깊이가 있고, 당대에 끼친 영향이 컸다는 사실이 확인되었다. 그래서 그는 조선후기 '일본학'의 기초를 닦은 인물로 평가받고 있다.

원중거의 교우관계를 보면, 연암(燕巖) 박지원(朴趾源)을 중심으로 하는 일군의 지식인들과의 교류가 대부분이었다. 특히 이덕무·박제가·유득공·성대중과 가깝게 지냈다. 이들은 대부분 북학론을 제창하면서 이용후생(利用厚生)의 실학이나 고증학적 학풍을 강조하였다. 원중거의 학문적 성향은 주자학에 관한 뚜렷한 입장과 함께 명물도수지학(名物度數之學) 내지 이용후생학(利用厚生學)에 대한 깊은 관심을 찾아볼 수 있다. 특히 이러한 면모는 『화국지』에 약여하다.

원중거가 수행하였던 1763년(영조 39)의 계미통신사행은 조선후기 11번째의 통신사로서 에도[江戶]까지 간 마지막 사절이었다. 사행 중 문화교류는 활발하였고, 사행 후 남긴 일본사행록은 모두 10편으로 가장 많았으며, 질적인 면에서도 우수하였다. 이는 '조선의 일본이해의 성숙'이라고 볼 수 있는 측면들이다. 원중거는 사행시 일본문사들과 창화한 시가 천여 수에 달하였으며, 이 사행을 계기로 이름이 일본은 물론 국내에서도 알려지게 되었다.

『화국지』와 『승사록』에 나타나있는 원중거의 일본인식의 특징과 의의를 정리해 보면 다음과 같다.

첫째, 원중거의 일본 이해의 수준이 높다는 점이다. 특히 『화국지』는 조선후기 통신사행원의 일본인식의 최고봉으로서 150여 년간에 걸친 일본 이해의 축적 결과라고 해도 좋을 것이다. 형식과 내용면에서 가장 정제되고 풍부한 일본국지(日本國志)이다. 일본의 『무감(武鑑)』을 이용해 막번체제(幕藩體制)의 구조와 운영방식을 소상히 밝힌 점과 사행시 구해온 일본 측 자료를 이용해 기술한 조일(朝日) 관계사 기록 등은 사료적인 가치가 높다. 물론 여기에는 본인의 각별한 노력이 뒷받침되어 있었다. 그는 사행시 이전의 사행록들을 모아 '신행편람(信行便覽)'을 만드는 등 치밀한 준비를 하였고, 사행시 호행문사(護行文士)를 비롯한 일본 측 인사들과의 필담을 통해 많은 견문을 할 수 있었다. 귀국 후 『화국지』를 저술할 때에는 일본, 중국 및 조선 서적과 비교검토하고 이덕무 등과 토론하는 등 심혈을 기울였다. 그 결과 『화국지』에서는 종래의 사행일기가 지니는 '주관성'과 국내에서 서적만을 참고해 저술된 기록들의 '간접성'이란 한계성이 극복되었다.

둘째, 원중거의 일본민족관과 정치, 사회 인식에는 새롭고 독특한 요소가 많이 제시되어 있다. 또 일본의 국내정세에 관한 진단과 전망, 대마도대책과 통신사제도 개혁안 등 대일정책면에서의 제안도 선구적이며 주목할 만한 바가 있었다. 또 '화국지'라는 명칭도 주목된다. 일본을 '왜(倭)'가 아니라 '화국(和國)'으로 부르면서 서명(書名)을 '화국지'로 정한 것은 조선시대에 유일한 사례이다. 원중거가 일본 사행 후에 문화상대주의적 입장에서 일본을 객관적으로 인식하고자 했음을 보여주는 사례이다.

이러한 원중거의 일본에 대한 정보와 이해는 홍대용·박지원·이덕무·박제가·유득공·이서구 등 북학파 실학자들의 일본인식 형성에 큰 영향을 주었다. 또 하나의 일본국지라고 할 수 있는 이덕무의 『청령국지(蜻蛉國志)』는 원중거의 『화국지』를 저본으로 했다고 해도 과언이 아니다. 이들뿐만 아니라 정약용과 김정희 등 18세기말 19세기 전반기 실학자들의 일본인식을 보면 원중거의 영향이 적지 않음이 확인된다. 그런 점에서 원중거의 일본문화관과 일본정세에 대한 전망은 조선후기 지식인의 일본관의 한 줄기를 이루었다고 할 수 있다.

◉ 참고문헌

하우봉, 「元重擧의 일본 인식」(『이기백선생 고희기념 한국사학논총』, 일조각, 1994)
오수경, 「18세기 서울 문인지식층의 성향 – 燕巖 그룹에 관한 연구의 일단」(성균관대학교 박사학위논문, 1990)
임형택, 「癸未通信使와 實學者들의 일본관」(『창작과 비평』 85, 1994)
박재금, 「元重擧의 "和國志"에 나타난 일본인식」(『우리 한문학사의 해외체험』, 집문당, 2006)
박희병, 「조선의 日本學 성립 – 元重擧와 李德懋」(『한국문화』 61, 2013)

◉ 필자

성명 : 하우봉(河宇鳳)
현직 : 전북대학교 사학과 교수
연구분야 : 조선시대 한일관계사, 실학사상사

魏伯珪

위백규

1727-1798, 號: 存齋, 字: 子華

『논어』의 결사(結辭)는 어조를 표시하는 허자가 다른 책에 비해 많다. 이는 성인이 말은 박절하게 못하지만 뜻은 절실해서이다. 그렇기 때문에 언외지의(言外之義)는 모두 어조사에서 나오니 읽는 자는 마땅히 완미해야 할 것이다.

(『存齋先生文集』 권1, 『論語箚義』)

평범해 보이는 상기 서술은 문제 의식과 접근 방법, 그리고 그 결과를 통해 볼 때 경학사의 측면에서 획기적인 언변이다. 판본에 따라 약간의 차이는 있지만, 『논어』에서 '也'는 530여 번, '而'는 330여 번, '矣'는 180여 번, '於'는 170여 번, '乎'는 150여 번, '則'은 120여 번 나오고, 그 외 허자의 출현 빈도도 적지 않다. 대략 12,700자 정도 되는 『논어』 전체에서 '말하다'라는 '曰'(750여 번), 부정을 나타내는 '不'(570여 번), 공자를 가리키는 '子'(450여 번) 등을 빼고 나면 과연 어록체의 비조라고 할 수 있을 정도로 『논어』에는 허자가 큰 비중을 차지하고 있다. 『논어』처럼 허자가 많이 쓰인 문헌이 지극히 드물지만 『논어』

에서 허자의 중요성은 통계 수치의 측면에만 있는 것이 아니다. 허자를 통해 문장 표현이 다양해지고 생동감이 있게 되며, 인물의 감정·성격이 여실히 드러남으로써 문학성을 지닐 수 있게 되기 때문이다. 그러나 현대 이전에 『논어』의 허자에 대한 문사(文辭)적 접근을 시도한 전저(專著)는 거의 없어서 중국 청대(淸代) 우운진(牛運震, 1706-1758)의 『논어수필(論語隨筆)』 정도가 학계의 주목을 받았다. 『논어』 뿐만이 아니라 『맹자』의 경우도 마찬가지다. 과거 경학자들이 주목한 것은 사상과 전장(典章), 명물(名物)이어서 대개 철학, 정치, 경제 및 훈고, 고증의 방면에서 연구하였을 뿐 『맹자』산문 예술과 문장 기교까지 다룬 것은 우운진의 『맹자논문(孟子論文)』이 거의 유일한 문헌으로 보고되었다.

우운진과 영향 관계가 없었던 위백규는 경학저작인 『사서차의(四書箚義)』에서 일관되게 사서(四書) 문장의 특징적 면모에 대한 파악을 중시했고 특히 『논어차의(論語箚義)』, 『맹자차의(孟子箚義)』에서 『논어』, 『맹자』의 문사적 특징에 따라 분석을 구체적으로 진행하였다. 『논어』의 경우 어기, 감정 표현으로서의 허자를 중시하면서 연용(連用)된 허자 및 문장의 사기(辭氣) 등에 대해서도 고찰하였다. 『맹자』의 경우 억양, 비유, 예화법 등 각종 수사적 기교와 논변 효과에 대해 언급하였다. 『논어』, 『맹자』에서의 접근 방법이 다른 것은 위백규가 그만큼 각 경전의 문사적 특징을 정확히 파악하고 있다는 반증이라고도 할 수 있다.

위백규가 이러한 저술을 하게 된 기저는 크게 두 가지 측면에서 파악된다. 첫째, 조선 후기 문학, 사회사상 등과 긴밀한 관련이 있는 것으로, 과거 합격을 위해 과문(科文)을 일삼거나 패관 소품체 등에 빠진 당시의 문풍(文風)을 바로 잡는다는 측면이다. 경전 문장의 가치를 밝힘으로써 경전의 함의를 제대로 이해하여 궁극적으로는 실천궁행할 수 있게끔 하려한 것이다. 이를 도문일치(道文一致)라는 거대 담론 속에 포함시킬 수도 있을 것이다. 그러나 '도(道)'가 그렇듯 '문(文)'도 다층적인 측면이 존재할 수 있기에 다각적인 분석이 필요함을 위백규의 저작을 통해서 볼 수 있다. 둘째, 위백규 특유의 사색이라는 측면이다. 위백규는 이른바 '생활시(生活詩)'로 명명되는 일련의 한시와 국문시가들을 통해 향촌의 삶과 문학을 생동감 있게 표현해 내었다. 이는 자신의 현실적 처지와 거기서 비롯되는 자아와 세계에 대한 성찰의 표출로, 조선 후기 문학의 변모와 혁신의 양상을 살피는 데 긴요한 자료로 평가받고 있다. 문학에서의 생동감에 대한 탐구가 경학 저작의 그것과 연속선상에 있는 셈이다.

학계 일부에서는 성리학과 실학을 대립적 개념으로 사용하는 중에, 위백규를 어느 한쪽으로 귀속시키려는 언변이 왕왕 있었다. 그러나 적어도 위백규의 사상과 학문을 파악함에 있어서는 그러한 이분법적인 접근만으로는 부족하거나 적절치 않다고 생각된다. 그보다도 성리학이든 실학이든 그것과 함께 위백규 특유의 사색과 학문의 공존을 염두에 두고 고찰해야 할 것으로 사료된다.

◉ **참고문헌**

김석회, 『存齋 魏伯珪 문학 연구』(이회문화사, 1995)
김성중, 「魏伯珪의 『論語箚義』연구」(『한국실학연구』 14호, 한국실학학회, 2007)
위홍환, 「存齋 魏伯珪의 시문학 연구」(조선대학교 박사학위논문, 2005)
이동환, 「道學과 實學 그 이분법의 극복」(『한국실학연구』 8호, 한국실학학회, 2004)

◉ **필자**

성명 : 김성중(金聖中)
현직 : 계명대학교 한문교육과 조교수
연구분야 : 한문교육

黃胤錫

황윤석

1729~1791, 號: 頤齋, 字: 永叟

> 나는 어릴 때부터 가정에서 학문을 배웠는데, 망령되이 옛것을 배우는 데 뜻을 두어 먼저 『주역(周易)』을 비롯한 여러 경서를 차례대로 숙달하였고, 이로 말미암아 『성리대전(性理大全)』 한 질(帙)에 나아가 공부에 더욱 힘썼다. 혹은 나의 소견을 기록하고, 혹은 전배(前輩)들의 논의를 활용해서 '은미한 말이나 깊은 뜻[微辭奧義]'과 '의심스러운 문장이나 빠진 글자[疑文闕字]'에 대해 일일이 주석을 붙여, 위로는 역범(易範)·성명(性命)·이기(理氣)의 근원으로부터 율력산가(律曆算家)에 이르기까지 거의 범람하였다.
>
> (『頤齋亂藁』 卷11, 戊子(1768년) 8월 21일)

이는 황윤석이 자신의 학문 과정을 축약한 발언이다. 황윤석은 18세기 후반 조선에서 신경준(申景濬, 1712~1781)과 함께 호남을 대표하는 학자로 거론되었던 인물이다. 그는 문과 급제에 실패했지만 천거를 통해 관료로 등용되었고 중앙 정부의 하위직과 지방관을 역임하였다. 황윤석은 노론-낙론계의 대표적 학자인 김원행(金元行, 1702~1772)의 문하에서 수학하였고, 서울 생활을 통해 당대의 저명한 학자들과 학문적으로 교유했다.

황윤석의 지적 편력은 대단했고, 그의 저술은 호한(浩瀚)했다. "나는 어려서 글을 읽고 글자를 쓰면서부터 별을 관찰하고 달을 점치고, 높은 곳에 올라 먼 곳을 관측하고, 불을 밝혀 밤을 새우며 온갖 노력을 기울였다. 경사자집(經史子集), 심성이기(心性理氣), 성음(聲音), 전예(篆隸), 도화(圖畵), 의약(醫藥), 상수(象數)와 일체의 구류백가(九流百家)가 사색의 대상이 아닌 것이 없었다. 일찍부터 머리와 눈이 어지러운 병으로 괴로웠다"라고 할 만큼 그는 어려서부터 다양한 학문 분야에 관심을 기울였고 몸을 혹사할 정도로 공부에 열정적이었다.

황윤석의 학문적 지향과 관련해서 두 가지 저술에 주목할 필요가 있다. 하나는 황윤석이 자신의 일생 정력이 투여된 저술이라고 했던 『이수신편(理藪新編)』이다. 그 제목에서 알 수 있듯이 『이수신편』은 천지만물의 이치를 종합하고자 한 것이다. 황윤석은 이 책에서 『성리대전』을 참조하여 문목(門目)을 구성하고, '태극이기지설(太極理氣之說)'과 '홍범경세지학(洪範經世之學)'으로부터 '계몽역윤지법(啓蒙曆閏之法)'에 이르는 리(理)와 관계된 내용들을 '고인(古人)의 지론(至論)'을 중심으로 새롭게 편집했다.

『이수신편』의 연장선에서 구상한 저술이 『성리대전주해(性理大全註解)』였다. 비록 미완에 그치기는 했지만 황윤석의 궁극적 목표는 『성리대전』에 대한 완벽한 주석 작업이었다. 그는 성리학의 대표적 텍스트인 『성리대전』을 당대의 새로운 지식을 바탕으로 수정·보완함으로써 명실상부한 '대전(大全)'을 만들고자 기획하였다. 황윤석은 이 작업을 자신의 '일생가계(一生家計)'로 생각했다. 실제로 그는 10대 후반부터 『성리대전』을 구명하기 위해 노심초사했고 이러한 그의 노력은 평생토록 지속되었다.

『성리대전』을 온전히 이해하기 위해서는 다양한 학문 분야에 대한 광범한 지식이 필요했다. 황윤석의 학문이 박학적 경향을 추구하게 된 것도 이 때문이었다. 이에 따라 그의 학문적 관심은 전통 학문의 범위를 넘어 서학(西學)에까지 확장되었다. 황윤석은 서양의 천주교에 대해서는 매우 비판적이었지만 역산(曆算)과 수법(水法) 등에 대해서는 높이 평가했다. "성현(聖賢)들의 성리학문의 학설은 염락관민(濂洛關閩)보다 숭상할 바가 없고, 역산의 여러 방법은 서양보다 뛰어난 것이 없다"는 것이 그의 기본적 생각이었다. 그는 서학을 '도(道)[天主教]'와 '수(數)[曆算]'로 구분하여 '수'만을 선택적으로 수용하고자 했다. 특히 서학의 율(律)·력(曆)·수(數)[律呂·曆象·算數] 분야에 주목하였다.

황윤석에게 '율력산수지학(律曆算數之學)'은 '천지간의 대문자(大文字)'로서 없어서는 안 되는 것이었다. 그것은 '역범(易範)[周易과 洪範]과 표리를 이루고 천지를 경위(經緯)하는 것'이었고, 정자(程子)·주자(朱子)와 같은 대학자들도 중시한 것이었으며, 국가를 경영하고 천하를 다스리는 데 반드시 필요한 '유자대전지학(儒者大全之學)'이었다. 이처럼 '율력산수지학'을 중시하는 관점에서 황윤석은 당시 이 분야의 최고 서적이라 할 수 있는 『율력연원(律曆淵源)』[『曆象考成』 42卷, 『律呂正義』 5卷, 『數理精蘊』 53卷]을 탐구하였다.

요컨대 황윤석은 『성리대전』의 율려·역상·산수 부분에 미진한 점이 있다고 보았고, 이 분야에서 당대 최고 수준을 자랑했던 서학을 수용해서 그 문제를 해결하고자 하였다. 『율력연원』에 대한 탐구는 그 일환이었다. 황윤석이 기획했던 『성리대전주해』는 『성리대전』이라는 텍스트 내부의 논리적 모순을 학문적으로 해결하고, 서학의 유입과 같은 시대적 변화를 반영하여 성리학의 학적 체계를 새롭게 구축하기 위한 지난한 노력이었다.

◉ 참고문헌

최삼룡 외, 『이재 황윤석-영·정 시대의 호남실학』(민음사, 1994)
강신항 외, 『이재난고로 보는 조선 지식인의 생활사』(한국학중앙연구원, 2007)
이재연구소 편, 『頤齋 黃胤錫의 학문과 사상』(경인문화사, 2009)
구만옥, 「조선후기 천문역산학의 주요 쟁점: 황윤석(黃胤錫, 1729-1791)의 『頤齋亂藁』를 중심으로」(『한국과학사학회지』 제31권 제1호, 한국과학사학회, 2009)
구만옥, 「頤齋 黃胤錫(1729~1791)의 算學 연구」(『한국사상사학』 33, 한국사상사학회, 2009)

◉ 필자

성명 : 구만옥(具萬玉)
현직 : 경희대학교 문과대학 사학과 교수
연구분야 : 조선후기 과학사상사

洪大容

홍대용

1731-1783, 號: 湛軒, 字: 德保

> 사람의 관점에서 '물(物)'[사물, 동물]을 보면 사람이 귀하고 '물'이 천하며, '물'의 관점에서 사람을 보면 '물'이 귀하고 사람이 천하다. 하늘에서 보면 사람과 '물'은 균등하다. … 지금 그대는 어찌 하늘의 관점에서 '물'을 보지[以天視物] 않고 사람의 관점에서 '물'을 보는가?
>
> (「毉山問答」, 『湛軒書』 內集 卷4)

이것은 홍대용의 「의산문답」을 관통하는 핵심적인 주장 가운데 하나이다. 그는 '하늘의 관점' 즉 주·객의 대립을 넘어선 객관적인 관점에서 만물을 바라볼 것을 주창하였다. 그가 보기에 사람들은 한 몸을 오장·육부와 사지로, 한 집안을 내 몸과 처자로, 한 가문을 형제와 종당으로, 한 나라를 주변 마을과 변경으로, 온 세상을 중화와 오랑캐로… 그렇게 끊임없이 내·외 또는 물(物)·아(我)를 구분하여 서로 다투고 노략질한다. '하늘의 관점'은 이런 관점과 태도로부터 벗어나, 모든 층위에서 자기중심성을 부정하는 내외무분(內外無分)의 세계상, 만물 사이에 귀천의 차등을 거부하는 만물평등의 가치관을 수립할 수 있도록

해 준다.

내외무분론(內外無分論)을 중심으로, 홍대용의 사상은 다음과 같은 세 가지 형성 배경 위에서 세 층위의 중요한 함의를 가지는 것으로 볼 수 있다.

첫째, 노론낙론계(老論洛論系)의 영향과 인물무분론(人物無分論). 그는 당시 노론낙론계의 종장이자 자신의 당고모부인 김원행(金元行) 문하에서 수학하였다. 낙론계는 인성(人性)과 물성(物性)의 동이(同異)를 둘러싼 논쟁에서 만물의 본연지성(本然之性)을 강조하는 인물성상동론(人物性相同論)을 종지로 삼고 있었다. 홍대용의 인물무분론은 사람과 그 외의 만물이 가치상에서 차등이 없다는 것이다. 이것은 도덕 원리인 인의예지(仁義禮智)를 만물의 생명 원리로 확장·이해하여 그 무차등성의 근거로 활용한다는 점에서 분명 낙론계의 인물성상동론과 연속성을 갖는다. 그러나 그것은 내외무분론 일반으로 확장·연결되는 것이었다는 점에서, 양자 사이에는 단절적인 측면도 존재하였다.

둘째, 북경 여행 경험과 화이무분론(華夷無分論). 35세 때인 1765년, 그는 연행사가 된 숙부를 따라 중국의 북경을 여행하였다. 번창한 북경의 문물을 목도하고, 과거를 보기 위해 북경에 온 세 항주인(杭州人)들과 천애지기(天涯知己)를 맺는 등, 여러 사람과 교유하면서 상대적으로 개방적인 중국의 지적 풍토에서 자극을 받았다. 그가 교류한 인물에는 예수회 선교사이자 흠천감의 책임자인 Hallerstein(劉松齡)과 A. Gogeisl(鮑友管)도 포함되어 있었다.

북경 여행은 그에게 조선의 주자학과 숭명배청(崇明排淸) 풍토에 대한 비판적 안목을 길러주었다. 그는 귀국 후 북경여행기(한문본 『연기(燕記)』와 한글본 『을병연행록』)를 편찬하였는데, 그 가운데 항주인들과의 필담을 정리한 『간정동회우록(乾淨洞會友錄)』은 한양의 지식인들 사이에 찬탄과 비방 양쪽의 강력한 반항을 불러일으켰다. 완고한 숭명배청론자인 김종후(金鍾厚)와의 논쟁은 종래의 화이론에 대한 비판적 문제의식을 분명히 하고, 나아가 문화 또는 문명의 상대성을 주장하는 화이무분론을 수립하는 계기가 되었다.

셋째, 새로운 천문·우주 지식과 지계역성론(地界亦星論). 그는 일찍부터 천문·역산학에 관심을 기울였고, 30세 무렵에는 장인(匠人) 나경적(羅景績)의 도움을 받아 혼천의를 제작하기도 하였다. 북경에서 귀국할 때 『수리정온(數理精蘊)』 등 천문·역산 서적을 구입해 와서 읽었고, "난해한 곳에 이르면 종종 밤새도록 잠을 못 이루며 고심"하기도 하였다. 그는 『수리정온』 외에 『역상고성(曆象考成)』, 『역상고성후편(曆象考成後編)』, 『천학초함(天學初函)』 그리고 F. Verbiest(南懷仁)의 『태서곤여전도(泰西坤輿全圖)』 등을 소장하고 있었고, 일종의 응용수학서인 『주해수용(籌解需用)』을 저술하기도 하였다.

「의산문답」에는 전통적인 기론적(氣論的) 우주발생론과 병행하여, 지구설·지구자전설·우주무한설 등의 새로운 우주구조론이 담겨 있다. 이 가운데 지구자전설은 J. Rho(羅雅谷)의 『오위역지(五緯曆指)』 등에 부정적으로 소개된 Tycho Brahe의 태양계구조론을 기론을 통해 긍정적으로 재해석해 낸 것이다. 우리가 주목할 것은, 이런 우주구조론이 내외무분론을 정당화하는 논거로 활용되었다는 점이다. 그는 지구설을 화이무분론의 지리적 근거로 적극 활용하였는가 하면, 지구자전설과 우주무한설을 바탕으로 지구 역시 수많은 별 중의 하나일 뿐으로서, 결코 우주의 확고부동한 중심일 수 없다는 점을 천명하였다.

홍대용은 30대에 과거를 포기하고 고학(古學)과 실학(實學)에 매진하였으며, 훗날 음서로 사헌부 감찰과 현감·군수 등을 지내다가 53세에 갑작스럽게 병사하였다. 그는 문명비판론의 성격이 다분한 내외무분론 이외에, '균전(均田)'을 주장하고 유의유식하는 양반층을 비판하는 등, 사민평등(四民平等) 지향의 사회개혁론을 피력하기도 하였다. 그러나 사민평등에 관한 언설은 단편적인 수준에 머물렀고, 그의 사회개혁론을 담은 「임하경륜(林下經綸)」 자체가 완결된 저작이라 보기 어려운 것도 사실이다. 여기에 그의 내외무분론을 만민평등사상이 아니라 만물평등사상이라 부르는 까닭이 있다.

참고문헌

박성래, 「洪大容의 과학사상」(『한국학보』 23집, 일지사, 1981)
유봉학, 『18-19세기 燕巖一派 북학사상의 연구』(서울대학교 박사학위논문, 1992)
小川晴久, 「湛軒洪大容實學思想の近代精神 - 實心の要件と機能」(『유학연구』 1집, 충남대 유학연구소, 1993.12)
김문용, 『洪大容의 실학과 18세기 북학사상』(예문서원, 2005)
實是學舍(編), 『湛軒 洪大容 研究』(사람과무늬, 2012.)

필자

성명 : 김문용(金文鎔)
현직 : 고려대학교 민족문화연구원 교수
연구분야 : 조선시대사상사

徐浩修

서호수

1736–1799, 號: 鶴山, 字: 養直, 諡號: 靖憲

한(漢)의 태초력(太初曆)은 황종(黃鐘)에서 수(數)를 일으켰고, 당(唐)의 대연력(大衍曆)은 대연지수(大衍之數), 즉 시책(蓍策)에서 수를 일으켰으니 주역(周易)에서 역법(曆法)의 원리를 찾으려 한 것입니다. (中略) 대체로 악률(樂律)과 역법, 주역과 역법의 이치는 일관하지 않음이 없으나, 그 법은 아주 다른 것이니 결코 억지로 갖다 붙여서 현혹하게 만들어서는 안 될 것입니다.

(『燕行紀』 권3, 8월 25일 癸酉條.)

1790년 사은부사(謝恩副使)로 북경에 간 서호수가 당시 『사고전서(四庫全書)』 편찬 사업의 찬수관(纂修官)으로 참여하고 있던 중국의 대학자 옹방강(翁方綱, 1733–1818)과 나누었던 대화의 한 대목이다. 서호수가 대연력(大衍曆)과 같은 중국의 고대 역법들을 주역(周易)의 체계에서 비롯된 상수학적(象數學的) 수(數) 개념에 원리적 토대를 둔 역법이라며 견강부회(牽强附會)해서 현혹시킨 올바르지 못한 역법이라고 혹평하고 있음을 알 수 있다. 중국 최초의 역법인 한(漢)의 태초력(太初曆)이 성립된 이래 수천 년간 악률과 역법의 원리적 토대를 주역의 상수학에서 찾았던 고대 동아시아 유학자들의 지배적 패러다임으로부터의 일탈이었다. 서호수가 판단하는 가장 모범적인 역법은 주역의 이론적 토대와는 관계없이 지극히 정량적인 수의 계산만으로 역법의 원리를 정리한 서양식 역법이었다. 그러나 이러한 일탈적 역법관을 공유한 유학자들은 많지 않았다. 중국의 강영(江永)과 조선의 이가환(李家煥), 남병철(南秉哲) 등 소수에 불과했다.

서호수는 18세기 중후반 조선을 대표하는 천문역산가(天文曆算家)였다. 그의 천문역법에 대한 지식은 사대부로서는 드물게 관상감(觀象監)의 천문 관원의 수준을 넘어서는 것이었다. 그는 청(淸) 강희제(康熙帝) 때 편찬된 악률 분야의 총서 『율려정의(律呂正義)』에 대한 보해서인 『율려통의(律呂通義)』, 수학 분야의 총서인 『수리정온(數理正蘊)』에 대한 보해서인 『비례약설(比例約說)』과 『수리정온보해(數理正蘊補解)』, 역법 분야의 총서인 『역상고성(曆象考成)』과 『역상고성후편(曆象考成後編)』의 보해서인 『역상고성보해(曆象考成補解)』와 『역상고성후편보해(曆象考成後編補解)』를 집필했다. 아쉽게도 『수리정온보해』 만이 전하지만, 이와 같이 청에서 이룩한 위대한 천문역법의 방대한 성취를 완전히 소화해 보해서를 남긴 이는 서호수 말고는 없었다.

18세기 중후반 영조와 정조대에 이루어진 조선 정부의 천문학 관련 프로젝트는 이와 같은 서호수 없이는 가능하지 않았다.

첫째, 서호수는 국가적 사업으로 진행되었던 1770년 『동국문헌비고(東國文獻備考)』의 천문학편인 「상위고(象緯考)」를 책임 집필했다. 「상위고」는 고대 이래 조선에서의 천문학 관련 국가 사업의 연혁, 우주의 형체와 구조에 대한 역대의 이론들, 천체 운행에 대한 기본적인 천문학 이론들과 역대의 천문 기구들을 일목요연하게 소개 정리해 놓은 문헌이다. 1796년에는 그의 주도로 이루어진 정조대 천문학 분야의 성취의 내용을 『국조역상고(國朝曆象考)』로 정리해 편찬했다. 그의 사후 1818년에 편찬된 『서운관지(書雲觀志)』와 함께 이 문헌들은 한국 천문학사의 가장 중요한 문헌들이다.

둘째, 서호수는 1765년 29세의 나이로 출사(出仕)한 이후 조선 정부 내의 거의 모든 천문학 관련 프로젝트를 도맡아 했다. 영조대 말년인 1770년 전후해 이루어진 측우기(測雨器) 제도의 복원, 제정각(齊政閣)에 소장했던 혼천의(渾天儀)의 중수(重修)와 같은 일련의 프로젝트는 그간 잊고 있던 과거의 천문학 관련 선왕(先王)들의 위대한 업적들이 「상위고」 편찬 과정에서 서호수에 의해서 새롭게 알려지면서 추진된 것들이었다. 1789년에는 서호수의 주도로 국가의 표준 시간체제가 정비되었다. 이때 천문관측 기구인 적도경위의(赤道經緯儀)와 지평일구(地平日晷)가 제작되었고, 중성(中星)의 도수(度數)와 물시계[漏刻]의 표준 잣대를 바로잡아 『신법중성기(新法中星記)』와 『신법누주통의(新法漏籌通義)』가 편찬되었다. 이로서 1640년대 시헌력(時憲曆) 체제로의 개력(改曆) 사업이 추진된 이후 시헌력 체제에 의한 경루법(更漏法)이 150여년 만에 완성되었다. 1791년에는 정부 내 천문학 관련 제도의 대대적인 정비가 관상감(觀象監) 제조(提調)였던 그의 주도로 이루어졌다. 그간 방만하게 운영되던 측우기 측정과 보고 체계를 정식화하고, 전국 8도 감영에서의 북극고도(北極高度)와 동서편도(東西偏度)를 산정(算定)했다. 또한 천문학 부서인 관상감의 운영과 제도의 정비가 전폭적으로 이루어졌다. 대통추보관(大統推步官)과 같이 시헌력 이후 필요 없었던 관원을 150년 만에 과감하게 폐지하고, 관상감 관원 선발 시험 텍스트를 시헌력 시행 이후에도 바꾸지 않았던 것을 고쳐, 『수리정온』과 『역상고성』으로 바꾸었다.

서호수 주도의 이와 같은 천문역법 사업의 결과 18세기 말 조선은 시헌력 체제의 완벽한 구현을 달성할 수 있었다.

◉ 참고문헌

박권수, 「徐命膺·徐浩修 父子의 과학활동과 사상-天文曆算 분야를 중심으로」(『한국실학연구』 제11호, 한국실학학회, 2006.6)

조창록, 「鶴山 徐浩修와 『熱河紀遊』-18세기 西學史의 수준과 지향-」(『동방학지』 제135집, 연세대학교 국학연구원, 2006.9)

문중양, 「18세기말 천문역산 전문가의 과학활동과 담론의 역사적 성격-徐浩修와 李家煥을 중심으로-」(『동방학지』 121집, 연세대학교 국학연구원, 2003.9)

◉ 필자

성명 : 문중양(文重亮)

현직 : 서울대학교 국사학과 교수

연구분야 : 한국과학사

朴趾源

박지원

1737–1805, 號: 燕巖, 字: 美仲(美齋)

> 도(道)는 알기 어렵지 않네. 도는 오직 저 언덕에 있네. … 이 강물이야말로 저 중국과 우리 조선의 경계를 마주하는 곳으로[彼我交界處], 언덕이 아니면 물이네. 무릇 천하 인민들의 도리와 사물의 법칙은 강물이 양쪽 언덕과 경계를 접하는 것 같으니, 도를 다른 곳에서 구할 것이 아니라, 바로 그 경계[際]에 있네.[道不他求 卽在其際] …… 인심(人心)은 위태롭고 도심(道心)은 은미하다고 했네. 서양인은 기하학에서 한 획을 변증하며 하나의 선으로 깨우쳤고, 그것만 가지고는 그 은미함을 드러내지 못하자 '빛이 있는 곳과 빛이 없는 곳의 경계'[有光無光之際]라고 말했네. 게다가 불가(佛家)에서는 이에 대해 '붙지도 떨어지지도 않은 것'[不卽不離]이라고 하였네. 그러므로 그 경계[際]에 잘 대처함은[善處其際] 오직 도를 아는 사람만이 가능하다네.
>
> (『熱河日記』「渡江錄」)

인용문은 『열하일기(熱河日記)』「도강록(渡江錄)」 첫머리의 글로서, 여기 '경계(境界)'란 의미로 사용한 '제(際)'란 말은 연암(燕巖)의 연행(燕行)에 대한 자세 및 『열하일기』의 저술원리와 그 내용과 주제를 관통하는 핵심어일 뿐 아니라, 연암의 철학과 문학 전체를 구명할 수 있는 철학적 용어이다.

'경계[際]'의 의미를 보다 명확하게 설명하기 위해서 동양의 『서경(書經)』에서 인심(人心)과 도심(道心)의 '중(中)'을, 서학서(西學書)인 『기하원본(幾何原本)』에서 '유광(有光)[보이는 것]과 무광(無光)[보이지 않는 것]의 중간'을, 불교의 『원각경(圓覺經)』에서 '붙지도 않고 떨어지지도 않은 중도(中道)'를 차례로 인용하였다. 서로 이질적인 성격의 세 가지 책의 인용문을 종합하면 경계의 의미란 모두 대립하는 양극단을 배제하고 양자의 중간에 위치하는 것이라고 하였다. 곧 대립물의 양극을 지양하고 그 중간에서 새로운 가치를 발견한다는 정반합의 변증법적 원리와도 통하는 것이 경계의 철학이라고 할 수 있겠다.

경계의 철학은 단순히 대립물의 중간지대에 위치하는 중립, 중도(中道)노선을 의미하지는 않는다. 가치중립적 혹은 냉소적이거나, 기회주의적인 자세와는 구분되어야 한다. 양극단의 사이를 부단하게 운동하면서 자기를 위치지우는 경계의 철학은 마치 진자(振子)가 좌우를 끊임없이 오가면서 운동하는 것처럼, 과거와 미래 혹은 이상과 현실, 선과 악 혹은 미(美)와 추(醜), 유용(有用)과 무용(無用) 등등의 온갖 양극을 왕래하면서도 양극단을 배제하고 그 사이에 위치하는 것과 같다. 도(道)는 양 극단에 위치하거나 양 극단을 주장하는 것이 아니고, 양 극단 사이에서 끊임없이 두 극단을 지양하고 새로운 것을 발견하는 데에 있다. 「낭환집서(蜋丸集序)」에서 "참되고 바른 식견[眞正之見]은 진실로 옳다고 하고 그르다고 하는 중간에 존재한다[在於是非之中]"는 발언과 맥을 같이한다고 하겠다.

경계의 철학을 설명하는 방식 역시 연암은 다양한 학문과 종교의 경계에 임하는 방식을 취하고 있다. 유교와 불교, 동양학과 서양학은 서로 이질적이며 양극단에 존재하는 영역이지만, 연암은 어느 한 쪽의 영역의 이론만을 고집하지 않고, 여러 사상을 넘나들고 자유롭게 이를 인용하였다. 자신의 사상을 유가(儒家)에만 가두어두지 않고 이단인 서학과 불교로까지 개방하고 확장한 것이며, 동시에 양극단의 사상을 인정하려는 다양성 혹은 상대주의에 기초한 것이다.

연암이 제시한 '제(際)'라는 글자는 본시 『장자(莊子)』의 「지북유(知北遊)」편에 출전하지만, 이를 연암 자신의 철학으로까지 의미망을 확장한 데에는 몇 가지 배경이 있다.

첫째, 광범한 독서의 토대 위해서 적출(摘出)되었다. '선비의 독서는 천하를 문명시킨다.'고 했던 연암은 주류 성리학의 서적에만 국한하지 않고 천하 문명과 관계되는 수많은 서적을 섭렵하였고, 이로 인해 보다 유연하고 개방적인 자세를 가지게 되었다.

둘째, 소위 연암 그룹으로 분류되는 인물들과의 지속적인 토론의 과정에서 형성되었다. 박제가(朴齊家)·이덕무(李德懋)의 글에서도 '제(際)'가 자주 발견됨은 우연의 일치가 아니다.

셋째, 무엇보다 조선의 낙후된 현실에서 이를 극복할 철학으로 모색되었다. 경제 문화 정치적으로 낙후된 조선의 현실을 극복 개선하기 위해서 이용후생의 정신이 필요했던바, 여기서 '제(際)'의 의미 곧 경계인의 철학과 처신이 필요하였다.

『열하일기』 첫대목인 「도강록」에서 하필 '경계'의 철학을 연암이 설파한 까닭은 청에 대해서 어떤 자세를 취해야 할 것인지를 극명하게 보여주기 위한 의도적 설정이다. 따라서 『열하일기』의 내용과 주제를 정확하게 읽어내기 위해서는 연암의 이러한 고심을 파악해야 한다. 북벌(北伐)과 북학(北學)의 양극단의 관점을 지양(止揚)하고, 그 경계에 서서 청의 현실을 바로 보아야 한다는 것이 연암의 대청의식이고 자세이다. 선입견과 편견에 사로잡히지 않고 현실을 옳게 보려는 주체적인 자세인데, 바야흐로 청에 입국하는 지점에서 자신의 자세를 다짐한 것이다.

경계에 대한 연암의 사상은 그의 문학론에서도 나타나는바, 「초정집서(楚亭集序)」에서 정통 고문(古文)을 본받아야 한다는 의고주의와 소품문(小品文) 같은 새로운 글을 창작하자는 창신론의 양극단을 지양하고, 두 관계의 바람직한 조화[法古而知變, 刱新而能典]를 모색한 법고창신론(法古創新論) 역시 경계의 관점에서 나온 문장론이다. 또한 고문(古文)과 백화문(白話文) 혹은 고문(古文)과 소품문(小品文), 그리고 중국식 고전적 표현과 우리 언어의 한문 표현의 조화에서 출현한 소위 연암체(燕巖體) 역시 경계의 관점에서 나온 문체이기도 하다.

경계의 철학을 추구한 연암은 그 자신 역시 경계인으로 처신하였다. 최고 통치권자 국왕 정조와 자신의 관계에서 불가근불가원의 자세를 견지하며 경계인으로 처신하였다. 또한 『열하일기』에서 형상된 연암은 그야말로 경계인의 관점에 서 있다. 그는 고루한 학자, 천박한 여행객 등 양극단의 인물 어디에도 속하지 않고, 그 사이를 자유롭게 오가며 때로 상상력이 풍부하고 호기심이 가득한 모습 혹은 민족정신이 투철한 선비, 도도한 웅변가, 감성이 풍부한 문인, 조선과 세계의 미래를 고뇌하고 전망하며, 있는 세계를 통해서 있어야 할 세계를 모색하는 지식인 등의 다종다양한 모습의 인물로 자신을 형상하였는바, 여기서 우리는 한 천재 문인 학자로서 연암이 아니라 누구에게나 친근하게 다가오는 경계인으로서의 연암을 발견하게 된다.

◉ 참고문헌

김혈조, 「境界人의 고뇌-燕巖 朴趾源」(『대동한문학』 42, 2015.)
김혈조, 『열하일기』(돌베개, 2008)
김명호, 『연암의 실학사상에 미친 서학의 영향』(『연암 문학의 심층 탐구』 돌베개, 2013)

◉ 필자

성명 : 김혈조(金血祚)
현직 : 영남대학교 한문교육과 교수
연구분야 : 한국한문학(산문문학)

李德懋

이덕무

1741–1793, 號: 靑莊館 · 雅亭 · 炯菴 · 蟬橘堂, 字: 懋官

> 다행스럽고 묘하구나, 오늘의 나란 존재는! 나보다 먼저 태어난 사람도 내가 아니고, 나보다 뒤에 태어난 사람도 내가 아니다. 나와 더불어 같은 하늘을 이고, 나와 더불어 같이 숨을 쉬는 사람 모두가 각자 '나'이긴 하지만, '나의 나'는 아니다. … 이 「『양환집(蜋丸集)』 서문」에 이렇게 붉은 글씨로 비평을 하면서 무수한 '나'란 글자를 적고 있는 사람, 이 사람이 '참된 나'이다. 어제는 어제의 오늘이고, 내일은 내일의 오늘이지만, 모두 오늘의 오늘이 목전(目前)에 있어 내가 정말로 누리고 있는 것만 못하다. 내가 오늘 이 평을 쓰는 것이 다행스럽고 묘하고 공교롭구나. 이것은 큰 인연이고 큰 만남이다.
>
> (『鐘北小選』 「蜋丸集序」 批評)

이덕무는 조선후기의 비평가이다. 서얼 출신으로, 이른바 '연암 일파'의 일원이다. 그간 학계에서 이덕무는 시인, 산문가, 소품작가, 비평가, 고증학자, 박물학자 등으로 평가되어 왔다. 그렇다면 실학적 견지에서 특히 주목되는 면모는 무엇인가? '타자(他者)'와의 문학적 · 사상적 관계 방식에 유의할 필요가 있을 듯하다.

그의 비평 작업은 작가 및 독자와의 대화적 관계에 기초한다. 대화적 관계는 타자에 대한 존중심, 유대감, 공감능력을 토대로 한다. 그로 인해 그의 비평은 그저 문예미학적 차원에 그치지 않고 사상적·존재론적 깊이를 획득한다.

이덕무에게 비평은 '나'의 '행복'이다. 지금 이 순간의 '나'는 유일무이하다. 문예비평은 그런 '나'가 지금 이 순간을 진정으로 향유함으로써 생(生)의 행복을 누리는 행위이다. 이 점에서 이덕무의 비평은 '개아(個我)의 각성'을 보여준다. 그렇다고 해서 그 비평적 사고가 자폐 상태에 머무는 것은 아니다. '인연'으로 언명되는 '타자와의 깊은 관계' 속에서 '비평=삶의 행복'이 이루어진다. 이렇게 '개아의 각성'이 '타자에 대한 사랑'과 표리를 이룸으로써 '상호주체성'이 구현된다.

그 타자의 범위는 일국적(一國的) 틀을 넘어서 동아시아 전반으로 확장된다. 이덕무는 명청대(明清代) 문학 전반에 대해 폭넓은 지식과 높은 식견을 갖고 있었거니와, 일본 지식인의 문학과 예술에 대해 지대한 관심을 갖고 있었다. 그의 시화비평서(詩話批評書)인 『청비록(清脾錄)』 중 「일본 『난정집』(日本蘭亭集)」, 「겸가당(蒹葭堂)」, 「일본 시의 시초[倭詩之始]」, 「청령국 시선(蜻蛉國詩選)」 등이 그 예이다. 뿐만 아니라 그는 일본에 대한 종합적 연구서 『청령국지(蜻蛉國志)』를 저술하기도 했다.

그렇다면 이런 개방적인 타자 인식 속에서 어떤 세계관이 형성되었을까? 비록 정합적이고 체계적인 세계관이 구축된 것 같지는 않지만, 연작시 「연경(燕京)에 가는 박감료(朴憨寮)와 이장암(李莊菴)에게 주는 시[奉贈朴憨寮李莊菴建永之燕]」 중 다음 두 편이 주목된다. "중원(中原)을 헐뜯은들 뭐가 훼손되며 / 중원을 칭송한들 뭐가 높아지리. / 동인(東人)의 안목이 콩알만 하니 / 중원은 스스로 중원이로세." "조선 또한 자기대로 좋으니 / 중원이라 어찌 모두 훌륭하겠나. / 도회지와 시골의 차이 있지만 / 모두를 평등하게 봐야 하리."

이덕무는 중국에 대한 양극단의 태도, 중국을 무조건 멸시하거나 과도하게 상찬하는 태도를 지양하는 관점을 제시한다. 숭명배청론(崇明排淸論)과 북학론(北學論) 모두를 겨냥한 것이라 생각된다. 중국에 대한 인식 태도는 조선적 자기의식과 연동되어 주체의 과도한 긍정 혹은 부정을 낳는다. 이 시에서 이덕무는 주체와 타자의 상호존중과 상호승인을 토대로 한 세계인식의 길을 모색하고 있다.

◉ 참고문헌

하우봉, 『朝鮮後期 實學者의 日本觀 硏究』(일지사, 1989)
박희병, 『연암과 선귤당의 대화』(돌베개, 2010)
이현우, 「雅亭 李德懋의 經濟實用思想과 創新·眞境의 文學」(실시학사 편, 『실학파 문학 연구』, 사람의무늬, 2012)
김대중, 「'내부=외부'에 대한 두 개의 시선-이덕무와 박제가」(『한국사연구』 162, 한국사연구회, 2013)

◉ 필자

성명 : 김대중(金大中)
현직 : 서강대학교 국어국문학과 조교수
전공 : 한문학

李家煥

이가환

1742-1801 號: 錦帶, 字: 廷藻

물이 밤낮없이 흘러가면서도 일찍이 끊어진 적이 없는 것은, 근원이 있어서 계속해서 물이 나오기 때문입니다. 재물 역시 비유하자면 물과 같습니다. 항상 쓰는데도 고갈되지 않는 것은 생산되는 것이 소비되는 것을 계속해서 대어줄 수가 있어서입니다.

(『錦帶殿策』)

위의 말은 지리에 관한 정조(正祖)의 물음에 대해 이가환(李家煥)이 답변한 『금대전책(錦帶殿策)』 중 「지세론(地勢論)」의 일부이다. 「지세론」에 보이는 이가환의 경제관은 박제가(朴齊家)가 『북학의(北學議)』에서 "재화는 우물과 같으니, 자꾸 퍼 쓰면 넘치지만 내버려두면 고갈된다."고 하여 소비와 유통이 생산을 촉진한다는 입장과 유사한 면을 지니고 있다. 억제와 근검절약을 경제의 안정책으로 인식하였던 종래의 견해를 비판하였다는 점에서 그 비슷한 점을 엿볼 수 있다. 이가환은 지리가 정치의 근본임을 전제하면서, 민생을 안정시키고 윤택하게 하기 위해서는 산림의 개발 및 염전 개발을 확대할 것을 주장하였다. 아울러 생산 위주의 경제관에 입각하여 국가 재정의 수입을 증대하고 민생을 안정시키기 위한 방안의 하나로 광업 자원의 개발을 촉구하기도 하였다.

이가환의 실학적 학문 세계의 일단을 엿보게 하는 자료의 하나가 『금대전책(錦帶殿策)』이다. 현재 『금대전책』은 필사본 형태로 전해지는데, 총 6편으로 구성되어 있다. 「천체론(天體論)」과 「지세론(地勢論)」 및 「문체론(文體論)」은 정조의 책문(策問)에 대한 이가환의 대책(對策) 형태로 이루어진 글이다. 그리고 「부도오강론(不渡烏江論)」, 「불수유주론(不受維州論)」, 「소하대기미앙궁론(蕭河大起未央宮論)」은 역사 사건에 대한 사론(史論) 형태의 글이다.

『금대전책』에 수록된 또 다른 「천체론(天體論)」은 이가환의 근대적 과학 사상의 면모를 보여주는 자료이다. 그는 천체가 일정한 법칙에 의해 운행되는 것으로 인식하였다. 천체 운행을 법칙적으로 파악함으로써 그 원리를 구명할 수 있는 바, 그의 과학적 천체 인식은 수학론(數學論)에서 더욱 명백하게 드러난다. 이가환은 기하학적 방법을 원용함으로써 천체의 구조적 이해에 접근하였다. 이를 바탕으로 그는 천문학을 옛 선왕 시대의 우선적인 정책 분야로 파악하였다. 이가환은 "성왕이 역상(曆象)을 우선적으로 여겼던 까닭이 다른 데에 있지 않고 백성의 일을 중요하게 여겼기 때문이다."고 하여 민생 안정에 초점을 맞추어 제민(濟民) 방책을 건의하였다. 그는 수학, 특히 기하학의 지식을 바탕으로 하여 천체 변화와 우주 구조를 체계적으로 파악하는 한편, 이를 바탕으로 논리를 전개하여 천문학의 궁극적, 실용적 목적이 민생 안정에 있음을 역설하였다.

한편 『정헌쇄록(貞軒瑣錄)』과 「잡설(雜說)」은 이가환의 해박한 지식과 정밀하고 전문적인 식견을 잘 보여주는 저술이다. 『정헌쇄록』은 역사, 풍속, 시문, 서화 등 학술 문화의 다양한 방면에 걸쳐 저자 자신의 견해를 적어 놓은 책이다. 18세기의 역사, 학술사 및 문학 예술사의 연구에 참고될 만하다. 이 책에서 이가환은 문헌에 관한 엄밀한 고증과 비판을 통해 자신의 학술적 견해를 밝히기도 하였고, 조선의 의식주, 과거제도, 풍속, 언어, 지리 등에 관한 다양한 지식과 정보들을 기록해 두었다. 조선의 문화 및 물명(物名)에 관한 적극적인 관심을 반영하였다. 문집에 수록된 「잡설」은 초목, 과일, 화훼, 일상 용품에 관한 한자어의 어원과 의미 등을 다루었다. 관련 문헌들에 관한 폭넓은 이해에 기초하여 기존 오류를 수정하고 정확한 이해를 추구하였다. 이가환의 이들 저술은 이후 정약용(丁若鏞)의 『죽란물명고(竹欄物名考)』, 이학규(李學逵)의 『물명유해(物名類解)』, 유희(柳僖)의 『물명고(物名攷)』 등에 영향을 주었다.

이가환은 뛰어난 기억력과 광범위한 독서를 통해 박물학적 학문 세계를 구축하였다. 다산 정약용이 일찍이 "구경(九經), 사서(四書), 이십삼사(二十三史), 제자백가에 이르기까지, 시부잡문(詩賦雜文), 총서(叢書), 패관(稗官), 역상(歷象), 수리(數理), 수의학(獸醫學), 악창(惡瘡)의 처방법 등 무릇 문자라고 이름할 수 있는 것에 관해 한번 물으면 막힘없이 쏟아냈다. 묻는 사람이 놀라서 그가 귀신이 아닌가 의심할 정도였다"고 언급할 정도로 이가환은 경학, 역사, 문학, 천문학, 수학, 의학 등 제분야에 걸쳐 폭넓은 학적 세계를 구축하였다. 그는 일찍이 스스로 탄식하여 말하기를 "자신이 죽고 나면 우리나라의 기하학의 종자가 끊어질 것이다"고 하였다고 한다.[황사영(黃嗣永), 『백서(帛書)』] 성호 가학을 바탕으로 서구의 과학 문명을 적극적으로 섭취한 이가환의 학문 성향은 다산 정약용에게로 영향을 미치었는 바, 성호 이익과 다산 정약용을 잇는 가교 역할을 하였다.

◉ 참고문헌

이용휴 이가환, 『나를 돌려다오』, 안대회 역(태학사, 2003)
이가환, 『이가환시전집』, 조남권·박동욱 역(소명출판, 2009)
이가환, 『금대전책』, 정선용 역(국립중앙도서관, 2011)
이가환, 『금대집』, 박동욱 역(한국고전번역원, 2014)

◉ 필자

성명 : 정우봉(鄭雨峰)
현직 : 고려대학교 국어국문학과 교수
연구분야 : 한국한문학

朴齊家

박제가

1750–1805, 號: 楚亭 貞蕤, 字: 在先 次修 修其

> 재물은 비유하자면 우물이다. 우물에서 물을 퍼내면 물이 가득 차지만 길어내지 않으면 물이 말라버린다.
>
> (『北學議・內篇・市井』)

박제가(朴齊家)는 소비가 재물을 순환시키고 시장을 활성화시키며 기술의 발전을 촉진하는 순기능이 있음을 밝혀서 소비와 시장의 확대를 통해 개인의 복리(福利)와 국가의 부강(富强)을 도모하려 했다. 그 주장을 펼친 저서가 바로 『북학의(北學議)』이다. 이 책은 북학(北學)을 표방하고 있는데 여기서 북쪽은 직접적으로는 청(淸)의 선진문물(先進文物)이다. 그러나 이는 단순한 국가 개념이 아니라 국력이 강하고 문화가 발달한 문명 세계를 가리킨다. 북학은 박제가 실학사상의 핵심 키워드이다.

북학론은 부국을 지향하는 논리로 보이지만 실제로는 일반 사람의 행복하고 윤택한 삶의 완성을 지향하고 있다. 박제가는 그것을 이용후생(利用厚生)이란 말로 표현하였다. 여기서 이용(利用)은 일상생활을 편리하게 영위하는 것을 가리키고, 후생(厚生)은 삶을 풍요롭게 누리는 것을 가리킨다. 입고 먹고 거주하는 기초생활을 윤택하고 편리하게 영위하는 민생을 의미한다. 의식주를 해결하지 않고서 윤리도덕을 말하는 것은 허울 좋은 이상에 불과하다고 보고 풍요로운 생활을 추구할 권리와 방법을 제시하였다. 물질적 풍요를 적극적 추구의 대상으로 전환한 것은 도덕 우위의 학문이 권위를 행사하던 학문 토양에 반기를 든 것이다. 조선조 학문의 전통에서 『북학의』는 이단적이다.

박제가는 북학과 이용후생이란 두 개의 키워드로 조선의 혁신을 부르짖었다. 그 일차적 목표는 낙후한 경제의 부흥을 추진하여 개개인은 풍요로운 생활을 구가하고 국가는 부국강병을 실현하는 것이다. 최종의 목표는 다수 국민이 고도의 문명을 향유하고, 국가는 외국의 침략을 받지 않는 강한 나라가 되는 것이다. 구체적으로는 서민(庶民)들은 "꽃과 나무를 심고 새와 짐승을 기르며, 음악을 연주하고 골동품을 소유하는" 문화를 향유하고, 국가는 일본과 청나라에 침략당한 치욕을 복수하는 국력을 소유하는 것이다. 그가 내세운 개혁의 목표는 일차적으로 효율성의 제고, 기술발달, 물질의 향유에 있었으나 최종의 목표는 예술 활동이나 교양 있는 품위를 통해 인간다운 삶을 향유하는 문명생활에 놓여 있었다.

그 목표를 실현하기 위해 그가 제시한 북학의 논리와 방법은 대략 다섯 가지로 정리할 수 있다.

첫째는 청을 여진족(女眞族)이 지배하는 야만의 나라로 보는 미망(迷妄)에서 깨어나 그들의 발달한 문화와 기술을 배워 부국강병을 이루자는 논리이다. 조선은 여진족에게 패전한 병자호란(丙子胡亂)의 치욕을 겪은 뒤 청나라를 오랑캐라고 비하하며 조선이야말로 유일한 문명국인 소중화(小中華)라고 으스대는 태도가 있었다. 그 태도는 실체가 없는 허구이자 소아병적 자세로서 일종의 정신적 승리에 불과하다고 비판했다. 진정한 치욕의 극복은 국력과 문명의 실상을 냉철하게 인식하여 외국이 보유한 선진 기술과 문명을 배워서 부국강병을 이룬 다음에야 실현할 수 있다고 보았다.

둘째는 문제는 경제(經濟)와 통상(通商)에 있다는 논리이다. 부국강병을 이루고 백성들이 윤택하게 살기 위해서는 경제를 살리고 외국과의 통상이 촉진되어야 한다고 보았다. 국가정책에서 경제우선주의를 내세워 외국과 활발하게 통상하고, 적극적으로 선진적 기술을 배워옴으로써 문명개화하는 방안을 최우선에 놓았다.

셋째는 불합리한 제도와 풍속의 개혁을 촉구하고 있다. 군사와 관료, 교육, 행정 등 다양한 분야에서 불합리한 제도와 사고방식을 혁신하자고 주장하였다. 개혁에도 그는 경제중심적 방향과 합리주의적 논리를 앞세웠다.

넷째는 세 편의 과거론(科擧論)을 통해 과거제도의 부패상과 문제점을 분석하여 교육제도와 인재선발제도의 개혁안을 제시하였다. 그는 과거제도를 가장 시급히 개혁할 대상으로 보았다. 아무짝에도 쓸모없는 학문내용, 부패한 선발과정, 선발된 인재의 심각한 무능 등을 교육과 과거제도의 문제점으로 파악하고 개혁 없이는 사회발전을 담당할 인재를 배양하고 선발할 수 없다고 진단하였다.

다섯째는 외국의 선진문물을 빠르게 받아들이기 위해서는 중국어를 비롯한 외국어 교육의 필요성을 제기하였다. 외국어를 습득하지 않아 고립과 고루함을 자초한다고 보고 더 빠른 문물의 수입을 위해 중국어를 공용어(公用語)로 사용하자는 급진적 주장까지 내놓았다.

박제가의 북학론은 다양한 주제를 포함하고 있으나 서민이 잘 사는 부강한 나라를 만들기 위해 낡고 부패한 국가를 개조하는 방법과 방향을 제시하는 데 목표를 두었다.

◉ 참고문헌

안대회 譯註, 『完譯 定本 北學議』(돌베개, 2013)
정민·이승수·박수밀 외 옮김, 『貞蕤閣集』(돌베개, 2010)
안대회·이헌창·한영규·김현영·미야지마 히로시, 『楚亭 朴齊家 硏究』(사람의무늬, 2013)
이헌창, 『朴齊家』(민속원, 2011)

◉ 필자

성명 : 안대회(安大會)
현직 : 성균관대학교 한문학과 교수
전공 : 조선후기 한문학

正祖 정조

1752–1800, 諱: 祘, 號: 弘齋, 字: 亨運

> 나는 상제(上帝)를 대하고 백성에게 베풀려는 생각으로 어렵고 큰일을 계승하였다. 백성을 보호하는데 부지런하고 인재를 구하는데 급급하면서, 인(仁)이 아닌 집에는 거처하지 않고 의(義)가 아닌 길은 밟지 않았다. 비록 도통(道統)을 전수한 것에 갑자기 견줄 수는 없지만 경서(經書)를 씨줄로 하고 사서(史書)를 날줄로 삼았다. 복희(伏羲) · 신농(神農) · 요(堯) · 순(舜) · 우(禹) · 탕(湯) · 문(文) · 무(武)와 공(孔) · 맹(孟) · 정(程) · 주(朱)의 단서를 터득하였으니, 만천(萬川) 명월(明月)의 주인옹(主人翁)임은 묻지 않아도 알 수 있으리라.
>
> (『弘齋全書』卷53, 「弘于一人齋全書欌銘」)

이것은 정조(正祖)가 1800년에 자신의 문집인 『홍재전서(弘齋全書)』 184권을 보관하는 책장(冊欌)의 명(銘)으로 작성한 글이다. 정조는 만년에 자신의 생애를 돌아보면서 천명(天命)을 받아 백성을 다스리는 국왕으로서 백성을 보호하고, 관직에 적합한 인재를 구했으며, 유학의 최고 가치인 인의(仁義)를 실천하기 위해 최선을 다했다고 평가하였다. 정조는 유학자들이 말하는 삼대의 이상적 군주상인 군사(君師), 즉 학문적 능력을 갖춘 군주임을 자부하면서 신하들을 독려하여 자신이 구상하는 정치의 장으로 이끌었다.

정조가 집권 초기에 가장 정성을 들인 기구는 창덕궁(昌德宮) 안에 설치한 규장각(奎章閣)이다. 규장각은 당시 중국이나 일본에서 수입된 최신 서적까지 소장한 왕실 도서관이었고, 국립 출판소에 해당하는 교서관(校書館)을 부속 기관으로 두어 각종 서적을 간행하였다. 정조는 이곳에 6명의 각신(閣臣)을 비롯하여 100명 이상의 관리를 배치하여 규장각의 운영을 담당하게 하고, 문과(文科)에 합격한 초급 관리를 초계문신(抄啓文臣)으로 선발하여 재교육시킴으로서 자신의 친위세력을 양성하였다.

정조는 국왕으로 재위하는 동안 총 138명의 초계문신을 선발하여 규장각에 소속시키고, 경서(經書)와 사서(史書)를 학습시키며, 4천 권에 이르는 방대한 서적을 편찬하게 하였다. 정조는 초계문신에게 책문(策問)을 내려 당면한 문제들을 해결할 방안을 질문하고 초계문신들의 답변을 통해 정책적 대안을 마련하였다. 정조의 책문에는 송학(宋學)과 한학(漢學)의 논쟁, 문체반정(文體反正)과 같이 학문적 문제도 있었지만 전국의 인재를 고루 선발하는 방안, 농업 생산성을 높이는 방안, 군역(軍役)이나 환곡(還穀)의 합리적 운영 방안을 질문하는 경우도 있었다. 규장각에 소속된 정약용(丁若鏞), 서유구(徐有榘), 박제가(朴齊家), 유득공(柳得恭) 같은 학자들은 정조의 지도를 받으면서 실용적이고 개혁적인 성향을 가지게 되었다.

정조가 집권 후기에 정성을 들인 곳은 화성(華城)이었다. 정조는 1789년에 수원부(水原府)에 자신의 생부(生父)인 사도세자(思悼世子)의 묘소[현륭원(顯隆園)]를 조성한 이후 수원 일대를 집중적으로 육성하였다.

정조는 현재의 수원시 자리에 새로운 읍치(邑治)를 조성하고 읍치를 둘러싸는 읍성(邑城)으로 화성을 쌓았다. 화성의 성벽에는 청(淸)에서 제조 기술을 도입한 벽돌을 사용하였고, 화포(火砲) 공격을 효과적으로 방어할 수 있는 시설물을 배치했다. 정조는 화성에 국왕의 친위부대인 장용영(壯勇營)의 외영(外營)을 설치하고 5천명의 병마(兵馬)를 주둔시켜 서울의 남쪽을 방어하는 군사적 거점으로 만들었다.

정조는 화성을 상업과 농업이 함께 발전하는 신도시로 육성하였다. 화성의 내부에는 전국의 부상(富商)을 이주시켜 유통의 중심지로 성장하게 하였고, 화성의 외곽에는 수리(水利) 시설을 갖추고 국영 농장인 둔전(屯田)을 설치하여 농업의 생산성을 높였다. 정조가 화성에 설치한 수리 시설로는 만석거(萬石渠), 축만제(祝萬提), 만년제(萬年堤), 만안제(萬安堤)가 있고, 둔전으로는 대유둔(大有屯)과 서둔(西屯)이 있다. 정조는 외국에서 새로운 농기구나 농업 품종을 도입하면 화성의 둔전에서 먼저 시험을 하고 효과가 좋으면 전국으로 확산시키려 했다. 훗날 정약용, 서유구, 우하영(禹夏永) 같은 학자들이 제시한 농업개혁안을 보면 정조의 이러한 구상이 반영되어 있다.

정조는 조선 사회의 전환기에 군주가 되어 기존 질서를 유지하면서도 변화하는 사회적 요구에 부응해야 하는 시대적 과제를 안고 있었다. 정조는 조선이 이전 시대에 이룩한 문화적 가치를 중시하고 주자학을 학문적 기반으로 했다. 그러나 그는 청의 고증학이나 서양에서 전래된 과학기술의 유용성을 인정하고 이를 적극적으로 도입하였다. 정조는 조선의 기존 가치를 체(體)로 지키고 새로운 학문이나 과학기술의 장점을 용(用)으로 활용하면서 왕조체제를 강화하려 했던 학자군주였다.

◉ 참고문헌

正祖, 『弘齋全書』
유봉학, 『꿈의 문화유산 화성』(신구문화사, 1996)
정옥자, 「정조」(『63인의 역사학자가 쓴 한국사인물열전』 2, 돌베개, 2003)
김문식, 『정조의 제왕학』(태학사, 2007)
김문식 · 연갑수 · 김태웅 · 강문식 · 신병주, 『규장각 그 역사와 문화의 재발견』(서울대학교출판문화원, 2009)

◉ 필자

성명 : 김문식(金文植)
현직 : 단국대학교 사학과 교수
연구분야 : 조선시대사

憑虛閣 李氏

빙허각 이씨

1759-1824

> 이 모두가 양생(養生)하는 선무(先務)요, 치가(治家)하는 요법(要法)이라. 진실로 일용생활에 없어서는 안 될 것이요, 부녀가 마땅히 강구해야 할 것이다.
>
> (『閨閤叢書』 序)

여성으로 산 50년, 빙허각 이씨는 일상과 사색의 기록인 『규합총서』(1809)를 세상에 내놓았다. 규합(閨閤)이란 여성이 거처하는 공간을 가리키고 총서(叢書)란 풍부한 지식을 담고 있는 많은 분량의 책을 뜻한다. 경험과 실험을 통한 책이 완성되자 남편 서유본(徐有本, 1762-1822)은 서문에서 "일용의 살림살이에 요긴하지 않은 것이 없고, 더욱이 풀·나무·새·짐승의 성미에 대해서는 아주 상세하다"라고 하며 책의 요점을 소개했다. 즉 집안 살림을 주관하는 여성이 갖춰야 할 지식과 정보 그리고 지혜를 종합한 것이다. 그것은 생활 속에서 수집하고 기존의 문헌에서 찾아내어 종류별로 분류하여 체계화하였고, 여기에 다시 독자적인 설명과 해석을 덧붙여 일용평상의 쓰임이 되고자 했다.

조선후기 여성지식의 총결산이라고 할 수 있는 빙허각의 『규합총서』는 총 5권으로 이루어져 있다. 각 권의 편명은 「주사의(酒食議)」, 「봉임칙(縫紝則)」, 「산가락(山家樂)」, 「청낭결(靑囊訣)」, 「술수략(術數略)」이다. 「주사의」는 장·술·밥·떡·반찬 등의 음식 조리에 대한 지식을 종합한 것이다. 조리 방법에 대한 서술에 그치지 않고, 실험과 실증을 통해 그 원리를 추출해내고 해설을 행함으로써 하나의 지식체계를 만들어내었다. 「봉임칙」은 옷 만드는 법, 물들이는 법, 길쌈, 수놓기, 누에치기, 그릇 때우는 법, 불 간수하는 법 등의 모든 잡방을 정리한 것이다. 이 역시 관찰과 실험을 통해 기존의 지식을 수정하거나 보완하면서 독자적인 해설을 깃들였다. 「산가락」은 밭을 갈고 가꾸는 법에서부터 말·소·닭 등의 가축 기르는 법, 그리고 농가 생활에 필요한 다양한 내용을 담고 있다. 「청낭결」은 태교 및 출산에 대한 지식과 육아의 요령과 응급처지, 그리고 약물에 대한 지식을 담고 있다. 마지막으로 「술수략」은 복거(卜居)는 물론 주변을 정결하게 하는 법과 부적 쓰는 법, 주술로 마귀를 쫓는 일체의 속방(俗方)을 담고 있다. 『규합총서』 5권은 집안에서 이루어지는 거의 모든 일과 그 지식을 종합화하고 체계화한 결과물인 것이다.

조선후기 실학의 대두는 관습적이고 실천적으로 행해지는 집안 관리를 '가정학(家庭學)'이라는 지식과 학문의 범주에서 사유하도록 했다. 즉 도덕 및 의리(義理) 중심의 주자학적 학풍이 '실사구시(實事求是)'적 관심으로 전환되면서 집안의 물질적인 조건과 관리가 중요한 의미를 갖게 된 것이다. 이와 함께 그 살림을 주관하는 여성의 일과 경험을 지식화할 필요가 있었는데, 빙허각의 작업은 이러한 변화의 연장선상에 있다.

여기서 빙허각 이씨의 실학을 가능케 한 가족적 배경에 주목할 필요가 있다. 그녀는 세종의 왕자 영해군 이당(李瑭)의 12대 손으로, 가족으로는 육조의 판서를 두루 지낸 아버지 이창수(李昌壽, 1710-1777)와 오빠 이병정(李秉鼎), 시서화로 이름난 조카 이조묵(李祖黙) 등이 있다. 외가로는 『태교신기』를 저술한 외숙모 사주당(師朱堂) 이씨, 『언문지』 등을 저술한 외사촌 유희(柳僖)가 있다. 또 시가는 시조부 서명응(徐命膺)[『고사신서(攷事新書)』, 1771], 시아버지 徐浩修[『해동농서(海東農書)』 1798], 시동생 徐有榘[『임원경제지(林園經濟志)』] 등의 걸출한 인물을 배출한 실학자의 집안이다. 친가 및 외가 그리고 시가의 지적 자원은 그녀를 실학자로 이끈 동인(動因)이 되었다.

조선후기에는 치산(治産)과 치가(治家)의 학(學)이 적극적으로 논의되고 위생과 음식 등 양생(養生)의 지식들을 중요하게 다루었다. 그런 점에서 빙허각의 사상과 학문은 실학의 보편적 맥락 안에서 정의될 수 있다. 하지만 실학의 영역이 확장되고 전문화하는 데는 여성의 관심과 경험이라는 특수성이 작용하였다. 예컨대 빙허각은 여성의 눈과 관심으로 패물이나 외모를 꾸미는 재료를 자연 속에서 찾아내고 실험과 실증을 통해 하나의 지식으로 체계화하였다. 이는 남성들이 주목하지 않았던 부분이다. 또 『규합총서』의 항목과 주제들은 시동생 서유구의 『임원경제지』와 겹치기도 하는데, 관점이나 서술에서는 차이를 보인다. 염색에 대한 항목에서 '쪽빛'을 형식적이고 간략하게 처리한 서유구와는 달리 빙허각은 5배 이상의 분량을 할애하여 상세하고 섬세하게 다루고 있는 것이다. 즉 동일 항목이라 하더라도 남성의 설명과는 달리 빙허각의 지식에는 여성적 특수성이 반영되어 있다.

빙허각 이씨를 '여성 실학자'로 호명하는 것은 자신의 여성정체성을 일상연구의 방법론으로 삼고 있다는 점에 있다. 습관적으로 행해지던 여성의 집안 살림을 실험과 관찰을 통해 지식의 체계로 만들어 낸 빙허각의 작업은 지성사 및 생활사의 맥락에서 시사하는 바가 크다. 나아가 빙허각의 실학적 성과는 우리여성의 지적·역사적 자원으로 매우 중요한 의미를 지니는 것이다.

◉ **참고문헌**

憑虛閣 李氏(정양완 역주), 『閨閤叢書』(보진재, 1975)
서유구, 『임원경제지』(보경문화사, 1983)
이숙인, 「조선후기 家政論의 성격 : 養生과 治産」(한국사상사학, 2013)
이혜순, 『조선조후기 여성지성사』(이화여자대학교 출판부, 2007)
정해은, 「조선후기 여성실학자 빙허각이씨」(여성과 사회, 1997)

◉ **필자**

성명 : 이숙인(李淑仁)
현직 : 서울대학교 규장각한국학연구원 책임연구원
연구분야 : 동양철학

丁若鏞

정약용

1762–1836, 號: 茶山, 俟菴 字: 美庸

법을 고치고 관직을 정리하는 것을 춘추필법에서 귀하게 여겼으니, 반드시 왕안석의 일이라 하여 나무라는 것은 용렬한 사람의 속된 말인즉 현명한 임금이 관심할 바가 아니다…… 모든 관직이 구비되지 않아서 정사(正士, 정규 관원)에게 녹봉이 없고, 탐욕하는 풍습이 크게 일어나서 백성들이 고통을 받는다. 그윽이 생각건대, (조선사회는) 대개 털끝 하나라도 병들지 않은 것이 없으니, 지금에 와서 고치지 않으면 반드시 나라를 망치고야 말 것이다. 이것이 어찌 충신과 지사가 팔짱끼고 방관할 수 있는 것이겠는가!

(「邦禮艸本序」)

병든 18세기의 조선 사회를 고발하는 이 글은 정약용의 대표적인 저작중의 하나인 『경세유포(經世遺表)』의 서문에 「방례초본서(邦禮艸本序)」로 실려 있다. 다산(茶山)의 500여 권을 상회하는 호한(浩瀚)한 저작물은 모두 이 병든 조선 사회를 구제하고자 한 열망의 소산이다. 조선이 낳은 가장 위대한 학자 중의 한 사람인 그는 「자찬묘지명(自撰墓誌銘)」에서

"육경사서(六經四書)로써 수기(修己)하고 일표이서(一表二書)로써 천하 국가를 다스리니 본(本)과 말(末)을 갖추는 것이다"라고 그의 저술활동을 자평하였다. 다산의 학문은 수기를 위한 경학(經學) 연구와 치인을 위한 경세학(經世學) 연구가 유기적으로 잘 연결되어 있다. 그는 유학 경전인 육경과 사서에 대한 독자적인 재해석을 통해 주자학적 해석의 한계를 극복하고자 하였고, 『경세유표(經世遺表)』, 『목민심서(牧民心書)』, 『흠흠신서(欽欽新書)』와 같은 '일표이서'로써 잘못된 국가제도와 운영체제를 근본적으로 개혁하여 고통에 빠진 백성의 삶을 치유해 주고자 하였다.

그의 개혁적인 학풍은 전대의 성리학을 발전적으로 재해석하고, 당시에 분출하던 다양한 학설과 사상들을 종합한 것에서 비롯되었다. 그는 성장기에 근기(近畿) 실학의 문호(門戶)를 연 성호(星湖) 이익(李瀷, 1681-1763)의 유고(遺稿)를 접하고 박학(博學)에 근거한 새로운 학문 방법론에 눈을 뜨게 되었다. 또한 그는 같은 남인계 학자인 이승훈(李承薰, 1756-1801), 이벽(李蘗, 1754-1786) 등과의 교류를 통하여 서학(西學)의 교리를 접하는 계기를 가지게 되었다. 그가 성균관 유생이었던 시절 이벽을 통해 보았던 『천주실의(天主實義)』, 『칠극(七克)』 등의 서학서는 그로 하여금 유학에 대한 독자적인 재해석을 가능하게 한 이론적 토대가 되었다. 1789년 식년문과(式年文科)에 급제한 후, 그는 정조의 특별한 총애를 받아 규장각(奎章閣)의 초계문신(抄啓文臣) 등에 발탁되어 유학에 관한 깊이 있는 연구에 매진하였다. 그는 이 시기 국가적 편찬사업에 참여하기도 하고, 정조의 질문에 답하는 『대학강의(大學講義)』와 『시경강의(詩經講義)』 등의 저술을 남긴다. 또한 신도시인 화성(華城) 건설에 참여하여 주교(舟橋)와 기중기(起重機) 등의 제작에도 참여하고, 천연두 예방을 위한 『마과회통(麻科會通)』을 작성하는 등 과학자로서의 면모를 보여 주었다.

정조가 승하한 후, 그는 천주교도로 몰려 장기(長鬐)와 강진(康津)에서 18년간 이라는 오랜 유배 생활을 경험하게 된다. 이 시기 그는 비록 정치적으로는 몰락하였지만, 사상적으로나 학문적으로는 완숙한 경지에 이른다. 그는 피폐한 농민들에 대한 사랑과 연민을 문학작품에 담기도 하고, 육경과 사서에 대한 연구에 매진하였다. 그는 이 기간 동안 선진(先秦) 시대의 원시 유학에 관해 집중적으로 연구함으로써 성리학이 지닌 관념론적 한계를 돌파하고자 하였다. 또한, 이 시기 그는 민본적(民本的) 왕정론(王政論)이 응축되어 있는『경세유표』,『목민심서』,『흠흠신서』를 마무리하였다.

정약용은 유배에서 풀려난 1818년(57세) 이후에도 향리에 은거하면서『상서(尙書)』등의 연구를 계속하였다. 그는 삼대(三代)의 민본주의적인 정신이 담겨 있는 육경을 특히 중시하였고, 육경 중에서도 특히『상서』의 가치를 높이 평가하였다. 그는『상서』속에서 지인(知人)과 안민(安民)의 민본주의를 발견하고자 하였다. 이 시기에 그는 초의(草衣) 선사를 비롯한 스님들과 활발한 교류를 하고, 당색을 달리하던 고향 인근의 신작(申綽, 1760-1828), 홍석주(洪奭周, 1774-1842), 김정희(金正喜, 1786-1856) 등과 폭 넓은 교류를 하면서 학문의 지평을 확장하였다.

정약용의 정치 철학은 도덕적 정당성을 지닌 강력한 왕권을 확립하고, 이를 통해 새롭게 왕도정치의 이상을 실현하는 것에 있었다. 그는 천자(天子)도 인장(隣長)이나 이정(里正)처럼 민의 대표자들이 선출하여 추대해야 한다는 민본적 입장을 개진하기도 하고, 맹자식의 폭군(暴君) 방벌론(放伐論)을 주장하기도 하였다. 그러나 그는 권귀화(權貴化)된 특정 세력이 권력을 독점하고, 관료체제와 국가 기강을 무력화 하는 것이 사회경제적 혼란의 원인이 된다고 보았다. 이러한 문제를 극복하기 위해서는 강력한 왕권과 이를 보좌하는 효율적인 관료기구의 육성이 필요하다고 보았다. 이를 위해 육조에 소속된 아문들을 재배치하고, 승정원 및 왕실 관련 아문들을 모두 이조에 예속시키는 등의 개혁안을 구상하였다. 그는 여전제(呂田制)와 정전론(井田論) 등을 통해 토지의 사적 소유를 부정하고, 경자유전(耕者有田)의 원칙에 따라 농민에게만 토지를 줌으로써 농업의 전문화를 시도하였다.

한편 정약용의 경학 해석에서 보이는 유학사적 특징은 그의 고유한 상제(上帝)론에서 찾을 수 있다. 그는 시경이나 서경 혹은 역(易)의 해석에서 공통적으로 인격신으로서의 상제를 상정하고 있다. 그의 주역 체계의 정점에도 인격적 주재자로서의 상제가 자리하고 있다. 다산의 철학은 이 상제를 호출하면서, 개별적 인간을 각각의 독립된 주체로 파악하고, 인간의 평등성을 확보할 수 있게 되었다.

◉ **참고문헌**

이을호 외, 『정다산의 경학』(민음사, 1989)
홍이섭, 『정약용의 정치경제사상연구』(한국연구원, 1959)
한우근 외, 『정다산연구의 현황』(민음사, 1985)
금장태, 『다산평전: 백성을 사랑한 지성』(지식과 교양, 2011)
정순우, 「다산에 있어서의 天과 上帝」(『다산학』 9호, 2006)

◉ **필자**

성명 : 정순우(丁淳佑)
현직 : 한국학중앙연구원 부설 한국학대학원 교수
연구분야 : 한국교육사, 지성사

徐有榘

서유구

1764-1845, 號: 楓石, 字: 準平

> 시골에서 사는 데 필요한 내용을 채록하여 부(部)로 나누고 표제어(標題語)를 세운 다음, 여러 책을 조사하여 채워 넣었다. '임원(林園)'으로 제목을 붙인 까닭은 이 책이 벼슬하여 세상을 구제하는 방법이 아님을 밝히기 위해서이다.
>
> (『林園經濟志』 序文)

조선 최대의 실용백과사전으로 알려진 서유구의 대표작 『임원경제지(林園經濟志)』 서문의 일부이다. 여기서 그는 40년(1806-1845)에 걸쳐 체계화하려 했던 '임원경제학(林園經濟學)'의 범위를 명시함으로써, 조선 지식인 대부분이 평생 탐구했던 경학(經學)이나 경세학(經世學)의 영역을 다루지 않겠다고 선언했다. 『임원경제지』는 사대부가 벼슬하지 않을 때 향촌[즉 임원(林園)]에서 생계를 꾸리고, 나아가 원대한 뜻을 기르는 데 필요한 일용(日用) 지식을 총 16개의 독립된 저작으로 구성한 책이다.

서유구는 조선 후기 대표적인 가문 중 하나인 대구(大邱) 서씨(徐氏)

일원으로, 고위 관직을 두루 거쳤으면서도 오히려 정계에서 소외된 지식인들이나 관심을 가질 법한, 일상생활과 밀접한 지식을 정리했다. 가학(家學) 전통을 이어받은 서유구[이 책에서 소개하는 서명응(徐命膺), 서호수(徐浩修), 빙허각(憑虛閣) 이씨(李氏)는 한 집안 사람이다]는 사(士)·농(農)·공(工)·상(商) 네 직분이 실행할 수 있는 내용을 사대부도 알아야 하고 필요할 때는 이를 실천해야 함을 강조했다.

253만 자(113권 54책)에 육박하는 『임원경제지』에서 다룬 분야를 거칠게 말하면 농업[곡식·채소·나무·원예·옷감·농업기상·축산 분야가 각각 독립된 저술], 음식, 공업[건축·일용품], 양생(養生), 의학(醫學), 의례(儀禮), 기예[독서·활쏘기·수학·서도·회화·방중악], 취미[조경·여가·오락], 복거(卜居), 상업 등이다. 이 16개 분야 대부분은 분야별로 조선의 저술 중 가장 포괄적이고 체계적이면서도 깊이 있는 작품으로 평가받고 있다. 『농정전서(農政全書)』나 『천공개물(天工開物)』 같은, 깊이 있고 방대한 각 분야의 전문서는 한·중·일에서 자주 확인된다. 하지만 『임원경제지』처럼 다양한 전문 분야가 향촌에서의 자립적 삶을 위한 지식 체계를 갖추면서 유기적으로 종합되어 묶인 사례는 발견되지 않았다.

예를 들어, 『임원경제지』의 의학분야[「인제지(仁濟志)」·「보양지(葆養志)」]에서는 조선을 대표하는 의서 『동의보감(東醫寶鑑)』(1610년)보다 30만 여 자가 많으면서, 『동의보감』은 물론 그 이후에 나온 중국과 한국 의서·양생서까지 반영하여 예방의학과 치료의학의 체계를 세웠다. 음식분야[「정조지(鼎俎志)」]에서는 조선의 음식조리서 중 가장 많은 1천 여 종의 음식을 소개했다. 심지어 사대부가 관심을 거의 갖지 않았던 공업분야(「섬용지(贍用志)」)에서는 세밀한 설명과 묘사를 통해 건축물이나 물건을 제작할 수 있도록 했으며, 역시 사대부가 천시했던 상업분야(「예규지(倪圭志)」)에서는 재산을 늘리고 관리하는 법을 실질적인 정보에 입각하여 상세히 제시했다.

서유구의 임원경제학은 '실용학(實用學)'이었고, 실용학의 목표는 '이용후생(利用厚生)'이었다. 그러나 다룬 내용의 폭이나 깊이에서, 조선후기에 이용후생을 강조한 학자들과는 압도적으로 차별화된다. 이용후생 방면을 서유구만큼 방대하면서도 깊이 있고, 치밀하면서도 체계적으로 정리한 학자를 찾을 수 없다. 예를 들어 정약용(丁若鏞)은 경학과 경세학에 주로 몰두했다. 박지원(朴趾源)이나 박제가(朴齊家) 등의 이용후생학도 서유구에게 좋은 모범이었지만, 서유구에 비할 때 그들은 산업의 전반적인 문제와 일부 해결책을 제시했을 뿐이었다. 이것이 그의 학문 체계를 '이용후생학'이 아니라 '임원경제학'으로 자리매김할 수밖에 없는 이유이다.

서유구가 이 같이 특이하게 보이는 『임원경제지』를 저술한 이유는 조선인의 열악한 삶을 개선하기 위함이었다. 그는 18~19세기 조선을 농업·공업 기술이 극도로 낙후한 나라로 인식하면서, 그 이유를 산업에 대한 사대부의 무관심과 무지 때문으로 적시(摘示)했다. 조선 지식인 대부분은 관직의 독점과 정원(定員)의 제한 때문에 집에서 독서와 저술만을 일삼았을 뿐, 경제적 생산 활동은 거의 하지 않았다. 서유구는 비생산적인 지식인이 자신의 일상을 생산적으로 전환하도록 촉구했다. 당시 사회적으로 큰 병리현상이었던 유식자(遊食者)의 증가를 두고 일반 백성이 아니라 사대부에게로 책임을 돌리면서 이들의 안이한 의식 속에 파고들어 일상을 개조하려 했던 것이다. 이런 입장에서 서유구는 외국의 선진 기술을 적극적으로 도입해야 한다는 실용주의적 신념을 견지했다. 문집에서조차 시를 남기지 않았던 그는 말년의 시집에서 '임원경제'의 삶을 모색하는 실용적인 작시(作詩)로 일관했을 정도였다.

세상 구제보다는 일상 변혁에 집중했던 서유구는 일상 삶의 수준 제고를 통해 더 나아가 국가 개혁의 토대를 마련하려 했을지도 모른다. 그러나 내용의 방대함과 난해함으로 인해 당대에 『임원경제지』의 활용도는 극히 낮았다. 오히려 도시화가 가속화된 오늘날, 학계는 물론이고 전통농법을 적용하거나 전통음식을 재현하는 등 전통문화에 눈을 돌리는 대중들에게 큰 관심을 받고 있다. 경학의 탐구는 옛 설에 군더더기를 보탤 뿐이며, 경세학의 추구는 '흙 국[토갱(土羹)]'이나 '종이 떡[지병(紙餠)]'을 만드는 일처럼 공리공담만 생산할 뿐이라는 서유구의 일갈은 조선시대뿐 아니라 지금의 지식인에게도 경종을 울린다.

◉ 참고문헌

조창록, 『楓石 徐有榘에 대한 한 연구』(성균관대 박사학위논문, 2002)

김대중, 『楓石 徐有榘 산문 연구』(서울대 박사학위논문, 2011)

徐有榘 지음, 정명현·민철기·정정기·전종욱 외 옮기고 씀, 『林園經濟志 : 조선 최대의 實用百科事典』(씨앗을 뿌리는 사람, 2012)

문성희 복원 및 해설, 임원경제연구소(정정기) 번역 및 해설, 『楓石 徐有榘 선생의 생명 밥상』(씨앗을 뿌리는 사람, 2014)

◉ 필자

성명 : 정명현(鄭明炫)

현직 : 임원경제연구소 공동 소장

연구분야 : 한국전통과학기술사

柳僖 유희

1773-1837, 號: 南岳 · 西陂 · 方便子 · 觀靑農夫, 字: 戒仲

문장은 본래 이름이 입언(立言)이다. 맛은 맵고 쓰며, 기운은 차다. 양 가운데 양으로, 독이 없다. 한 텍스트에는 조금 독이 있다고 하였다. 심경(心經)으로 들어가고 또 간담경(肝膽經)이 된다. 약으로 먹으면 주로 장부의 온갖 병을 치료할 수 있으며, 또한 유아를 기르고 부인을 조섭할 수 있다. 일체의 탁한 기운을 치료하여 가슴에 가득하면 마음을 활짝 열어, 귀와 눈을 아주 밝게 하고 지혜를 더하고 담을 장대하게 하며, 기격(氣格)을 길러주고 음성을 윤택하게 하며, 더러운 때를 없애고 신명을 통하게 한다.

(『方便子文錄』 「戱補本艸」 제2조)

이 글은 유희(柳僖)가 본초학의 글 형식을 빌려 통보(通寶)[돈]와 문장의 쓰임에 대해 논한 「희보본초(戱補本艸)」 제2조의 해설부이다. 「희보본초」는 '장난스레 『본초경』에 보충을 한다'는 뜻으로, 제2조에서 유희는 문장이 본래 입언(立言)이란 이름을 지니고 있고 그 맛은 맵고 쓰다고 하며 문장의 본질을 규정하였다.

그런데 유희가 구현한 입언은 세상에 울릴 경국(經國)의 그것이 아니다. 사람을 고통스럽게 하고 패신(敗身)하게 만드는 것이면서 습벽 때문에 벗어날 수 없는 마성(魔性)을 지닌 것이었다. 유희는 이어서 『본초강목』의 서술 방법을 이용하여 허구의 서적을 인용하며 문장의 기능과 해악에 대해 우의적으로 말하고는, 문장의 해악에도 불구하고 벽(癖) 때문에 말래야 말 수 없는 창작의 모순을 자조적이면서도 해학적으로 제시하였다. 유희의 이 문장 벽(癖)은 당시의 경화거족이나 유족한 문인층의 그것과 다르다. 그것은 '마귀'의 소행으로, 그 마귀는 정통의 문학세계가 형성한 극점으로부터의 이탈을 초래하고, 그 이탈을 달갑게 여기도록 만든다.

유희가 남긴 『방편자구록』·『방편자문록』·『방편자서독』에는 문자생활 관련 자료, 지방행정 자료 등 생활문화사 자료가 매우 풍부하다. 정점 지식인들의 문자 활동과는 달리 중하층 백성들의 '생활의 장'을 살아나간 한사(寒士)의 행보가 뚜렷하게 각인되어 있다. 유희는 정통 문학의 세계에서는 중시되지 않았던 통문(通文)과 과문(科文)에 주목하였고, 정통 문학의 주요 양식들을 이용해서 한사의 방랑적 사유와 중하층 인민의 삶에 대한 통속적 관심을 드러냈다. 곧, 그는 편장자구(篇章字句)의 정제(整齊)에 공력을 쏟지 않고, 각 인물의 삶이 지닌 일상성을 기록하고 통속세계에 뿌리를 둔 슬픔의 감정을 솔직하게 드러냈다. 또한 민간의 장인이나 상인, 심지어 종복의 삶을 소재로 우언(寓言)을 작성하거나 그들의 삶에서 교훈적인 요소를 찾았으며, 도협(盜俠)에 관한 견해를 서술하고 일화들을 집록해서 「도협서(盜俠敍)」(1812년)를 작성하기도 하였다. 나아가 유희는 서예, 회화, 음악에도 깊은 관심을 가지고 이를 시와 문으로 표출하였으며, 시조의 가창 구조에 주목하여 그에 부합하는 한역체를 개발하기도 하였다.

한편, 유희는 학문적으로 당대의 명류들과 직접 교류하였다고는 보기 어렵지만, 당시의 주류 학문에 대해 끊임없이 관심을 두고 당시의 난제를 자신의 과제로 삼았다.

유희는 부집(父執)의 윤광안(尹光顏, 1757-1815)에게서 경학을 배우고 정동유(鄭東愈, 1744-1808)에게서 정음학을 배웠다. 위당 정인보는 유희의 학문이 정주학의 서언(緖言)을 종주로 삼으면서 특히 신독(愼獨)의 공부를 중시한 사실에 주목하는 한편, 그의 학문방법이 박기(博記)의 면에서는 혜동(惠棟) 부자와 같고 형명(形名) 종핵(綜覈)의 면에서는 대진(戴震)에 가깝다고 평한 바 있다. 유희는 가학적 전통과 강화학파의 학자·문인들과의 교유를 통해서 양명학에 대해 관심을 갖게 되었을 것으로 추측된다.

유희는 한학기초학인 소학을 중시하였다. 즉, 유희는 『물명고(物名攷)』와 『언문지(諺文志)』 등을 저술하였다. 유희는 이만영(李晩永)이 『재물보(才物譜)』를 자신에게 질정해 온 것을 계기로 물명에 대해 오랫동안 연찬한 끝에 『물명고』(1820년)를 이루었다. 이만영의 『재물보』는 천지인 삼재(三才)와 사물의 이름을 유서(類書)의 형식으로 분류하였으나, 유희는 사물을 '경험의 빛'으로 관찰하고 분석하여 고증적 형식의 물명어 휘집성집을 편성하였다. 또 유희는 52세 되던 1824년에 훈민정음 연구서인 『언문지』를 완성하였다. 유희는 정동유와 훈민정음에 대하여 수개월 강학한 뒤 이 책을 저술하기 시작하여, 15·6년이 지난 뒤 『사성통해(四聲通解)』를 읽고 의견을 보태어 완성하였다. 유희는 신숙주(申叔舟)·최세진(崔世珍)·박성원(朴性源)·정동유(鄭東愈) 등의 학설을 들고 자신의 견해를 덧붙이는 방식을 취하였는데, 박성원의 『화동정음통석운고』를 특히 자주 인용하였다.

중년 이후 유희는 강화학파의 학자들과 사상적 기조를 같이 하면서

도 세상을 바라보는 관점에서 그들과 차별성을 지녔다. 이를테면 남정화(南廷和)는 1825년에 이충익(李忠翊)에게 보낸 시에서 세도(世道)가 쇠락하고 서양천문학이 들어오는 등 변화를 우려하였고, 이충익은 종래의 천원지방설은 정밀하지 않으므로 서방의 천문력을 수입하여도 무방하다고 하면서 '변화'를 따라야 한다고 하였다. 유희는 이에 대해 조선이 맹자의 나라이자 명나라의 중화주의를 이어받은 나라라고 인식하면서도, 세계의 변화를 감지하여 서양 천문학 등 새로운 지식에 의하여 과거의 지식은 부정될 수 있다고 보았다. 또 '나에게서 말미암는[由我]' 사상과 '나의 본분을 다하는[盡分]'는 주체적 실천을 강조하고 학문과 사상의 권력화에 저항하였다.

위당 정인보는 『조선고서해제(朝鮮古書解題)』의 「감서(憨書)」에 대한 해제에서 조선후기의 진보적 학문의 신조류를 논하여, 조선의 정치·경제·역산(曆算)·수지(水地)·민속·어문을 중심으로 하는 '구시구진(求是求眞)'의 경향이라고 언급한 바 있다. 유희의 시문과 학문 저술은 조선후기 '구시구진'의 지적 경향을 예시적으로 보여준다고 할 수 있다.

◉ **참고문헌**

장서각 고문서연구실 편, 『晉州柳氏 西陂 柳僖 全書』 Ⅰ-Ⅱ(한국학중앙연구원, 2007-8)
정인보, 『담원 정인보전집』 6권(연세대학교 출판부, 1983)
김근태, 「西陂 柳僖의 생애와 學詩 門路」(『온지논총』 14집, 온지학회, 2006)
심경호, 「유희의 시문 문집과 그 정신세계」(『진주유씨 서파 유희 전서 2』, 한국학중앙연구원, 2008 영인)
심경호, 「유희의 한문문학에 나타난 통속성」(『고전문학연구』 35호, 한국고전문학연구회, 2009)
심경호, 「유희의 문학과 학문에 드러난 '求是求眞' 경향」(『진단학보』 제118호, 진단학회, 2013)
정양완, 「유희의 학문과 생애」(『새국어생활』 10-3, 국립국어연구원, 2000)
황문환, 「언문지 해제」(『진주유씨 서파 유희 전서 1』, 한국학중앙연구원, 2007)

◉ **필자**

성명 : 심경호(沈慶昊)
현직 : 고려대학교 한문학과 교수
연구분야 : 한국경학, 한문산문

洪吉周

홍길주

1786–1841, 號: 沆瀣, 字: 憲仲

'책'은 참으로 천지와 함께 태어나서 장차 천지와 함께 없어질 것이니, 어찌 불사른다고 없앨 수 있겠는가? 창힐(倉頡)과 주양(朱襄)이 아직 태어나기도 전, 천지 사이에 처음부터 '책'이 없었던 적은 없었다. 아침의 구름바다 가운데를 한 번 바라보면 [거기엔] 언제나 수억만 권의 문자가 있다. 진시황이 만 명이 있은들 이것을 태울 수 있겠는가?

(「睡餘瀾筆(續)」)

진시황은 '분서갱유(焚書坑儒)'를 자행함으로써 동양전통사회에서 '인문(人文)의 적' – 특히 유가(儒家)의 적으로 지목되는 사람이다. 그런데 홍길주(洪吉周)는 진시황의 분서는 그저 어리석은 일이었을 뿐, 어차피 책이란 태워 없앨 수 있는 것이 아니라고 한다. 상식을 뒤집는 이 발칙한 언어가 홍길주의 전매특허이다. 그의 문장은 기발한 상상력과 유희적 실험정신으로 충만하고, 독자의 자동화된 독서를 방해하는 교묘한 글쓰기를 구사한다.

홍길주는 조선후기 최고 문벌 출신이면서도 일찌감치 과거를 통한 입신을 포기하고 글을 자신의 사업으로 선택했던 인물이다. 동시대에 이미 탁월한 문장가로 평가받았고, 현대에는 연암(燕巖) 박지원(朴趾源)의 문예적 계승자로 탐색되는 인물이기도 하다.

홍길주의 산문은 단순한 유희지문(遊戲之文)이 아니다. '책'에 대한 홍길주의 신뢰는 무한하다. 그는 문자를 천지창조의 제4원소로 거론한다. 즉 천(天)·지(地)·인(人)이 성립되고 나서도 제4원소인 문자가 등장해서야 비로소 천지창조의 과정이 완결된다고 주장한다. 삼라만상의 존재는 언어로 포착되었을 때 비로소 그 의미가 시작되고 따라서 존재가 시작된다는 것이다. 그러므로 그는 종종 세상은 하나의 책이며 인간의 인식행위는 '독서'라고 표현한다. '세상의 처음부터 마지막까지, 구름바다 가운데 언제나 있는 수억만 권의 문자'를 읽어내는 독서행위가 인간의 인식행위인 것이다. 그리고 그러한 독서가 문자로 정착될 때, 그것은 '아직 지어지지 않은 책'을 실현시키는 글쓰기 작업이 된다. 세상이 끝날 때까지 진행되는 인문의 역사인 것이다.

홍길주가 저술가로 입신하는 이유는 이 천지에 가득한, 늘 새로 써져야 하는 책을 쓰기 위해서이다. 그래서 홍길주가 기획한 책은 새로 쓸 '육경(六經)'이기도 하다. 홍길주에 의하면 육경이란 그 당대에 가장 필요한 기획의 산물이었을 뿐이다. 따라서 모든 시대에는 그 시대의 요청에 응답하는 새로운 기획이 이루어져야 한다. 육경을 저술한 '성인이 성인인 까닭은 시대를 따라 잘 변하였기 때문[因時而善變]'인 것이다. 이것이 진시황이 불사른 육경이 복원되지 못했다하더라도 크게 상관이 없는 이유이다. 그가 세상의 처음부터 마지막까지 천지에 가득한 것이 모두 책이며, '온 천하의 선비들이 함께 노력해야 할' 것이라고 주장했을 때, 그것은 구체적으로 이런 의미이기도 하다.

『현수갑고(峴首甲稿)』·『표롱을첨(縹礱乙幟)』·『항해병함(沆瀣丙函)』 등

홍길주의 3부작 문집에 실린 각종 산문들은 이러한 문제의식의 산물들이다. 특히 홍길주의 대표적 저작인 『숙수념(孰遂念)』은 자기 시대의 요청에 대한 총체적 대답이다. 『숙수념』은 저작의 제목이기도 하지만 동시에 '책꽂이 사이의 가느다란 틈 사이로 들어가면 그 너머에 열리는' 가상공간의 이름이기도 하다. 이 가상공간은 자연공간과 거주공간으로 구성되어 있다. 그중 거주공간은 홍길주 자신의 거주를 중심으로 구휼시설과 의료시설, 출판시설까지 갖춘 유가적 확대가족의 자족적 공간이다. 『숙수념』에는 이 공간에 대한 물리적 구상뿐 아니라 그 안에서 이루어지는 삶의 세부 – 교육과 의례, 연회와 여행에 이르기까지의 세부가 자세히 기획되어 있다. 이 기획은 표면적으로는 유가적 확대가족공동체의 삶을 기획하고 있지만 이면적으로는 하나의 국가 기획이기도 하다. 이 세계를 관통하는 이상의 하나는 '삼사(三事)'의 이상이다. 백성들을 이끌어 정덕(正德)에 도달할 토대로서 이용후생(利用厚生)을 강조하는 것이다.

『숙수념』은 지리적인 형태의 공간일 뿐 아니라 관념적 환상 공간이기도 하다. 홍길주의 철학적 사유가 책이나 책의 서문 형태로 곳곳에 게시되는 장소이기도 하고, 가상공간 속 자연의 모습으로 현현하는 장소이기도 하다. 여기에서는 책과 세계의 구분이 사라지고, 현실과 환상이 뒤섞이며, 관념과 실제의 경계가 녹아버린다. '세상은 책'이라는 사유가 공간으로 현현한 모습이다. 이것이 가능한 것은 '숙수념이'라는 공간이 동양 전래의 이상향 모티브를 차용하면서도 독특한 개념의 공간을 재구성해내었기 때문이다. 홍길주 문장의 기발한 상상력과 발랄한 실험정신이 사유의 전복과 어떻게 결합되어 있는지를 보게 된다.

◉ **참고문헌**

김철범, 「19세기 고문가의 문학론에 대한 연구 : 洪奭周·金邁淳·洪吉周를 중심으로」(성균관대학교 박사학위 논문, 1993)
최식, 「沆瀣 洪吉周 散文 硏究」(성균관대학교 박사학위 논문, 2006)
박무영, 「『孰遂念』의 공간설계와 문학적 사유」(『동방한문학』33집, 동방한문학회, 2007)
이홍식, 「沆瀣 洪吉周의 세계인식과 문학적 구현 양상 연구」(한양대학교 박사학위논문, 2007)
최원경, 「沆瀣 洪吉周의 『孰遂念』 : 지식과 공간의 인식」(성균관대학교 박사학위 논문, 2008)

◉ **필자**

성명 : 박무영(朴茂瑛)
현직 : 연세대학교 국어국문학과 교수
연구분야 : 한국한문학

金正喜

김정희

1786-1856, 號: 阮堂 · 秋史, 字: 元春

『한서(漢書)』「하간헌왕전(河間獻王傳)」에서 '실사구시(實事求是)'를 말하였으니, 이 말은 곧 학문을 하는 데 있어 가장 중요한 도리이다. 만일 사실에 의거하지 않고 다만 허술한 방도를 편리하게 여기거나, 진리를 찾지 않고 다만 선입견을 위주로 한다면 성현(聖賢)의 도에 배치되지 않는 것이 없을 것이다.

(『阮堂全集』 卷1, 「實事求是說」)

오늘날 한국의 학술사나 문화사에서 김정희가 차지하는 위상은 매우 높다. 한국의 실학파는 일반적으로 '경세치용학파', '이용후생학파', '실사구시학파'로 구분하는데 김정희는 '실사구시학파'를 대표하는 학자로 공인되어 있으며, 그가 남긴 풍부한 서화 예술 작품은 많은 사람들로부터 깊은 존경과 애정을 받고 있다. 그렇지만 그가 정말 '실학자'인가에 대하여 이견이 없는 것은 아니다.

우선, 그가 남긴 학술적 저작이 그리 많지 않다. 물론 그가 당대의 일급 학자였음에 대해서는 조선의 학자들은 말할 것도 없고, 옹방강(翁方綱)이나 완원(阮元) 같은 청나라 거유(巨儒)들의 증언도 풍부히 남아 있다. 그런데 김정희는 안목이 하도 높아서 자신의 마음에 들지 않는 저술은 일부러 세상에 남기지 않았다고 전해진다. 그리고 그의 학술적 성과는 주로 서화 예술, 금석문 수집, 문헌고증에 집중되어 있어 일반인들이 '실학'이란 말에서 떠올리는 '실용(實用)'이나 '경세(經世)'와는 거리가 먼 내용들이다. 과거 근대주의적 입장에서 '실학'을 바라보았을 때, 김정희의 '실사구시'는 '과학적 학문방법'으로 이해되었지만, 오늘날의 실학 연구는 이러한 근대주의를 극복하고자 노력하고 있으므로 '실사구시'에 대해서도 새로운 이해가 요청되고 있다.

'실학'은 16세기 이래 동아시아에서 임진왜란이 발발하고, 이후 명·청이 교체되는 등의 내부적인 격동과 서양의 학술과 세력이 외부에서 박두하는 위기적 상황에 직면하여 동아시아의 유학이 이러한 상황에 주체적으로 대응하고자 발본적인 자기갱신의 노력을 기울였던 학술운동이었다고 이해할 수 있다. 그렇다면 '실사구시학파'가 추구하였던 '학문적 엄정성'은 단순히 '과학적인' 학문 방법론에 그치는 것이 아니다. '실사구시'는 유교 경전을 엄밀하게 상대화하여 바라보고 현실문제에 대응할 수 있도록 재구성하기 위한 방법론이었다고 이해할 수 있게 된다. 물론 그 기획은 미완으로 그치고 말았지만, 무한한 가능성을 지닌 학술적 자산으로 우리에게 남겨져 있다 할 수 있다.

그리고 김정희가 남긴 학술적 성과의 양이 그리 많지는 않지만, 사상사에 끼친 공헌은 작지 않다고 할 수 있다. 모두(冒頭)에 소개한 「실사구시설」은 김정희가 젊은 시절에 지은 것으로 주로 문헌고증에 관련한 '실사구시'라 할 수 있다. 그런데 19세기 중반 서양 세력에 대한 '해방(海防)'의 필요성이 시급한 과제로 대두되었을 때 그는 "『해국도지(海國圖志)』는 꼭 필요한 책으로 내게는 보배와 같습니다. …… 대체로 위원(魏源)의 학문은 요즘의 한학(漢學) 가운데서 별도로 하나의 문호를 개척하여 훈고(詁訓)나 공언(空言)을 지키지 않고 오로지 '실사구시'를 위주로 합니다."(「與權彝齋」 18)라고 자신의 벗이자 당시 영의정(領議政)이었던 권돈인(權敦仁)에게 편지를 보낸바 있다. 널리 알려져 있듯, 위원의 『해국도지』는 서양세력의 침탈에 맞서기 위해 서양에 대한 광범한 지식을 집성하고 다양한 군사적 대응책을 구체적으로 모색한 저술인데, 김정희는 위원의 이러한 저술태도를 '실사구시'로 설명하고 있으니, 이 시기 김정희에게 '실사구시'는 보다 경세적 의미를 지닌 것으로 확대되었던 것이다. 이처럼 김정희의 '실사구시'는 현실과의 긴장감을 잃지 않고 내적 온축을 이루고 있었다고 볼 수 있는데, 그 가시적 성과는 그의 문하(門下) 제자들에 의해 실현되었다고 볼 수 있다.

예를 들어, 남병길(南秉吉, 1820~1869)은 김정희의 문집을 정리하고 서문을 쓰기도 하였던 제자인데 그는 『시헌기요(時憲紀要)』·『추보첩례(推步捷例)』 등의 전문적인 천문수학 저술을 남겨 그의 형 남병철(南秉哲)과 함께 과학사에 큰 업적을 남긴 인물이다. 이 형제가 이 같은 성과를 낼 수 있었던 것은 김정희가 강영(江永) 등과 같은 청나라 학자들의 학술을 두루 섭렵하였던 배경이 있었기 때문이라고 보아야 할 것이다.

또 역관(譯官)이자 금석학에 일가를 이루었던 오석경(吳慶錫, 1831-1879)은 김정희 만년의 애제자였는데, 그는 후에 박규수(朴珪壽)와 함께 김옥균(金玉均)·유길준(兪吉濬) 등의 '개화파 인사'들을 길러내는 등 역사의 전면에서 활동한 인물이다. 오경석이 그 같은 학술적 기반을 닦고 국제정세를 보는 안목을 갖출 수 있었던 것 또한 김정희의 지도가 있었기에 가능하였다고 보아야 한다.

이러한 점들을 두루 살펴보면, 김정희를 '실학자'로 규정하는데 주저할 필요가 없음이 분명해 진다고 할 수 있다. 김정희는 명실공히 '실사구시학파'의 대표적 학자라 할 수 있을 것이다.

◉ 참고문헌

이우성, 「實學硏究序說」(『李佑成著作集1: 韓國의 歷史像』, 창비, 2010)
임형택, 「한국실학사에서 추사 김정희와 그의 미의식」(『21세기에 실학을 읽는다』, 한길사, 2014)
전해종, 「淸代學術과 阮堂」(『대동문화연구』 1, 성균관대학교 대동문화연구원, 1964)
심경호, 「秋史 金正喜와 考證學」(『秋史硏究』 5, 추사연구회, 2007)
박철상, 『세한도』(문학동네, 2010)
유홍준, 『완당평전』(학고재, 2002)
김만일, 「秋史 金正喜의 尙書 今古文論과 僞書考證」(『태동고전연구』 28, 태동고전연구소 2012)
藤塚鄰 저, 윤철구 외 역, 『秋史 金正喜 硏究』(과천문화원, 2008)
최완수, 『추사집』(현암사, 2014)

◉ 필자 약력

성명 : 김용태(金龍泰)
현직 : 성균관대학교 한문학과 부교수
연구분야 : 한국한문학

李圭景

이규경

1788-1856, 號: 五洲, 字: 伯揆

세상의 논객들이 말하기를 명물도수(名物度數)의 학문이 한대(漢代) 이후로 이미 끊어졌다고 한다. …… 서광계(徐光啓), 왕징(王徵)과 같은 학자들이 끊어졌던 학문의 뒤에 우뚝 일어나 열심히 계발해 내어 상수학(象數學)을 창시하니, 명물도수의 학문이 찬란히 세상에 다시 밝아지게 되었고, 이로부터 전문(專門) 명가(名家)들이 점점 나오게 되었다. 명물도수의 학술이 비록 성명의리(性命義理)의 학문에는 미치지 못하더라도, 마치 이단(異端)이나 되는 양 배척하여 연구하지 않는 것은 옳지 않다. …… 나는 장구(章句)나 묵묵히 지킬 뿐, 이러한 유용한 학문에 대해 그 시말(始末)을 잘 알지 못하지만 속으로 은근히 좋아하였다. 세월이 오래 되다보니 책속에서 얻기도 하고 마음속에서 생각이 떠오르기도 하여, 계산해보니 약간의 조목이 되기에 '연문장전(衍文長箋)'이라 이름 붙였다.

(『五洲衍文長箋散稿』 序)

이것은 이규경(李圭景)이 명물도수(名物度數)의 학문에 오랫동안 힘을 기울여 거질의 『오주연문장전산고(五洲衍文長箋散稿)』를 남기게 된 계기를 밝힌 말이다.

이규경은 순조~철종 연간에 걸쳐 활동한 학자로 실학자이며 박물고증학자(博物考證學者)이다. 18세기의 걸출한 학자들이 일궈낸 실학적 성과를 이어 받아 19세기에 백과전서적 학풍이 유행하였는데, 이규경은 19세기의 학술을 대표하는 지식인이다.

이규경의 조부는 정조 연간에 활약한 실학자이며 북학자(北學者)인 이덕무(李德懋, 1741-1793)이고, 부친은 이광규(李光葵, 1765-1817)인데, 모두 규장각 검서관(檢書官)을 지냈다. 이규경은 서울에서 태어나 가문의 학문전통을 이어 받아 21세(1808)에 검서관의 취재(取才) 시험에 응시하였다가 낙방하였다. 19세기에는 검서관 같은 작은 관직마저도 세도가(勢道家)가 독점하였는데, 이 과정에서 이규경처럼 한미한 집안의 지식인들은 자연스럽게 몰락을 길을 걸었다. 이때 몰락한 지식인들은 18세기에 비해 세상을 개혁하려는 경세의식(經世意識)은 약화된 반면, 그간 축적된 많은 지식정보를 활용하여 대형 저술을 창작해내곤 하였으니, 서유구(徐有榘)의 『임원경제지(林園經濟志)』, 조재삼(趙在三)의 『송남잡지(松南雜識)』, 최한기(崔漢綺)의 『명남루총서(明南樓叢書)』 등이 그런 사례이다. 이규경 또한 충청도 정산(定山), 봉암(鳳巖), 유구(維鳩) 등지를 떠돌다 충주(忠州)의 덕산(德山)에 정착하여 생을 마쳤는데, 『오주연문장전산고』는 고단한 지식인이 일생에 걸쳐 동아시아 지식정보를 모아 편찬한 역작이다.

이규경의 학술을 요약하면 다음과 같다.

실용(實用)과 박학(博學). 이규경은 인간이 다른 사물보다 우월하다는 사고를 가지고, 삶의 질을 향상시킬 수 있다면 어떠한 재화(財貨)라도 적극 활용해야 한다고 주장하였다. 이규경의 학문상 가장 큰 특징은 실용을 지향한 것이고, 실용의 방향은 국부(國富)와 민생(民生)으로 귀결된다. 이규경은 조부 이덕무를 이어 북학파의 전통을 계승하였는데, 중농주의(重農主義)를 기본으로 하면서도 시장을 활성화 하여 자원을 유통시키며, 국가 간의 교역도 적극 시행해야 한다고 강조하였다. 새로운 농기구 및 종자에 대한 관심을 기울여 조선의 근간인 농업의 개량을 염원하였고, 자연광물의 채취와 제련 등을 통해 백성들의 삶이 윤택해지기를 바랐으며, 일개 서생(書生)이라도 병법을 연구하여 국방이 튼튼해지기를 바랐다. 그러므로 이규경의 학문은 어느 한 분야에 국한되지 않고, 자연스럽게 박학 또는 박물학의 성격을 지니게 되었다.

명물도수의 추구와 박물고증학(博物考證學)의 전개. 이규경은 평소 호기심이 왕성하였고 사대부가 현실에 도움이 되는 학문을 버려두고 성명의리(性命義理)의 고원한 학문만 추종하는 세태에 분개하기도 하였다. 그는 박학다식(博學多識)을 군자가 명심해야 할 자세로 인식하였고, 스스로도 과거시험에 낙방하고부터 성리학보다는 명물도수의 학문에 전념하였다. 그리하여 사물의 명칭, 활용방안, 역대 기록의 오류에 대하여 활용가능한 자료를 모두 인용하여 분석·고증하였고, 아울러 현실에서 보고들은 사실까지도 적극 채록하여 변증에 활용하였다. 『오주연문장전산고』는 백과사전이라기보다는 변증(辨證)에 목적을 둔 박물고증서의 성격을 지닌다.

차기(箚記)와 변증. 이규경은 『오주연문장전산고』를 저술하는 과정에서 초서(抄書)를 적극 활용하였다. 이는 조선시대에 유구한 전통을 지닌 독서차기(讀書箚記)에 바탕을 둔 것으로, 자료를 필요에 따라 선록(選錄)하는 것을 가리킨다. 이규경은 조부 이덕무가 초서에 매우 열중하여 1천여 권이 넘는 서적을 필사였음을 회상하면서 이것을 집안전통으로서 자랑하기도 하였다. 조선 후기에 동아시아 지식정보가 널리 유통되게 된 것은 많은 장서가(藏書家)의 출현과 책을 빌려다 선록하는 과정을 통해 확장되었음을 주목해야 한다. 『오주연문장전산고』는 모두 60권으로 총 1416편의 '변증설'로 구성되어 있는데, 이규경의 변증설은 청대 고증학의 영향을 받은 것이다. 이규경은 평생에 걸쳐 필사해 놓은 자료를 유기적으로 배열하고, 변증을 통해 진실을 규명하여 실용에 이바지할 수 있는 자료로 바꿔놓았다.

학술의 집대성. 이규경은 자신의 일생을 통해 최대한 많은 자료를 수집하였는데, 그는 이 자료가 바로 쓰이지 못하더라도 언젠가 후세에 누군가가 보아주기를 염원하였다. 『오주연문장전산고』에 인용된 서적의 종류는 대략 660여종이 확인되었는데, 한·중·일 서적은 물론 한역서학서(漢譯西學書)에 이르기까지 광범하게 인용하였다. 국내서적으로는 『지봉유설(芝峯類說)』, 『성호사설(星湖僿說)』, 『청장관전서(靑莊館全書)』, 명대(明代) 서적으로는 『본초강목(本草綱目)』, 『오잡조(五雜組)』, 『물리소지(物理小識)』, 청대(淸代) 서적으로는 『인수옥서영(因樹屋書影)』, 『기원기소기(寄園寄所寄)』, 『지북우담(池北偶談)』, 『일지록(日知錄)』 등이 가장 많이 이용되었는데, 청대 서적의 인용비율이 가장 높은 것이 주목되는 현상이다. 아울러 일본 서적 중에 『화한삼재도회(和漢三才圖會)』가 매우 자주 활용되었고, 한역서학서로 『직방외기(職方外紀)』, 『태서수법(泰西水法)』 등이 자주 인용되었다. 이규경의 저술은 오랫동안 묻혔다가 근 1세기가 지난 후에 세상에 널리 알려졌고, 그의 바람대로 현대의 학자들에게 유용한 자료로 활용되고 있다.

◉ 참고문헌

윤사순, 「李圭景 實學에 있어서의 전통사상」(『실학사상의 탐구』, 현암사, 1974)
안대회, 「李睟光의 『芝峯類說』과 朝鮮後記 名物考證學의 전통」(『진단학보』 98, 2004)
김영진, 「朝鮮後記 中國 使行과 書册 文化」(『연행의 사회사』, 경기문화재단, 2005)
大木康 저·노경희 옮김, 『明末 江南의 출판문화』(소명출판, 2007)
진재교, 「李朝後期 劄記體 筆記 研究」(『한국한문학연구』 39, 2007)

◉ 필자

성명 : 김채식(金菜植)
현직 : 성균관대학교 대동문화연구원 책임연구원
연구 분야 : 조선후기 산문

崔漢綺

최한기

1803-1877, 號: 惠岡, 字: 芝老

> 나라의 제도(制度)나 풍속(風俗)은 고금이 각각 다르고, 역산(曆算)과 물리(物理)는 후세로 올수록 더욱 밝혀졌으니, 주공(周公)과 공자(孔子)가 통달한 대도(大道)를 배우려는 자는 주공과 공자가 남겨준 자취나 고집스럽게 지키고 변통(變通)하지 않아서야 되겠는가, 아니면 장차 주공과 공자가 통달한 대도를 본받아서 따를 것은 따르고 변혁할 것은 변혁해야 하겠는가. …… 주공과 공자의 학문은 실리(實理)를 좇아 지식을 확충하고 이로써 나라를 다스리고 천하를 평화롭게 하는 데 나아가기를 바라는 것이니, 기(氣)는 실리(實理)의 근본이요 추측(推測)은 지식을 확충하는 요법(要法)이다.
>
> (『氣測體義』 序)

위의 글은 최한기(崔漢綺)가 1836년에 쓴 『기측체의(氣測體義)』 서문의 일부로 유학을 공부함에 있어서 실리(實理)와 변통(變通)의 중요성을 설파하고 있다. 그는 실리와 변통을 추구하기 위해 실리의 근본인 신기(神氣)와 지식을 확충하는 요법(要法)인 추측(推測)이라는 새로운 개념을 정립하였다. 그는 신기는 옛날 심학(心學)이나 이학(理學)에서 말하는 심체(心體)나 심(心)을 가리키지만 그 의미는 크게 다르다고 했다. 신기는 바로 지각(知覺)의 근기(根基)이고, 지각은 신기가 감각기관을 통해 외부 대상세계를 경험하는 과정에서 생긴다고 보았다. 그는 세계 각국의 인물은 신기가 서로 통한다고 보고 궁극적으로는 사회의 변통(變通)과 세계 각국의 주통(周通)을 역설하였다.

신기와 함께 그가 제창한 독특한 학문방법인 추측은 종래 이학의 공부방법이었던 궁리(窮理)에 대응하여 제시한 것으로 크게 다섯 가지로 나누어 설명하고 있다. 즉 기(氣)를 미루어 이(理)를 헤아리고[推氣測理] 정(情)을 미루어 성(性)을 헤아리고[推情測性] 동(動)을 미루어 정(靜)을 헤아리고[推動測靜] 자기를 미루어 남을 헤아리고[推己測人] 물(物)을 미루어 일을 헤아리는[推物測事] 방법이다. 이같이 그는 1830년대에 신기(神氣)와 추측(推測)을 제시하여 세계 각국의 인(人)과 물(物)의 상호 소통을 주장하였다.

최한기는 1850년대 후반에는 종래의 기(氣)에 대한 인식을 보다 분석적이고 체계적으로 완성시켜 자신의 학문을 기학(氣學)이라 천명하였다. 그는 기(氣)를 새롭게 해석하여 기(氣)의 성(性)으로 활동운화(活動運化)를 제시했다. 활(活)은 생명성, 동(動)은 운동성, 운(運)은 순환성, 화(化)는 변화성을 의미한다. 그는 인간은 물론 사회와 자연 등 우주의 일체 만상은 이 운화(運化)를 승순(承順)해야 한다고 하면서, 자연·사회·인간의 관계를 대기운화(大氣運化), 통민운화(統民運化), 일신운화(一身運化)의 세 등급으로 제시하여 일통(一統)의 체계 속에서 이해하고자 하였다.

그런데 이러한 그의 기학에는 서양 스콜라 철학의 인식론을 비롯하여 Tycho Brahe의 대기설(大氣說) 등을 두루 수용한 흔적이 나타나고 있다. 그는 천문학·지리학·기계학 등 자연과학의 지식을 통해야만 기

(氣)를 인식할 수 있다고 생각했다. 특히 천문학의 발달과 지원설(地圓說)에 대한 이해, 그리고 지구의 자전·공전에 대한 해명은 그의 기학 형성에 지대한 영향을 주었다. 그는 천문학이 자신이 제창한 기학의 방향을 제시해 주었고, 지구의 자전·공전설이 기학의 입문 역할을 했다고 했다. 그는 Juan Sebastian del Cano(嘉奴)가 지구를 일주한 사실을 천지(天地)의 개벽(開闢)이라고 표현하고 지구의 일주를 통하여 천고(千古)의 의혹이 사라졌다고 했다. 그러면서 지구의 자전·공전설은 Michel Benoit(蔣友仁)가 쓴 『지구도설(地球圖說)』을 통해 받아들였다.

최한기는 1850년대에 위원(魏源)의 『해국도지(海國圖志)』와 서계여(徐繼畬)의 『영환지략(瀛環志略)』을 정밀히 비교 분석하고 탐구하여 『지구전요(地球典要)』를 편찬하여 세계 각국의 실상을 자세히 조선에 소개하였다. 그는 기화(氣化)라는 범주를 설정하여 각국의 풍토와 물산, 정교(政教), 속상(俗尙) 등을 채록하여 우선 세계에 대한 인식의 대강을 제공하려고 하였다. 이러한 세계 인식을 통해 그는 중화와 오랑캐라는 화이관(華夷觀)도 말끔히 씻어버렸다. 그는 지구상에 존재하는 모든 인간을 동일하게 보아 오랑캐[夷]라는 단어를 그의 책에서 일체 쓰지 않았다. 그리하여 조선조에서 오랜 기간 지속되어오던 화이적 세계관이 그에 의해 완전히 붕괴되었고 지구 위에 존재하는 각국의 인물이 서로 소통할 수 있는 사상적 토대가 마련되었다.

세계를 보는 시각이 크게 넓어지면서 그는 인도(人道)를 통해 지구촌 인류의 화협(和協)까지도 구상하고 있었다. 그는 오륜(五倫)을 적극적으로 확대 해석하여 인류를 화협시키는 윤리 강령으로 보편화시키려고 하였다. 그는 오륜의 다섯 강령에 조민유화(兆民有和)[인류가 화협함이 있음]라는 새 강령을 하나 더 추가하여 인간 개인이 사회의 구성원일 뿐만 아니라 세계의 구성원으로 상호 필요한 관계임을 역설하고, 인도에 의

거하여 세계 각국의 백성이 서로 소통하고 화협하는 문명세계로 나아가기를 희망하였다.

◉ 참고문헌

이우성,「崔漢綺의 家系와 年表」(『柳洪烈博士華甲紀念論叢』, 惠庵柳洪烈博士華甲紀念事業委員會 編輯, 탐구당, 1971.4)

권오영,『崔漢綺의 학문과 사상 연구』(집문당, 1999)

권오영 外,『惠岡 崔漢綺』(청계, 2000)

최영진 外 지음,『崔漢綺의 철학과 사상』(철학과현실사, 2000)

김용헌 編著,『崔漢綺』(예문서원, 2005)

◉ 필자

성명 : 권오영(權五榮)

현직 : 한국학중앙연구원 한국학대학원 인문학부 교수

연구분야 : 조선시대사상사

朴珪壽

박규수

1807-1877, 號: 瓛齋, 字: 瓛卿

> 저의 조부 연암공(燕巖公)과 족하의 조부 담헌공(湛軒公)은 평생 도의로써 서로 면려한 사이로, 앞뒤하여 북경을 유람하고 해내(海內)의 명사들과 널리 사귀었으며 대국을 관찰함에 있어 속속들이 의견이 합치했습니다. …… 족하가 이번 여행에서 진기한 골동품이나 서화와 소설 따위에 관심을 쏟지 않고, 천하의 대세와 학술 및 제도의 변천과 동이(同異)에 관해 탁월한 깨달음을 얻어서 자신의 포부를 크게 키우고, 귀국해서는 뜻을 같이하는 벗들에게 공개하여 그들의 견문을 넓힐 수 있다면, 담헌공이 품었던 당시의 뜻에 가까울 것입니다.
>
> (『瓛齋叢書』 五, 『莊菴文稿』, 「與洪一能(良厚)書」)

박지원(朴趾源)[호 연암(燕巖)]의 손자인 박규수가 1826년 홍대용(洪大容)[호 담헌(湛軒)]의 손자인 홍량후(洪良厚)에게 보낸 편지의 일부이다. 당시 홍양후는 그의 조부 홍대용과 친교를 맺었던 반정균(潘庭筠) 등 중국 문사들의 후손을 찾아내 선대의 교분을 이어가려는 목적으로 동지사행(冬至使行)에 참여했다. 이 편지는 18세기 북학파(北學派)의 실학이 그 후

예들에 의해 19세기에도 면면히 계승되고 있음을 증언한다.

수학 시절에 박규수는 그의 부친 박종채(朴宗采), 외종조 유화(柳訸), 척숙 이정리(李正履)·이정관(李正觀) 형제 등의 학문적 지도를 받았다. 그는 비록 박지원의 사후에 태어났지만, 이들을 통해 조부의 실학을 착실히 전수받을 수 있었다.

순조 말년인 성균관 유생시절에 박규수는 첫 저작인 『상고도회문의례(尙古圖會文義例)』를 완성했다. 여기에서 그는 '선비'란 특정한 신분이 아니라 '인민의 대본(大本)'으로서, '효제충순(孝悌忠順)의 덕'을 지닌 사람은 모두 '선비'라는 박지원의 선비론을 계승했다. 또 그는 박지원과 마찬가지로 지원지동설(地圓地動說)을 주장하면서 홍대용의 「의산문답(醫山問答)」을 유력한 근거의 하나로 인용했다.

1830년 효명세자(익종)가 급서하자, 그의 지우를 입었던 박규수는 이후 18년간이나 은둔하며 학문에 전념했다. 은둔 시절에 박규수는 양반 사대부의 의관제도 개혁방안을 논한 『거가잡복고(居家雜服攷)』를 완성했다. 여기에서 그는 원나라 몽골의 '호속(胡俗)'을 답습하고 있는 부인복과 아동의 변발 등을 중화(中華)의 제도에 따라 바꾸어야 한다고 역설했다. 이는 우암 송시열이 존명배청(尊明排淸)의 의리를 실천하는 방도의 하나로 제창한 이래 노론계 학맥을 통해 북학파에게까지 이어져온 의관제도 개혁론을 계승한 것이다.

1840년대 이후 박규수는 척숙 이정리 형제의 중국 여행(1839-1840)을 계기로, 제1차 아편전쟁기의 해외 정세를 알게 되고 해방책(海防策)에 관심을 갖게 되었다. 게다가 이정리가 구입해 온 『황조경세문편(皇朝經世文編)』을 통해 고염무(顧炎武)를 시조로 하는 청조 경세학의 성과에 접함으로써, 은둔 초기의 복고적인 예학 연구로부터 서세동점의 세계사적 격변에 대처하기 위한 경세학으로 전환하게 되었다.

「벽위신편평어(闢衛新編評語)」(1848)에서 박규수는 주로 위원(魏源)의 『해국도지(海國圖志)』에 의거하여 서양의 천주교를 비판하고 대책을 제시했다. 여기에서 그는 천주교를 미개한 종교로 폄하하면서, 서양의 우수한 천문역법도 실은 고대 중국에서 기원한 것이라는 청 매문정(梅文鼎)의 '서학중원설(西學中源說)'을 지지했다. 뿐만 아니라 서양의 개신교 선교사들이 싱가포르나 말라카에서 유교 서적을 번역·학습하고 있다는 『해국도지』의 정보에 근거해서, 이러한 동서교섭의 결과 장차 서양인들이 동양의 '도(道)'에 감화될 날이 오리라는 낙관적인 전망을 피력했다. 동양의 문화적 우월성에 대한 자신감 위에서 서양과의 교섭에 진취적으로 대처하고자 한 것이다.

그 뒤 「지세의명(地勢儀銘)」에서도 박규수는 서양의 지원설(地圓說)의 원류는 고대 중국의 천문학설이나 송대 성리학자들의 천문학설에서 찾을 수 있다고 주장하면서, 장기간의 동서교섭을 통해 서양인들이 동양문화에 감화될 날이 오리라는 낙관적 전망을 거듭 표명했다. 이러한 그의 사상적 대응에서 '동도서기론(東道西器論)'의 맹아를 발견할 수 있다.

제1차 아편전쟁이 발발한 1840년대는 동아시아가 서양 열강이 주도하는 자본주의 세계체제에 포섭되어 가는 분기점이었다. 그때부터 중국과 일본에서는 대외 위기의식이 고조되면서 해방책과 내정 개혁을 추구하기 시작했거니와, 박규수는 같은 시기의 조선에서 그에 상응하는 사상적 모색을 보여준 선각자였다. 그는 북학파의 후예로서 18세기 실학의 성과를 누구보다 충실히 계승했을 뿐만 아니라, 19세기의 새로운 시대적 여건 속에서 전대의 실학을 넘어 개화사상의 맹아로 평가할 수 있는 사상적 발전을 보여주었다고 하겠다.

◉ 참고문헌

朴珪壽, 『瓛齋叢書』(성균관대 대동문화연구원, 1996)
손형부, 『朴珪壽의 開化思想研究』(일조각, 1997)
이완재, 『朴珪壽 研究』(민족문화사, 1999)
김명호, 『환재 박규수 연구』(창비, 2008)
김명호, 「實學과 開化思想」(『한국사시민강좌』 제48집, 일조각, 2011.2)

◉ 필자

성명 : 김명호(金明昊)
현직 : 서울대학교 국어국문학과 교수
연구 분야: 한국고전문학

南秉哲

남병철

1817–1863, 號: 圭齋, 字: 子明

하늘이 무슨 말을 하겠는가? 우주는 고요하고 여러 별들은 벌려 있다. 중국이든 서양이든 따지지 않고 오직 정밀하게 측량하고 교묘하게 계산하는 것이 합당하다. 저 일(日)·월(月)·오성(五星)이 어찌 인간 세상에 존화양이(尊華攘夷)의 뜻이 있는 것을 알겠는가? 그러므로 서양 역법(曆法)으로 하면 검증되는 것이 많고 중국 역법으로 하면 검증되지 않는 것이 많으니 이것은 원망할 수 없는 것이 아니겠는가? 따라서 다만 하늘을 검증할 수 있는가의 여부를 논할 뿐 사람의 화이(華夷)를 논하지 않는 것이 좋다.

(「書推步續解後」)

1862년(철종 13)경에 쓴 「서추보속해후(書推步續解後)」 가운데 일부 내용으로 남병철의 실학사상이 함축되어 있는 글이다. 여기에서 남병철은 서양 과학기술의 원류가 중국에 있다는 '중국원류설(中國源流說)'을 정면 비판하고 있다. 중국원류설은 명말(明末) 중국에서 본격적으로 만들어진 것인데 조선에도 소개되어 18세기 북학론자들 사이에 서학(西

學) 수용의 정당성을 뒷받침하는 논리로 이용되고 있었다. 중국원류설은 논리적 근거가 희박한 것이었지만 서양 과학기술에 대한 반감을 줄이는 데는 중요한 역할을 하였다. 하지만 남병철은 서양 과학기술의 원류가 설사 중국에 있다고 하더라도 서양 천문·역학은 서양인들이 연구하여 밝혀낸 것이므로 서양인들의 성과로 인정해야 한다면서 위와 같이 주장하였다.

남병철이 제기한 새로운 관점은 중국의 학술사(學術史)를 검토하는 과정에서 갖게 된 것이었다. 그는 왕석천(王錫闡)·매문정(梅文鼎)·강영(江永) 등 중국 학자들의 천문·역학 이론을 폭 넓게 섭렵하였으며 그러한 과정에서 청나라 학자인 강영을 주목하게 되었다. 왕석천이나 매문정이 중국원류설을 수용하고 있던 데 반해 강영은 서양인들의 성과를 그대로 인정해야 한다는 입장을 취했던 인물이다. 이 때문에 서양인들에게 아부한다는 비난을 받기도 했는데 남병철은 강영을 천문·역학 분야의 최고 학자라고 칭송하면서 강영의 주장을 전적으로 수용하였다.

남병철이 중국원류설의 문제점을 지적하고 나선 데는 중요한 목적이 있었는데 그것은 바로 서양 세력의 위협을 제거한다는 것이었다. 그는 중국에서 제2차 중영전쟁(中英戰爭)을 일어나게 된 데 중국원류설이 적지 않은 영향을 미친 것으로 판단하고 있었다. 중국인들이 중국원류설을 만들어 서양인들의 성과를 가로채는 바람에 서양인들이 중국인들에게 좋지 않은 감정을 품게 되었고 그로 인해 중국 침략으로까지 이어졌다는 분석이다. 따라서 서양과의 관계를 개선하기 위해서는 중국원류설과 같은 잘못된 태도를 시정해야 한다고 주장하게 된 것이다.

한편 사상사적인 측면에서 남병철의 중국원류설 비판은 서학 수용의 새로운 방향성을 제시하였다는 점에서 중요한 의미가 있다. 남병철은 화이관(華夷觀)을 견지하고 있던 독실한 유학자였지만 천문·역학에 화이관을 투영해서는 안 된다고 주장하였다. 천문·역학은 과학적으로 더 정확한 것을 사용해야지 누가 만들었는가를 따지는 것은 무의미하다고 본 것이다. 여기에서 주목해 보아야 하는 것은 남병철이 화이관이 적용될 수 있는 영역과 그렇지 않은 영역을 구분하고 있다는 점이다. 즉 과학적 검증이 가능한 부분은 화이관이 적용되지 않는 분아이며, 그 이외의 부분은 화이관이 적용되어야 하는 분야이다.

19세기 중반 당시에 최한기(崔漢綺, 1803-1877)처럼 동서 문물을 비교하여 우위에 있는 것은 수용해야 한다는 파격적인 주장을 펼친 인물도 있었다. 최한기는 서학을 적극적으로 흡수하기도 했지만 재야의 지식인이었기 때문에 자신의 생각을 자유롭게 펼 수 있었다. 하지만 중앙 정계의 상황은 달랐다. 중앙 정계의 인물들은 대부분 매우 보수적이었고 서학에는 배타적이었다. 남병철은 김조순(金祖淳, 1765-1832) 의 외손으로 헌종과는 동서지간이었다. 그야말로 당대의 핵심 실세였던 남병철이 새로운 주장을 편 것은 매우 의미가 있다. 중앙 인사들에게서도 인식의 변화가 나타나고 있음을 보여주기 때문이다.

천문·역학에 화이관을 투영해서는 안 된다는 남병철의 주장은 기(器)의 영역을 도(道)의 영역에서 분리함으로써 서기(西器) 수용의 가능성을 마련하였던 동도서기론(東道西器論)과 맥이 닿아 있다. 남병철은 서양이 중국보다 앞서는 것은 천문·역학뿐이라고 분명히 밝힌 바 있다. 그의 인식 자체가 동도서기론의 단계에 진입하였던 것은 아니었지만 남병철식의 사고가 진전될 때 화이관이 적용될 수 없는 분야가 확대되는 것은 당연하다. 뒷 시기에 동도서기론 단계에서 서기의 범주에 포함된 농업·기계기술·의학 등이 바로 그러한 분야였다. 남병철의 언급을 이용하자면 효용성의 검증이 가능한 분야인 것이다. 결론적으로 남병철은 실학이 북학론(北學論)에서 동도서기론으로 전개되는 과정에서 중간 매개 역할을 했다고 평가할 수 있다.

◉ 참고문헌

김명호·남문현·김지인, 「南秉哲와 朴珪壽의 天文儀器 製作-『儀器輯說』을 中心으로-」(『조선시대사학보』 12호, 2000)

문중양, 「조선후기의 사대부 과학자 南秉哲」(『과학사상』 33호, 2000)

한영규, 「南秉哲의 懷人詩 硏究」(『한문교육연구』 31호, 2008)

노대환, 「19세기 중반 南秉哲의 학문과 현실 인식」(『이화사학연구』 40호, 2010)

전용훈, 「南秉哲의 『推步續解』와 조선후기 서양천문학」(『규장각』 38호, 2011)

◉ 필자

성명 : 노대환(盧大煥)

현직 : 동국대학교 사학과 교수

연구 분야 : 조선시대사상사

崔瑆煥

최성환

1813–1891, 號: 於是齋, 字: 星玉

> 그 폐단이 어디에서 왔는지 따져 보면 그것은 실로 공인(公人)을 써서 공역(公役)을 행하고 공전(公錢)으로 비용을 지불하기 때문이다. 현 상황에서 그 폐단을 바로잡기 위해서는 공(公)을 사(私)로 바꾸어서 백성들에게 각자 스스로 일을 하도록 맡겨야 한다.
>
> (『顧問備略』 권2, 濬川)

최성환(崔瑆煥)은 19세기 중·후기에 활동한 중인(中人) 실학자(實學者)이다. 무과(武科)에 급제하여 무관직(武官職)에 종사했으나 위항문인(委巷文人)으로도 이름이 높았으며 시무(時務)와 경세(經世)에 탁월한 식견을 지닌 학자이기도 했다. 그의 학자로서의 명성은 국왕 헌종에게까지 알려져 왕명으로 『고문비략(顧問備略)』이라는 경세서의 저술을 시작한다. 저술이 끝나기 전에 헌종이 승하했기 때문에 아쉽게도 실행되지는 못했지만 이 책에는 제도 개혁을 중심으로 한 그의 경세치용(經世致用) 사상이 집약되어 있다. 위의 인용문은 『고문비략』을 관통하는 가장 중요한 사상을 보여 주는 것으로, 국가사회가 원활하게 운영되고 발전하기 위해서는 민(民)의 적극적인 참여와 자율의식이 무엇보다 중요하다는 주장이다.

당시의 조선은 불합리한 행정 조직, 부패 무능한 관리의 횡포, 복잡하고 일관성 없는 재정·경제 제도, 극심한 신분과 지역 차별 등으로 인해 국가 재정은 고갈되고 행정 기능은 거의 마비 상태에 이르렀으며 백성은 혹리(酷吏)의 수탈과 각종 폐단에 시달려 삶의 의욕을 상실하고 있었다. 한마디로 국가사회 전반에 걸친 대수술이 절실한 상황이었다. 이에 대해 최성환은 전국 지방제도의 재편성과 행정체계 확립, 군제 혁신, 환정(還政)·전정(田政)과 조세 제도 개혁, 인재 등용의 공평성과 관리의 승진 및 급료 체계의 현실화를 망라하는 국가 전체의 시스템을 재정비해야 한다는 처방을 내놓는다. 그 중에서도 특히 주목할 만한 것이 민의 역할 강화, 신분 제약을 타파한 새로운 직업관, 특권층의 사회적 비용 부담 요구 등으로 근대 시민사회에 근접한 사고를 보여준다는 점이다.

그는 전국의 모든 지방에 5가(家)를 한 단위로 하는 통갑(統甲)을 조직하고 이 통갑을 통해 관(官)에서 수행하던 부세(賦稅), 군정(軍丁) 징발과 훈련, 조적(糶糴) 등의 제반 업무를 백성의 자율에 맡기고 관에서는 최소한의 감독과 지원만 하는 것이 바람직하다고 주장한다. 또 준천(濬川)이나 조전(漕轉) 같은 공공 부문의 사업도 관에서 주관하고 백성을 부역시키던 방식에서 벗어나 조정에서 재원을 출자하는 공계(貢契)를 만들어 민간에 그 책임을 맡기는 것이 효율적이라고 했다. 물론 그러기 위해서는 사회 구성원으로서 민의 책임 또한 간과할 수 없는데 그는 『고문비략』의 여러 조목에서 사회 하위층에서 생기는 폐단을 부각하여 민의 성숙된 의식을 요구한다.

나아가 신분을 따지지 말고 모든 백성에게 교육의 기회를 균등하게 제공하는 한편 모든 직업이 모든 계층의 백성에게 개방되어야 한다고 주장한다. 즉 사(士)는 관직에 진출하는 외에 다른 직업을 갖지 못하고 농(農)·공(工)·상민(商民) 또한 신분에 따라 정해진 일밖에 할 수 없도록 되어 있는 제도에서 벗어나 누구든 능력이 있으면 관리로 등용하고 그러지 않는 사람은 농업, 상업, 공업 등 능력에 맞는 직업을 선택하여 항산(恒産)을 유지할 수 있게 해야 한다는 것이다.

또한 당시는 조세, 부역, 군역 등 국가 사회를 유지하는 데 필요한 비용은 평민 이하 계층이 전부 부담하고 양반층은 아무것도 부담하지 않은 채 각종 특권만 누려 왔다. 이에 대해 최성환은 양반도 조세와 부역, 군역을 부담하고, 부역이나 군역을 몸으로 수행할 수 없으면 그만큼의 비용을 납부하여 특권을 누리는 만큼 의무도 수행하라고 요구한다.

19세기 중반에 이르러 양반 사대부 층의 전유물처럼 되어 있던 사상계에 중인 학자들의 활약이 대두된다. 그들의 사상은 실학적 성격을 보이며 19세기 후반에는 개화사상으로 지향해 간다. 최성환은 그런 중인 실학자의 대표적 인물로서 『고문비략』을 통해 탈성리학적, 탈중세적 개혁 사상을 보여 주었다.

하지만 그는 국가사회가 지향해야 할 대원칙이나 대이상을 제시하지 못하고 현실 문제에 대해 행정기술적으로 접근하여 방편적으로 해결하려는 데 그쳤다. 그럼에도 불구하고 명석하고 합리적인 논조가 가지고 있는 실효성과 즉사성(卽事性), 중세적 사유에서 벗어나 근대 시민정신의 맹아(萌芽)를 보여 주었다는 점에 대해서는 일정하게 평가해 주어야 할 것이다.

◉ **참고문헌**

이우성, 「李朝末葉 中人層의 실학사상과 그 개화사상으로의 지향」(이우성저작집 권8 『高陽漫錄』, 창비, 2010)

백현숙, 「崔瑆煥의 顧問備略」 解題(국학자료 제4집 『顧問備略』, 서강대학교 인문학연구소, 1984)

정우봉, 「19세기 性靈論의 재조명 -崔瑆煥의 性靈論을 중심으로」(『한국한문학연구』 35집, 한국한문학회, 2005)

최성환, 『어시재 최성환의 고문비략』, 김성재 역(사람의 무늬, 2014)

◉ **필자**

성명 : 김성재(金聖才)

현직 : 한국고전번역원 번역위원

연구분야 : 한문고전번역

중국 中國

나흠순 羅欽順
왕간 王艮
여곤 呂坤
손기봉 孫奇逢
황종희 黃宗羲
고염무 顧炎武
여유량 呂留良
대진 戴震
공자진 龔自珍
엄복 嚴復
양계초 梁啟超

왕양명 王陽明
오정한 吳廷翰
고반룡 高攀龍
주지유 朱之瑜
방이지 方以智
왕부지 王夫之
안원 顏元
장학성 章學誠
위원 魏源
강유위 康有爲
손중산 孫中山

왕정상 王廷相
이지 李贄
유종주 劉宗周
부산 傅山
육세의 陸世儀
이옹 李顒
이공 李塨
완원 阮元
황준헌 黃遵憲
담사동 譚嗣同
장태염 章太炎

羅欽順

나흠순

1465-1547

> 대개 고금천지(古今天地)에 두루 통하는 것은 단지 일기(一氣)일 따름이다.
>
> (『困知記』)

나흠순(羅欽順, 1465-1547)은 명대(明代) 중엽의 저명한 기론(氣論) 사상가로서, 중국 고대 '기학파(氣學派)'의 대표적 인물 중의 하나이다.

나흠순은 강서(江西) 태화현(泰和縣) 서강촌(西岡村) 사람이다. 환관 유근(劉瑾)의 비위를 거스른 것으로 인해 삭탈관직 되어 평민이 되었다가, 유근이 주살된 후에 다시 조정으로 돌아와 벼슬살이를 하였다. 63세 때 노령을 이유로 퇴직하고 고향으로 돌아와 집에 머물면서 20여 년간 연구에 전념하여 『곤지기(困知記)』 등의 저작을 남겼다.

'기(氣)'는 천지 만물의 근본이니, 자연계의 각종 변화, 만물의 생장 법칙, 만민의 생활 규범, 인사(人事)의 성패득실(成敗得失) 모두가 '기' 운행의 결과이다. 기는 움직이는 것으로 왕래(往來), 승강(昇降), 합벽(闔闢) 등이 모두 기의 운동 형태이다. '리(理)'는 기의 이치이니, "리와 기는 하나이다.[理氣爲一物]" 기가 질서 있게 운행하면 이른바 '리'가 되는 것이니, 리를 기를 주재하는 리[理在氣上]로 보아서는 안 된다. 나흠순은 자연, 사회, 인륜(人倫)의 차원에서 '리'를 만사만물 가운데로, 일용(日用)의 인륜 가운데로, 인성(人性)의 지(知)·정(情)·욕(欲) 가운데로 환원하여 돌려보냈으니, 정주이학(程朱理學)의 '허무[虛]'한 측면과 대비해서 말해보면, 나흠순은 '리'에 '실질[實]'적 기초를 더한 것이다.

사람과 사물은 이치가 하나이고, 사람도 만물 중의 하나이므로 만물의 이치가 모두 나에게 갖추어져 있다. 사람의 마음은 허령(虛靈)한 본체로서 본래 갖추어지지 않은 것이 없는 법이거늘, 개인적 사심과 대상의 물욕에 가리어져서 가까운 데는 밝으나 먼 곳에 어두우므로, 격물(格物) 공부를 통해 그 가림을 열어젖히고 사심(私心)을 제거하여서 마음의 본체를 통명(通明)하게 하고 안팎이 일관되게 해야 할 필요가 있다.

마음을 보존하는 것[存心]을 시작으로 해서 마음을 다하고[盡心] 이치를 궁구하는 것[窮理]을 지극함으로 삼는다. 사람과 천지 만물은 모두 하나의 본체에서 함께 나왔으니, 사람과 사물은 모두 "동일한 음양의 기운으로 형체를 이루고, 동일한 음양의 이치로 성품을 삼으니, 지각이 있는 존재든 지각이 없는 존재든 하나의 근본에서 나온 것일 따름이다." 기의 이치는 하나이니, 성품의 근원은 기의 이치이다. 사람과 사물이 형성된 이후로는 천차만별로 수만 가지로 갈라져서 한결같지 않은데, 사람은 사람의 성품을 가지고 사물은 사물의 성품을 가지는 것이니, 이것이 바로 '리일분수(理一分殊)'* 의 도리이다.

---

* 리일분수(理一分殊): 리일분수는 주자학(朱子學)의 핵심 명제로서, "이치는 하나이나 그 나뉨은 다양하다."라고 풀이할 수 있다. 모든 사물의 개별적인 리(理)는 보편적인 하나의 리와 동일함을 설명하는 이론으로서, 세계를 관철하는 보편적인 원리와 구체적·개별적인 원리 사이에 일치성이

심학(心學)이 흥성했을 때, 나흠순은 가슴 속 깊이 "고인(古人)의 실학을 지금 누가 말하는가."라고 탄식하였다고 하는데, 이 말 자체에 실학에 대한 나흠순의 동경이 드러나 있다. 나흠순은 실정(失政)으로 인해 요사스러운 일이 일어나고 학정(虐政)이 재앙을 부른다는 저명한 이론을 제기하며 선정(善政)에 관한 각종 주장을 정립하였다. 경제 분야에서는 정세(征稅)를 너그럽게 하여 백성을 풍요롭게 하고 세금을 공평하고 적게 거두어들일 것을 요구하였고, 정치 분야에서는 '관덕(官德)'이라는 말을 제기하며 관원의 도덕 수양을 강화시켰으며, 동시에 학교 교육을 중시하며 학교의 교화 작용을 강조하였다. 그는 '안온(安穩)한 관리'를 매우 좋아하였는데, "안온한 관리가 사람들의 집안과 나라에 유익할 것은 분명하다."라고 하였으니, 안온한 관리는 말썽을 일으키지 않고 백성들에게 해를 끼치지 않으며 원대한 안목으로 장구한 이익을 고려할 수 있기 때문이었다. 덕치(德治)의 관건은 "임금의 마음을 바로잡는 것이니", 제왕이 덕을 닦으면 정치가 청명해져서 덕치를 추진해 갈 수 있는 것이다. 사대부는 자신의 덕행과 수양 정도를 제고할 수 있도록 스스로에게 더욱 엄격해져야 한다. 수시로 스스로를 성찰해가며 평소에도 본심을 잃지 않도록 성품을 잘 길러 가는 것이야말로 인생의 수양에서 필수적인 요소이다. 또한 심신을 수양하는 것은 종신(終身)의 대업이므로 "수양은 학자의 종신대사이다."라고까지 하였다. 부귀과 빈천, 공명(功名)과 영리(營利)의 얽매임에서 벗어날 수 있어야 하는 법이니, "도(道)에 뜻을 둔 자는 반드시 부귀와 공명의 두 관문을 뚫어야지만 도의 경계로 들어갈 수 있다."라고 하였다.

나흠순이 젊은 나이에 도성에서 벼슬살이를 할 때, 우연한 기회에

있다고 보는 것이다. 【역자주】

한 노승을 만나 묻기를 "어떻게 해야 부처가 될 수 있습니까?"라고 하자, 그 노승이 "부처는 '뜰 앞 잣나무'*에 있느니라."라고 선문답(禪問答)하였다고 한다. 그 후 나흠순이 반복해서 유가 경전을 읽으며 깊이 연구하고 나서, 불교의 근본적인 잘못은 "신령한 깨달음을 지극한 도리로 삼는 것"에 있으니, 이는 "마음자리를 보았으나 성품자리를 보지 못한 것이다."라고 하였다. 불교는 단지 마음의 작용만을 보고 성품의 실재성을 보지 못한 채 천지 만물과 인륜 사회의 존재를 부정한 것이라고 보았다. 나흠순은 송대 이후의 '심학'은 이런 점에서 선불교(禪佛教)와 서로 비슷한 점이 있는데, 모두 "안에 갇혀서 밖을 잊었으니" 외재 사물의 이치에 대한 탐구를 소홀히 하였다고 보았다.

나흠순은 불학(佛學)과 양명 심학(陽明心學)를 비평하고, 정주 이학에 대한 혁신과 수정을 통해 정통 이학(正統理學)을 옹호하였다. '심학'이 천하를 장악한 상황에서 나흠순은 흡사 중류지주(中流砥柱)처럼 의연하게 정주 이학을 꿋꿋이 지켰기에, 당시 사람들에게 '송학(宋學)의 중견(中堅)'으로 지목되었다.

나흠순의 철학 사상은 당시에 아주 큰 영향을 끼쳤는데, 당시에 아주 저명한 학자인 황좌(黃佐)는 그의 저서 『원리(原理)』에서 나흠순의 논술을 대량 인용하기도 하였고, 어떤 학자들은 나흠순을 위해 묘우(廟宇)를 건립해서 공양해야 한다고 호소하였다. 나흠순의 『곤지기』는 먼저 한국에 전해져서 조선 시대(朝鮮時代)에 유전(流傳)되었고, 다시 조선에서 일본으로 전해져서 덕천 시대(德川時代)에 유전되면서, 조선 시대와 덕천 시대의 주자학(朱子學)에 깊은 영향을 끼쳤다. 덕천 시대의 후지와

---

* 뜰 앞 잣나무: 이 말은 불교 선종(禪宗) 화두선(話頭禪)에서 유명한 공안(公案) 중의 하나이다. 중국 당(唐) 나라 때 어떤 스님이 조주(趙州)에게 묻기를 "조사(祖師)께서 서쪽에서 오신 까닭이 무엇입니까?"라고 묻자, 조주가 "뜰 앞에 잣나무니라."라고 답하였다고 한다. (『無門關』) 【역자주】

라 세이카[藤原惺窩], 하야시 라잔[林羅山], 가이바라 에키켄[貝原益軒] 3인의 주자학자가 나흠순의 사상을 수용한 대목에서, "리와 기는 하나이다."라는 나흠순의 주장이 또한 일본 주자학자들에게 얼마나 큰 영향을 미쳤는지 뚜렷하게 드러난다.

◉ **참고문헌**

罗钦顺, 『困知记』, 阎韬 点校(中华书局, 1990)
林月惠, 「罗钦顺与日本朱子学」(『湖南大学学报』 2012 第1期)

◉ **필자**

동예(董晔), 주캉요(朱康有)

王陽明

왕양명

1472–1529

> 마음이 곧 이치이니, 천하에 마음 밖의 일, 마음 밖의 이치가 또 있겠는가.
>
> (『傳習錄』)

왕양명(王陽明, 1472–1529)은 심학(心學)의 집대성자이다.

왕수인(王守仁)은 일찍이 회계산(會稽山) 양명동(陽明洞)에 집을 짓고 살며 스스로 양명자(陽明子)라고 이름 지어 불렀으므로 학자들이 양명선생(陽明先生)이나 왕양명이라고 칭하였다. 그는 절강(浙江) 소흥부(紹興府) 여요현(余姚縣)[지금은 닝보(寧波) 위야오(余姚)에 속한다.] 사람으로서, 벼슬이 양광 총독(兩廣總督), 남경 병부 상서(南京兵部尙書)에 이르렀고 신건백(新建伯)에 봉해졌다. 그의 일생의 저작은 후인들에 의해 수집되어 『왕문성공전서(王文成公全書)』[지금의 『왕양명전집(王陽明全集)』이다]로 편찬되었다.

연보(年譜)에 기재된 내용에 따르면, 왕양명은 37세 때 용장역(龍場驛)에 곤궁한 처지로 머무르고 있었는데, 하루는 한밤중에 갑자기 유학 '격물치지(格物致知)'의 종지를 크게 깨달았으니, 비몽사몽간에 마치 누군가 그의 귓가에다가 그 뜻을 알려주는 것 같았다. 그는 깜짝 놀라 펄쩍 뛰어오르며 외치기를 "원래 성인(聖人)의 도(道)는 우리 저마다의 본성에 구족된 것이로구나. 무턱대고 외물에서 이 이치를 구하는 것은 크게 잘못된 것이다."라고 하였다고 한다. 이는 양명 내성학(內聖學)* 의 시작이며, 또한 양명 학문의 일대 전환점이 되었다.

용장에서 큰 깨달음이 있은 이후로 왕양명이 깨친 학술 종지는 '양지(良知)' 2자로 개괄할 수 있는데, 마치 그 스스로가 평가했던 것처럼 "나의 이 '양지' 2자는 실로 천고(千古)로부터 생생하게 대대로 전해져 오는 한줄기 생명의 정화(精華)이다."라고 하겠다. 양지는 마음의 일반적인 능력이 아니라 인심(人心) 본연의 상태를 가리키는 것이다. "마음은 몸의 주재(主宰)이니, 마음의 허령명각(虛靈明覺)이 바로 이른바 본연의 양지이다."라고 하였다. 만년에 왕양명이 아들에게 보낸 편지에서 간곡히 이르기를, "내가 일생동안 강연한 것은 '치량지(致良知)' 3자뿐이다."라고 강조하였다.

이러한 양지 개념은 비록 맹자(孟子)에게서 직접 유래한 것이지만, 그 의미는 이미 아주 많이 심화되었다. 첫째, "현성 양지(現成良知)", 이 말은 왕용계(王龍溪)가 처음 사용한 것으로 양지의 가장 낮은 차원의 의미이다. 이것은 또한 맹자가 말한 '양심(良心)' 혹은 '본심(本心)'의 뜻으로서 일반적인 시비선악과 가치판단의 기준이 된다. 둘째, 본체 양지(本體良知), 양지 본체라고도 하는데 현성 양지를 기초로 하여 증오 공부(證悟

---

* 양명 내성학(內聖學): 본래 내성외왕(內聖外王)은 안으로는 성인(聖人)이고 밖으로는 군주의 능력을 갖춘 이상 인격을 나타내는 말로서 도덕수양과 실무능력을 겸비한 유가식 이상 인격을 가리킨다. 여기서 내성학은 그중에서도 안으로 지덕(知德)을 수양해서 인격을 완성해 가는 학문이라는 뜻을 강조하는 의미로 쓰였다. 양명의 내성학은 "선도 없고 악도 없음이 마음의 본체이고[無善無惡心之體], 선이 있고 악이 있음은 마음의 작용이다[有善有惡意之動]. 선을 알고 악을 앎이 양지이고[知善知惡是良知], 악을 제거하고 선을 행함이 격물이다[爲善去惡是格物]."라고 읊은 양명의 사구교(四句敎)에 그 요지가 잘 나타난다. 【역자주】

工夫)를 통해서 얻는다. 이것은 명철한 형이상학적 본체이다. 셋째, 발용 양지(發用良知), 즉 본체 양지에 대한 연마를 완성한 후에 밖으로 다방면의 복사 과정을 거쳐서[과거에는 '발용유행(發用流行)'이라고 불렀다.] 인문 사회의 도덕관념, 시비선악 및 가치판단의 객관적 기준을 건립해 가는 것이다.

양명의 '양지' 철학은 그 형성 과정을 4가지 단계로 나누어 볼 수 있다. 첫 번째 단계는 용장에서 "양지를 깨달은 것[悟得良知]"으로, 환하고 신령한 이 형이상학적 본체를 깨달은 것을 가리킨다. 두 번째 단계는 "양지를 보존하고 살피는 것[存省良知]"으로, 이 단계에서 양명은 "지행합일(知行合一)", "사상마련(事上磨鍊)"* 등과 같은 방법을 창도하였는데, "동정합일(動靜合一)"의 경지에 다다르는 것을 목적으로 하였다. 심성본체(心性本體)는 고요한 가운데서는 비교적 쉽게 드러나지만 움직이는 가운데서는 드러나기 어려운 법이니, 아주 심후한 정력공부(定力工夫)의 수양이 쌓여야만 가능한 것이다. 양명은 37세 때 '견도(見道)'한 후로 다시 정정 13년간의 존성공부(存省工夫)를 거쳐서야 비로소 이 경지에 다다를 수 있었다. 세 번째 단계는 "양지를 응용하는 것[應用良知]"으로, "동정합일"에서 다시 한 걸음 더 나아가 "체용합일(體用合一)" 혹은 "체용일원(體用一源)"의 경지에 이르는 것이다. 또 어떤 학자는 "즉체섭용(卽體攝用)" 혹은 "즉용섭체(卽用攝體)"라고도 하는데, 본체 양지의 '체(體)'로부터 발용 양지의 '용(用)'을 드러내고, 다시 발용 양지로부터 본체 양지를 거두어들인다는 것이다. 이것은 바로 양명이 말한 "'체'에 나아가 말하면 '용'은 '체' 속에 있고, '용'에 나아가 말하면 '체'는 '용' 속에

* 사상마련(事上磨鍊): 왕양명의 '치양지' 수련법의 하나로, 궁리(窮理)나 정좌(靜坐)와 같은 기존의 관념적 수련법을 지양하고 매일 겪는 일상의 구체적 실무 속에서 양지를 단련해 간다는 뜻이다. 【역자주】

있으니, 이를 일러 '체용일원'이라고 한다."라고 하는 것이다. 네 번째 단계는 "양지를 완성하는 것[完成良知]"으로, 양지 본체를 실제 인생살이에 응용해가고, 더 나아가 최고조로 확충·응용해 가는 것이다. 이상에서 살핀 여러 단계로 보건대, 왕양명의 학문은 수양공부의 측면에서 말해보면, 확실히 한걸음씩 차근차근 나아갈 수 있는 '실증적'인 방법과 수단이 있다고 하겠다.

요컨대, 양지는 자기 개인적인 것이자 사람 누구나 가지고 있는 것이니, 사람에게 내재해 있는 도덕적 판단과 평가의 기준이다. "평범한 백성들과 같은 것을 일러 '동덕(同德)'이라고 하고, 평범한 백성들과 다른 것을 일러 '이단(異端)'이라고 한다."라고 하였으니, 양지는 자기 개인의 준칙이자 또한 사람 누구나 가지고 있는 고유한 준칙으로 상호간에 완전히 동일한 것이다. 왕양명의 학생이 일찍이 그에게 말하기를 "나가보니 온 거리에 모두가 성인(聖人)입니다."라고 하자, 그가 대답하기를 "그것은 평범한 일일 따름이니 이상할 게 뭐가 있겠느냐."라고 하였다고 한다. 양지는 사람에게 내재해 있는 도덕의식이자 준칙으로서 '천리(天理)'를 내용으로 하므로, 양지는 또한 도덕법칙의 이치인 천리와 같다. 양지가 바로 천리의 밝고 신령한 이치가 환히 드러나는 곳이니 "양지가 곧 천리이다."

양지와 사물[物]의 관계에 있어서도 왕양명은 사물을 사람의 행위[事]와 객관 사물[物] 두 가지로 나누었다. 그는 "마음이 발동하면 곧 의(意 생각)이고, 생각의 본체는 곧 지(知)이니, 생각이 있는 바가 곧 사물이다. 만약 생각이 어버이를 섬기는 데 있으면 어버이를 섬기는 것이 곧 하나의 사물이고, 생각이 임금을 섬기는 데 있으면 임금을 섬기는 것이 곧 하나의 사물이며, 생각이 백성을 어질게 대하고 사물을 사랑하는 데 있으면 백성을 어질게 대하고 사물을 사랑하는 것이 곧 하나의 사물이고, 생각이 보고 듣고 말하고 행동하는 데 있으면 보고 듣고 말하고 행동하는 것이 곧 하나의 사물이다. 그러므로 나는 '마음을 떠난 이치가 없고 마음 밖의 사물이 없다.'라고 말한다."라고 하였다.

왕양명의 철학은 유가사상을 대중화시킴으로써 통속적이고 인간적인 정취를 띠고 있어서 보통 사람들이 보다 쉽게 받아들일 수 있었다. 왕양명의 심학은 명대 중엽 이후의 사상가들에게 막대한 영향을 끼쳤을 뿐만 아니라, 근현대의 사상계, 학술계, 교육계에도 심원한 영향을 끼쳤다. 왕학(王學)은 해외로도 전파되어 세계 문화에 영향을 끼치며 국제적 영향력을 가진 학술 사조가 되었다. 특히 중국과 가까운 거리에 있는 인접국인 일본은 유구한 역사의 '양명학(陽明學)' 발전사를 가지고 있다. 이 밖에도 왕학은 한국과 구미(歐美) 문화권에서도 날로 그 학술적 매력을 드러내고 있다.

◉ 참고문헌

林继平, 『明学探微』(台湾商务印书馆, 1983.)

◉ 필자

동예(董晔), 주캉요(朱康有)

王
廷
相

왕정상

1474–1544

> 지각(知覺)은 마음의 작용이고, 허령(虛靈)은 마음의 본체이다. 그러므로 마음에 막힌 것이 없으면 사물에 따라 감통(感通)하고 사물에 따라 성오(省悟)하여 각성(覺醒)할 수 있다.
>
> (『雅述』)

왕정상(王廷相, 1474-1544)은 명대(明代) 중엽 기학파(氣學派)의 중요 대표 인물이다.

왕정상은 자(字)가 자형(子衡)이고 호(號)가 준천(浚川)인데, 세칭 준천선생(浚川先生)이라고도 한다. 하남(河南) 의봉(儀封)[지금의 란카오(蘭考)] 사람으로 원적(原籍)은 노주(潞州)이다. 어려서부터 글을 짓고 시를 짓기를 좋아하였다고 한다. 명 효종(明孝宗) 때 이몽양(李夢陽), 하경명(何景明) 등과 함께 고문(古文)을 제창하며 대각체(臺閣體)를 반대하였는데, 당시 '칠자(七子)'의 하나로 불렸다. 홍치(弘治) 15년에 진사(進士)에 급제해서 서길사(庶吉士)에 제수되었고 아울러 한림원(翰林院)에 선발되었다. 홍치 17년에는 병부 급사중(兵部給事中)까지 역임하였으나, 후에 환관 유근(劉

瑾)에게 박해 받고 강등되었다. 정덕(正德) 12년에 사천 안찰사 제학첨사(四川按察司提學僉事)로 승진하였고 후에 산동 제학부사(山東提學副使)를 역임하였다.

왕정상은 심(心)-성(性)-정(情)을 하나로 통합하였다. 그는 마음[心]에 대한 인식에 있어서 "지각은 마음의 작용이고, 허령은 마음의 본체이다. 그러므로 마음에 막힌 것이 없으면 사물에 따라 감통하고 사물에 따라 성오하여 각성할 수 있다. 이 각성[覺]은 지(智)의 근원이니, 생각하고 살펴 처리하는 것이 도(道)에 합치되는 것은 지의 덕(德)이다."라고 하였다. 왕정상은 '체(體)'와 '용(用)'으로 마음을 논하였는데, 마음의 본체는 '허령'한 것이고 마음의 작용은 '지각'이라고 생각하였다. 이른바 '허령'은 '막힘[窒塞]'에 상대해서 하는 말이니, '막힘'은 마음속에 이미 선입견을 품고 있거나, 그밖에 인식의 객관성과 정확성에 영향을 미치는 심리적 내재 요소가 간섭하고 있다는 것을 표명하는데, 이렇게 되면 마음이 "사물에 따라 감통"하지 못하게 된다. "사람의 마음은 어느 것에도 집착하지 않으면 허령[虛] 청명[明]해지고 고요[靜]하고 안정[定]되지만, 사물에 집착하면 물욕(物慾)을 좇아서 마음이 동요하게 된다."라고 하였으니, 외재 사물에 대한 실정(實情)을 정확하게 파악하기 위해서는 반드시 허령(虛靈), 허정(虛靜), 허명(虛明)한 마음 상태를 유지해야 한다. 마음은 사유(思惟)를 관장하는 기관(器官)이니, 이러한 사유 기관의 기능은 '신(神)', 즉 의식 활동으로서 바로 "내재한 신령이다." 마음은 사유 활동의 장소로서 "신(神)은 지식의 근본이니", 마음의 이러한 의식 작용과 사유 활동은 지식을 낳는 근본이므로 마음이 사유 활동을 하지 못한다면 지식을 획득할 길이 없어지는 것이다.

인식의 객관성 확보에 영향을 끼치는 요소는 다양하지만, 왕정상은 주로 주관적 심리 요소에 치중해서 '성심(成心)'[편견 혹은 선입견-역자주]과

‘사심(私心)’ 문제를 토론하였다. 그는 “단도직입적으로 도(道)를 말하지 않고 견강부회해서 통하기를 구하니, 그 폐단이 ‘성심’에 있다. 널리 도에 비추지 않고 억지로 고집하며 해명하기를 구하니, 그 폐단이 ‘사심’에 있다. 이 두 마음은 도를 배우는데 있어 큰 병통이다. …… 그러므로 굳어진 인식은 도를 해친다.”라고 하였다. 일반적으로 말해서 인식의 과정에서 ‘성심’의 출현은 언제나 피할 수 없는 것이다. 왜냐하면 외재 사물에 대한 사람의 인식은 아무것도 없는 심령의 토양위에 건립해가는 것이 절대 아니기 때문이다. 왕정상은 “마음에 막힌 것이 없으면 사물에 따라 감통하고 사물에 따라 성오하여 각성할 수 있다.”라고 밝혔으니, 이는 인식이 경직되어 버리거나 ‘선입견’에 굳어져서는 안되고, 마땅히 “사물에 따라 감통”해야 하다고 말하고 있는 것이다. “단도직입적으로 도를 말하지 않고 견강부회해서 통하기를 구하는 것”은 인식의 과정에서 한쪽에 집착해서 견강부회하며 자신이 가진 기존 편견으로 전체를 관통하고자 시도해가는 것이니, 객관적 실제를 정확하게 반영해 낼 수 없다.

왕정상의 관점에서 보자면, 이른바 ‘정(靜)’이라는 것은 “고요히 있을 때는 존양(存養) 공부를 한다.”라는 것을 가리키는데, 그는 사회의 도덕기준에 부합하지 않은 모든 “불의(不義)한 생각”은 “그러한 생각이 생기기 전에 존양하는 것”이 제일 좋다고 여겼다. 먼저 의리(義理)로 마음을 길러서 마음이 “허령하여 한 물건도 없도록” 하고 “청명하여 각성할 수 있도록” 하는 것이니, 참으로 이와 같이 할 수 있다면 “마음이 허령해져서 한 물건도 존재하지 않게 되니”, 곧 “확연(廓然)히 대공무사(大公無私)한 본체[廓然大公之體]를 세울 수 있게 된다.”라고 하였다. 이른바 ‘동(動)’이라는 것은 “움직일 때는 성찰(省察) 공부를 한다.”라는 것을 가리키는데, 그는 모든 불의한 언행은 “일의 기미가 막 올라올 때 성찰하는 것"이 제일 좋다고 생각하였다. "예악(禮樂)으로 몸을 기르고 소리로 귀를 기르고 색깔로 눈을 기르고 무도(舞蹈)로 혈맥(血脈)을 기르고 위의(威儀)로 동작을 기르는 것이 바로 그것이니", 사람으로 하여금 "개인적 사사로움을 능히 버리게 하여" "예(禮)가 아니면 보지 말고 예가 아니면 듣지 말며 예가 아니면 말하지 말고 예가 아니면 행동하지 말도록" 하는 것이니, 참으로 이와 같이 할 수 있다면 "개인적 사욕(私慾)을 이겨내어 하나의 사사로움도 행하지 않아서 사물이 오는 대로 순응해가는 묘용[物來順應之用]을 훌륭히 해낼 수 있게 된다."라고 하였다. 학자는 정공(靜功)[존양]과 동공(動功)[성찰]의 두 수양 방법을 "몸에 붙여서 몸소 실천해가야지만" 비로소 점진적으로 '무욕(無慾)'의 성인 경지에 이를 수 있는 법이니, 이것이 바로 왕정상이 말한 "동정 간에 서로 기른다.[動靜交相養]"라는 공부이다.

왕정상은 "옛사람의 학문은 먼저 의리로 마음을 기른다."라고 생각하여서 마음을 다스리고 품성을 기르는 데 있어서 필수불가결한 요소인 궁리(窮理)의 중요성을 강조하였고, 다른 한편으로는 또한 함양(涵養) 공부의 우선적 지위를 주장하였다. 학문을 하는 데 있어서 먼저 마음을 다스리고 품성을 기르지 않는다면 결코 입문할 수가 없고, 사람의 성정이 도에 합치되지 않는다면 온갖 행실이 모두 중용의 법도에서 어긋나게 된다. 왕정상의 관점에서 보면 "마음가짐을 삼가고 참된 마음을 간직한 채 그 뜻을 유지해 간다."라는 전제 아래 반드시 닦고 다스리는 실학(實學)을 연마해 가야하는 법이니, 마음을 다스려 품성을 기르는 것[治心養性]과 사물에 응하여 도를 밝히는 것[應事明道], 이 두 가지를 결합할 수 있어야지만 비로소 학문이라고 할 수 있는 것이다.

왕정상은 스스로 깊이 생각해 낸 것이나 몸소 체험한 사실이 아닌 낡은 규칙을 고수하는 것에 반대하였는데, 그는 이러한 학자를 "함(函)

에 갇힌 닭"이라고 조롱하였다. 청대(淸代) 사람은 왕정상을 평가하기를 "지론(持論)이 편벽되었고 이치에 어긋난 것이 매우 많았다."라고 하였지만, 실제로 왕정상은 자신의 논의가 "편벽"되거나 "이치에 어긋났다"고 전혀 생각하지 않았다. 그는 옛사람의 시비를 시비로 삼아서는 안 되는 법이니, 더욱이 송대(宋代) 사람의 시비를 시비로 삼아서는 안 된다고 주장하였다. 그는 언제나 "도(道)의 진수(眞髓)에 묵계(默契)되기만 하다면 정주(程朱)의 논의라 하더라도 바로잡을 수 있다."라고 하였다.

왕정상은 적극적으로 유용한 학문을 제창하였을 뿐만 아니라 경세치용(經世致用)을 자기 학문의 목적으로 삼았다. 이밖에도 왕정상은 정치에 종사하면서 정치, 경제를 막론하고 모두 실제 효과를 중시하며 공리공담을 일삼는 것을 애써 경계하였으니, 그는 매우 실무적인 사람이었다. 아울러 정치, 경제 방면에 남긴 그의 몇몇 주장은 대부분 당시 사회의 폐단을 정확하게 지적한 것으로 탁월한 성과를 거두기도 하였다.

◉ 참고문헌

高令印 · 乐爱国, 『王廷相评传』(南京大学出版社, 1998)

◉ 필자

동예(董曄), 주캉요(朱康有)

王艮

왕간

1484-1541

보신(保身)을 아는 자는 반드시 자신을 보물처럼 아낀다. 자신을 아낄 줄 알면 감히 타인을 아끼지 않을 수 없으니, 타인을 아낄 줄 알면 타인도 틀림없이 나를 아껴주게 된다. 타인이 나를 아껴주면 나의 몸이 보전된다.

(『王心齋全集』)

왕간(王艮, 1483-1541)은 중국 역사상 몇 되지 않는 수공업자 출신의 사상가이자 교육가이다.

왕간의 본래 이름은 '은(銀)'이었는데 나중에 '간(艮)'으로 이름을 바꾸었다. 자(字)는 여지(汝止)이고 호(號)가 심재(心齋)인데, 학자들은 심재선생(心齋先生)이라고 불렀다. 태주(泰州) 안풍장(安豊場)[지금의 장수(江蘇) 동타이시앤(東臺縣)] 사람으로 왕양명(王陽明) 제자의 하나로서 태주학파(泰州學派)의 창시자이다. 왕간은 소금업에 종사하던 소상인 출신의 사상가로서 대표작으로는 「낙학가(樂學歌)」, 「왕도론(王道論)」, 「천리양지설(天理良知說)」, 「명철보신론(明哲保身論)」 등이 있다.

왕간은 수공업자나 농민이 겪는 생활고와 비천한 신분에서 오는 고통을 몸소 체험하였다. 그는 일찍이 "하늘이 내려앉아 온몸을 짓누르고 수많은 사람들이 울부짖고 내달리며 구원을 청하는 꿈을 꾸었다."라고 하였으니, 이는 일종의 생활의 투영이었던 것이다. 이런 이유에서 그는 매가 높이 날고 물고기가 뛰어오르는 자유자재한 생활을 특히 동경하였으니, 이러한 생활을 파괴하는 행위에 대해서는 설사 그 대상이 그의 부친이라 하더라도 비난을 서슴지 않았다. 38세 때 반복된 논쟁을 거치면서 마침내 심학(心學)에 심복(心服)하게 되어 왕양명의 문하에 배복(拜伏)하였다. 그는 25세와 39세 때 두 차례 산동(山東) 곡부(曲阜)에 방문하여 공묘(孔廟)에 참배하면서 "성인(聖人)이 되리라"는 이상을 싹틔웠다고 한다.

1529년 왕간은 안풍장에 정착해서 스스로 일가(一家)를 이루어 강의를 시작하였는데, 이로부터 태주학파가 시작되었다. 그는 한편으로는 왕학(王學)의 전통을 계승하고 다른 한편으로는 새로운 학설을 융합해서 자신의 학술적 특징과 기풍을 형성해 갔다. 이른바 "회남격물(淮南格物)"은 왕간의 집이 회하(淮河) 이남에 있는 태주(泰州)[일설에는 태주가 송대(宋代)에는 회남로(淮南路)에 속했었다고 한다.]에 있었기에 그의 '격물론(格物論)'을 "회남격물"이라고 칭하는 것이다. 여기서 '물(物)'은 사물[事]도 이치[理]도 마음[心]도 아니고, 자신[身], 집안[家], 나라[國], 세상[天下]을 가리킨다. '격(格)'은 규범이나 기준의 의미를 지니고 있으니, 『대학(大學)』에서 말하는 "혈구지도(絜矩之道)"의 뜻이다. "회남격물설(淮南格物說)"은 자기 자신을 천지만물의 근본으로 보고 "천지만물을 자신에게 의지하게 하지 자신을 천지만물에 의지하지 않는다."라고 주장하면서, 동시에 "도(道)를 숭상한다면[尊道]" 반드시 "자신을 숭상해야[尊身]" 하는 법이니 "자신을 수양해서 근본을 세울 것[修身立本]"을 강조하였다.

왕간은 개인을 매우 중시하였는데, 그는 개개인 모두가 도덕의 기준에 이를 수 있기를 희망하였다. 그는 "타인은 아낄 줄 알면서 자신을 아낄 줄 모른다면 틀림없이 몸을 희생해서 살을 발라내고 목숨을 버려서 죽게 되는 지경에 이르게 될 것이니, 그렇게 되면 자기 자신을 보전할 수 없게 된다. 자기 자신도 보전할 수 없다면 또한 어떻게 군부(君父)를 보전할 수 있겠는가. 이는 근본을 잊고 말단을 좇는 무리이니, 그 근본이 어지러운데 말단이 다스려지는 경우는 없는 법이다."라고 하였으니, 어떻게 해야 사람과 사람 사이에 이러한 양성의 상호작용을 확장해 갈 수 있겠는가?

왕간의 관점에서 보면, 기왕에 "양지(良知)"가 "체용일원(體用一源)"이라고 하였으니, 응당 "양지"를 이론의 영역에서 실천의 영역으로까지 일관되게 밀고나가서 사람들의 "천리양지(天理良知)"를 "일용양지(日用良知)"로 발전시켜야 한다고 보았다. 즉 음식남녀(飮食男女)와 같은 사람들의 '일상사(日常事)'가 바로 '양지'의 구현되는 곳이니, "백성이 날로 쓰며 조리(條理)를 세워가는 곳이 바로 성인(聖人)이 조리를 세워가는 곳이다."라고 설명하였다. 그는 사람들이 일상생활 속에서 마음속에 고유한 '천리(天理)'를 발휘해 낼 것을 요청하였으니, 날로 쓰는 '일용(日用)'의 주체는 하층 계급에 속한 노동군중(勞動群衆)인 "평범한 백성[愚夫愚婦]"이었고, 일상생활 가운데 "모든 일이 곧 도(道)인 것"이었다.

"명철보신(明哲保身)"의 본의는 선악(善惡)에 밝고 시비(是非)를 잘 알며 사리(事理)에 통달한 사람은 자신에게 위험이 닥칠 수 있는 일에는 참여하지 않는다는 말이다. "보신(保身)을 아는 자는 반드시 자신을 보물처럼 아낀다. 자신을 아낄 줄 알면 감히 타인을 아끼지 않을 수 없으니, 타인을 아낄 줄 알면 타인도 틀림없이 나를 아껴주게 된다. 타인이 나를 아껴주면 나의 몸이 보전된다."라고 하였으니, '보신' 의식을 가진

사람은 반드시 자신을 소중히 여겨서 관심을 가지고 돌보기 마련이니, 마찬가지로 다른 사람도 자신을 소중히 여겨서 관심을 가지고 돌봐 주기를 바라기 마련이다. "자신을 아낄 줄 알아야" 비로소 다른 사람이 자신을 해치는 것을 바라지 않으며, 자신에 대한 이런 사랑을 "추기급인(推己及人)"해서 "타인을 아낄 수 있게 된다." 사람들 모두가 이렇게 생각하게 되면 자연히 서로를 사랑으로 돌보고 상대방을 해치지 않게 되어 "나의 몸이 보전된다." 이어서 그는 "이런 식으로 '집안을 가지런히 해가면[齊家]' 온 집안을 아낄 수 있고, 온 집안을 아낄 수 있으면 온 집안이 틀림없이 나를 아낄 것이니, 온 집안이 나를 아껴주면 나의 몸이 보전된다. 나의 몸이 보전되어야 온 집안을 보전할 수 있다. 이런 식으로 '나라를 다스려가면[治國]' 온 나라를 아낄 수 있고, 온 나라를 아낄 수 있으면 온 나라가 틀림없이 나를 아낄 것이니, 온 나라가 나를 아껴주면 나의 몸이 보전된다. 나의 몸이 보전되어야 온 나라를 보전할 수 있다. 이런 식으로 '세상을 태평하게 만들어 가면[平天下]' 세상을 아낄 수 있고, 세상을 아낄 수 있으면 세상에 혈기를 가진 자라면 누구나 '존중해야할 이를 존중하고 친해할 이를 친하게 대하게 될 것'이니, 모두가 '존중해야할 이를 존중하고 친해할 이를 친하게 대하게 된다면' 나의 몸이 보전된다. 나의 몸이 보전되어야 세상을 보전할 수 있다."라고 하였다. 그는 "자신의 몸을 보전하려면" 틀림없이 "자기 자신을 아껴야하는 법이니", "자신을 아끼는 것[愛己]"에서 "타인을 아끼는 것[愛人]"에까지 미루어 가고, 다시 "타인을 아끼는 것"에서 "온 집안을 아끼는 것[愛一家]"에까지 미루어 가서, 모두가 이렇게 할 수 있을 때 "나의 몸이 보전되고[吾身保矣]", 사람마다 보전될 수 있을 때 자연히 온 나라가 보전되고 온 세상이 보전될 수 있다는 것을 알았다.

"수신입본(修身立本)"과 "명철보신" 사상은 왕간의 "회남격물론"의 연장으로, 모두 "자신을 근본으로 하는" 사상의 구현이니, 이것은 사회 현실 문제를 어떻게 해결해 갈 것인가를 탐구하는 과정에서 찾아낸 해결 방법으로서, 심학의 주체 이론에 딱 맞아떨어질 뿐 아니라 풍부한 실천적 의미도 가지고 있다.

◉ **참고문헌**

龚杰, 『王艮评传』(南京大学出版社, 2001)

◉ **필자**

동예(董晔), 주캉요(朱康有)

吳廷翰

오정한

1491–1559

천지 태초는 일기(一氣)일 뿐이니, 이른바 '도(道)'라고 하는 다른 일물(一物)이 있어 그 사이에서 같이 나온 것이 아니다.

(『吉齋漫錄』)

오정한(吳廷翰, 1491–1559)은 송명이학(宋明理學) 사조(思潮)에서 명대(明代) 기학파(氣學派)의 저명 인물이다.

오정한은 자(字)가 유백(裕伯)이고 호(號)가 소원(蘇原)이니, 명 남직예 무위주(明南直隸無爲州)[지금의 안후이성(安徽省) 우웨이씨앤(無爲縣)] 사람이다. 병부 주사(兵部主事), 호부 주사(戶部主事) 및 이부 문선사 낭중(吏部文選司郎中)을 역임하였다. 그는 관리로 재임하던 약 10여년*간 나쁜 일이나 나쁜 사람을 원수처럼 증오하였고 청렴결백하게 백성을 위하였으며 권력자들에게 영합하지 않았다고 한다. 저서로 『길재만록』 등이 있다.

---

* 약 10여년: 원문은 '약 20여년'이나, 오정한 편 말미에 "10여 년간 관리로 있으면서"라는 구절이 보이고, 그의 약력에도 30세인 1521년(정덕(正德) 16)에 진사에 급제하여 40여세에 사직하고 고향으로 내려갔다고 되어 있는 것에 근거하여 고쳐 번역하였다. 【역자주】

오정한 경학사상(經學思想)의 가장 큰 특징은 『역경(易經)』을 종지로 삼고 공자(孔子)의 말을 표준으로 삼아, "기(氣)가 곧 도(道)이고 도가 곧 기이니" 도와 기는 일체(一體)이고 기가 "천지만물의 근원이다."라고 제기한 것이다. 그는 「계사(繫辭)」 등이 공자의 말이라고 여겨서 그것을 표준으로 삼아 경전을 해석하고 도를 구하였으며, 그것을 자신의 학술 사상의 이론 근거와 경전 해석의 준거로 삼았다. 오정한은 위로 왕정상(王廷相)의 사상을 계승하여서, 우주 만물의 근원은 '기'이니 천지간(天地間)에 무수한 혼돈 원기(混沌元氣)가 끊임없이 운동하며 만물을 낳는다고 생각하였다. 오정한은 "도(道)란 무엇인가? '한 번 음(陰)하고 한 번 양(陽)함을 도라고 이른다.' 기(氣)란 무엇인가? '한 번 음하고 한 번 양함을 기라고 이른다.' 그렇다면 음양(陰陽)은 무엇인가? '바로 기이다.' 그렇다면 어찌하여 도라고 하는가? '기가 곧 도이고 도가 곧 기이다. 천지 태초는 일기(一氣)일 뿐이니, 이른바 도라고 하는 다른 일물(一物)이 있어 그 사이에서 같이 나온 것이 아니다. 혼돈의 기가 천지 만물의 근원이니, 더없이 존귀하고 더할 수 없이 지극하여 태극(太極)이라고도 한다. …… 음양이 나뉘어 양의(兩儀)가 되고 사상(四象)이 되고 오행(五行)이 되고 사시(四時)가 되고 천변만화가 일어나니, 세상만사가 모두 이것을 말미암아 나오므로 도라고 한다.'"라고 하였다.

오정한은 기일원론(氣一元論)의 관점에서 출발해서 "성(性)이 곧 기이다."라는 인성론(人性論)을 제기하였다. 그는 '기'가 사람과 천지 만물의 생성 본체로서, 사람이 기에서 생겨난 후에야 비로소 인성을 가지게 되므로 인성을 말할 때 기를 떼놓을 수 없다고 생각하였다. '성(性)'은 인의예지(仁義禮智) 등의 유가 윤리를 포괄하고 또한 사람의 물질적 욕망도 포함하는 것이니, '성'은 인의(仁義)와 인욕(人慾)의 통일체로 보았다.

심성론(心性論)에 있어서 오정한은 "'성(性)'은 마음에서 나서 마음에 뿌리내린 것이다. 사람이 처음 생겨남에 기를 얻어서 생명의 근원으로 삼으니, 순수(純粹)하고 정일(精一)한 것을 일러 '성'이라고 한다. '성'이 근본이 되어 밖으로 드러나면 '형체[形]'가 되고, 안으로 드러나면 '마음[心]'이 되니, 모든 것이 이것으로부터 생겨난다. 그러므로 형체와 마음은 모두 성에서 생겨난 것이다."라고 하였다. 그는 "마음은 신령한 기이다", "마음은 '성'이 낳은 것이다."라는 관점을 가지고 당시의 각종 심성론에 대한 비평을 제기하였다.

이학가(理學家)들이 선(善)[천리(天理)]을 '내(內)'라고 칭하고 악(惡)[인욕(人慾)]을 '외(外)'라고 칭하면서 인욕을 '성' 밖의 것으로 규정하는 습관에 관련하여, 오정한은 "'성'에는 내외가 없다[性無內外]"는 관점을 제기하였다. 그는 "도에 내외가 없으므로 성에도 내외가 없다. 성은 '내'를 전적으로 하고 '외'를 버린다고 말하는 자들은 전부 근본이 하나임을 알지 못하는 것이다. …… 성은 본래 천리이고 인욕이 없다고 하는 것은 성이 외재한다고 여기는 것이니, 어째서인가? 인욕은 사물에 교접하여 밖에서 생기는 것이기 때문이다. 그렇지만 안에 본래 인욕이 없다면 사물이 어떻게 교접할 수 있으며, 또한 인욕이 어떻게 생겨날 수 있겠는가."라고 하였다. 도를 안팎으로 나눌 수 없으므로 인성 또한 안팎으로 나눌 수 없는 법이니, 성품에 내외가 있다고 주장하며 인성을 천리와 인욕으로 구분하는 것은 모두 부정확한 것임을 강조하였다. 그는 또한 "인심(人心)과 도심(道心)도 성품에서 보면 둘이 아니다. 인심은 인욕이나 인욕의 근본은 곧 천리이니 인심 또한 도심이다. 도심은 천리이나 천리 가운데 곧 인욕이 있으니 도심 또한 인심이다."라고 하였으니, 이는 천리와 인욕, 인심과 도심이 모두 나눌 수 없는 통일체이므로 선악이 모두 인성임을 말하고 있다는 것을 표명한다.

오정한은 "구체적 사물에서 이치를 본다[物上見理]"는 관점을 제기하였는데, 그는 "'치지(致知)'는 하나하나 모두 구체적 사물에서 이치를 볼 수 있어야 비로소 실질적인 것이다."라고 하고, 또 말하기를 "'격물(格物)'은 모름지기 구체적 사물에서 그 이치를 보아야한다."라고 하였으니, '치지'는 사실 구체적 사물의 이치를 알아가는 것이고, '격물' 역시 구체적 '사물[物]'이 있어야 하는 법이니 구체적 '사물'에서 얻는 것이 바로 '이치[理]'이다. 이외에도 오정한은 "덕성지지(德性之知)* 는 반드시 견문지지(見聞之知)로 확인해야지 참된 지식이 되는 법이고", 또한 참된 지식은 반드시 "사물에 징험해서 마음에 분명히 해야 할" 필요가 있다고 생각하였다.

오정한은 벼슬살이를 하는 10여 년간 권력자들에게 전혀 영합하지 않고 과감하게 상관의 폐해를 곧바로 지적하곤 하였으니, 설령 외지로 좌천된다하더라도 그 원칙을 굳게 지켰다. 이는 당시의 사회상황을 고려할 때 참으로 쉽지 않는 고결한 행위였다. 『무위주지(無爲州志)』에는 오정한이 황명(皇命)을 받들어 단계연(端溪硯)[중국 벼루의 으뜸이다-역자주]을 캐면서 사적으로는 단 하나의 벼루도 취하지 않았음을 거론하고 있는데, 이는 그가 관리로 재임하던 시기에 청탁이나 뇌물을 엄히 거절하였다는 것을 설명해 준다. 그는 일생동안 청렴하게 스스로의 절조를 지켰으니, 이는 당시 관료 사회에서 매우 드문 경우에 속한다.

그렇지만 오정한은 중국에서 오랜 시간동안 사람들의 중시를 받지 못하였으니, 그의 일생 사적(事跡)마저 정사(正史)에 기재되지 않았으므로 그의 사상, 저작 및 사적은 중국에서 400여 년 동안이나 매몰되어

---

* 덕성지지(德性之知): 성리학자는 '앎'을 사람에게 내재된 이치[理]를 자각 수용하는 과정에서 알게 되는 덕성지지(德性之知)와 감각적인 경험을 통해 알게 되는 견문지지(見聞之知)로 나누어 설명하곤 한다.【역자주】

있었다. 이는 중국학술사(中國學術史)의 일대 유감이라고 하지 않을 수 없다. 그러나 그의 사상은 그가 죽고 100여년이 지난 후에 오히려 일본에서 전승되어 선양(宣揚)되었다. 물론 그의 사상이 일본에서 고학파(古學派)의 창시자인 이토 진사이[伊藤仁齋]의 주목을 받게 된 이유는 결국 주자학(朱子學)을 반대하기 위한 목적에서 중시를 받은 것이었다.

◉ **참고문헌**

刘洪兵, 『吴廷翰理学思想及在明代气学中的地位』(四川师范大学硕士论文, 2010)

◉ **필자**

동예(董晔), 주캉요(朱康有)

李贄

이지

1527–1602

> 대저 아이의 마음[童心]은 진심(眞心)이다. 동심(童心)이 올바르지 않다고 한다면 진심을 인정하지 않는 것이다. 대저 아이의 마음이란 거짓을 버려 순수하고 참되어서 처음 가진 생각의 본마음이다. 아이의 마음을 잃어버리면 참된 마음[眞心]을 잃어버리게 되고, 참된 마음을 잃어버리면 참된 사람됨[眞人]을 잃어버리게 된다.
>
> (『童心說』)

이지(李贄, 1527–1602)는 명대 말기(明代末期)의 "명교(名教)로 다시 단속할 수 없는" 이단(異端) 사상가이다.

이지는 회족(回族)으로, 명대 관원이자 사상가이자 문학가로서 태주학파(泰州學派)의 일대종사(一代宗師)이다. 본래 성은 임(林)이고 이름은 재지(載贄)였는데, 나중에 성은 이(李)로 이름은 지(贄)로 바꾸었다. 자(字)는 굉보(宏甫)이고 호(號)는 탁오(卓吾)이며, 별호(別號)로 온릉거사(溫陵居士), 백천거사(百泉居士) 등이 있다. 마성(麻城)에서 강연할 때 따르는 자가 수천 명이었다고 한다. 만년(晩年)에는 남경(南京)과 북경(北京) 등지를 오갔는데, 무고(誣告)를 당하여 하옥되자 자결하였다. 그는 농업을 중시하고 상업을 억제하는 정책을 비판하였고, 상인(商人)의 공적을 찬양하며 공리(功利)적 가치를 창도하였다. 저서로는 『분서(焚書)』, 『속분서(續焚書)』, 『장서(藏書)』 등이 있다.

"동심설(童心說)"은 이지 사상의 정수이자 핵심으로서, 그의 전체 사상 체계의 출발점이기도 하다. "모든 것이 허위이고" "모든 만남이 가식 덩어리"인 현실 사회에서, 도덕 교화에 있어서나 대인 관계에 있어서나 겸손과 공손으로 치장된 거짓된 모습 배후에는 흔히 기만과 간교함이 숨어있기 마련이다. 이지는 이러한 현실을 용감히 마주해서 '동심'의 기치를 높이 쳐들었다. 아이의 마음[童心]이 곧 진심이니, 동심(童心)을 잃어버리는 것은 참된 사람됨을 잃어버리는 것이다. 사람은 나이가 들면서 '동심'을 점차 잃어버리게 되는데, 그 주된 원인은 외부의 견문과 지식이 스며들기 때문이다. 지식이 늘어가면서 사람의 마음에 호오(好惡)가 생기게 되고, 자신의 욕망과 집착이 생기게 된다. 이런 식으로 자신의 욕망을 실현하기 위해서 위선적이고 가식적인 행위를 점점 하게 되고, 자신이 집착하는 명예와 이익을 얻기 위해서 거짓말을 하게 되고 거짓된 행동을 하게 되는 것이니, 이렇게 해서 동심을 잃어버리게 되는 것이다.

이지가 말한 '동심'은 '견문'과 '지식'에 오염되지 않은 타고난 자연 그대로의 마음, 그리고 그 마음에서 생겨난 각종 정서를 가리키는 것이니, 자연스럽게 생겨난 생각이 아니라면 그것은 동심이 아닌 것이다. '진심(眞心)'은 '견문'과 '지식'의 오염 과정을 거치지 않은 순수하고 자연스런 성품이니, 사람이 처음 태어났을 때의 자연 본성이다. 이지는 '동심설'에서 출발해서 "사람은 누구나 '수출서물(首出庶物)'의 자질*을 가지고 있다."라는 것과 "시비(是非)는 정론(定論)이 없고 본질상의 구분도 없다.”라는 등의 결론을 제시하였으니, ‘동심’에 어긋나지만 않는다면 사람들의 각종 사상과 행위는 모두 합리적이라는 것이다.

이지는 애정(愛情)이야말로 자연계가 끊임없이 생장하며 이어갈 수 있는 근본 원인이자, 만물에 생기와 활력을 가득 채워주는 원동력이라고 여겼다. 만약 애정이 없다면 자연계의 모든 좋고 아름다운 경치는 다시 존재하지 않을 것이다. 그는 “극단적으로 말하면 천지(天地)도 하나의 부부(夫婦)이다. 그러므로 천지가 있은 다음에야 만물이 있는 것이다.”라고 하였다. 그는 천지도 마치 남녀처럼 애정이 있어서 자연계의 모든 사물을 낳아 기른다고 여겼으므로 “부부가 만물의 시초가 된다.”라고 하였다. 동시에 사람 역시 자연계의 일부로서 자연이 부여한 속성을 품수 받았으니, 인류의 양성(兩性) 관계 역시 천지의 관계와 같으므로 “부부가 인류의 시작이다.”라고 하였다. 남녀 간의 애정이 없다면 인류는 괴멸되고 말 것이다. 식욕(食慾)은 또한 성욕(性慾)에 비해 더욱 중요한 것처럼 보이는데, 이지는 사람의 생명 존재에 있어서 가장 기본적인 욕구와 요구 사항이 바로 옷을 입고 밥을 먹는 것이므로, 인류 생존의 가장 기본적인 사회 활동 가운데 세상의 모든 도리와 이치가 내포되어 있다고 생각하였다. 그는 “옷을 입고 밥을 먹는 것[穿衣吃飯]이 바로 사람의 도리이고 사물의 이치[人倫物理]이니, 옷을 입고 밥을 먹는 것 외에 도리나 이치가 따로 없다.”라고 하였다.

이지는 “도는 허무를 말하지 않고[道不虛談], 학문은 실효에 힘쓴다.[學務實效]”라는 원칙을 굳게 지키며, “행동은 아는 것에서 벗어나지 않

---

* 수출서물(首出庶物)의 자질: 『주역(周易)』 건괘(乾卦)의 「단전(彖傳)」에 “만물에서 으뜸으로 나오니 만국이 모두 편안하다.[首出庶物 萬國咸寧]”라고 하며 하늘의 덕을 찬양하였는데, 여기서는 사람은 누구나 하늘의 원형리정(元亨利貞)과 같은 인의예지(仁義禮智)의 덕성을 본래 갖추고 있다는 뜻으로 쓰인 것으로 보인다. 【역자주】

고" "아는 것은 행동에서 벗어나지 않으니" "아는 것과 행동하는 것은 서로를 필요로 한다[知行相須]."라는 지행관(知行觀)을 주장하였다. 그는 "견실학 학문[實學], 착실한 행동[實行], 진실한 언설[實說]"을 제창하며 사회적 공리(功利)를 진리를 검증하는 표준으로 삼았는데, 사회의 공리를 실현하기 위해서는 반드시 삼강오륜(三綱五倫)으로 대표되는 명교(名敎)의 구속에서 벗어나야 한다고 주장하였다. 특히 "무고한 백성이 날마다 도탄에 빠지는 것을 차마 보지 못하겠다."라는 문제에 있어서는 더더욱 명교의 속박을 받아들일 수 없었다. 이지는 유자(儒者)들이 '문(文)'을 중시하고 '무(武)'를 경시하는 풍조에 대해 특히 반감을 가졌는데, 그는 '문'을 중시하고 '무'를 경시하는 풍조가 "천만대(千萬代) 유자를 모두 아녀자처럼 되도록" 만든 근본 원인이니, 이러한 유자는 집과 나라를 지키는 중임을 감당해 낼 능력이 전혀 없다고 생각하였다.

이지는 당시 관료사회의 심각한 부패 현상에 대한 매우 명료한 인식을 가지고 있었고, 그것을 극도로 미워하였다. 그는 통제 받지 않는 전제 권력이 "지금 정치에 종사하는 자들은 그저 후안무치(厚顔無恥)한 자들일 뿐이다."라는 제도적 부패를 초래하였다고 생각하였다. 그는 전제 제도의 본질이 "자신의 종이 되도록 사람을 유혹하는" 것이며, 전제 제도는 종[奴才]을 필요로 할 뿐 인재(人才)를 필요로 하지 않기에, 작은 재주를 가진 자는 사람을 부리고 큰 재덕(才德)을 가진 이는 사람에게 부림을 당하곤 하니, "그 형세가 틀림없이 천하의 큰 능력자와 대현군자(大賢君子)를 몰아다가 전부 수호(水滸)*로 보내게 될 것이다."

* 수호(水滸): 중국 사대 기서(四大奇書)의 하나인 『수호전(水滸傳)』을 가리킨다. 수호전은 북송(北宋) 선화(宣和) 연간을 배경으로 부패한 관료와 무능한 군주에 대항하는 108명의 호걸이 양산박(梁山泊)에 모여 간악한 무리와 탐관오리를 징벌한다는 내용을 다룬 소설인데, 여기서는 봉건 사회의 불공정과 불합리에 쫓겨 양산박으로 들어갈 수밖에 없었던 108 호걸의 상황을 부각시킨 것으로 보인다. **【역자주】**

라고 생각하였다. 그러므로 이지는 전제 제도야말로 사회 동란을 일으키는 총체적 근원이자, 민족의 위기, 사회의 정치·경제적 위기를 불러일으키는 근본 원인이라고 생각하였다. 그는 제왕들이 천하를 자신의 사유재산으로 보고 영웅호걸을 자신의 사유재산을 위협하는 존재로 보았기 때문에, 대부분의 개국공신(開國功臣)이 '토사구팽(兎死狗烹)'을 당하는 운명을 벗어나지 못하였을 뿐만 아니라, 자신들의 통치를 계속 유지해가기 위해 다시는 세상에 영웅호걸이 나타나지 않도록 하고 있다는 사실을 알아챘다.

이지는 중국 16세기의 위대한 초기 계몽 사상가이다. 풍부한 자유정신을 담고 있는 그의 사상과 새롭고 예기어린 그의 언론은 청대(淸代) 말엽의 사상해방운동(思想解放運動)과 5.4 신문화운동(新文化運動)에도 깊은 영향을 끼쳤다.

◉ 참고문헌

许苏民, 『李贽评传』(南京大学出版社, 2011)

◉ 필자

동예(董晔), 주캉요(朱康有)

呂坤 여곤

1536-1618

조화(造化)가 생멸(生滅)을 관장하니 만물의 주재자이다. 천지에 앞서 원기(元氣)가 있었으니 또한 조화의 근원이 된다.

(『呻吟語』)

여곤(呂坤, 1536-1618)은 명대말기(明代末期)의 문학가이자 사상가이다.

여곤은 자(字)가 숙간(叔簡)인데, 일설에는 자가 심오(心吾), 신오(新吾)라고도 한다. 포독거사(抱獨居士)라고 자호(自號)하였다. 명대 귀덕부(歸德府) 영릉(寧陵)[지금의 허난(河南) 샹치우(商丘) 닝링(寧陵)] 사람이다. 주요 작품으로는 「실정록(實政錄)」, 「야기명(夜氣銘)」, 「초양심시(招良心詩)」 등이 있는데, 그 내용이 정치, 경제, 형법, 군사, 수리(水利), 교육, 음운(音韻), 의학 등의 각 방면에 미친다. 현대 문화 전적(文化典籍)의 하나인 『여곤전집(呂坤全集)』에 수집 · 정리되어 있다.

여곤은 '원기(元氣)'가 천지 만물의 근본이라고 생각하였다. "태박(太樸)은 천지의 명맥(命脈)이고" "태을(太乙)은 천지의 신령이니", 태박, 태을, 태일(太一)이 곧 원기이다. 원기는 천지 만물에 앞서 천지 만물을 낳는데, 원기는 '하나[一]'이지만, 그 '하나'가 음양이기(陰陽二氣)를 포함하고 있으므로 음양 대립의 속성을 가진다. '중화지기(中和之氣)'는 이러한 음양이기의 표현양식 중의 하나로서 가장 적합하고 가장 안정되게 조절된 기운인데, 여곤은 '중화지기'를 일종의 기의 최고 정화(精華)로 보았다. 사람과 동물은 모두 기운을 품수 받아 태어나는데, 사람이 이러한 '중화지기'를 품수 받으면 성현(聖賢)이 되고, 동물이 이러한 기운을 품수 받으며 용봉(龍鳳)이 된다고 보았다. '리(理)'는 '기(氣)'가 운동·변화하는 법칙이자 질서이니, '리'는 '기'에 의지하여 있으므로 리기(理氣)는 상즉(相卽)*한다고 보았다. "성(性)은 리기를 총괄해서 이름붙인 것이니", 인성(人性)의 선악(善惡)과 우주의 본체는 서로 긴밀하게 연관되어 있으므로 도덕 인성론과 우주 본체론은 서로 관통하여 이어져 있다고 보았다. 여곤의 리기론(理氣論), 성론(性論), 심론(心論)은 상호 긴밀하게 연결되어 있다. "모든 이치가 마음에 구비되어 있으니" "그 마음을 크게 하면 천하의 만물을 포용할 수 있고, 그 마음을 비우면 천하의 선도(善導)를 수용할 수 있다." 마음은 몸의 주재자일 뿐 아니라 만사만물(萬事萬物)의 주재자이니, 그것은 사람의 지각, 정신, 최고 이성을 대표한다. 그 가운데 도덕 주체(道德主體)로서의 마음은 다시 도심(道心)과 인심(人心)으로 나뉘는데, 여곤은 "도심은 의리지성(義理之性)[본연지성(本然之性)-역자주]이고, 인심은 기질지성(氣質之性)이다."라고 하였다.

마음은 일종의 용기(容器)이니, 리와 기는 모두 마음속에 간직되어 있는 '물(物)'인 것이다. 사람의 마음속에 간직되어 있는 '리'가 사람의 의리지성을 구성하고, 사람의 마음속에 간직되어 있는 '기'가 사람의 기

---

* 상즉(相卽): 두 가지 사물이 그 본체에서는 서로 하나인 관계에 있는 것을 가리킨다. 파도는 물이며, 물은 파도라고 하는 것과 같은 관계를 이른다. 【역자주】

질지성을 구성한다. 물론 의리지성과 기질지성은 또한 분리할 수 없는 통일체이다. "'성(性)'자는 '생(生)'과 '심(心)'으로 구성되는데, 도심이 타고난 마음이 듯이 인심 역시 타고난 마음이니, 이 두 마음은 사람이 나면서 같이 생겨나고 같이 형성된다. 도심이 앞[先]이 아니고 인심이 뒤[後]가 아니며, 도심이 안[內]이 아니고 인심이 밖[外]이 아니다."라고 하였다.

여곤 철학 사상의 주류는 '경세치용(經世致用)'으로서, "진실한 마음으로 실효성 있는 정치를 펼쳐 갈 것"을 제창하였다. 그는 당시의 사대부들이 "온종일 부지런히 애를 쓰며 간절히 글을 읽는 것이 단지 자기 자신과 자기 집안을 위한 것이니" "성현께서 모범을 보여 후세에 전하신 뜻을 모두 저버린 것이다."라고 비평하였다. 이른바 "성현께서 모범을 보여 후세에 전하신 뜻"은 바로 내성(內聖)과 외왕(外王)을 관통하는 이학 정신(理學精神)이다. 이것에 대해 여곤은 "사람이 7척의 몸으로 인생을 살아가는 데 누구나 천하 만물을 안정시키고자 하는 본성을 가지고 태어나니, 모두가 천하 만물로 하여금 제 있어야 할 곳에 있게 할 책임이 있으며, 모두가 천하 만물로 하여금 제 있어야 할 곳에 있게 할 수 있는 능력이 있다." "우주 안의 한 백성과 한 사물의 고통이 모두 내 몸과 서로 연관되어 있으므로 서로를 부양하며 조화롭게 지낼 수 있도록 보살피는 것이야말로 모두 우리들의 본분이다."라고 강조하였다. 그는 '세상을 다스리는데 있어 실질적 이익을 줘야 한다는 것[經世致用]'과 실효성 있는 정치로 일의 성취를 거두는 것을 강조하였는데, 그는 유학자(儒學者)라면 성현의 학문 가운데 마음을 다스리고 품성을 수양하는 측면을 중시하는 것 외에도, "주현(州縣)의 차역(差役) 편성을 어떻게 공평하게 할 것인가? 지역의 양곡(糧穀) 사정을 어떻게 파악할 것인가? 도적들은 어떻게 없앨 것인가? 풍속은 어떻게 바꿀 것인가?

창고는 어떻게 채울 것인가? 흉년에는 어떻게 구황할 것인가? …… 마정(馬政)과 군오(軍伍)의 정비, 공격과 수비의 시기적절한 대책, 변계(邊界) 문제의 득실" 등에 대해서도 항시 주의를 기울이며 각 방면에 마음을 두고 있어야 한다고 생각하였으니, 이것이 바로 유학자의 "경세제민(經世濟民)의 학술이고 치국평천하(治國平天下)의 수단인 것이다." 이뿐만 아니라, 유학자는 응당 "상도(常道)가 아니면 말미암지 않고, 일용(日用)의 도리가 아니면 말하지 않으며, 실물(實物)이 아니면 구하지 않고, 국가 경제와 국민 생계에 절실한 것이 아니면 따지지 않는 법이다." 그는 '수신(修身)'만을 중시하고 '일의 공효[事功]'를 중시하지 않는 '진부(陳腐)한 학자'의 '공리공담'을 질책하였으니, 그들은 내면에 축적된 덕행(德行)을 사회를 개조하는 사업(事業)으로 승화해 내지 못하기 때문이었다. "유자(儒者)는 오직 공업(功業)을 세우는 것이 어려운 일이니, 예로부터 유자가 명성을 얻은 것은 대부분 강연과 저술 때문이었다. 사람들이 그들이 말하였던 것을 모두 시험해 보지는 못하였는데, 시험해 본다면 설사 사악한 기풍이 생기지는 않겠지만 실제로 일의 공효에 있어서 낭패를 보고 실패를 하지 않을 자가 참으로 많지 않을 듯하다."라고 하였다.

여곤은 관직에 있는 기간에 당시 관료 사회의 "완전히 한 통속이 되어 굳어진 관례", "민생은 생각지 않고 자기네들의 목적 실현을 위해 분주한 세태"로 대변되는 관료 부패 현상을 극도로 미워하였다. 그는 "이윤(伊尹)의 뜻*을 자신의 임무로 삼고, 사직(社稷)과 창생(蒼生)을 자신의 책임으로 삼아서" 관리가 되면 백성의 이익을 도모해야 한다고

---

* 이윤(伊尹)의 뜻: 『맹자집주(孟子集註)』「진심 상(盡心上)」에 "이윤의 뜻이란 천하를 공정히 하는 것으로 마음을 삼아 털끝만큼의 사욕(私慾)도 없는 것이다."라고 하였다. 【역자주】

주장하였다. 여곤은 이렇게 주장하였고 또한 이렇게 실천하였다. 1576년 봄에 여곤이 대동 지현(大同知縣)에서 이임(移任)하던 날, 큰 눈이 어지럽게 날리고 있었는데 현지 주민 수천 명이 정갈히 옷을 차려 입고 질척거리는 길가에서 그를 위해 35리길을 배웅하였다. 어떤 이는 심지어 길가에서 하룻밤을 묵고 이튿날 계속해서 배웅하였고, 어떤 군중은 머리에 향료를 인 채 수레를 잡고 절을 하며 한 바퀴를 도는 성대하고 장중한 예의로 그를 환송하였다.

여곤의 일생은 마침 명대가 쇠약해지고 있는 시기였다. 여곤은 지현(知縣)을 두 차례 맡으며 내외의 여러 관직을 역임하였으니, 조정과 재야의 현황에 대해서 자연히 직접 보고 들은 것이 많았을 것이다. 그는 위난에 빠진 나라를 구하고 곤경에 처한 백성을 구해내기 위해서, 세상을 밝히는 수많은 주장을 제기하였을 뿐만 아니라 몸소 그 주장을 실천해 갔다. 그는 권력자들을 두려워하지 않았고, 진리를 추구하되 실효에 힘썼으며, 다스림에 엄격하고 공정한 것을 숭상하였으니, 그는 청렴하고 강직한 것으로 당시 사람들에게 중히 여겨져서 명말 '세 명의 대현[三大賢]' 가운데 하나로 찬양되었다.

◉ 참고문헌

马涛, 『吕坤评传』(南京大学出版社, 2011)

◉ 필자

동예(董晔), 주캉요(朱康有)

高攀龍

고반룡

1562-1626

> 공부가 정밀하지 못하면 본체에 투철하지 못하고, 본체가 투철하지 못하면 또한 공부에 정밀하지 못하다.
>
> (『高子遺書』)

고반룡(高攀龍, 1562-1626)은 명대 말기(明代末期)에 심원한 영향력을 끼친 동림학파(東林學派)의 창시자 중의 하나로서, 명(明)나라와 청(淸)나라가 교차하던 시기에 실학 사조(實學思潮)를 열었다.

고반룡은 처음에는 자(字)를 운종(雲從)으로 했다가 나중에는 자를 존지(存之)로 하였다. 호(號)는 경일(景逸)이고, 무석(無錫) 사람이다. 진사(進士)에 급제하여 행인사(行人司) 행인(行人)에 제수되었고, 일찍이 도찰원(都察院) 좌도어사(左都御史) 등의 직임을 역임하였다. 고헌성(顧憲成)과 함께 동림서원(東林書院)을 수리·복원해서 그곳에서 근 30년간 강론하였다. 당시 전권을 휘두르던 환관 위충현(魏忠賢)이 관직을 그만두고 집에 머무르고 있던 동림 칠군자(東林七君子)*를 체포하라는 명을 내리자,

* 동림 칠군자(東林七君子): 명(明)나라 천계(天啓) 연간에 동림당(東林黨)의 주장이 대두되면서 사

고반룡은 근위병이 곧 도착한다는 소식을 듣고 호수에 몸을 던져 자진하였다. 그가 남긴 저작물은 제자 진용정(陳龍正)이 『고자유서(高子遺書)』로 편찬하였다.

고반룡은 장재(張載)의 사상을 받아들여서 '기(氣)'가 천지간에 유일한 실체인데, '기'에는 가장 근본적인 두 가지 속성이 있으니 바로 '허령(虛靈)'과 '조리(條理)[사물의 본질적 법칙-역자주]'라고 생각하였다. 또한 기의 '허령'한 속성은 '인심(人心)'으로 표현되고, 기의 '조리'가 있는 속성은 '인성(人性)'으로 표현된다고 보았다. 그렇지만 장재는 기의 '조리'가 있는 속성을 많이 말하였지 기의 '허령'한 속성은 말하지 않았는데, 고반룡은 기가 '허령'하다고 하였으니, 이는 심학, 그중에서도 특히 왕양명(王陽明)의 사상을 받아들인 것이었다. 그는 "신령한 정기(精氣)가 '마음'이 되고 마음을 가득 채우는 것이 '기'이니, 이는 둘이 아닌 것이다."라고 하였다. 이것은 세상의 모든 현상을 두 가지로 귀결한 것이니, 하나는 천지를 가득 채우는 '기'이고, 다른 하나는 허령한 '마음'이다. 고반룡의 '심물합일(心物合一)'은 일종의 본체이자 일종의 경지인 것이다.

'기(氣)', '심(心)', '성(性)', 이 세 가지 주요 범주 가운데, 고반룡은 '성'을 가장 중시하였다. 그의 관점에서 보자면, '성'에 대한 다른 정의야말로 유가(儒家)의 학문과 불교(佛敎), 도교(道敎)를 구분 짓는 가장 중요한 요소였던 것이다. 그는 "성인(聖人)의 학문이 불교와 구별되는 근거는 '성'일 따름이다."라고 하였다. 그는 '성'이 곧 이치[理]이니, '심'과 '기'는 모두 '성'의 쓰임이 되므로 '성' 아래 귀속되고, '성', '기', '심', 이 세 가지는 동일한 일물(一物)의 세 가지 측면이라고 생각하였다. '기'는

대부들 간의 정치 논쟁이 환관들과의 투쟁으로 변질되었다. 1626년(천계6)에 고반룡, 주순창(周順昌), 무창기(繆昌期), 이응승(李應昇), 주종건(周宗建), 황존소(黃尊素) 주기원(周起元) 7명이 환관들의 농간으로 죽임을 당하였는데, 당시 사람들이 이들을 '동림 칠군자'라고 불렀다. 【역자주】

'심'을 구성하는 질료적 기초이고, '심'은 영묘(靈妙)하고 신명(神明)한 '기'로서 '성'이 머물며 유행하는 장소이며, '성'은 '기'와 '심'의 본질이다. 수양 방면으로 고려해 보면, 기운을 기르고[養氣] 마음을 기르는 것[養心]이 곧 품성을 기르는 것[養性]인 것이다.

고반룡은 천성이 침착하여 일생에 있어서 "근면 성실한 태도로 말은 삼가고 행동은 민첩하게 하며 신중하고 조심스럽게 맡은 바 임무를 부지런히 해내는 것"으로 처신의 준칙으로 삼았다. '격물궁리(格物窮理)'는 그가 종신토록 견지하던 공부 원칙이었는데, '격물'은 사물의 이치를 철저히 궁구하는 것이었지만, 갑자기 활연관통해서 사물의 이치[物理]를 순식간에 품성의 이치[性理]로 바꾸는 것이 아니라, 심학(心學)과 이학(理學)을 하나로 합침으로써 우주의 삼라만상을 '이치[理]'이자 '마음[心]'으로 보는 것이었다.

고반룡은 '격물지본(格物知本)'을 공부의 강령으로 삼았으니, 그는 유가의 공부가 모두 '격물' 후의 일*이므로, '격물'을 말하지 않으면 모든 것이 전부 사설(邪說)이라고 생각하였다. 그는 또한 본체를 깨닫는 것을 공부로 삼았으니, '지본(知本)'은 수신(修身)이 근본임을 아는 것이고, '격물'은 수신의 실제 공부 방법이었으므로, 고반룡이 실제로 수양을 매우 중시하였다는 것을 알 수 있다. 그는 "온몸이 마음이고" "육합(六合)이 모두 마음이다."라고 주장하였으니, 이처럼 일체가 마음이자 사물이라는 주장[即心即物]은 대부분 깨달음의 경험에서 나온 것이었다. 그의 공부 특징은 '깨달음[悟]'과 '수양[修]'을 같이 중시하여 '실천[行]'과 '이해[解]'를 함께 이루는 것이었다. 요점을 완전히 이해하려면 '깨달음'

---

* '격물' 후의 일: 수기안인(修己安人)의 유가 이상을 실현하기 위한 팔조목(八條目)을 가리키는 듯하다. 『대학(大學)』의 팔조목은 "격물(格物), 치지(致知), 성의(誠意), 정심(正心), 수신(修身), 제가(齊家), 치국(治國), 평천하(平天下)"이다. 【역자주】

이 가장 중요한 법이니, 완전히 깨닫지 못하면 공부가 귀착점이 없게 된다. '수양'을 강조한 것은 재능이 매우 뛰어난 소수의 특별한 사람을 겨냥한 것이고, '깨달음'을 강조한 것은 규율을 잘 지키는 절대 다수의 유자(儒者)들을 겨냥한 것이었다.

고반룡은 공부(工夫)와 본체(本體)가 서로 분리된 원인을 깊이 있게 분석하면서, 이 양자 사이에 존재하는 심층적 통일성을 인식하였다. 그는 "본체가 없으면 공부가 없고, 공부가 없으면 본체도 없다." "본체를 공부로 삼고 공부를 본체로 삼으니, 본체를 모르면 모든 것이 부족한 공부이고, 공부를 하지 않으면 모든 것이 거짓된 본체이다." "이러한 진정한 본체가 있어야 비로소 진정한 공부가 있는 것이다."라고 하였다. 고반룡은 본체와 공부의 통일성을 더욱 뚜렷이 강조하였는데, "본체와 공부는 동시에 함께 이른다." "본체와 공부는 같이 이르는 것이다."라고 하였으니, 이는 정주학파(程朱學派)와 왕학파(王學派), 이 양대 학파(兩大學派)의 말류(末流)가 가져온 폐해를 전체로 총괄해서 제기한 것이었다. 그는 왕학 말류(王學末流)의 폐해를 반복해서 비평하면서, 동시에 그것에 대한 자신의 견해를 제시하였으니, "나는 지금 세상에 본체가 밝게 드러나지 못할까 근심하는 것이 아니라, 오직 공부가 정밀하지 못할까 근심할 뿐이다."라고 하였다.

고반룡의 학문은 "인도(人道)의 요결은 '경(敬)'만한 것이 없다."라고 하는 주희(朱熹)의 말에서 착수하였다고 하는데, 일생동안 매사에 삼가고 부지런히 깨우쳐가며 끊임없이 정진해서 학문의 경지를 부단히 상승시켰다고 한다. 그는 나이 50에 『중용(中庸)』의 요지를 깨우쳤는데, 이것이 그의 공부 경계의 최종 귀착점이 되었다. 그가 『중용』에서 깨달은 것은 도(道)의 형식 방면이었으니, "매우 적합하고[停停當當] 매우 평범하게[平平常常]"라는 것이었다. 이른바 '본체'나 '공부'라고 하는 것도 모두 이 요지에서 벗어나지 않는다고 보았다. 그의 학문은 경외(敬畏)하는 감정에서 착수해서 수차례 '깨달음'의 경험을 거치면서, 점차 '경외'에서 '쇄락(灑落)'으로, 인력(人力)으로 억지로 지키는 것에서 자연(自然)에 순응하는 것으로 승화하면서, 찌꺼기가 깨끗해지고 기질이 순수해지는 경지에 이르렀다.

고반룡은 『대학(大學)』의 도는 그 근본이 "치국평천하(治國平天下)"에 있다고 보았다. 그래서 그는 『대학』 "격물치지(格物致知)"의 인식론과 "성의정심(誠意正心)"의 도덕 수양론을 "치국평천하"의 정치 원리와 긴밀하게 결합해서, "치국평천하"를 "격물치지"와 개인 도덕 수양의 필연적 결과로 보았다. 이런 입장에서 출발해서 동림학파는 "백성의 일상(日常)에 통하지 않는 학문은 학문이 아니다."라는 관점을 제시하였다.

고반룡을 대표로 하는 동림학파는 진지한 실천을 통해 현실 문제를 설명해가고 창도해가는 학문으로서 몸소 실천해가는 가르침을 베풀었으니, 이처럼 고절(高絕)하고 빼어난 그들의 기개는 세상에 매우 큰 영향력을 끼쳤다. 고반룡은 성선설(性善說)을 주장하면서 사람의 성품은 본래 선도 없고 악도 없다는 '성무선악(性無善惡)'의 주장에 맞서 극렬히 변론한 것 외에도, 각지에 동선회(同善會)를 널리 설립하여 성선설이 백성들의 일상생활 속에 보다 구체적으로 현실화될 수 있도록 하였다. 그는 환관이 불러일으킨 재앙에 직면해서 죽음을 두려워하지 않고 의연하게 죽음을 택하였으니, 그의 깊이 있는 학문의 역량이 더욱 잘 드러난다.

◉ 참고문헌

步近智 · 张安奇, 『顾宪成 · 高攀龙评传』(南京大学出版社, 2011)

◉ 필자

동예(董晔), 주캉요(朱康有)

劉宗周

유종주

1578-1645

'독(獨)'* 외에 따로 본체가 없고, '신독(愼獨)' 외에 따로 공부가 없으니, 이것이 『중용(中庸)』의 도가 되는 까닭이다.**

(『明儒學案』)

유종주(劉宗周, 1578-1645)는 명대 말기(明代末期)의 저명한 사상가이자, 도덕철학의 실천가이다.

유종주는 자(字)가 염대(念臺)이고 호(號)는 즙산(蕺山)이며, 절강(浙江) 산음(山陰)[지금의 저지앙(浙江) 샤오싱(紹興)] 사람이다. 진사에 급제하여 행인사(行人司) 행인(行人)에 제수되었고, 예부 주사(禮部主事), 좌도어사(左都御史) 등의 직임을 역임하였다. 위충현(魏忠賢), 온체인(溫體仁) 등을 탄핵하였다는 이유로 세 차례나 파직되어 서민으로 강등되었다. 청(淸)나라 군대가 남하(南下)하여 남경(南京)이 격파되고 항주(杭州)가 함락되어

---

* 독(獨): 유종주의 제자인 진확(陳確)은 "'독'은 본심(本心)을 이르는 것이니 바로 양지(良知)이다."라고 하였다. (『陳確集』) 【역자주】

** 『중용(中庸)』의 …… 까닭이다: 유종주는 "『대학(大學)』의 도를 일언이폐지(一言以蔽之)하면 '신독(愼獨)'일 따름이다. 『대학』이 '신독'을 말하고 『중용』도 '신독'을 말하니, '신독' 외에 따로 학문이 없다."라고 하였다. (『劉宗周全集』) 【역자주】

대세가 이미 기울어진 상황에서도 끝까지 저항하다가 결국 단식하고 순국(殉國)하였다. 저서로는 『성학종요(聖學宗要)』, 『인보(人譜)』 등이 있고, 후인(後人)이 『유자전서(劉子全書)』 등을 편찬하였다.

유종주의 제자 황종희(黃宗羲)는 자기 스승의 철학 사상을 이렇게 개괄하였다. "선생의 학문은 '신독'을 종지로 삼았다. 유자들은 누구나 '신독'을 말하지만 오직 선생만이 비로소 그 진전(眞傳)을 얻었다."라고 하였다. 유종주 자신도 "성학(聖學)의 요결은 오직 '신독'에 있다." "'신독'의 학문이 곧 '중화(中和)'요 '위육(位育)'이니,* 이는 천고로부터 이어진 성인(聖人)의 학맥이다."라고 하였다. 도덕적 수양이 없는 사람의 경우로 말해보면, 홀로 있어서 다른 사람이 그의 언행을 볼 수 없는 상황에서는 그는 거리낌 없이 자신의 개인적 욕망에 따라 행동할 것이며 심지어 사회의 도덕규범을 위반할 수도 있을 것이다. 사람들의 도덕적 수양이나 경지를 끌어 올리는 데 관건이 되는 것, 혹은 가장 중요한 요결은 바로 이 '독(獨)'자에 달려 있으니, '타율(他律)'적 도덕 기제(道德機制)를 '자율(自律)'적 도덕 기제로 상승시키는 것이야말로 도덕 수양의 가장 중요한 목적이자 요청이라고 보았다.

도덕적 교양을 가진 사람이라면 자신이 '혼자 있을 때'의 도덕 수양을 강화하는데 특별히 주의를 기울일 필요가 있다. '독'은 바로 '본심(本心)'이니, '신독'은 곧 "본심을 저버리지 않도록 삼가고 조심하는 것이

* '중화(中和)'요 '위육(位育)'이니: 『중용(中庸)』에 "도(道)란 것은 잠시도 떠날 수 없는 것이니, 떠날 수 있으면 도가 아니다. 그러므로 군자는 그 보지 않는 바에도 계신(戒愼)하며 그 듣지 않는 바에도 공구(恐懼)하는 것이다. 감춰진 것 보다 잘 드러남이 없으며 은미한 것 보다 잘 나타남이 없으니, 그러므로 군자는 그 홀로 아는 바를 삼가는 것이다.[故君子愼其獨也] 기뻐하고 노하고 슬퍼하고 즐거워하는 감정이 발현되지 않은 것을 중(中)이라 이르고,[喜怒哀樂之未發謂之中] 발현되어 모두 절도(節度)에 맞는 것을 화(和)라 이르니,[發而皆中節謂之和] 중(中)이란 것은 천하의 큰 근본이요,[中也者天下之大本也] 화(和)란 것은 천하의 공통된 도(道)이다.[和也者天下之達道也] 중(中)과 화(和)를 지극히 하면[致中和] 천지(天地)가 제자리를 잡고[天地位焉], 만물(萬物)이 잘 생육(生育)된다.[萬物育焉]"라고 하였다. 【역자주】

다.” 이는 바로 사람들 각자가 자신들의 도덕 주체성을 발휘할 것을 요청하고 있는 것이다. 유종주는 “학문이라는 것은 배워서 사람이 되는 것이니, 반드시 사람이 되는 근거를 확보해야 한다. 사람이 되는 근거를 확보한다는 것은 마음이 되는 근거를 확보한다는 것일 따름이다.”라고 하였다. ‘본심’을 발휘한다는 것은 모든 “칠정(七情)의 동요”와 “마음을 얽어매는 물욕(物慾)”을 극복하고 자기 스스로를 ‘인극(人極)’[인도(人道)의 극치-역자주]과 같은 최고의 도덕 경지에 이르도록 하는 것이다. 유종주의 일생은 개인의 안위는 돌아보지 않은 채 생명의 위협을 무릅쓰고 당시의 권신(權臣)이었던 위충현의 잘못을 대담하게 들추어내며 황제에게 직간하다가 파직되었고, 결국에는 죽음으로써 순국하였으니, 그의 일생은 고결한 덕으로 민족과 국가를 뜨겁게 사랑하다가 용감하게 헌신해 간 지식인의 모습이었다. 이것은 도덕에 관한 그의 이론 조예와 도덕 실천 문제에 있어서 몸소 힘써 실행해가려는 그의 성향과 밀접한 관계가 있는 것으로 보인다.

‘신독’ 외에도 유종주의 사상에는 실학가들이 가지고 있는 특징－예를 들어 기본론(氣本論)을 중시하는 특징－을 많이 포함하고 있는데, 유종주의 후반생은 왕학 말류(王學末流)의 폐해를 바로잡는 것으로 자신의 임무를 삼았다. 그는 장재(張載)의 기본론을 자기 고유의 심본론(心本論) 체계 속으로 끌어들여서 ‘심성(心性)’을 헛되이 논하는 병폐를 근본적으로 방지하였다. “‘형(形)’를 떠나서 ‘도(道)’라고 할 것이 없고, ‘기(氣)’를 떠나서 ‘리(理)’라고 할 것이 없다.” ‘기’의 기초 위에서야 비로소 ‘리’의 존재가 있는 것이니, ‘기’가 있어야 ‘리’가 있는 법이다. ‘기’는 만물의 근원이니, “천지간에 가득한 것은 일기(一氣)일 따름이다.” 그러므로 천지 만물은 모두 ‘기’로 통일되니, 시간과 공간을 막론하고 ‘기’가 존재하지 않는 곳이 없다. 그는 또 “태허(太虛)가 ‘기’를 낳았다.[虛生氣]”라는 주장을 부정하였는데, 이것은 장재의 관점을 계승한 것이다. 태허가 곧 '기'[虛卽氣]이고 기에는 굴신(屈伸)이 있는 법이니, '기'가 구체적인 형상이 없다는 이유로 '기'가 존재하지 않는다고 해서는 안 되는 것이다. '기'는 이처럼 존재하지 않는 곳이 없으므로 '태허'나 '태극(太極)'이라고도 불린다.

철학의 이상 경계는 수양(修養)의 경지를 통해 실증된다. 수양이 완숙해지면 그 효험이 드러나기 마련인데, 가장 구체적 효험으로는 정신과 신체의 변화만한 것이 없다. 유종주는 일찍이 관직이 오르는 꿈을 꾸고 나서, 명리(名利)를 추구하는 심리 요소가 여전히 자기 마음속에 남아 있는 것에 대해 깊이 반성하였다. 그는 자신의 도덕 수양의 정도가 스스로를 주재해갈 수 있는 이상적 목표에 이르기까지는 아직 멀었다는 것을 인지하고, 이 꿈과 이 꿈이 반영하고 있는 영달(榮達)의 속내를 진지하게 다루었다고 한다. 이 고사에는 도덕 수양에 대한 그의 깊은 관심과 이러한 꿈을 불쾌하게 여기고 독약으로 여기며 반드시 다스려야겠다고 생각하는 그의 결심이 잘 드러나 있다. 이것은 또한 성인(聖人)이 되고자 하는 그의 학문적 포부를 증명하는 것이기도 하다.

유종주의 도덕 수양의 진전(進展) 과정은 그의 건강 상태에서도 동일하게 반영되었다. 유가의 입장에 따르면, 몸[身]과 마음[心]은 확연히 다른 두 차원의 것이 결코 아니었고, 유가의 도덕 수양은 물질적 신체를 포기함으로써 정신적 가치를 획득해가는 것이 결코 아니었다. 도리어 몸은 마음이 겉으로 드러난 것이라고 보아서, 몸소 실천해가며 몸을 기름으로써 몸과 마음이 조화를 이룰 수 있도록 하였다. 유종주는 어려서부터 체질이 허약하였는데, 나중에는 정양(靜養)에만 전념하여 병이 겨우 호전되었다고 한다. 이처럼 정양 공부가 몸에 도움이 되는 것은 사실이지만, 정양은 분명히 일종의 정신적 수양이다. 특히 만년(晚

年)에 그의 함양 공부가 숙달되자 그의 몸이 더욱 건강해져서 정신과 기운이 충만하였다고 하니, 이는 모두 정양 공부의 덕이었다.

유종주는 양명 후학(陽明後學)의 폐해를 바로 잡는 일을 계속하였지만, 그의 몸에는 많든 적든 왕학(王學)의 그림자가 길게 드리워져 있었다. 황종희는 일찍이 "나는 선사(先師)의 뜻[意]이 곧 양명의 양지(良知)이고, 선사의 성의(誠意)가 곧 양명의 치양지(致良知)라고 생각한다."라고 하였다. 유종주의 학문은 양명이나 양명 후학에 비해서 보다 착실한 경향이 있었고, 보다 "형이하(形而下)적인 실천"을 중시하였으며, 보다 "독서와 학습"을 강조하였다고 할 수 있는데, 이것 역시 그가 처한 시대의 반영이라고 하겠다.

◉ 참고문헌

黄敏浩, 『刘宗周及其慎独哲学』(台湾学生书局, 2001)

◉ 필자

동예(董晔), 주캉요(朱康有)

孫奇逢

손기봉

1584-1675

'학문(學問)이란 무엇인가'에 대해 이곳의 학자들이 열심히 강구하여서 점차 실마리를 찾게 되었다. 요컨대 '몸소 행함[躬行]'이라는 두 글자를 벗어나지 않는다.

(『夏峰先生集』)

손기봉(孫奇逢, 1584-1675)은 '심성실학(心性實學)'의 관점으로 유가(儒家) 학설을 설명하였고, 경세치용(經世致用)과 궁행실천(躬行實踐)을 강조하여 "실용(實用)을 위주로 하였다."

손기봉은 명말청초(明末淸初)의 심성실학(心性實學) 사상가이다. 만년에 휘현(輝縣) 하봉촌(夏峰村)에서 20여 년간 강학(講學)하였는데, 그에게 배운 사람이 몹시 많았다. 세상에서는 그를 하봉선생(夏峰先生)이라고 불렀다. 명(明)이 망하고 청(淸) 조정이 여러 차례 초빙하였는데도 벼슬하지 않았기에 사람들은 손징군(孫徵君)이라고 불렀다. 이옹(李顒)과 황종희(黃宗羲)와 이름이 나란하여서 당시 사람들은 삼대유(三大儒)라고 합칭하였다. 일생 동안의 저술이 아주 풍부하였는데 주요하게는 『이학종

전(理學宗傳)』, 『성학록(聖學錄)』 등이 있다.

손기봉(孫奇逢)은 주자(朱子)와 육상산(陸象山)은 학문 방법은 비록 다르지만 모두 "유학(儒學)의 전통을 나눠 가졌고 유학의 진수를 전승한 분들이며" 또 모두 "공자(孔子)를 궁극 목표로 삼았다고" 여겼다. 주자와 왕양명(王陽明)의 학문이 전승되는 과정에서 생긴 폐단에 대해서는 "이는 주자와 양명을 전승한 자들의 병통이지 두 분의 병통이 아니다." 라고 하였다. 주자와 육상산 사이의 논쟁은 정통과 이단의 대립이 아니기 때문에 '서로 도움을 줄 수 있다"고 여겼다.

하봉(夏峰)은 심체(心體)의 각도에서 맹자(孟子)의 "만물은 모두 나에게 갖추어져 있다.[萬物皆備於我]"를 다음과 같이 새롭게 해석하였다. "천지 만물의 실리(實理)는 모두 한 사람의 몸에 갖추어져 있다. 성인(聖人)이 온갖 선을 모두 갖추게 된 까닭도 단지 만물이 모두 나에게 갖추어져 있는 본래 면목[本體]을 깨달았기 때문일 뿐이다." 왕양명의 "지행합일(知行合一)"에 대해서도 하봉은 다음과 같이 정밀하게 논하였다. "'지행합일'은 본체(本體)를 공부(工夫)라고 바로 지시한 것이다. 이 둘을 서로 다르다고 보는 자는 그 학문이 애초에 원숙하지 못하여 공부를 본체로 환원하지 못한 것이니, 억지로 하나라고 말은 하더라도 결국은 둘이다." 지행합일은 도(道)를 깨닫고 난 뒤에 공부로 본체를 길러가는 과정이다. 본체를 깨닫기 전에는 이 둘이 단지 둘로 나뉘어져 있을 뿐이어서 결국 하나로 합치지 못한다. "진아(眞我)"는 곧 "진체(眞體)"이다. "온 거리에 있는 사람이 모두 성인(聖人)이라는 말은 본체의 측면에서 말하면 모두 성인이 될 수 있다는 뜻이다." 이 말은 사람마다 모두 성인이 될 수 있는 잠재적인 조건을 가지고 있지만 "실천하지 않으면 잠재적으로 성인임을 깨달을 수 없고", "한번 깨닫게 되면 곧 성인이 될 수 있다."라는 의미이다.

심성(心性)의 실제 수양 공부를 진행하는 과정에 대해 말하면 다음과 같다.

첫째, 본성을 회복하는 공부. 우선 성(性) 내지 천리(天理)가 자신 안에 고유하게 내재한 것임을 알아야 한다. "천리(天理)는 천연적으로 존재하고 있는 이치로서 사람이 어떻게 할 수 있는 것이 아니기에 잠시 그것을 벗어나려고 해도 그럴 수가 없는 그런 것이다." 유가(儒家) 경전의 관점에 따르면 하늘이 만물을 생성시킬 때 각 만물에 그 원리가 있다. 사람도 마찬가지여서 생명체이자 사회적 존재로서 필연적인 규율이 있다. 이것은 자연계가 긴 시간 동안 진화하여 사람이 탄생한 뒤에 사람에게 부여된 일종의 천성(天性)이다. 다음으로 본성을 회복하는 초보적인 공부를 하는 것이다. 리(理) 내지 성(性)이 내 자신에게 고유하게 내재한 것이라면 심성 수양은 바깥에서 방법을 찾아서는 안 된다. "이치를 탐구할 때 자신 안에 있는 것에서 구하고", "자신의 마음을 자각하는" 내향적인 인식 방법이다. 이 "주재자(主宰者)", "주인옹(主人翁)", "두뇌(頭腦)"를 찾으려고 하면 책을 읽어 이치를 밝히는 것도 좋고 옛 성인을 배우는 것도 좋지만 결국은 모두 반드시 자신이 실행해야만 한다. 그래서 성인의 성학(性學)을 논할 때 , "모두 본성을 회복하는 공부에 대해 논한 것이며", 그를 통해 "사람의 도리를 다하여 하늘에 합일되는 것이다."

둘째, 본심(本心) 자각. "본래의 영명(靈明)한 마음"은 하늘이 나에게 준 것이다. "마치 거울에 먼지가 끼었더라도 먼지는 거울 표면이 아닌 것과 같다. …… 먼지를 털어내면 거울이 그 표면을 드러낸다." 오직 긴 기간의 점진적 수양을 거쳐야만 하루아침에 깨우칠 수 있다. 다시 말해 심성의 본체를 자각할 수 있고, 나아가 천인합일(天人合一)의 진실한 경지를 체득할 수 있다. "본심을 자각할 수 있으면 우주가 한 집안이 되어 전혀 막히는 것이 없게 된다. 본심을 자각하지 못하면 한 집안 내에서도 초(楚)나라와 월(越)나라로 가로 나뉘니 하물며 원래 소원한 사람들에 대해서야 어떻겠는가!"

셋째, 일상의 단련. 본체를 깨달은 뒤에도 여전히 완숙한 경지에 도달할 수는 없기 때문에 성찰(省察)의 공부를 통해 움직이든 가만히 있든 모든 순간에 늘 그것을 드러낼 수 있도록 노력해야 한다. "동(動)과 정(靜)은 실마리 부분이 없고 음과 양은 시작점이 없다. 생각이 없던 상황에서 갑자기 한 생각이 일어나면 이것이 바로 '움직임[動]'이다. 마땅히 이 생각이 천리(天理)에서 생긴 것인지 인욕(人欲)에서 생긴 것인지 잘 살펴서 천리에서 생긴 것이면 잘 간직하고 인욕에서 생긴 것이면 극복해야 하니 이것이 '정밀히 살피는[惟精]' 공부이다. 더 이상 극복해야 할 인욕이 없는 경지에 이르게 되면 천리는 내가 보존하려고 노력하지 않아도 저절로 보존되지 않는 것이 없게 될 것인데, 이것이 '한결같이 유지하는[惟一]' 공부이다. 성찰(省察) 공부도 여기에 있고, 존양(存養) 공부도 여기에 있는 것이다." 유가에서는 일상의 인륜에서 이 본체를 함양하고 지켜야 한다고 강조하는데, 달리 말하자면 일상에서 단련해야 한다는 것이다. 본체를 일상에서 단련하는 것이 완숙해진 뒤에는 자연히 "만물이 모두 성실성[誠]으로부터 생성되는" 경지에 도달하게 될 것이다.

넷째, 외왕(外王) 공부. 본체를 단련하는 공부가 원숙해진 뒤에도 유가(儒家)는 결코 외왕(外王)의 사회적 사업을 포기한 적이 없다. 아마 오직 유가만이 "심체(心體)"를 "천하, 국가, 가족, 몸, 마음, 생각, 지식, 대상을 합한 것"으로 이해할 것이다. 실심실학(實心實學)을 주장하는 이들은 사회 문제를 논할 때 늘 여전히 "심(心)"으로부터 출발한다. "정치 체제를 논할 때는 먼저 마음의 본체부터 논해야 한다."느니 "치란의 갈

림길은 전적으로 하늘로부터 말미암는 것이 아니라 마음으로부터 형성된다."라고 주장한다. 세도(世道)가 좋은 상황인지 나쁜 상황인지를 분석할 때도 그들은 늘 "마음"의 문제로 귀결시켰다. "세계가 나쁘게 변한 것은 사람의 마음이 그렇게 만든 것이다. 오늘의 세계를 보려면 오늘의 인심이 어떤지 따질 것이 없겠지만, 오늘의 인심을 보면 오늘의 세계가 있을 수밖에 없었다." 무엇이 정치의 근본인가? "정직함이 정치의 근본이다. 백성이 정직해지기를 바라면 먼저 자신이 정직해야 한다."정치의 근본은 자신, 특히 자신의 마음을 바르게 하는 데 있다.

다섯째, 본체로 되돌아가는 공부. 유가(儒家)는 장수로 나갈 수도 있고 재상으로 들어갈 수도 있으며, 심지어 제왕의 스승이 될 수도 있다. 하지만 이런 외재적인 사업은 결국 남을 위한 것이고 사회를 위한 것이므로, 더 나아가 본체의 세계로 돌아가서 지극히 즐거운 삶을 누려야 한다. "먼저 마음을 늘 도덕실천에 두는 것에서 시작하여", 시간이 지나고 지나면 자각하지 못한 상태로부터 자각한 상태까지 이를 것이다. "공부는 오직 아무 병폐가 생기지 않도록 진행해가는 데 있다." "천연적인 법칙에는 조금의 총명예지도 개입시킬 필요가 없다." 체(體)와 용(用)은 동일한 근원이므로 체(體)로 용(用)을 통섭해서 고요한 본체로 돌아가야 한다. 이것이 하봉(夏峰)이 최종적으로 숭상한 "마음이 외물의 영향을 받지 않고 늘 스스로 하늘과 함께 노니는" 경지이다.

◉ **참고문헌**

李之鉴, 『孙奇逢哲学思想新探』(河南大学出版社, 1993)
朱康有, 『孙奇逢心性实学简论』(『宁波党校学报』, 2007 第4期)

◉ **필자**

동예(董晔), 주캉요(朱康有)

朱之瑜

주지유

1600-1682

성현(聖賢)의 도(道)는 단지 중용(中庸)일 뿐이다. 마땅히 심성(心性)과 지기(氣志)의 은미한 내면에서 구해야 하고, 가정의 일상 생활 속에서 체현해야 한다.

(『朱舜水集』)

주지유(朱之瑜, 1600-1682)는 17세기에 저명했던 중일(中日) 문화교류의 사절이었다.

주지유는 명청(明清) 교체기의 학자이자 교육자였다. 자(字)는 초서(楚嶼) 혹은 노서(魯嶼)였고 호(號)는 순수(舜水)였으며, 한족(漢族)이고 절강성(浙江省) 여요(餘姚) 지역 사람으로서, 명(明)나라 말기에 국자감(國子監)에 입학했었다. 명나라 말기와 남명(南明) 시기에 열 두 차례나 조칙을 내려 특별히 초빙하였지만 벼슬하지 않았기 때문에 사람들이 징군(徵君)이라고 불렀다. 청(淸)나라 군대가 산해관(山海關)으로 들어온 뒤에는 외지를 떠돌아다니며 청나라에 대항하고 명나라를 복구하는 활동에 참여하였다. 남명(南明)이 망한 뒤에는 동쪽으로 바다를 건너 일본에 정착하였다. 나가사키[長崎]와 에도[江戸](지금의 도쿄)에서 20여년간 제자들에게 강학하면서 유가 사상을 전파하여, 일본 정부와 재야의 인사들에게 숭앙받았다. 저서로는 『주순수집(朱舜水集)』이 있다.

주지유의 철학 사상은 송명(宋明) 성리학에 대한 비판이 주된 내용이었고 실천을 강조하는 것이 특징이었다. 주지유는 "도(道)"를 성리학자들의 "리(理)"와 대립하는 것으로 사용하였다. 주지유의 사상에서 "도(道)"는 통속적이고 비근하며 눈으로 볼 수 있고 손으로 만질 수 있으며 실제의 효용이 있는 "현전하는 도리"이었다. 말하자면 그야말로 실재하는 구체적 사물의 이치였고 도리이었다. 주지유는 "성현의 중심적인 도리는 단지 일상의 윤리에 있을 뿐이었다." 사물이 있으면 그 사물의 "도(道)"가 있는 것이지 결코 구체적 사물을 초월하여 공중에 매달린 어떤 "도(道)"가 있는 것이 아니었다.

왕양명(王陽明)의 "양지(良知)"와는 다르게 주지유는 "배움을 통한 앎[學知]"이라는 개념을 제시하였다. "배움을 통한 앎"이란 "일상 속에서 가능한 일"이고, "아래로부터 배워가는 공부"이니, 후천적인 학습과 실천을 가리키고, 후천적인 개인의 주관적 노력을 강조하며, 실제의 학습과 직접적인 체험을 중시한다. 주지유는 "실행(實行)"이라는 개념을 제시하였다. "학문의 길은 실행이 중요하다. 성현의 학문은 모두 실천에 집중되어 있었다.", "일상의 궁행이 바로 학문이다.", "궁행 이외에는 달리 학문이라는 것이 없다." 인성론에 있어 그는 "본성이란 습관에 의해 이루어진다"라고 주장하여 사회 환경과 후천적인 노력이 인성의 형성에 절대적 작용을 한다는 점을 강조하였다. 이른바 "습관"이란 "늘 보는 것, 늘 듣는 것, 물드는 것"을 의미한다. 보통 사람들의 본성은 선한 것도 없고 악한 것도 없으며 그 선하고 악함은 완전히 후천적인 습관에 의해 결정된다고 주장한 것이다.

도쿠가와[德川] 시대의 일본 사회에는 풍속이 하나 있었는데, 바로 남자는 42세를 액운이 든 나이로, 여자는 33세를 액운이 든 나이로 여겼다. 그래서 매번 액운이 든 해가 되면 이 액운이 든 나이의 남녀를 골라서 그들을 희생으로 삼아 재앙을 면하곤 하였다. 이런 추악한 풍습에 대해 주지유는 중국의 서문표(西門豹)가 하백(河伯)에게 시집보내던 풍속을 막았던 고사를 활용하여 미토[水戶]의 영주 겐 미쓰쿠니[源光國]을 일깨워서 혁파하게 만들었다. 그는 다음과 같이 말했다. "만일 풍속을 좋은 쪽으로 변화시키려고 한다면 여러 해 동안 노력하지 않으면 안 된다.", "국가를 다스리는 데는 방법이 있으니, 백성들이 이롭게 여기는 방향으로 이롭게 이끌어주면 된다. 어찌 널리 베푸는 것이 능사이겠는가!" 사회의 폐단을 개혁하고 사회의 발전을 진작시키자면 관건은 바로 백성이다. 백성은 국가를 다스리는 데 있어 핵심적인 내용이다. 주지유는 『공양전(公羊傳)』의 사상에 근거하여 중국과 일본은 종족적인 구분이 없고 단지 문화와 정치적으로만 구별되므로 일본이 왕도(王道)를 실시하면 더욱 진보할 수 있고 더욱 강대해질 수 있다고 주장하였다. 겐 미쓰쿠니는 주지유의 "대동(大同)"사상을 받아들여, 드디어 "왕(王)을 존중하고 하나로 통괄하는[尊王一統]" 원칙에 따라 『대일본사(大日本史)』를 편찬하여 메이지[明治] 유신(維新)에 중요한 영향을 끼쳤다. 이것은 참으로 양계초(梁啟超)가 말한 대로, "주지유의 학문이 중국에서 실행되지 못한 것은 중국의 불행이지만, 일본에서 실행된 것은 인류의 행운이라고 할 만하다."

주지유의 전체 사상과 이론은 하나의 주된 흐름으로 관철되고 있는데, 그 주된 흐름이란 그의 다음과 같은 말로 간단히 개괄할 수가 "중국이 망한 까닭을 알면 성인(聖人)의 교화가 진흥될 길을 알 수 있다." 주지유는 결코 명나라 멸망의 경험을 총결하는 것에서 만족하지 않았다. 그에게 있어서 명나라의 멸망은 더욱 심층적인 문제를 안겨주었다. 말하자면 줄곧 예의(禮儀)를 지키는 나라로 알려진 위풍당당한 대국이 끝내 낙후한 야만적인 만주족 오랑캐의 손에 패하였으므로 한족(漢族) 문화의 우월성이 문제가 된 것이다. 민족의 멸망은 민족 문화의 쇠락을 의미하는 것이다. 명나라 영토를 회복하자면 먼저 한족 문화를 부흥시켜야 했다.

주지유는 국가와 백성을 근심한 충정(忠貞)이 넘친 선비였고 학식이 깊고 넓으며 식견이 높고 원대한 문화 사절이었다. 비록 그는 일본에서 전문적인 저술을 남기지는 못하였지만 그와 일본인 사이의 서신 문답을 통해 그가 중국 사상을 조금도 남김없이 다 일본 학자에게 전수하였을 뿐 아니라 일본의 국가 통치 방략(方略), 학교 규율과 예의, 농업과 복식 등에 대해 구체적으로 건의하였고, 그 중의 대다수가 도쿠가와 막부에 의해 받아들여졌다는 것을 확인할 수 있다. 특히 사상의 측면에서 주지유는 "공자(孔子)의 도(道)"를 숭상하였고, "학문은 실제로 적용하는 방법을 찾는 데 힘써야 하고" "국가를 다스리고 교화를 펼치는 데 있어 백성을 편안히 구제하는 것이 어렵다"고 주장하였다. 이에 대해 일본 학자는 이렇게 평가하였다. "명나라 말엽의 징군(徵君)이었던 주지유는 이웃 나라에서 바쳐온 지극한 보배였고 지극한 보물이었다. 도의[道]가 심장과 간까지 관통되었고, 학술은 왕업(王業)을 위주로 하였다. …… 대의(大義)를 밝히고 왕도(王道)를 천명하여 동해의 해와 달이 천년 동안 빛나게 하였다. …… 그 온전한 충성으로 왕을 존중하는 정신은 거대하게 농축되어서 잠재된 채로 무르익어 2백년이 지난 뒤 드디어 지사(志士)들의, 왕을 옹위하자는 창의(倡議)로 발현되었고, 왕정(王政)을 복구하자는 데서 나아가 유신(維新)의 대업을 도움으로써 국운이 오늘날과 같이 융성하게 발전하도록 하였으니, 우리가 주지유에게 얻은 것은 참으로 거대하다!"

◉ 참고문헌

町田三郎，潘富恩主编，『朱舜水与日本文化』(人民出版社，2003)
张立文，町田三郎主编，『中日文化交流的伟大使者－朱舜水研究』(人民出版社1998年版)

◉ 필자

동예(董晔)，주캉요(朱康有)

傅山 부산

1607–1684

천하는 한 사람의 천하가 아니라 천하 사람의 천하이다.

(『霜紅龕集』)

부산(傅山, 1607–1684)은 명나라 말기부터 청나라 초기까지 북방 학술계의 영수로서 백과전서적인 학자였다.

부산은 이름이 산(山)이고, 자(字)는 청주(青主)였으며, 조상의 본적은 산서성(山西省) 흔주(忻州)였고, 산서성 양곡(陽曲)[지금은 산서성 태원시(太原市)에 속해있다.]에서 성장하였다. 부산은 학식이 깊고 넓었으며 저술이 아주 풍부하여 당시 사람들은 그에 대해 "학문이 세계와 인간을 훤히 아는 데까지 이르렀고 도(道)는 도교와 불교를 겸하였다."라고 일컬었다. 그는 흥취가 광범위하여 경학(經學), 선진(先秦) 시대 제자(諸子)의 학문, 시문학(詩文學), 음운학(音韻學), 훈고학(訓詁學), 고거학(考據學), 사학(史學), 불경(佛經), 도장(道藏), 서법(書法), 회화(繪畫), 의학(醫學), 의술(醫術), 병법(兵法), 무예(武藝) 등에 대해 섭렵하고 익히지 않은 것이 없었다. 저작은 후대 사람들에 의해 『상홍감집(霜紅龕集)』 등으로 편집되었다.

부산의 학문은 깊고 넓어 여러 학문을 널리 섭렵하고 한쪽으로 기울지 않았다. 제자(諸子)와 불교·도교에 있어서 늘 이전 사람의 견해를 돌파한 점이 있었다. 그의 도학(道學) 사상은 "자연의 도(道)"를 주장하는 것이어서, 무슨 일을 할 때 자연을 따르지 않고 자연의 규율을 어기면 성공할 가망이 없다고 여겼다. 그는 『노자(老子)』에 대한 주석을 쓸 때 "도(道)는 자연을 모범으로 삼는다"라는 특징을 견지하여, 사람은 응당 자연의 도리에 복종해야 하고 자연의 도리에 순응하는 조건 아래에서 합리적으로 자연을 이용해야 한다고 강조하였다. 여기에서 "자연(自然)"이란 "하늘[天]"을 가리킨다. "하늘은 곧 자연의 도(道)이다."

부산은 노자(老子)의 "하는 것이 없지만, 하지 않는 것이 없다[無爲而無不爲]"라는 논리에 따라 오직 "자신의 몸을 귀하게 여겨야만" 천하에 그 몸을 맡길 수 있다고 주장하였다. "하지 않을 수 없는 것은 천(天)이다." 다시 말해 사람의 본성은 하늘이 부여한 것이 천연적인 것이다. 그는 자연의 도(道) 내지 무위(無爲)의 도(道)를 의탁하여, 개체 생명의 각성을 존중하고 공감해야 한다고 주장하였다. 그는 이렇게 말하였다. "대인(大人)이란 덕(德)이 있고 관직이 있는 자로서 남을 다스리는 자이고, 소인(小人)은 백성으로서 남에게 다스려지는 자이다. 백성은 대인을 보호하면서 살기 때문에 대인을 사랑한다. 하지만 이것은 대인이 남의 보호를 받을 수 있는 경우에 대해서 말한 것이니, 정상적인 상황이다. 백성을 초개와 같이 여기고 원수처럼 여기는 것은 후세의 대인이다. 소인이 어찌 그를 사랑할 수 있겠는가!"

부산은 "천하는 한 사람의 천하가 아니고, 천하 사람들의 천하이다"라는 점을 알았다. 천하 사람들은 군왕과 평등하며, 군왕도 "보통의 사람"이다. 부산은 선(善) 속이나 악(惡) 속에 모두 이치가 있다고 여겼다.

그는 이렇게 말했다. "송(宋)나라 사람들이 말한 '리(理)'는 맹자(孟子)의 성선(性善) 사상에 담긴 의도를 잘 설명해 놓은 것처럼 보인다. 그들은 이것을 가장 핵심적인 의존처로 삼는데 결코 원만하게 사방을 두루 비추지는 못한다. 리(理)에 선과 악이 있는 것은 성(性)에 선과 악이 있는 것과 같다. 리(理)에 대해 전혀 악이 없다고 할 수는 없다." 강상윤리를 강조하는 유교를 비판하고 선진 시대 제자백가의 학설과 사상에 관심을 기울여 왔던 노력에 기초하여 그는 "군중을 사랑하고, 군중을 이롭게 해야 한다"는 윤리도덕관을 제시하였다. 묵자(墨子)의 "겸애(兼愛)"를 해석할 때 그는 "겸애는 사랑이 분산되고, 일애(一愛)는 사랑이 집중된다. 나는 다른 사람에 대해 피차의 구분이 없기 때문에 모두 사랑하는 것이니, 사랑이 나뉨이 없는 전일한 사랑과 같은 뜻이다. 사람은 모두 생명을 가지기에 나는 모두를 사랑의 마음으로 사랑한다. 생명이 없는 것에 대해서만 내가 사랑하지 않는다. 그 부류들은 인류와 같이 죽지 않는 것이 없지만 나는 사랑하지 않는 것이 없다. 이것을 '사람에 대해서는 반드시 사랑한다'라고 말한다."라고 하였다. 묵자의 "겸상애(兼相愛)"에서 '사랑[愛]'은 "사랑이 분산되는 것"이라고 여겼다. 그 자신은 "군중을 사랑하는" 것이고, 모든 사람에 대해 전부 피차를 구분하지 않고 "모두 사랑하는" 것이다. 인류가 탄생한 이후 군집을 형성하였고 오직 군집 생활을 하여야만 자연의 재해를 이기고 물질적 부유함을 창조해낼 수 있으므로 "반드시 민중을 사랑해야 한다." 오직 군중을 사랑해야만 사랑하는 것이라고 할 수 있고, 몇몇만 사랑하고 군중을 사랑하지 않으면 사랑하는 것이라고 할 수 없다.

부산은 사람이란 본능적인 욕념이 있고, 자연적인 본성에서 생긴 이러한 욕념은 사회의 물질 조건이 부단히 발전하는 가운데 부단히 추구될 수 있다고 여겼다. 하지만 이러한 인위(人爲)를 통한 그칠 줄 모르는 추구는 비록 "마음"과 "망상" 속에서 생긴 것이기는 하지만 그래도 인성과 인위(人爲)의 결합이다. 달리 말해 사람의 욕념, 즉 사람의 물질조건에 대한 추구는 단지 "자연적으로 가까워져야 한다." 즉 자연에 잘 따르는 인위에 의해 점차적으로 가까워지며 인위를 통해 부단히 실현되어야 한다. 그의 "지정(至情)"설은 사람이란 완벽히 참된 감정을 가지는데 남녀 간의 사랑이나 애정지상주의는 사람의 완벽히 참된 자연스러운 본성의 표출이다. 인욕(人欲)의 자연적 합리성을 논하는 동시에, 그는 아무 절제 없는 방종적인 행위에 대해 반대하였다. 그칠 줄 모르는 사욕(私欲)을 만일 계속 풀어놓는다면 첫째, 자신을 손상시킬 수 있다. 그러므로 자아 조절과 통제를 시행하여 자신의 심신 건강에 유리한 쪽을 목표로 삼아야 한다. 둘째, 사욕을 풀어놓아 수단을 가리지 않고 교묘히 쟁취하거나 마구 빼앗아 사리사욕을 얻으려고 한다면 반드시 타인의 정당한 이익을 해치게 된다. 그러므로 의롭지 않은 재물은 취하지 않고 타인에게 불리한 이익은 탐하지 않아야 한다. 이렇게 해야 인욕이 자연스럽게 이치에 맞을 수 있다는 관점에 심도 있는 이성적 원칙을 제공할 수 있다.

힘들고 굴곡진 인생 경력은 부산에게 인생에 대한 더욱 심도 있는 사고를 하도록 하였으며, 그의 학술 인생에 심상하지 않은 숱한 내용을 보태주었다. 부산은 자신을 유민(遺民)에 비유하여, 산림 속으로 깊이 들어가 도사(道士)가 되어서는 노장(老莊)·단도(丹道)와 의술의 세계를 드나들었다. 이런 삶은 그의 학술 사상이 특정한 역사 배경 아래서 한층 더 출세간주의적인 종교적 색채를 더 깊게 띠고서 독특한 풍격을 가지게 하였다. 부산의 정신적인 고민은 청나라 초기의 지식인들이 보편적으로 보여주었던 실의와 방황을 대표한다. 그 일생의 굴곡진 경력과 사상적 역정에도 시대 변천의 낙인이 깊이 찍혀 있다.

◉ **참고문헌**

魏宗禹, 『傅山评传』(南京大学出版社, 1995)

◉ **필자**

동예(董晔), 주캉요(朱康有)

黃宗羲

황종희

1610–1695

리(理)는 기(氣)를 떠나서 리가 될 수 없고, 마음은 몸을 떠나서 마음이 될 수 없다. 만약 기질(氣質)이 반드시 변화되어야 하는 것이라면 마음도 변화되어야 하는 것이다.

(『黃宗羲全集』)

황종희(黃宗羲, 1610–1695)는 명말(明末) 청초(淸初) 시기의 저명한 사상가로 절동(浙東) 역사학파를 연 사람이다.

황종희는 자(字)가 태충(太沖)이고 호(號)는 남뢰(南雷)이며 다른 호는 이주(梨洲)인데 절강성(浙江省) 여요(餘姚) 지역 사람으로서 동시대의 왕부지(王夫之)·고염무(顧炎武)와 함께 "청초(淸初) 3대가"라고 불린다.

황종희는 학식이 깊고 넓으며 저작이 풍부한 대학자 중의 하나이다. 그는 철학·역사·정치 등 인문과학 방면에 아주 깊은 조예가 있었을 뿐 아니라 천문학과 역법 등의 영역에서도 많은 업적을 남겼다. 저작으로는 『명유학안(明儒學案)』·『明夷待訪錄(명이대방록)』 등이 있다.

황종희는 장재(張載)의 기론(氣論), 정주(程朱)의 이학(理學), 육·왕(陸

王)의 심학(心學)을 비판적으로 흡수하여 송명(宋明) 성리학에 대해 비교적 전면적으로 총결하여 좀 더 높은 차원에서 유가(儒家)의 도덕 이상주의를 확립하였다. 그는 생성론의 의미에서 볼 때 리(理)는 기(氣)가 유행(流行)하는 데 있어 조리(條理)에 해당하는 것으로서 기(氣)에 내재해 있고 기(氣)에 통일되어 있지만, 주재(主宰)하고 유행(流行)한다는 각도에서 볼 때 리(理)는 주재이고 기(氣)는 리(理)의 전개이고 유행이라고 여겼다. 성(性)과 정(情)의 관계와 관련하여 황종희는 "성이원론(性二元論)"을 반대하였다. 그는 "의리지성(義理之性)"과 "기질지성(氣質之性)"을 확연히 나누게 되면 반드시 성과 정을 대립시키게 되고 결국 "성은 선하고 정은 악하다"는 결론으로 나가게 된다고 생각하였다. 사실상 "희노애락"은 감정[情]이고 성(性)은 바로 이런 감정들의 "중화(中和)"상태이다. 그래서 성과 정은 대립하는 것이 아니라 통일된 것이다. 현실생활 속의 악은 결코 인성의 표현이 아니고, 후천적인 습관이 몸에 배고 섞여든 결과이다. 그래서 황종희는 "감정이 없다면 어떻게 성(性)을 찾을 수 있겠는가!"라는 명제를 제시하여 성과 정이란 통일되어 있는 것이고 정이 성에 대해 기초로서의 의미를 가진다는 점을 강조하였다.

황종희는 이른바 "격물(格物)"이란 외물을 대상으로 한 것이 아니라, 주체와 밀접한 연관이 있으며 그 가치와 의미가 주체에 의해 부여되는 "내 마음의 대상[物]"이자 "내 마음에 모두 갖추어진 대상[物]"에서 기원한 것을 가리킨다고 주장하였다. 그래서 그는 "격물"을 정주 성리학처럼 외물을 대상으로 삼는다는 뜻으로 "접물(接物)[사물에 접촉한다]"이라고 해석하거나 반평격(潘平格)의 주장처럼 "촉물(觸物)[사물에 접촉한다]"이라고 해석하는 것을 반대하고, "내면의 마음으로 시선을 돌려 구한다"라는 의미로 해석하거나 양지(良知)를 잘 발휘하여 "모든 상황들 속에서 언제나 올바른 이치에 맞게 한다"라는 의미로 해석해야 한다고 주장하였다. 이른바 "치지(致知)"에서 대해서 황종희는 "걸음쇠와 곱자로 원이나 사각형을 그린다"라는 심학(心學)의 논리를 찬성하고 양지(良知)를 모든 상황들 속에 적용시켜 나가야 한다고 주장하였으며 이런 방법으로 획득한 지식을 "맑은 앎[湛然之知]"이라고 여겼다.

왕기(王畿) 등처럼 "비어있고 고요한 본체(本體)"에 대해 "그 모습을 보아내려고 노력하는" 잘못을 범하지 않기 위해 황종희는 "앎이란 대상을 근간으로 삼는다"라는 명제를 제시하여 본체에 대한 인식과 "내 마음의 대상"을 연결시켰다. 그는 "마음에는 본체가 없고 공부가 도달한 곳이 바로 그 본체이다"라는 관점을 제시하여 본체는 공부를 떠날 수 없으며 공부를 떠나면 본체가 발현될 수 없고 파악될 수도 없다고 주장하였다. 동시에 공부도 본체를 떠날 수 없고 본체를 떠난 공부란 종지(宗旨)를 잃고 방향을 헤매게 된다고 여겼다. 만일 공부가 모든 것 중에서 가장 중요함을 강조하였다는 점에서는 양명학의 말폐를 겨눈 비판이었다고 할 수 있다. 하지만 공부의 작용은 주로 내 심성 속에 확실히 이 본체가 존재한다는 것을 깨닫는 데 있기에 우리 자신이 그것을 깨달을 수 있고 인식할 수 있으며 또 그것이 현실의 삶에 무궁하게 신묘한 작용을 발휘할 수 있다. 우리는 그 중요성을 어렵지 않게 알 수 있는데, 이 말은 "마음은 본체가 있는데 공부를 통해 도달하였을 때 비로소 그 본체가 드러나는 것을 포착할 수 있다."라고 수정해야만 사람들의 오해를 사지 않을 것이다. "도(道)는 정해진 본체가 없고 학문은 적용이 중요하다." 황종희는 사공(事功)[공적]과 적용(適用)이 도(道)와 통일되어 있다는 점을 강조하였다. "사공은 인의(仁義)에 뿌리를 두고 있고, 인의는 공리로 발휘되어야 한다." 아울러 사공으로 드러나는 작용의 최종 입각점을 형이하의 인의(仁義)에 두었다. 그는 양명의 철학을 역사학의 성격이 강한 양명학의 형태로 발전시켰으며 양명학의 지식 영역을 확대시켰다. 이는 청나라 초기 실학(實學) 사조에서 자연히 중대한 공헌을 하였다. 하지만 "책을 많이 읽지 않으면 이 이치의 변화를 이해할 수 없다"라는 사학적 작풍은 또한 성리학에 대한 그의 인식의 깊이를 제한하는 요인이 되었다.

명(明)나라 말기의 정치 투쟁과 청(淸)나라에 대항하여 명나라를 회복하는 군사 투쟁에 참여했던 대유(大儒)로서 황종희는 유학(儒學)의 사회적 역할을 확대하였다. "삼대(三代)" 전후의 정치를 대조하는 방식을 통해 그는 "천하가 주인이고 군주는 손님이다"라는 정치원칙을 확립하였다. 군주의 직책, 군신 관계, 인재 배양, 학교의 정치 참여, 경제 제도와 군사 제도 등에 대해 탐구하여 군주제라는 전제 아래서 좀 더 합리적이고 완전한 사회질서를 확립하려고 한 것이다.

황종희는 민본(民本)으로부터 민주(民主)로 사상이 발전해 간 황종희는 19세기말 유신파(維新派)가 민권(民權)을 진작하고 입헌군주제를 실행하자는 정치주장을 펼치도록 촉진시켰다고 하겠다. 유신파의 "민권 진작"과 손중산(孫中山)의 삼민주의(三民主義), "5·4"시기의 "민주와 과학" 논변은 모두 황종희의 민주 계몽 사상의 영향을 받지 않은 것이 없다. 현대 중국에서도 황종희의 사상은 천하관념과 법치관념, 사회공복 관념, 권력제약 관념 등에 대해 여전히 현실적 의의를 가진다. 동시에 그의 비판적이고 실사구시적인 정신 및 강력한 개혁을 추구한 이론적 용기는 중국 전통 지식인의 "선비는 도(道)를 지향한다", "천하의 흥망에 필부도 책임이 있다"라는 인문정신과 역사사명감을 체현한 것이기도 하다.

◉ 참고문헌

李明友,『一本万殊－黄宗羲的哲学与哲学史观』(人民出版社, 1994)

◉ 필자

동예(董晔), 주캉요(朱康有)

方以智

방이지

1611-1671

학문이란 반드시 깨달음에 이른 뒤에야 변화를 가능하게 할 수 있고, 깨달음은 반드시 학문으로 체계화된 뒤에 잘 활용될 수 있다.

(『通雅』)

방이지(方以智, 1611-1671)는 명말·청초의 저명한 철학자이자 과학자이다.

방이지는 자(字)가 밀지(密之)이고 호는 만공(曼公)이고 또 다른 호는 녹기(鹿起)·용면우자(龍眠愚者) 등이며 안휘성(安徽省) 동성(桐城) 지역 사람이다. 진사(進士)가 되어 좌중윤(左中允) 등의 관직을 맡았고 모함에 의한 탄핵을 당했다. 청나라 군대가 광동성(廣東省)까지 진격하자 오주(梧州)에서 출가하여 법명을 홍지(弘智)로 정하고 발분하여 저술에 매진하는 동시에 청나라에 대항하고 명나라를 회복하는 활동을 비밀리에 조직하기도 하였다. 나중에 "광동성 반란사건"으로 체포되어 압송되던 도중에 강서성(江西省) 만안(萬安)의 황공탄(惶恐灘)에 스스로 몸을 던져 순국하였다. 방이지는 가학(家學)이 연원이 깊었고 여러 학파의 장점을 널리 수용하였으며 중국과 서양의 학문을 결합하고 유불도(儒佛道) 3교의 합일시켜야 한다고 주장하였다. 일생의 저술은 400여만 자에 이르렀는데 흩어져 없어져버린 것이 많고, 내용은 문학, 사학, 철학, 지리, 의약, 물리학 등에 널리 걸쳐 있었다. 저작으로는 『통아(通雅)』와 『물리소지(物理小識)』이 있다.

서학(西學)의 새로운 사조에 대해 방이지는 엄청난 관심과 열정을 기울였다. 그는 이탈리아 선교사 프란체스코 삼비아시(Francesco Sambiasi, 畢方濟)를 직접 방문하여 그에게 "역법 관련 기구"과 천문학 지식에 대해 질문한 적이 있으며, 독일 선교사 아담 샬(Adam Shall, 湯若望)과 깊은 교유를 맺고 그와 함께 서양 의학과 천문학 지식을 연구하였다. 또 둘째 아들 방중통(方中通)에게 폴란드 선교사 니콜라우스 스모그렌스키(Nikolaus Smoglenski, 穆尼閣)와 교유를 맺고 그와 함께 북경(北京)에 유학하며 수학 등 과학 지식을 학습하도록 했다. 미국 예일대학 피터슨(Peterson) 교수의 1975년 통계에 따르면 『물리소지』에서 당시 선교사가 가져온 서적을 인용한 자료는 약 100분의 5에 이른다.

방이지는 이른바 "균평[均]의 철학"을 제시하였는데, 이것은 명나라 말기 학술사상계의 편협한 발전 상황을 겨눈 것이었다. 그의 저작『동서균(東西均)』은 이런 철학 주장을 드러내고 있다. 이른바 곧 대립하는 양 극단을 가리키며 "균(均)"은 기와를 구워 균평하게 만드는 공구이자 악기를 조화시켜 소리를 균평하게 만드는 공구[즉 균종목(均鍾木)을 가리킨다.]이다. 그 목적은 모두 형태나 소리를 균평하고 고르게 만드는 데 있다. 다시 말하면 부조화된 것이나 서로 대립하는 양 끝을 조화되어 가도록 만든다는 의미이다. 균(均)에는 공균(公均), 은균(隱均), 비균(費均)이 있는데, 은균과 비균은 유(有)와 무(無)의 상호 대립하는 양 끝에 해당하고, 공균은 유와 무의 어느 한쪽으로 기울지 않는 조화의 상태이다.

『통아(通雅)』라는 책은 방이지가 초년에 문자와 음의(音義)의 고증에 종사하여 얻은 연구 성과의 총집이다. 서명에서 짐작할 수 있는 것처럼 그는 '문자의 고증[雅]'를 빌려 '고금을 회통한다는[通]'는 목적에 도달하려고 하였다. 그는 철학이론으로는 "깨달음은 학문으로 체계화된다"라는 명제를 제시하여 학문과 독서 공부가 결코 결여될 수 없다는 점을 증명하였다. 학문과 깨달음은 서로 상반되면서 서로 인과 관계에 있고, 서로 보안하고 서로 이루어주는 관계이다. "덕성과 학문은 본래 하나이다. 한쪽을 전공하여 편중하면 절로 두 갈래 길이 되어 최상의 경지에 도달하지 못하면 자연히 서로 공격하게 된다." 덕성을 높이는 일[尊德性]과 학문의 길을 밟아가는 일[道學問]은 모순 없이 병립할 수 있을 뿐 아니라 심지어 어느 한쪽을 결여해서도 안 된다.

방이지는 초년에 물리(物理)에 대해 농후한 흥취를 가졌다. "어릴 때부터 사물의 이치를 끝까지 연구하려는 버릇이 있었다." "물리 가운에 의심할 것 없는 것에 대해서도 나는 의심하였고 반드시 그 까닭을 깊이 연구하려고 하였다." 이렇게 끊임없이 물리 연구에 종사하여 이전 사람들이 기록해놓은 적지 않은 잘못된 지식을 바로잡았다. 선종(禪宗)으로 도피한 뒤로 비록 주된 학문의 중심이 역리(易理)의 탐구로 전환되었지만 여전히 이론상으로 역리와 물리의 회통을 주장하였다.

방이지의 학술사상은 연원이 깊어서, 가학으로 전수받은 『역(易)』학, 유가의 경세학 및 당시 동쪽으로 점차 세력을 확대하던 서학 이외에도 도가의 노장학(老莊學)과 불교의 선학(禪學)이 있었다. 그는 대도(大道)란 본래 평상적인 것이어서 정신을 쏟아 밖에서 구할 필요가 없다고 여겼다. 참선의 목적은 생사관의 문제를 해결하기 위해서였는데 이 일은 지극히 어렵기도 하고 또한 지극히 쉽기도 하다. 생사가 큰 문제임을 간파하고 환골탈태를 하기 위해서는 반드시 아주 큰 기력을 쏟아 진실되게 참구(參究)하는 절실한 체험과 깨달음의 과정을 거쳐야 하는데, 그 안에는 숱한 주객관적 원인에 따른 갈림길과 착오가 있어서 잠깐 주의하지 못하면 바로 도(道)와 어긋난다는 점에서는 지극히 어렵다. 하지만 자신감을 세우고 주의를 안으로 내면으로 향하게 하여 초심을 구해서 자신의 본래 면목을 참구(參究)하면 대도(大道)는 본래 평상적인 것일 뿐임을 깨닫게 된다는 점에서는 지극히 쉽다. 도(道)를 수행하는 데 있어 "통절하게 발분하여 저절로 그치지 못하게 되는 상태"가 되는 것이 중요하다. 간절하게 자신의 본래 면목을 참구하고 자신의 본분을 참구하는 것 이외에 다른 방법이 없다.

명말의 공허한 폐단을 겨누어 실질을 숭상하는 정신을 발양하기 위해 방이지는 삼교의 허실을 합일시켜야 한다는 이론을 제시하였다. 그는 『역전(易傳)』·『장자(莊子)』·선종이 모두 공인(公因)과 반인(反因)의 관계를 가진다고 여기고, 아울러 『역전(易傳)』, 『예운(禮運)』, 『노장(老莊)』, 『화엄경(華嚴經)』을 인용하여 상호 논증함으로써 삼교가 적연(寂然)하게 무분별한 "일(一)"과 뚜렷하게 분별되는 "다(多)" 사이에 대해 논할 때 얼마나 밀접한 관계가 있는지 설명하였다. 뚜렷이 분별되는 현상계는 번잡하기는 하지만 각자 하나의 이치를 갖추고 있어서 뒤섞이지 않고 각자 자신의 방향을 따른다. 만법의 이치를 모두 다 알게 되어야만 적연히 분별이 없는 본체를 파악할 수 있고, 적연히 분별이 없는 본체를 파악해야만 뚜렷이 분별이 있는 현상들을 꿰뚫을 수 있다.

방이지는 명말·청초의 풍격이 특이한 사상가이다. 그는 고금·중외의 학문을 약재처럼 한 화로에 모아 넣어서 각종 약방을 만들어내고 그것으로 학술사상계의 온갖 질병들을 치료하였다. 그래서 당시 사람들은 그를 "대의왕(大醫王)"이라고 불렀다. 오직 고난의 시대라야 우환

의식을 불러일으킬 수 있고, 우환 의식이 있어야만 찬란한 사상을 잉태할 수 있는 것이다.

◉ 참고문헌

罗炽, 『方以智评传』(南京大学出版社, 2001)

◉ 필자

동예(董晔), 주캉요(朱康有)

陸世儀

육세의

1611-1672

리(理)와 기(氣)의 관계는 하나이면서 둘이고, 둘이면서 하나이다.

(『思辨錄輯要』)

육세의(陸世儀, 1611-1672)는 명말·청초의 저명한 성리학자이자 문학가로 "강남대유(江南大儒)"로 칭송되었다.

육세의는 자(字)가 도위(道威), 호(號)가 강재(剛齋), 만년의 호가 부정(桴亭)이며 강소성(江蘇省) 태창(太倉) 사람이다. 명나라가 망하자 은거하며 강학하였고, 육농기(陸隴其)와 더불어 이육(二陸)이라고 병칭되었다. 그의 한 평생 학문은 문호를 세우지 않았고 경세에 뜻을 두고 천문, 지리, 수로[河渠], 병법, 정전제(井田制) 등에 널리 관심을 연구하여 정통하지 않은 것이 없었다. 그의 성리학은 경세를 중시하였다는 특색이 있었다. 저서로는 『사변록(思辨錄)』, 『성선도설(性善圖說)』 등이 있다.

육세의는 명청 교체기의 민간 성리학자였다. 그는 성명(性命) 관련 학설을 생활의 각 방면으로 확충하여 풍부한 경세 사상을 총결해 내었고, 경제, 군사, 봉건제(封建制), 농전(農田), 수리(水利), 학교, 천문, 지지(地

志) 등을 포괄하였다. 이른바 천덕(天德)과 왕도(王道)에 대해 전체를 회통하지 못한 것이 없었다.

육세의는 "리(理)는 기(氣)보다 우선한다."라는 이론을 견지하면서 "리(理)는 기(氣) 속에 존재한다."는 점을 강조하였다. "기는 단지 음양(陰陽)이고, 리는 단지 태극(太極)"이다. 기와 음양의 관계, 리와 태극의 관계는 동등한 것이다. 그래서 태극과 음양의 관계는 곧 리와 기의 관계이다. 어떤 사람이 "만사와 만물은 태극에 근본을 두고 있는데 태극은 어디로 귀결되는가?"라고 물었더니 육세의는 "태극은 만사 만물 속에 산재하여 드러난다."라고 대답하였다. 태극은 늘 음양 속에 있고 음양을 떠나지 않는다는 의미이다. 그는 태극이 반드시 하나의 사물에 뿌리를 둔다고 여기지 않았으며 리와 기는 공존하며 기로부터 독립한 리의 상태란 존재하지 않는다고 여겼다.

육세의(陸世儀)는 "기질지성(氣質之性)은 본래 선하다"라는 견해를 굳게 견지하여, 성은 곧 본성이라고 여겼다. 이른바 본성이란 사물 각각의 당위적 법칙이자 존재 원리이므로, 이것은 허령(虛靈)한 존재로서 물질적 재료인 기(氣)를 필요로 한다. 본성이라고 했으니 사물마다 모두 본성이 있는 것이어서, '성(性)'이란 사람만 가진 것이 아니다. 그렇다면 어디서 사람과 그 외 사물의 차이점을 볼 수 있는가? 사람과 그 외 사물의 차이점을 분별하려면 '리(理)'를 기준으로 삼아야 한다. 리(理)가 같지 않기 때문에 만물이 상이한 형체를 가지게 된 것이다. 육세의는 다음과 같은 중요한 관점을 제기하였다. "리와 기는 하늘에서는 하늘의 명(命)이 되고 사람에게서는 사람의 성(性)이 된다. 성과 명은 리와 기를 겸하여 말한 것이다." 리와 기는 하늘에 대해서 말하면 하늘의 명이고, 사람에 대해서 말하면 사람의 성이다. 성이든 명이든 모두 리와 기를 겸해서 말한 것이다. 성은 리와 기의 결합체이다.

선악 인과보응의 규율에 따라 말하면 충성스럽고 효성스러운 사람은 복을 받고 간사하고 사악한 사람은 벌을 받는 것이 이치의 정상적인 결과이다. 하지만 역사에는 "충성스럽고 효성스러운 사람이 화를 당하고 간사하고 사악한 사람이 요행히 벌을 면하는" 일들이 있는데, 이것은 기(氣)의 이변 때문이다. 육세의 다음과 같이 말했다. "기(氣)는 간혹 리(理)를 이기기도 하지만 리가 반드시 기를 이긴다." "충성스럽고 효성스러운 사람이 복을 받고 간사하고 사악한 사람이 벌을 받는 것이" 결국은 일반적인 이치이다. 비록 "충성스럽고 효성스러운데도 재앙을 당하고 간사하고 사악한데도 벌을 면하는 경우"가 있지만, "일이 확정된 뒤나 세상이 바뀌고 난 뒤에는 충성스럽고 효성스러운 사람을 표창하고 간사하고 사악한 자를 사후에라도 징벌하지 않는 경우가 없다." 그래서 육세의는 정상적인 이치로 볼 때는 리가 기를 이기고, 기의 이변 속에서는 "기가 간혹 리를 이기지만, 리가 결국 반드시 기를 이긴다." 그가 개조한 인과보응설은 두 가지 특징을 가진다. 첫째, 단지 "모두 현세 속에 있다." 즉 보응은 단지 금생에 있지 미래에 있지 않다. 둘째, 개체의 "윤회와 화복 인연"을 초월하여 사회의 정의가 사악을 압도하는 선악보응을 가리킨다. 그래서 그가 말하는 것은 불교에서 말하는 인과보응설이 아니고 유가의 인과보응설이었다.

23세 때 육세의는 원료범(袁了凡)의 "공과격(功過格)"이 날마다 자신의 언행을 기록하고 평가한 것이 주체의 "개과천선"을 극도로 강조하고 아주 체계적이라는 점을 발견하였다. 그래서 그는 이것을 자신을 수양하고 주체를 확립하는 방법으로 삼았다. 하지만 이 방법은 내면적 반성과 청정한 수양에 편중되어 있었기 때문에 2년 뒤에 육세의는 그것을 '본분 밖'의 일로 간주하여 배제하였다. 나중에 육세의는 『격치편(格致編)』을 지어 "천리(天理)와 인욕(人欲)을 기준으로 선과 악을 구분하고 공경[敬]을 위주로 한다"라는 학문의 강령을 제시하여 "하늘을 공경하는 것을 도덕성을 기르는 입문처로 삼아야 한다"고 강조하였다. "하늘을 공경하는 일은 응당 내 마음을 공경하는 일로부터 시작해야 하고", "자신의 마음을 공경하기를 하늘을 공경하듯이 하면 학문에 성실하지 못한 점이 없게 되어 하늘과 사람이 합일될 수 있을 것이다." 공경을 근본으로 삼고, "덕(德)을 점검하는 일과 업(業)을 점검하는 일"을 병진해가야 한다. 다시 말해 성현의 학문을 배우고 성현의 도를 실행한다는 자세로, 몸소 실천하고 학문을 통해 효용을 높이며 일상적 인륜생활 속에서 '개과천선'해야 한다는 것이다. 『격치편(格致編)』은 도반(道伴)들이 학문에 종사하고 자신을 수양하는 데 있어 길을 제시하는 구실을 하였다.

육세의는 귀신(鬼神) 문제와 관련된 이전 학자들의 토론을 바탕으로, 예로부터 "천지 사이에는 단지 유명(幽明), 사생(死生), 귀신(鬼神) 등 여섯 글자가 가장 이해하기 어려웠고 가장 사람을 현혹시키기 쉬웠다고 지적하였다. 모든 이단이나 사교(邪教)들은 여기서부터 교설을 세우는데, 그 이유는 손에 잡히지 않고 증거가 없기 때문이다. 이른바 남의 무지를 이용한다는 것에 해당한다." 그래서 그는 오직 이 '여섯 글자'와 관련하여 명백하게 논증할 수 있어야 '정학(正學)'이 비로소 광대해질 수 있고, '사교의 혹세무민'이 비로소 극복될 수 있다고 강조하였다. 그는 명청 교체기의 여러 대학자들 중에서 이 문제에 대해 보다 상세하게 다룬 주요 사상가 중의 하나이다. 이것을 통해서도 "실학에 힘썼고, 출처(出處)의 모든 선택이 세상에 도움이 되게 하였던" 그의 사상 특징을 확인할 수 있다. 그는 이른바 신선술이란 아무 신비하고 경이로운 점이 없고 단지 '자기만 아는' 몸을 수양하고 장수를 바라는 술수일 뿐이라고 하였다. 신선술이란 단지 장수할 수 있을 뿐이고 "환골탈태하여 신선이 되지는" 못하였다는 것이다. 한대(漢代)의 종리권(鍾離權)부터 명대(明代)의 냉겸(冷謙)까지 모든 자질이 아주 뛰어났던 이들도 비록 한때 장수할 수는 있었지만 정말 환골탈태하여 신선이 된 이는 한 사람도 없었다.

육세의는 정주(程朱) 성리학파의 주요 대표 인물 중의 하나이다. 육세의로 대표되는 "부정학파(桴亭學派)"는 강남(江南) 학술계에 제법 큰 영향을 끼쳤다. 육세의의 실천을 중시하고 현실적용을 주요하게 다룬 교육사상과 은 과학기술에 관심을 기울이고 공평정직하며 실질적인 강학정신은 오늘날에도 여전히 진귀한 문화유산이라 하기에 손색이 없다.

◉ 참고문헌

葛榮晉 · 王俊才, 『陸世儀評傳』(南京大學出版社, 2011)

◉ 필자

동예(董曄), 주캉요(朱康有)

顧炎武

고염무

1613–1682

군자의 학문은 도(道)를 밝히고 세상을 구제하는 것이 목적이다. 시문(詩文)만을 목적으로 삼을 뿐이라면 이른바 '글자나 파고 새기는 솜씨'이니 또한 무슨 보탬이 되겠는가!

(『顧亭林詩文集』)

고염무(顧炎武, 1613–1682)는 명나라 말기, 청나라 초기의 걸출한 사상가, 경학가, 역사지리학자, 음운학자였다.

고염무는 명나라 남직예(南直隸) 소주부(蘇州府) 곤산(昆山)[지금의 강소성(江蘇省)] 곤산시(昆山市)) 천등진(千燈鎮) 사람이다. 본명은 강(絳)이고 자(字)는 충청(忠清)·영인(寧人)이었으며 장산용(蔣山傭)이라고 서명을 하기도 하였다. 명나라 남도(南都)가 패망한 뒤 문천상(文天祥)의 학생 왕염오(王炎午)의 사람됨을 앙모하여 염무(炎武)라고 개명하였다. 고향집 옆에 정림호(亭林湖)가 있어서 학자들은 그를 정림(亭林) 선생이라고 높여 불렀다. 저작으로는 『일지록(日知錄)』 등이 있다.

1639년, 27세의 고염무는 과거 시험에 참여하였다가 두 번째 낙방하였다. 이때부터 그는 더 이상 "사방의 학자들을 따라다니며 명예를 좇지" 않고, 정식으로 경세치용(經世致用)의 학술연구와 저술·입론 활동을 하기 시작하였다. 『조역지(肇域志)』와 『천하군국이병서(天下郡國利病書)』를 편찬하기 시작하였는데 이 일은 "천고의 지혜를 앉아서 집대성하는" 작업이었다.

고염무가 볼 때 명나라가 멸망하게 된 진정한 원인은 내부의 봉건 윤리도덕의 몰락으로 인한 것이었다. 명청(明清) 시기 반(反) 성리학 사조 중에서 고염무는 경학의 큰 기치를 높이 들었다는 것이 중요한 특징이다. 그는 송명(宋明) 성리학의 "성(性)과 천도(天道)에 대한 관점"을 옳지 않다고 여겼다. 사회관계에서 남이 주는 것을 사양할 것인가 받을 것인가, 공적 영역으로 나갈 것인가 사적 영역에 머물 것인가라는 문제에 대해서는 관심을 두지 않고 종일 논변 속에 빠져들어 지내는 것은 절대 공맹(孔孟) 유학(儒學)의 정통이 아닐 것이라고 주장하였다. 그는 "명(命)이니 천(天)이니 하는 것은 공자께서 거의 말씀하지 않으셨던 주제이다. 공적 영역으로 나갈 것인가 사적 영역에 머물 것인가, 관직을 버릴 것인가 관직을 맡을 것인가, 남의 것을 받아들일 것인가 거부할 것인가라는 선택의 문제가 바로 공자와 맹자가 늘 언급했던 일들이다." 그래서 고염무의 일생 학문은 늘 국가치란의 원인, 생명의 근본에 대한 고려를 출발점으로 삼아 절실한 마음으로 "육경(六經)의 본지"와 당세의 급선무를 탐색하였다.

고염무는 경학을 중시하자고 제창하는 방식으로 경세치용의 실학을 창도하였다. 그는 "성리학[理學]은 경학이다"라는 유명한 명제를 제기하였다. 『천하군국이병서(天下郡國利病書)』에서 그는 천문기상(天文氣象), 농전수리(農田水利), 채광(采礦), 제염(制鹽), 조선(造船), 항해(航海), 해전(海戰)과 내륙 하류·호수의 수전(水戰) 등 각 방면의 지식을 상세히 논술하였다. 특히 놀라운 점은 그가 이미 "선박을 견고하게 건조하고 대포를 강력하게 제조하는" 문제를 연구하기 시작했다는 점이다. 그는 중국철학 지식론의 발전방향을 열어가는 데 힘을 기울이면서, 성인의 학문은 본질적으로 개인 도덕실천과 사회 정치실천을 중시하는 학설이라고 주장하였다. 그도 "화순(和順)한 덕이 안에 쌓이면 영화(英華)가 밖으로 피어난다."라고 말해서 체(體)와 용(用)을 나누기도 하였지만 내면으로 마음을 기울여야 한다는 주장을 한 적은 없었다. 고염무는 성리학자들의 "마음을 온통 내면으로 기울여야 한다."는 주장을 반대하였고, "마음[心]"의 능동 작용을 발휘해서 사물을 인식하고 "자연을 지배해야 한다.[裁物制事]"고 주장하였다.

고염무는 "마음으로 온통 내면으로 기울여야 한다는 관점"을 반대하고, "사(士)들은 실학(實學)"이 없다고 주장하였다. 자연지식, 사회지식 및 공업기술 지식의 기초 위에서 "세계와 인간의 관계를 탐구해야 한다는" 철학사상을 세웠다. 그는 사대부들이 수치심이 없다는 이 국가적 수치의 문제를 어떻게 해결할 것인가를 탐구하였고, 그에 대한 답안으로 "체(體)를 밝히고 용(用)에 적합하게 한다"느니 "문(文)을 널리 배운다"느니 "개인 도덕에 있어 수치심을 가진다"느니 하는 사상을 제기하였다. 그는 독서인들이 실제를 벗어나서 과거의 저 허무하고 까마득한 세계를 다시 현실에 부활시키려고 하는 시도를 비판하면서, 『역(易)』은 모든 학문의 핵심이자 영혼이므로 이 학문을 연구하려면 자연계와 인류사회에 착안해야 할 뿐 아니라 『춘추(春秋)』를 연구해야만 한다고 주장하였다. 이렇게 해야만 천하의 도리를 명백히 밝힐 수 있다는 것이다.

고염무는 자연과 사회에 관한 모든 지식이 모두 인지의 대상이라고 주장하였다. 그는 송명(宋明) 이래의 이학(理學)과 심학(心學)을 비판하면서, "오늘의 청담(淸談)은 이전 시대보다 심한 면이 있다. …… 마음을 밝히고 성(性)을 본다는 공언(空言)으로 수기치인(修己治人)의 실학을 대체하였다. …… (그래서) 중국[神州]이 멸망하고 종사(宗社)가 폐허가 되었다." 그의 저서 『천하군국이병서』에서 그는 역대의 치수(治水) 사업 중에서 "치수를 잘한 이들은 물을 스승으로 삼았을 뿐이었다"는 경험을 총결하여, 선험적인 리(理)와 사회실천 사이의 모순을 지적하고, 생활과 실천만이 인류지식의 진정한 내원이라는 점을 설명해 내었다. 그는 역사의 시세(時勢)는 사람이 조성하는 것이므로 사람의 의지가 결정되면 하늘을 이길 수 있다고 주장하였다.

고염무는 자연지식, 공업기술지식과 사회지식을 인식의 대상으로 삼았고, 전통적인 방식으로 윤리적 "사안[物]"을 "궁구하고[格]", 도덕적 "지식[知]"을 "극대화하는[致]" 데서 그치지 않았기 때문에 진리의 추구는 무한한 과정이라는 것을 의식할 수 있었다. 주자(朱子)의 "격물치지(格物致知)"설을 윤리학적 의미의 "경계(境界)"론으로부터 지식론적 의미에서 인식을 무한히 발전시키는 학설로 개조하였던 것이다.

고염무는 일생동안 도덕, 학문, 문장을 유기적으로 융합시키고 종신토록 부지런히 추구해서 학자들의 모범이 되었다. 그의 일생동안 학문은 모두 무실(務實) · 치용(致用)으로 귀결된다. "문(文)은 반드시 천하에 보탬이 되어야 한다"라는 생각을 지도적인 사상으로 삼아 대장부가 학습을 하는 원인은 사리를 명백히 밝히고 세상을 구제하고 백성을 건지기 위해서라고 주장하였다. 만일 단지 시를 읊조리고 부(賦)를 짓기 위해서 문자 유희를 빠진다면 이른바 "글씨나 새기는" 작은 솜씨를 이룰 수 있을 뿐이니 어디 쓸모가 있겠는가! 그는 동시대의 방이지(方以智) · 왕부지(王夫之) 등과 약속도 없이 동일하게 경학을 도(道)를 구하는 수단으로 삼고 시대를 바로잡고 세상을 구제하는 것을 도(道)를 세우는 목적으로 삼는 실학사조를 열었다. 그 지향의 고결함과 인격의 위대함은 오늘날에도 여전히 오래토록 쇠하지 않고 정신을 진동시키는 힘을 지니고 있다.

◉ 참고문헌
許蘇民, 『顧炎武評傳』(南京大學出版社, 2011)

◉ 필자
동예(董曄), 주캉요(朱康有)

王夫之

왕부지

1619-1692

> 사람이 정말 지향이 있어서 생사에 걸쳐 늘 추구한다면 성품도 저절로 확정될 것이다.
>
> (『船山全書』)

왕부지(王夫之, 1619-1692)는 청초(清初)의 저명한 사상가로서, "기(氣)"론 사상의 집대성자이다.

왕부지는 자(字)가 이농(而農)이고 호는 강재(薑齋)이며 형주부(衡州府) 성남(城南) 왕아평(王衙坪)[지금의 호남시(湖南市) 형양시(衡陽市) 안봉구(雁峰區)] 사람으로, 중국 계몽주의 사상의 선구자이다. 만년에 석선산(石船山) 부근에 은거하여 저술과 입론 활동을 하였기 때문에 세상사람들은 그를 "선산선생(船山先生)"이라고 불렀다. 그의 저술은 매우 풍부했는데, 그 중에서 『독통감론(讀通鑑論)』과 『송론(宋論)』이 대표작이었고, 뒷사람들이 그의 저작을 『선산전서(船山全書)』로 편집하였다.

왕부지는 장재(張載)의 사상을 발전시켜 "기(氣)" 범주에 새로운 철학적 규정을 내리고 리(理)와 기(氣)에 관계, 도(道)와 기(器)의 관계 문제에 대해 비교적 깊이 있는 이론적 탐구를 진행하였으며 기(氣)가 일체의 변화하는 물질현상의 실체이고 객관적 존재라고 강조하였다. 온 우주에는 "기(氣)" 이외에는 아무 다른 것이 없다. "기(氣)"는 단지 모이고 흩어지며 가고 오기만 하지 증가하지도 줄어들지도 않으며 생성되지도 소멸되지도 않는다. 이른바 유무(有無)나 허실(虛實) 등과 같은 현상은 모두 "기(氣)"의 취산(聚散), 왕래(往來), 굴신(屈伸)의 운동형태들이다. 그는 "태허(太虛)는 하나의 실유(實有)이다"느니 "천지 사이에 가득 찬 것은 모두 한 실유(實有)의 부고(府庫)이다"느니 하는 명제를 제기하였다. "기(氣)"는 음양변화의 실체이고 리(理)는 변화과정에서 드러나는 규율성이다. 리(理)는 기(氣)의 리(理)여서 기(氣) 밖에 아무 데도 기대지 않고 혼자 존립하는 리(理)는 없다. 그는 "그 기(器)가 없으면 그 도(道)가 없다"느니, "기(器)를 다 발휘하면 도(道)는 그 속에 있다"느니 하는 관점을 견지하였으며, 전통적인 "도(道)"와 "기(器)" 범부에 새로운 해석을 부여하여 "형이상(形而上)"의 "도(道)"와 "형이하(形而下)"의 "기(器)"는 일반[공동의 본질, 보편 규율]과 개별[구체적 사물 및 그 특수 규율]의 관계여서 이 둘은 "동일한 것"의 두 방면이고 분리할 수 없는 것이라고 주장하였다. 그는 "천하에는 오직 기(器)뿐이다"라는 명제를 제기하여, 우주 사이의 일체 사물은 모두 구체적 존재이고, "도(道)는 기(器)의 도(道)이며", 일반은 단지 개별 속에서 존재하고 개별을 통해서만 존재하므로 "어디에도 의존하지 않고 혼자 존립하는 도(道)란 절대 없다"고 확신하였다. "도(道)"가 "기(器)"에 대해 의존적이라는 점을 논증함으로써 그는 "기(器)를 근거로 도(道)가 존재하고, 기(器)를 떠나면 도(道)는 소멸된다"는 결론을 이끌어내고서는 "리(理)가 사물[事]보다 앞서 존재한다"느니 "도(道)가 근본이고 기(器)는 말엽이다"라느니 하는 관점들을 배격하였다.

왕부지는 불교 철학의 "능(能)·소(所)"범주를 이용하고 개조하여, "소(所)는 내부에 있지 않고" "반드시 실제로 그 체(體)가 있으며" "능(能)은 외부에 있지 않고” “반드시 실제로 그 용(用)이 있으므로” 둘은 뒤섞이거나 전도될 수 없다고 강조하였다. 그는 “능(能)”과 “소(所)”의 관계는 단지 “소(所)를 근거로 능(能)을 일으키고”, “능(能)은 반드시 그 소(所)에 부합한다”고 주장하여 인식론의 핵심 문제를 장악하였다. 이를 바탕으로 그는 불교의 견해를 그대로 받아들인 육왕(陸王) 심학(心學)의 “소(所)를 없애고 능(能)으로 들어가고” “능(能)을 소(所)로 간주하는” 관점을 비판하고 그 내재적 모순을 들춰내었다.

왕부지는 “천명(天命)”, “신도(神道)”, “도통(道統)”에 의해 주재되는 역사관을 비판하고 역사 자체로부터 그 고유한 규율을 탐구해야 한다고, “단지 세(勢)의 필연성으로부터 리(理)를 찾아내야 한다”고 주장하였다. “세(勢)”란 역사발전의 필연적 추세 내지 현실적 과정이고, “리(理)”란 역사의 현실 과정 속에 드러나는 규율성이다. 리(理)와 세(勢)는 상호보완적이어서 “리(理)”와 “세(勢)”는 불가분의 관계인데, 리(理)에는 순(順)과 역(逆)의 구별이 있고, 세(勢)에는 가(可)와 부(否)의 구분이 있다. “리(理)가 세(勢)를 이루어주는 측면”과 “세(勢)가 리(理)를 이루어주는 측면” 등 다방면으로 탐구해야만 인류사의 필연적 추세와 내재적 규율을 밝혀낼 수 있다. 왕부지는 전통적인 범주를 그대로 사용하여 “천(天)”을 역사 발전을 지배하는 결정적 역량을 간주하였지만, “리(理)와 세(勢)는 합일적이다”라는 명제로 “천(天)”의 함의를 규정하였다. 그는 “천(天)”을 직접적으로 “사람이 동일하게 가진 것” 내지 “사람들의 마음에서 대체적으로 동일한 것”으로 귀결시켜 “천(天)”에 현실적인 객관적 내용을 부여하고, 반드시 “백성을 두려워하고” “백성을 중시하며” “백성을 통해 하늘[天]을 보아야 한다”고 강조하여, 민심의 향배가 지닌 거대한 역사적 작용을 의식하였다.

왕부지는 사물 운동변화의 원인을 명확히 사물 내부의 모순성으로 귀결시켜, "만물의 차이가 생기는 것은 두 기(氣)가 있기 때문이다"라고 주장하였다. 그는 "건(乾)과 곤(坤)이 병립하고", "음(陰)과 양(陽)이 천지 사이에서 홀로 운행하지 않는다"는 관점을 제기하여 모순의 보편성을 확신하였다. 어떠한 모순도 모두 상반되면서 동시에 상보적이다. 한편으로는 "반드시 상반되어 서로 원수가 되는데" 이것은 배척적 관계이고, 다른 한편으로는 "상반되면서도 서로 회통하는데" 이것은 동일한 관계이다. 이 쌍중적 관계는 분리될 수 없어서, "둘을 하나로 합치는 것은 하나를 둘로 나누는 것 속에 고유한 것이다."

왕부지는 누구든 먼저 호걸이 되어야만 성현이 될 수 있다고 주장하였다. 다시 말해서, 호걸 정신을 지니고 진짜 호걸로 불릴 수 있는 사람이라야 성현이 될 수 있다는 것이다. 성현은 반드시 호걸이어야 하고, 호걸 정신이 없는 사람은 성현으로 불릴 수 없다. 호걸은 탁연하게 흥기할 수 있고 비범한 기개를 가지고 있으며 독립적인 인격을 지니고 있어서 범상한 사람과는 같지 않다. 범상한 사람은 일을 미루고 나약하며 유속(流俗)을 그대로 따르고 권세에 아첨하며 오직 유행에 따라 살 줄만 알 뿐이지만 호걸은 유속으로부터 스스로 벗어나서 탁연하게 독립할 수 있다.

왕부지의 사상은 후세에 아주 큰 영향을 낳았다. 담사동(譚嗣同)은 왕부지에 대해 높이 평가하며 "만물이 소생하면서 천지에 새벽이 오자면 남악(南嶽)의 우레 소리에 의존해야 한다"라고 하여, 500년 사이에 진정으로 세계와 인간의 문제에 정통한 사람이라고 여겼다. 왕부지의 일생은 비록 불행하고 비극적 색채로 충만하였지만 결코 의기소침해지지 않았고, 고통 속에서 자신의 그림자를 바라보며 자신을 가엽게 여기거나 하늘을 원망하고 남을 탓하는 일이 없었다. 반대로 그는 "소아(小我)"의 득실을 초월하여 깊이 사고하여 이론을 건립하는 실천 속에서 자각적으로 중화 문명의 횃불을 전수하는 사람의 역할을 맡았다.

◉ 참고문헌

蕭萐父, 許蘇民, 『王夫之評傳』(南京大學出版社, 2011.)

◉ 필자

동예(董曄), 주캉요(朱康有)

李顒 이옹

1627–1705

> 이치를 궁구하고 지식을 발전시켜서 그것을 내면으로 수용할 수 있으면 마음을 알고 본성을 깨달을 수 있을 것이고, 실제로 수양하고 실제로 깨달아서 밖으로 확대시킬 수 있으면 남들을 계발하고 할 일을 이룰 수 있게 해서 군생을 구제할 수 있을 텐데, 이것을 '체(體)를 밝히고 용(用)에 적합하게 하는 일'이라고 부른다.
>
> (『二曲集』)

이옹(李顒, 1627–1705)은 청초의 저명한 심성(心性) 실학가(實學家)이다.

이옹은 자(字)가 중부(中孚)이고 섬서성(陝西省) 주질(盩厔)[지금의 주지(周至)] 사람이다. "산굽이[山曲]를 '주(盩)'라고 하고, 물굽이[水曲]를 '질(厔)'이라고 한다"라는 두 말에 착안하여 "이곡(二曲) 토실병부(土室病夫)"라고 서명을 하였기에 학자들은 이곡선생(二曲先生)이라고 불렀다. 집이 가난하여 책을 빌려 힘들게 공부를 하였는데 경사(經史)와 제자서(諸子書) 및 불교와 도교의 서적을 널리 읽었다. 강남(江南)에서 강학한 적이 있었는데 문도가 매우 많았고, 뒷날 관중서원(關中書院)의 강학을 주관하였다. 손기봉(孫奇逢)·황종희(黃宗羲)와 함께 삼대유(三大儒)로 병칭되었다. 청나라 조정이 여러 차례 박학홍사과(博學鴻詞科)로 초빙하였지만 단식을 하며 굳세게 거절하여 벗어났다. 저서로는 『사서반신록(四書反身錄)』과 『이곡집(二曲集)』 등이 있다.

명청 교체기에 사회가 격렬하게 변동하였던 상황의 영향과 당시 실학 사조의 영향을 받아 이옹의 학술경향은 더 정확히 말하면 "실학화된 심학(心學)"이라고 할 수 있다. 어떤 사람은 그가 "심학(心學)"을 실학화 하였다고 말한다.

본체관(本體觀)은 체계적 사상의 깊이를 측정하는 표준이다. 본체의 근본 위에 세워진 문화의 여러 분야라야만 두터운 토양으로 배양되어 상승할 수 있는 가능성을 가진다. 송명(宋明) 시기 유자(儒者)들은 학생을 가르칠 때 공부 방면의 말은 아주 많이 하였지만 본체의 형태나 함의에 대해서는 말이 상세하지 않은 경우가 많았다. 이옹은 한 학파의 학설에 국한되지 않았고 심지어 불교와 도교의 학설 중에서 심성 본체의 실제 경계(境界)의 특징에 관한 묘사를 빌려 와서 송명 성리학의 비밀을 들춰 내었다. 송명 시기 유자들이 표방한 "천리(天理)", "양지(良知)", "양심(本心)", "태극(太極)", "심체(心體)", "태허(太虛)" 등의 기본 개념은 모두 이 본체관념을 기본적 함의로 갖지 않는 것이 없다. 다른 점은 각 학파의 입문 경로가 같지 않고 종지(宗旨)로 내세우는 것이나 명명이 각각 달라서 언어적이거나 학술사상적인 여러 분기가 생긴 것에 지나지 않는다.

이 내적 본체에 대해서 이옹은 이전 학자들의 표현을 많이 채용하였다. "본체(本體)", "대본(大本)", "원본(原本)", "본면(本面)" 등의 명칭들은 그 본원성을 강조한 것이고, "진체(眞體)", "본진(本眞)" 등의 명칭들은 그 진실무망(眞實不妄)한 특징을 강조한 것이며, "영명(靈明)", "영원(靈原)", "양지(良知)", "지체(知體)", "각체(覺體)", "인체(仁體)" 등의 명칭들은 그 공용(功用)의 특성을 강조한 것이고, "심체(心體)", "본심(本心)", "자심

(自心)", "진심(眞心)", "본성(本性)", "성체(性體)", "자성(自性)" 등의 명칭들은 그것(본체)과 심성의 관계를 강조한 것이다. 총괄하자면, 이 본체를 실현한 이상적인 사람은 "도체(道體)"를 갖추어 "달도(達道)"에 순응하고, 자각적으로 "인도(人道)"를 따르는데, 그것이 바로 "진아(眞我)"이다.

본체(本體)를 얻기 위해 이옹은 "실제 수양과 실제 깨달음" 공부의 중요성을 아주 강조하였다. "실제 수양과 실제 깨달음"의 방법론적 원칙은 이옹이 인용했던 정자(程子)의 다음 말과 같다. "학문이란 내면에서 구하게 하는 것이다. 내면에서 구하지 않고 외부에서 구한다면 성인(聖人)의 학문이 아니다" 이것은 인문과학과 자연과학의 차이점이다. 말하자면 자연과학적 진리는 "자연"에서 실증하는 것이지만, 인문과학적 진리는 사람 자신이 실제 깨달아야[實證] 증험할 수 있다. 심성 실학(心性實學)은 심성을 근본으로 삼기를 요구하며, 자신을 돌이켜 관찰하고 내면으로 자신에게서 구하며 내면으로 진리를 찾기를 요구한다. "안으로 구한다"는 것은 "외면에 힘쓴다"라는 노선에 상대해서 하는 말이며, 또 "돌이키다[返]" 혹은 "돌이키다[反]"라고 쓰기도 하는데, 말하자면 "자신에게 돌이켜 체인(體認)하다", "자신에게서 절실한 방식으로 자신을 돌아보다", "자신으로 돌이켜 가만히 체험하다", "자신으로 돌이켜 실천하다", "마음을 채근하여 돌이켜 내면을 바라보게 하다", "돌이켜 내면을 바라보며 묵묵히 알아가다" 등으로 표현되는 "내면으로 채근하는" 실천이다. 이 과정은 주동적이고 자각적이며 창조적이므로 "스스로 분발하고 스스로 세우며", "스스로 채찍질하고 스스로 격려하며", "스스로 관찰하고 스스로 살펴보며", "스스로 관찰하고 스스로 체인하며", "스스로 참험(參驗)하고 스스로 구하며", "스스로 돌이켜 보고 스스로 비춰보며", "스스로 제거하고 스스로 간직하여", 그를 통해 "스스로 이루고 스스로 이끌어가며", "자신의 마음으로 스스로 보아야 한다." "스스로 반성하고", "스스로 따져 묻고", "스스로 다스리고", "스스로 행하고", "스스로 규율하고", "스스로 수양하고", "스스로 깨달아서" "스스로 깨달아야지" "스스로 포기하거나", "스스로 잃어버리거나", "스스로 해치거나", "스스로 질곡시켜서" "스스로 벗어나서 스스로 떠나버리고", 생기(生機)를 "스스로 죽여서"는 안 된다. 이와 같이 해야만 "자신의 수양을 위한 학문[爲己之學]", "심성의 발전을 위한 학문[心性之學]"이라고 할 수 있고, 그렇지 않으면 "잡학(雜學)"이고 "지리(支離)한 학문"이다.

공부의 실제 깨달음과 실제 수양을 통해 형이상(形而上)적 심성 본체의 경계(境界)를 드러낸 뒤에 내성(內聖)의 주춧돌을 마련하고, 그 위에 세상을 경영하고 만물을 통어하는 외왕(外王)의 사업을 펼치고 다시 소리도 냄새도 모두 없는 본체로 거두어들여서 전체대용(全體大用)의 학문을 완성시키는 것이 바로 이옹이 세운 심성 실학의 계통적 범주의 구조이다. 이 모든 것은 이상적 인격[完人]으로 통일된다.

이옹은 일생동안 청빈하고 정직하게 살며 명예와 절조(節操)를 아끼고 지켰다. 강희(康熙) 황제가 여러 차례 불렀지만 그는 연로하고 쇠약하며 병이 있어 행동이 불편하다는 핑계로 거절하고 만나지 않았다. 강희는 그의 지향이 중대하고 뜻이 견고하다는 것을 깊이 알고 "의지를 고결하게 지켰다[操志高潔]"라는 편액과 시폭(詩幅)을 직접 써서 하사하여 포상하는 뜻을 보였다. 이옹의 높은 기풍과 밝은 절조는 국내 학자들의 존경을 받았다. 고염무(顧炎武)는 그가 학자들이 앙망한 "태산북두(泰山北斗)"였다고 하였다.

◉ 참고문헌

林繼平, 『李二曲研究』(台灣商務印書館1980年版)
朱康有, 『人道真理的追尋－李二曲心性實學研究』(中國文聯出版社, 2003)

◉ 필자

동예(董畔), 주캉요(朱康有)

呂留良

여유량

1629-1683

마음 그 자체가 명덕(明德)이 아니고, 마음에 갖추어진 것이 명덕(明德)일 뿐이다.

(『晩村呂子評語正編』)

여유량(呂留良, 1629-1683)은 명말 청초의 걸출한 학자, 사상가, 시인, 그리고 시문(時文) 평론가, 출판가이다.

여유량은 호(號)가 만촌(晩村) 등이고 만년에 승려가 되었으며, 법명은 내가(耐可), 자(字)는 불매(不昧)였고, 호는 하구노인(何求老人)이었다. 절강성(浙江省) 숭덕현(崇德縣)[지금의 절강성 동향시(桐鄕市) 숭복진(崇福鎭)]사람이다. 순치(順治) 10년 과거(科擧)에 응시하여 제생(諸生)이 되었지만 뒤에 은거하여 나가지 않았다. 강희(康熙) 연간에 청나라 조정이 박학홍사과(博學鴻詞科)로 초빙하였지만 거절하고 뒤에 삭발하여 승려가 되었다. 사후에 부관참시되었는데 자손 및 문인들 중에 연루된 사람이 매우 많아 그 시련의 혹독함의 정도가 청대(淸代) 문자옥(文字獄)의 으뜸이었다. 저술은 많이 훼손되고 현존하는 것은 『여만촌선생문집(呂晩村先生文集)』과 『동장시존(東莊詩存)』이다.

1689년 지방관원이 "은일(隱逸)"로 여유량을 천거하여 산을 나가 벼슬을 하게 하였는데, 여유량은 콧웃음을 치며 아예 머리를 깎고 입산하여 오흥(吳興)[지금의 호주(湖州)] 지역의 계묘산(溪妙山) 위에 여막을 짓고 살면서 "풍우암(風雨庵)"이라고 명명하였다.

여유량의 사상 중에서 가장 두드러지고 가장 영향력이 있었으며 아울러 그 때문에 화를 당하게 되었던 사상적 주장은 그의 "이민족과 중화 문명 사이의 경계를 명확히 하자[夷夏之防]"는 주장이었다. 그 이론은 세 가지 큰 사상적 주장을 담고 있다. 첫째, "중화 문명을 높이고 이민족을 물리치자[尊王攘夷]"는 주장이고, 둘째, "정전제(井田制)를 회복하고 봉건제(封建制)를 회복하자"는 주장이고, 셋째 민족적 기개와 지조에 대한 주장이다. 여유량은 여러 차례 『춘추(春秋)』경전(經傳)에 실린 제(齊)나라 환공(桓公)의 "존왕양이(尊王攘夷)"의 사적 및 『논어(論語)』중에 공자가 관중(管仲)을 찬탄했던 말을 예로 들며 강렬한 반청(反淸) 사상을 표현하였다. 유가 경전 중에서 말한 군신 윤리는 물론 매우 중요하지만 더 중요한 윤리가 있는데 그것은 바로 "이민족과 중국문명 사이의 경계를 명확히 하는 일"이다. 이것은 뚜렷하게 "이민족[夷狄]"이었다가 "중국(中國)"에 들어와 지배자가 된 청나라 왕조 정권을 겨냥한 것이었다.

이와 관련하여 여유량은 "정전제를 회복하고 봉건제를 회복하자"고 주장하였다. 그는 삼대(三代) 이전의 "성인(聖人)"이 정전제와 봉건제를 세운 것은 천하 인민들을 위해서였고, "사업 하나, 법률 하나도 자신의 부귀 및 자손의 세업(世業)을 고려해서 영원히 자신들이 점유하고 남에게 빼앗기지 않으려는 마음에서 만든 것이 없었는데", 진한(秦漢) 이후의 숱한 제도들은 모두 군주의 "자사자리(自私自利)"를 위하는 "본심(本心)"에서 나온 것이었고, 후세 유자(儒者)들의 "예법(禮法) 논의"도 "모두 단지 군주들의 이러한 (自私自利하려는) 심사에 영합한 것이었다"고 주장하였다. "진(秦)나라가 천하를 병합한 뒤로는 자사자리하려는 마음으로 자사자리하는 정책을 시행하였다." 봉건제도를 폐지하고 군현제도를 시행하며 대일통(大一統)의 군주제를 세운 것은 형세에 몰려 그런 것이었지 전혀 합리적이지 않고 혼란의 근원이 되었다는 것이다.

여유량은 자신이 한때 "발을 잘못 디뎠던 것[청나라 조정의 과거 시험에 참가했던 일]"을 통렬히 후회하며 결연히 수재(秀才)의 신분을 버렸고, 이로부터 과거 시험과는 결별하고 아울러 당국의 천거도 거절하였으며 청나라에 벼슬하지 않겠다고 맹서하였다. 그는 민족적 기개와 지조를 성심껏 지키는 일을 제일 중요한 사명으로 삼고 "이민족과 중화 문명의 경계를 명확히 하는 일"을 엄격히 지키는 것을 "군신의 의리"를 엄하게 지키는 것보다 더 중요하다고 여겼다.

현존하는 여유량의 저작으로 보면 여유량의 이른바 "존주(尊朱)"에서 존숭의 대상은 결코 주자학(朱子學) 중의 복잡한 의리지학(義理之學)이 아니고 주로 주자학 중의 강상(綱常)을 중시하는 명교(名教), 천리를 보존하고 인욕을 소멸시키자는 주장, 인의(仁義)를 높이고 공리(功利)를 폐기하자는 주장과 관련된 정치사상을 존숭한 것이었다. 아울러 주자학을 존숭하는 방식으로 "이민족과 중화 문명 사이의 경계"를 엄히 지키고 "공적 영역으로 나아갈 것인지 사적 영역에 머물러 있을 것인지, 벼슬을 버리고 떠날 것인지 벼슬을 받아들일 것인지"의 준칙을 중시하는 반청(反清) 사상을 발휘하였다. 그 이른바 "벽왕(辟王)"에서 물리치려고 한 한 대상은 결코 양명학(陽明學)에서 논한 "심즉리(心卽理)" 및 "지행합일(知行合一)", "치양지(致良知)" 등의 도덕 형이상학이 아니라 왕양명(王陽明)과 그 후학의 "선학(禪學)에 가리워져서" "불교의 역성을 들며" "마음에서 생겨나 정치에 해악을 끼치고" "백성들에게 재앙과 혼란을 미치는" "폐해"를 공격하는 데 중점이 있었다.

주자를 준숭하고 왕양명을 반대한 성리학자로서 여유량의 "존주벽왕(尊朱辟王)" 사상은 그 적극적인 의의에서 말하면, 민족적 기개와 지조를 굳건히 지키고 선비의 인격 정신과 학술 비판 정신을 견지한 것은 충분히 긍정적으로 평가해야 한다. 그는 엄혹한 사회현실을 반성할 때 첨예하게, "오늘날에 인물이 없게 된 까닭은 선비가 의지가 없기 때문이다."라고 지적하였다. 이 때문에 지식계에 정의로운 인격을 배양하는 데 열심히 노력하였고, 더욱이 사람들의 민족적 기개와 지조를 격동시키고 민족적 기개와 지조를 "입신(立身)의 근본"이자 "세계의 제일 중요한 일"로 삼아야 한다. 여유량이 배격한 왕학(王學)은 심성을 공허하게 담론하고 선학(禪學)과 합류되어 있었던 공소(空疎)한 학풍을 가리킨다. 하지만 여유량이 "주자학을 존숭한 것"은 정주(程朱) 성리학이 당시에 이미 교조화되고 사상적으로 경화(硬化)된 폐단을 통찰하지 못한 것이다. 더욱이 당시의 팔고문(八股文)의 문체와 과거(科擧)로 관리를 선발하는 제도의 누적된 폐단을 심각하게 인식하지 못한 것이었으므로 맹목적으로 "주자학을 존숭한 것 같다"는 혐의를 면할 수 없다. 그리고 그 "양명학을 배격한 일"의 경우, 왕양명의 심학이 당시에 정주 성리학을 비판하고 명나라 말기 사상 해방을 촉진시킨 적극적 작용을 하였다는 사실까지도 모두 묵살하고, 나아가 심학의 "양지(良知)" 이론이 도덕 교화에 발휘하는 작용을 묵살하였다. 심지어 명 왕조 멸망의 원죄를 양명학에 귀결시켜 "양명학이 국가에 재앙을 끼쳤다"는 주장을 펼친 것은 학술상의 문파적 편견일 뿐 아니라 학술 문화가 사회의 치란·흥쇠에 미치는 작용을 지나치게 과장하고 정치경제 제도의 작용과 현실 정치역량의 소장(消長) 변화를 홀시한 "문화결정론(文化決定論)"이며 사상적인 오도이다.

여유량은 유가 경전인 『춘추(春秋)』의 대의(大義), 즉 "이민족과 중화

문명의 경계를 명확히 하는 일”을 무기로 삼아 반청(反淸) 투쟁을 전개하였는데, 본질적으로 결코 명 왕조의 부패한 통치를 회복하기만 하려고 한 것이 아니었다. 야만적이고 피비린내 나는 민족 간의 정복 정책에 반항하려는 데 목적이 있었고, 당시에 비교적 선진적이었던 한족(漢族) 문명을 지키려는 데 목적이 있었다. 하지만 여유량의 반청(反淸) 민족주의 사상은 역사적 한계성을 가진다. 중화민족은 융합적인 역사 과정에서 민족 사이의 정복, 전쟁과 충동이 있을 수밖에 없었다. 교류와 융합을 통한 것이 좀 더 않지만, 더러 대충돌 뒤에 대융합을 이루기도 하였다.

◉ 참고문헌

吳光, 『論呂留良的思想文化成就及其歷史地位』(『中共寧波市委黨校學報』, 2010 第3期)

◉ 필자

동예(董曄), 주캉요(朱康有)

顔元 안원

1635–1704

> 한 사람에게라도 낮출 수 없다면 오만한 악이고, 한 가지 일이라도 처리하지 못하는 게 있으면 태만한 악이며, 한 가지 행위라도 솔직하게 하지 않으면 그것도 허위의 악이고, 한 푼이라도 의롭지 않게 얻는다면 그것도 탐욕의 악이다.
>
> (『顔習齋先生年譜』)

안원(顔元, 1635-1704)은 청초 사상가이자 교육가이며 안리학파(顔李學派)의 창시인이다.

안원의 원래 자(字)는 이직(易直)인데 혼연(渾然)으로 고쳤으며, 호는 습재(習齋)이고 직예(直隸) 박야현(博野縣) 북양촌(北楊村)[지금의 하북성(河北省)] 사람이다. 일생동안 의술을 행하고 교육을 행하는 일을 업으로 삼았고, 공자의 교육 사상을 계승하고 발양하여 "습동(習動)"·"실학(實學)"·"습행(習行)"·"치용(致用)" 등 몇 방면을 함께 중시해야 한다고 주장하였으며, 문무를 겸비하고 경세치용의 능력을 갖춘 인재를 배양해야 한다고 주장하였고, 송명(宋明) 유학자들의 "궁리거경(窮理居敬)", "정좌명상(靜坐冥想)"의 주장을 비판하였다. 그의 주요 저술은 『사존편

(四存編)』, 『습재기여(習齋記餘)』이다.

안원은 "우리 유자(儒者)가 맨날 성(性)과 도(道)를 말하기만 하면 천하가 듣지 않고, 하루하루 성과 도를 실천해나가면 천하가 안정될 것이고 하루하루 성과 도를 다 구현해가면 천하가 서로 잊고 잘 살게 될 것이다."라고 주장하였다. 성과 도는 맨날 입으로 말하기만 해서는 안되고 일상의 실제 생활 속에서 체험하고 실천해야 한다. 이렇게 해야만 성과 도가 우리의 일상생활 속에 융화되어 들어오고, 이를 통해 밝게 드러나고, 나아가 서로 잊고 살 사는 경지에 도달하게 된다고 주장하였다. 안원은 실천을 유례없이 중요한 위치로 올렸다. 실천이 제일의 지위에 있는 것이며 객관 사물에 작용할 수 있어야 진지(眞知)를 얻을 수 있다고 주장하였다. "이치를 이미 명백히 알고도 관련한 일을 제대로 해결하지 못하는 경우가 많다. 송나라의 여러 선생들은 이런 상황에 대해 여전히 이치를 제대로 알지 못해서라고 하면서 이치를 명백히 알도록 가르치려고 들었다. 공자는 사람들에게 일을 익히도록 가르쳤다. 구체적인 사안들에서 이치를 알게 되었다면 이미 완벽한 앎을 이룬 상태라고 할 수 있다."

안원은 "의(義)를 이로운 것으로 여긴 것은 성현의 공평정대한 도리였다. …… 이로움이란 의(義)가 조화를 이룬 것이다."라는 주장을 제기하여 명확하게 이로움을 추구해야 한다는 사상을 제기하였다. 의(義)와 이로움은 결코 모순되는 범주가 아니다. 안원은 공자는 때로 사람들에게 "도(道)를 추구하도록" 가르쳤지만 한편으로는 "먹는 것을 챙기도록" 가르치기도 하였다고 주장하였다. "공자 문하의 육예(六藝)는 정계로 나아가서는 봉록을 획득할 수 있고 정계에서 물러나더라도 힘으로 먹고 살만한 기술이었다." 도심(道心)은 사욕(私欲)이 없이는 불가능한 것이니, 사욕이 없으면 도심을 온전히 발휘할 수 없다. 응당 추구해야 할 이로움을 방기하는 것은 의로운 행동이 아니고 도리어 사회 발전의 장애가 될 수 있다.

경세치용은 청나라 초기 대다수 사상가들의 주장인데 안원은 그 중 잘 알려진 대표적 인물이다. 청나라 초기에 성리학과 양명학에 대한 가장 굳건한 반대자이었기에 요즘 사람들은 그의 학설을 실용적인 주장이었다고 아주 존숭한다. 안리학파(顏李學派)의 안원(顏元)과 왕원(王源) 같은 이는 왕양명의 공적에 대해서는 칭송하였지만 그와 관련된 철학사상에 대해서는 아주 그렇지 않아서 정주(程朱) 성리학과 동일하게 배척하였다. 안원은 송명 유학을 쓸데없는 것이라고 하였는데 그 이른바 쓸데없다는 말의 함의는 첫째는 정좌(靜坐)에 대한 것이고 둘째는 독서에 대한 것이었다. 이밖에 안원은 정주(程朱)가 사공(事功)을 중시하지 않았다고 강력히 배척하였다.

안원이 했던 긍정적 방식의 주장으로는 육부(六府)[금(金), 목(木), 수(水), 화(火), 토(土), 곡(穀)]와 삼사(三事)[정덕(正德), 이용(利用), 후생(厚生)]와 삼물(三物)[육덕(六德), 육행(六行), 육예(六藝)]이 있는데 이것들은 안원이 적극적으로 창도하였던 실행(實行), 실습(實習), 실학(實學)이다. 귀납하자면 또한 그가 늘 말했던 병(兵), 농(農), 예악(禮樂)의 세 가지인데 그 중에서 자연히 예악을 중심으로 삼는다. 예(禮)의 의의에서 말하면, 공자는 명백히 예악에는 옥백(玉帛)과 종고(鍾鼓)라는 형식 이외에 더욱 중요한 실질이 있다고, 즉 인심(仁心)의 드러남[악(樂)은 조화를 위주로 하는데 이것도 인심(仁心) 안에 포괄될 수 있다]이 예악 시행의 진실한 가치라고 주장하였다. 이것은 곧장 정신생활, 심리 수요의 차원으로 들어간다. 인심(仁心)과 인덕(仁德)을 차츰 이루어나가서 공자가 말한 지명(知命)과 지천(知天)까지 도달하는 형이상적 철학의 영역에 대해서는 안원이 확실히 주목하지 않았다.

쓸모있음과 쓸모없음의 표준에 대해 말한다면, 물질의 측면에서는 실용적 가치라는 것이 있지만, 정신, 심리 측면의 여러 활동, 특히 형이상적, 일반 정신심리를 초월한 측면의 활동도 인생에 대해서 더욱 높은 가치를 지닌다. 예를 들어 사상의 표층에 드러나는 여러 사물들의 쓸모에 대해서만 아는 것이 바로 공리주의를 숭상하게 되는 원인인데, 사상의 심층에도 여러 높고 싶은 학문이 있으며 이것이 인생에서 더욱 필요한 것이고 절대로 홀시할 수 없는 부분이다.

◉ 참고문헌

陳登原, 『顏習齋哲學思想述』(東方出版中心, 1989)

◉ 필자

동예(董畔), 주캉요(朱康有)

李塨 이공

1659-1733

알지 못하면 행할 수 없는데, 행할 수 없으면 진지(眞知)라고 할 수 없다.

(『大學辨業』)

이공(李塨, 1659-1733)은 안원의 학생으로서 안원의 학술을 발양하고 광대하게 하는 데 거대한 공헌을 하였다.

이공은 청나라 초기의 사상가이다. 자(字)는 강주(剛主), 호(號)는 서곡(恕谷)이며, 직예(直隸)[지금의 하북(河北)] 여현(蠡縣) 조가최(曹家蕞) 사람이다. 8세에 공(塨)으로 이름을 고쳤다. 그는 안원의 학설에 대해 가장 유력하게 계승하고 전파하고 발전시킨 사람이며, 교육 방면에 제법 성취가 있었다. 저서에 『사서전주(四書傳注)』, 『주역전주(周易傳注)』 등이 있다.

이공은 30세 때 "옛 학문은 실질적이었는데 지금의 학문은 허위적이다"라는 실학적 주장을 제기하였다. 그의 자술에 따르면 40세 이전은 그가 경세치용의 "실학(實學)"에 치중했던 단계였고 이와 상응해서 그는 기본적으로 안원을 스승으로 섬긴 사람이었다. 그는 자각적으로 사우

(師友) 사이의 교왕은 학자가 성장하는 과정에서 적극적인 작용을 한다는 것을 자각적으로 깨달아서 "매번 어디 머물 때마다 반드시 그곳의 학자를 방문하였다."

이공은 성리학이 정좌를 익히는데 이것은 유학의 전통과 부합하지 않는다고 주장하였다. 송대 유학의 "주경(主敬)"과 "주정(主靜)"은 결코 본질적으로 구별되는 것이 아니다. 그는 경험론에서 출발하여, 한 사람의 유년기, 청소년기에는 활동하는 것을 즐겁게 여기고 노년이 되면 고요함을 익히는 것을 안심입명으로 삼게 되는 것이라고 주장하였다. 그래서 그는 정좌를 강구하는 것은 쇠퇴한 시대의 학문이라고 단언하였다. 송명 유학의 이러한 눈을 감고 정좌하며 생각을 멈추고 공(空)을 관조하며 활동을 배격하고 고요함을 전적으로 추구하는 쇠퇴한 시대의 학문에 대해, 이공은 그것이 불교와 도교에서 기원을 둔 것이고 유가 경전에는 부합하지 않으며 유가의 성인인 공자와 맹자의 주장이 아니라고 지적하였다. 이공의 눈에는 유가의 핵심은 바로 "육예(六藝)"였다. "육예"의 교육은 구체적인 일들 위에 세워진 것이지 성리학의 "책을 읽어서 이치를 명백히 알아감"이라는 방식으로 다 포괄할 수 없는 것이다.

이공은 "하나의 음(陰)과 하나의 양(陽)을 도(道)라고 하는 이유는 그 조리(條理)있음을 리(理)라고 하기 때문이니 기(氣)밖에 별도의 도리(道理)가 있는 것이 아니다.", "리(理)"란 사물의 규율을 말한다. 옛사람들이 말한 "기(氣)"는 건(乾)과 곤(坤)의 두 기운이다. 리(理)와 기(氣) 사이의 관계에 대해서 그는 "리(理)란 일들 속에 있는 것이다"느니, "사물을 떠나서는 무슨 이른바 리(理)가 있겠는가"느니 하는 말들을 하였고, 도(道)와 기(器)의 관계에 대해서는, "도(道)"음과 양의 두 기운이고 "기(器)"는 객관적으로 존재하는 사물이니 음과 양의 두 기운은 객관 사물

속에 존재해서 기(器)가 첫 번째이고 도(道)는 두 번째라고 주장하였다. 도(道)는 기(器)로부터 파생된 것이고, 기(器)는 도(道)보다 앞서 존재하는 것이다.

이공은 "심(心)"의 작용이 아주 중요하다고 생각하였다. 그는 "신(身)"과 "심(心)"의 관계를 예로 들어 이 문제를 설명하였다. "심(心)이라는 기관은 사유를 담당한다. 사유라면 작용이 아니겠는가? …… 체(體)는 용(用)을 갖추고 있고, 용(用)은 그 체(體)를 쓰는 것이다." "심(心)"은 사람 몸의 한 기관인데 그 기능은 사유이다. "용(用)"은 기체(機體)와 기능을 발휘하는 작용이다. 그러므로 사유가 심이 발휘하는 능동적인 작용이다. 만물을 떠나서는 "심(心)"의 인식이 전혀 작용할 수 없지만, 만일 "심(心)"으로 탐구해가면 만물 속에 존재하는 이치를 인식할 수 있다.

이공은 안원의 관점을 계승하여, "격물치지(格物致知)" 중의 "물(物)"을 『주례(周禮)』 중의 육덕(六德), 육행(六行), 육예(六藝)로 해석하였다. "격물치지(格物致知)" 중의 "격(格)"에 대해서 그는 원래 안원으로부터 전수된 "손을 대서 그 일을 실제로 하는 것"이라는 해석으로부터 변화하여 비교적 주자의 관점을 인정하는 쪽으로 바뀌어, 그것을 "학(學)"이라고 해석하였다. "학(學)"은 반드시 "지극[至]"의 경지에 도달해야 한다. "격(格)"은 학문이 얕은 단계에서 깊은 단계로 들어가 완벽해지는 데 이르는 과정이다. "학문에는 깊고 얕은 영역이 있는데, 모두 배울 만한 것이다. 격(格)이란 얕은 데서 깊은 곳까지 지극해지지 않은 것이 없는 것을 의미한다."

이공과 그 스승 안원은 맹자의 성선론에 찬성하였다. 이공은 "선(善)은 본성에 근본을 둔 것이고 본성은 사물로 드러난다."라고 주장하였다. 그는 안원의 인성론 중에서 "악(惡)"이란 후천적인 도덕 행위로부터 생긴다는, "가려지고[引蔽] 오염된[習染]" 결과라는 관점에 동의하였다.

그는 “악이란 나중에 생긴 가려짐이고 오염이다.”라고 주장하여 “습(習)”의 작용을 강조하였다. 그는 “그 잘못은 가려짐[引蔽]이라는 두 글자에 있으므로” “악(惡)”은 후천적인 외재적 환경의 영향을 받은 결과이지 결코 본성에 고유한 것이 아니라고 주장하였다.

이공의 사상 내용은 대체로 『주례(周禮)』에 근원을 둔 것이 많고, 그 밖의 경서와 사서(史書)에 두루 걸쳐있었다. 그가 노력하여 창도한 덕에 심성(心性)에 대한 공허하고 현실성 없는 학설은 끝내 종결되었고 학술적 기풍은 일변하게 되었다. 그 뒤로 학자들의 연구는 대체로 경학과 사학의 실학으로 귀결되었다. 이공의 “실학(實學)”사상은 명청(明清) 시기의 3세기 동안 유행한 실학 사조의 주요 조성 부분 중의 하나이다. 이 사조는 기존의 사회가 정치, 학술, 문화, 군사, 경제, 교육 등 여러 방면에 존재했던 문제를 반성하고 학자라면 현실을 직시하고 국가와 민생에 이로운 사업을 해야 한다고 강조하는 그런 것이었다.

◉ 참고문헌

朱義祿, 『顏元, 李塨評傳』(南京大學出版社, 2011)

◉ 필자

동예(董曄), 주캉요(朱康有)

戴震 대진

1724–1777

사람은 나면서부터 욕망이 있고, 감정이 있고, 지각이 있다. 이 세 가지는 혈기(血氣)와 심지(心知)를 존재의 자연스러운 현상이다.

(『孟子字義疏正』)

대진(戴震, 1724–1777)은 청대의 저명한 언어문자학자, 철학자, 사상가이다.

대진은 자(字)가 동원(東原) 혹은 신수(愼修)이고, 호가 고계(杲溪)이며 휴령(休寧) 융부(隆阜)[지금의 안휘성(安徽省) 황산(黃山) 둔계구(屯溪區)] 사람이다. 대진의 학술 영역은 광범위해서 음운, 문자, 역산(曆算), 지리 등에 정통하지 않은 것이 없었고, 또 나아가 각 분야의 이론적 함의를 밝혀내었다. 그의 사상은 청나라 말의 학술사조에 심원한 영향을 끼쳤다. 어떤 학자는 그를 "청나라 전기 학자 중에 제일 뛰어난 사람", 중국근대 과학계의 선구자라고 불렀다. 저작으로는 『맹자자의소증(孟子字義疏證)』, 『원선(原善)』 등이 있다.

대진은 건가(乾嘉) 시기의 고거학(考據學) 분야 대학자로 세상에 잘 알려져 있다. 청대 중엽의 다른 경학자들이 고서들을 파고들었던 것과는 다르게 그는 고염무(顧炎武) 이래의 학술전통을 계승하였다. 그는 "훈고학을 통해 이론적 함의를 밝혀간다"느니 "이론적 함의[義理]를 파악해야 고증이 가능하다"느니 하는 사상을 제기하여, 이론적 함의만 공연히 담론하는 것도 반대하고 고거학의 교왕과직도 반대하였다. 그는 "학문이란 용어 분석[離詞]으로부터 시작하고 문장 분석[辨言]을 중간 과정으로 삼고 도(道)를 인식하는 것[聞道]을 마지막 목표로 삼았다." "이사(離詞)—변언(辨言)—문도(聞道)"는 그 사상의 주체적인 틀을 형성하였다. 의리(義理), 고거(考據), 문장(文章)[사장(詞章)]은 동일하게 학문의 길이며 "의리(義理)가 곧 고거와 문장의 근원이므로", 의리가 가장 중요한 것이고 고거와 문장은 단지 의리를 목표로 하는 수단일 뿐이다.

대진은 "기화(氣化)의 유행(流行) 만물을 끊임없이 낳고 낳는데 그렇게 때문에 도(道)라고 한다"라고 하여, 리(理)란 바로 조리(條理)이고 송명 성리학자들의 이른바 리(理)는 유가 경전 속의 리(理)와 같지 않다면서, "사물(事物)에 대해 말하면 사물 밖에 별도의 리(理)나 의(義)가 있지 않다."라고 지적하였다. 그는 정주(程朱)의 "리(理)를 기(氣)의 주재(主宰)"로 삼는 것은 "성인(聖人)을 속이고 경전을 어지럽히는 일"이라며, "천리(天理)를 보존하고 인욕(人欲)을 없앤다"라는 주장을 "리(理)로 사람을 죽이는 일"이라고 통렬히 공격하였다. 이것에 대적하여 그는 "욕(欲)은 그 사물[物]에 해당하고, 리(理)는 그 법칙[則]에 해당한다"라는 명제를 제기하여 "모든 일들에는 모두 욕망[欲]이 있는 것이니, 욕망이 없다면 아무 일도 할 수 없다. 욕망이 있어야 할 수 있는 일이 있는 것이고, 일을 해서 지당하고 바꿀 수 없는 단계에 도달한 것을 리(理)라고 부르는 것이다. 욕망이 없고 하는 일이 없다면 또 어디에 리(理)가 있겠는가?"라고 주장하였다. 대진은 리(理), 천도(天道), 성(性), 재(才), 도(道), 인(仁), 의(義), 예(禮), 지(智), 성(誠) 등의 철학 범주를 재해석하여, "기화(氣化)

가 곧 도(道)이다"라는 우주관을 견지하였고 음양오행의 영원히 정지하지 않은 운동이 도(道)의 진실한 내용을 구성한다고 주장하였다.

대진은 "조화[化]의 근원"과 "조화의 흐름", "낳고 낳는 자"와 "낳고 낳는 자의 조리[條理]", "자연(自然)"·"필연(必然)"·"본연(本然)"의 관계를 다시 설정하여 우주생명과 그 변화의 근원은 "인(仁)"이고 "인(仁)"은 "낳고 낳는 자"이며, "변화의 흐름"은 "낳고 낳는 자의 조리(條理)"가 바로 "리(理)"라고 주장하였다. 다시 말해서 인도(人道)는 본성에 근본을 두고 있고 인성(人性)은 천도(天道)에 근원을 두고 있으며, 천도(天道)는 물론 선하지 않는 것이 없고 인도(人道)와 인성(人性)도 자연히 선하지 않는 것이 없다. 그래서 사람의 생명가치와 우주생명의 의의는 "천인합일"의 경계에서 융합된다. 이른바 "천리(天理)"란 천연적이고 자연히 그러한 도리이고, "리(理)"와 "욕(欲)"은 통일된 것이고, 욕망의 적당한 만족이 바로 "리(理)"이고, "리(理)는 욕망 속에 내재한 것이다."

대진은 사람의 혈기(血氣)와 심지(心知)를 아주 중시하여, "욕망이 있고, 감정이 있고, 지각이 있다. 이 세 가지는 혈기(血氣)와 심지(心知)를 존재의 자연스러운 현상이다. 욕망이 있고 감정이 있고 또 지각이 있어야만 그 욕망이 이루어지고 그 감정이 소통되는 것이다." 욕망, 감정, 지각은 천부적인 인성이다. 하늘은 사람에게 "마음"을 부여한다. 즉 이성 사유로 감정적 존재인 사람을 조절한다. 다시 말해서 인욕은 결코 두려워해서는 안 되고 사악한 것이 아니며 인욕의 만족을 추구하는 것은 정당한 인성의 요구이다. 욕망, 감정, 지각 등 세 가지가 온전하게 발달한 것이 인생의 이상 상태이다.

대진은 인도(人道)에 대한 이해가 결코 신비롭지 않았다. 구체적이고 절실하며 자신에게 가까이 있는 것이라고 할 수 있다. 그는 "인도(人道)는 인륜의 일상이며 사람이 행하는 것이 모두 그것이다"라고 하였다.

천도(天道)와 비교할 때 둘 사이에는 모종의 형식적인 유사성이 있다. 인도(人道)와 자연(自然)의 원기(元氣)인 천도(天道) 사이에는 연관성이 있는데 그 중개적 역할을 하는 것이 자연스럽게 품부된 인성이다. 천도(天道)는 인륜의 도(道)를 간접적으로 결정하는 자이고, 인성은 인도의 직접적인 결정자이다.

대진은 "도(道)로 몸을 수양하는 일"이 근본이고 근본이 있으면 유한한 사회 관계를 적절하게 처리할 수 있다고 주장하였다. 수양의 내용이라는 측면에서 인도(人道)를 이해할 경우, "그 순수(純粹)하고 중정(中正)한 것은 이른바 '사람의 도(道)를 세우는 것이 인(仁)과 의(義)이다'라느니 이른바 '각각의 절도에 맞는 것을 달도(達道)라고 한다'라느니 하는 것이 그것이다." 즉 인도 중에서 "순수하고 중정한" 도(道)가 "인(仁)과 의(義)"라는 말이다. 그것이 있으면 "군신(君臣), 부자(父子), 부부(夫婦), 형제(兄弟), 붕우의 교제 등 다섯 가지가 달도(達道)가 되는데 단지 사실을 거론한 것일 뿐이다." 자아의 수양이 근본이고 "인과 의"가 근본이며, 군신·부자 등 인간관계의 "달도(達道)"는 단지 "인과 의"를 체현한 사실일 뿐이라는 것을 알 수 있다. "인과 의"는 "순수하고 중정한" "달도(達道)"이고 지(智)·인(仁)·용(勇)·의(義)는 "달도(達道)"를 실행하는 길이자 방법이다. "지인용(智仁勇)을 통해 실행한 뒤에야 순수하고 중정하게 된다."

대진은 "리(理)와 욕(欲)은 한 가지이다"라는 주장으로 "리와 욕을 이원적으로 보는 이론"을 무너뜨렸고, 송명 이래의 유학의 "리(理)"가 전제주의의 "살인 도구"가 되었다고 비판하였다. "높은 사람은 리(理)로 낮은 사람을 꾸짖고, 어른은 리(理)로 어린 사람을 꾸짖으며, 귀한 사람은 리(理)로 천한 사람을 꾸짖는다. …… 리(理)에 의해 죽는다면 누가 가엽게 여기겠는가!" 이와 같은 주장은 신해혁명과 5·4운동 시기에 아주 유행하였다. 이 사상들은 객관적으로 계몽사상의 요소를 포함하고 있는데 중국문화가 현대로 전환하는 선구적 역할을 하였다.

◉ **참고문헌**

李開, 『戴震評傳』(南京大學出版社, 2011)

◉ **필자**

동예(董曄), 주캉요(朱康有)

章學誠

장학성

1738–1801

> 그래서 도(道)는 성인의 지력을 행할 수 있는 것이 아니다. 모두 그 사세의 자연스러운 흐름에 따라 조금씩 형성되고 조금씩 드러나서 어쩔 수 없이 나오게 되는 것이다.
>
> (『文史通義校注』)

장학성(章學誠, 1738-1801)은 청대의 사학자이자 문학가이다.

장학성은 자(字)가 실재(實齋)이고 회계(會稽)[지금의 절강성(浙江省) 소흥(紹興)] 사람이다. 진사(進士)가 되어 국자감(國子監) 전적(典籍) 벼슬을 지냈다. 정주(定州)의 정무서원(定武書院)과 보정(保定)의 연지서원(蓮池書院)의 주강(主講)이 되었고, 아울러 남북의 방지관(方志館)을 위해 지방지 편찬을 주관하기도 하였다. 장학성은 "육경(六經)은 모두 역사이다"라는 주장을 하였고, 경학과 사학에서 모두 특색이 있었다. 저서로는 『문사통의(文史通義)』가 있는데 청나라 중엽의 저명한 학술이론 저작이다.

장학성은 유가경전을 새롭게 풀이하여, 경서가 사회발전과 학술진전에 가지는 실질적 의의를 해석해내었다. 그는 "육경은 모두 역사이다"라는 주장을 제기하여, "옛사람들은 구체적 사물을 떠나서 리(理)를 말한 적이 없다"고 주장하였다. 육경에 기재된 내용은 사회생활과 국가통치의 실천에서 기원한 것이지 성인의 두뇌가 태생적으로 총명해서 만들어낸 것이 아니라는 것이다. 『역(易)』의 도(道)는 구체적인 전장제도(典章制度)의 본원이다. 복희(伏羲)·신농(神農)·황제(黃帝)의 세 가지 『역(易)』은 모두 "천연적인 이치[天理]의 자연스러움"에 토대를 두고 있다. 즉 자연현상에 대한 관찰과 총결을 통해 얻어낸 규칙적 지식을 총결하여 백성을 가르친 것이라는 말이다.

장학성의 역사철학 탐구의 집중적 성과는 『원도(原道)』 3편인데 중국사상사의 정채로운 작품이다. "도(道)"는 전통학술에서 최고의 범주이며 그 함의는 세계의 본원, 인류사회생활의 근본법칙, 치국의 지도적 사상 및 학술의 지도적 사상 등을 포괄한다. 장학성은 도(道)는 사회적 실천에서 기원하고 점차적으로 변화 발전하여, 즉 "조금씩 형성되고 조금씩 드러나서" 갈수록 현저해지고 갈수록 복잡해졌다고 논증적으로 설명하였다. 인류생활과 생산의 발달을 따른 것은 "사세의 자연스러운 흐름"을 따르는 추세를 드러내는 것이다. 그래서 필연적으로 이런 결론에 이르게 된다. "그래서 도(道)는 성인의 지력으로 행할 수 있는 것이 아니다. 모두 그 사세의 자연스러운 흐름에 따라 조금씩 형성되고 조금씩 드러나서 어쩔 수 없이 나오게 되는 것이다."

"육경"이 성인이 창조해낸 만고불변의 교조라는 주장을 타파하였다. "도(道)"는 만사만물이 형성되는 객관적 법칙으로서 각지 다른 단계에서는 각기 다른 표현 형식을 가지고 있다. 역대 제도의 창설은 모두 "필요가 생긴 뒤에 주어진 것이었다." "하나의 음(陰)과 하나의 양(陽)이 왕복하며 순환하는 것은 마치 수레바퀴와 같다. 성인이 창제한 것은 마치 더울 때는 갈포로 만든 옷을 입고 겨울에는 갖옷을 입는 것과 같으니 수레바퀴의 궤적과 같다." 천년백년 동안 유생들은 경서를 지극히 경배하여 성인의 가르침과 경서에 실린 것은 "도(道)"의 화신이며 성인(聖人)—육경(六經)—도(道)는 삼위일체라고 여겨 고리타분한 관점을 형성하고 있었다. 장학성은 "도(道)"는 성인과 동등한 것이 아니라는 것을 논증하였다. "도(道)는 자연히 그렇게 되는 것이 있는데 성인은 그렇게 하지 않을 수 없는 것이 있으니 그 일이 같은가? 같지 않다. 성인은 본 것이 있어서 그렇게 하지 않을 수 없는 것이다. 그래서 성인이 도(道)를 체현하였다고 말할 수는 있지만, 성인과 도가 같은 몸이라고 말하는 것은 안 된다." 그는 나아가 "성인을 배우면 현인이 되고, 현인을 배우면 군자가 되며, 중인(衆人)을 배우면 성인이 된다."라는 관점을 제기하였다.

"도(道)"는 사공(事功)과 밀접하게 연관된 것이다. 육경은 전부 "도(道)"인 것은 아니다. 나중에 발생하는 일의 변화에 대해서는 육경이 다 말하지 못하였기 때문에 이론을 세우는 학자들이 반드시 관념을 혁신하여 새로운 "도"를 총결해내는 데 용감해야 한다. 사물은 부단히 발전하는 것이니, "도"도 발전해야 한다. 그는 학자들에게 "도"가 고정불변하며 육경이 "도"를 전부 발휘하였다는 기존 관념을 포기하고, 훈고(訓詁)와 장구(章句)에 의존하면 옛사람의 학술 진리를 파악할 수 있을 것이라고 보는 잘못된 태도를 고치고, "도"와 사회생활을 밀접하게 연계시키고 사물발전에 따라 "도"도 앞으로 발전한다고 보는 정확한 태도를 수립하도록 요구하였다. 학자의 책임은 현실사회의 "필요해졌거나", "막혔거나", "폐단이 생긴" 문제를 직시해서 새롭게 창조하는 데 용감하고 시대의 요구에 회답하는 것이라고 지적하였다.

장학성은 사람이 이 세상에 태어나면 빈부귀천에 상관없이 모두 한 번은 죽을 수밖에 없는데 이것은 자연의 규율이라고 주장하였다. 그는 이른바 신선의 장생불로에 대한 이론을 근본적으로 믿지 않고 그것이

황당무계한 이야기라고 지적하였다. 그는 심지어 공개적으로 "천년을 산 신선이 백년을 산 통유(通儒)보다 낫다는 말을 들어본 적이 없다"고 선언하였다. 세계에서 어떤 사물도 시간에 따라 변화가 생기지 않는 것이 없고, 사람인 "나"도 예외없이 변화가 생긴다. 단지 시간 시간마다 "육신에 국한되고 시비를 따지는 이른바 '나[我]'"를 버리고 "적자(赤子)"로, "수신(修身)"의 "참 나[眞我]"로 발전해가고 분투해가서 '자아'를 부단히 완성시키고 발전시켜야 비로소 사업의 성공을 이룰 수 있고 또 "나의 삶을 저버리지 않았다"고 평가할 수 있다. 단지 자신을 부단히 개조하고 "시간 시간마다 기존의 나를 버린 뒤에야 보존되는 것이 참 나이다." "나"는 그래야 비로소 부단히 진보하고 인생도 비로소 가치 있게 된다.

장학성은 사학에 능하였지만 청나라 정부에게 중용된 적이 없었다. 그래서 그는 자신의 사학 이론을 지방지(地方志)를 편수하는 실천 속에 사용하였다. 지방지를 편수한 일은 그의 일생 활동 중에서 상당히 중요한 위치를 차지하는데, 그 자신도 방지학(方志學)을 건립한 중요인물이 되었다. 양계초(梁啟超)는 그를 중국 "지방지의 비조", "지방지의 성인"이라고 칭송하였다. 1978년대 중국의 지방지 편수 열풍이 일어난 뒤에 그의 지방지 학설은 상당한 계몽 이론으로 학습의 대상이 되었다.

◉ 참고문헌

倉修良 · 葉建華, 『章學誠評傳』(南京大學出版社, 2011)

◉ 필자

동예(董昨), 주캉요(朱康有)

阮元 완원

1764–1849

내가 경전을 풀이하는 것은 예전의 글자 뜻을 따지고 밝혀서 사실에 근거하여 옳은 의미를 찾는 것일 뿐이지, 감히 특이한 이론을 세우려는 것이 아니다.

(『揅經室集』)

완원(阮元, 1764–1849)은 한학(漢學)의 마지만 중요 인물로서 한학을 학술적으로, 사상적으로 총결하였다.

완원은 자(字)가 백원(伯元)이고 만년의 호는 이성노인(怡性老人)이며, 강소성(江蘇省) 의정(儀征) 사람이다. 진사(進士)가 되어 앞뒤로 시랑(侍郎)·학정(學政)·순무(巡撫)·총독(總督) 등의 관직을 역임하였다. 건륭(乾隆)·가경(嘉慶)·도광(道光)의 3조(朝)를 거쳤고 체인각(體仁閣) 대학사(大學士)·태부(太傅)가 되었으며 시호는 문달(文達)이었다. 완원은 청대의 저작가이자 출판가이자 사상가였다. 그는 경학과 사학, 수학, 천산(天算) 등 방면에서 아주 높은 조예를 보였고, 삼조각로(三朝閣老), 구성강신(九省疆臣)으로 불렸으며 한 시대의 문종(文宗)이었다. 저서로는 『경적찬고(經籍纂詁)』 등이 있다.

완원은 고염무(顧炎武)와 대진(戴震)의 실학사상을 완전히 계승하여 그 시야의 범위는 거의 건가(乾嘉) 시기 학자들의 모든 영역에 두루 걸쳐 있는데 모두 경전의 종지(宗旨)로 귀결되었다. 그는 "연경(揅經)"을 실명(室名)으로 사용하였는데 바로 그의 한평생 학술활동의 종지를 총괄한 것이다. 완원의 경학연구는 실사구시(實事求是)를 최고의 종지로 삼았다. "내가 경전을 풀이하는 것은 예전의 글자 뜻을 따지고 밝혀서 사실에 근거하여 옳은 의미를 찾는 것일 뿐이지, 감히 특이한 이론을 세우려는 것이 아니다." 경전을 완벽히 이해하는 길은 그 속에 담긴 옛일을 잘 살피는 데 있고, 옛일을 잘 살피는 일의 성패는 옛사람들의 훈고(訓詁)와 의리(義理)[이론적 함의]의 진실을 파악해내느냐에 달려있다. 그래서 완원의 경학 연구는 훈고를 더욱 중시하였다. 경서의 참된 뜻을 찾기 위해서 반드시 옛 사람들의 의리(義理)를 탐구해야 한다. 그는 건가(乾嘉) 고거학(考據學)의 진영에서 활동하였지만 결코 의리학(義理學)을 버리지 않고 이 둘은 어느 한쪽을 포기할 수 없다고 주장하였다.

완원의 실학사상은 두 차원의 함의를 포함한다. 하나는 질실(質實), 실사(實事)의 학문이고,[즉 "학(學)"의 차원이다] 하나는 실천, 실행의 학문이다.[즉 "행(行)"의 차원이다] 물론 이 두 가지 방면은 상대적인 독립성을 가지지만 실제로는 서로 연계되어 상호 보완적이다. 완원(阮元)은 "질실(質實)"·"실사(實事)"의 학문에도 힘을 기울이고 또 그것을 실천, 실행에 부칠 수 있도록 창도하려고 노력하였다. 완원은 일찍이 35세 때 "요사이 사람들의 경사(經史)를 고증하는 소학(小學) 분야의 책은 갈수록 정미해지지만 성현의 언행을 밝혀내는 책은 매우 적다"는 "학파적 편벽"을 알아차리고 학술연구에 있어 "구실(求實)"과 "치용(致用)"을 서로 결합한 종지(宗旨)를 창도하려고 노력하였다.

완원은 "실(實)"로 경(經)을 해석하고, "사(事)"로 경을 해석하여 선진

(先秦) 시대의 원시 유학 경전의 고의(古義)를 회복하는 일을 강력히 창도하였다. 그는 "실(實)"은 곧 "실사(實事)"이고, 옛 성현이 학술을 강론할 때는 공언(空言)이 없었고 한 글자 한 글자가 모두 실재적인 것이었다고 주장하였다. 경학 연구에서 그는 훈고의 방식으로 경전을 원시 유학의 본의에 맞게 해석하였다. "사(事)"로 경전을 해석하고 "실(實)"로 경전을 해설하려고 노력하여, 한편으로는 진(晉)·당(唐) 이래의 유자(儒者)들이 공언(空言)으로 경전을 해석한 것을 비판하고 "실사구시(實事求是)"의 학풍을 창도한 학술적 의의가 있고, 다른 한편으로 옛 성현의 치세(治世)의 의지를 일상 속에 적용하는 실천적 의미가 있었다. 즉 "구실(求實)"과 "치용(致用)을 유기적으로 결합하였다.

완원은 "예치(禮治)"를 창도하여 예학(禮學)의 실천적 의의를 온 힘을 다해 강조하였다. 그는 "효(孝)"와 같은 종류인 "제(悌)"·"충(忠)"·"신(信)" 등이 "모두 성현의 지극히 중(中)이고 지극히 용(庸)이며 지극히 실(實)인 도(道)이며 또한 천하 고금의 지극히 크고 지극히 어려운 도(道)"라고 하여 "효"가 사회질서를 유지하는 데 발휘하는 작용을 충분히 긍정하였다. 그는 "효도하지 않으면 인(仁)하지 못하고, 인하지 못하면 윗사람을 범하고 난을 일으키며 아비도 없고 임금도 없어서 천하가 어지럽게 되고 억조창생이 위태롭게 된다."고 하였다.

완원은 고대 길금(吉金)과 석각(石刻)을 아주 중시하였다. 그가 보기에 "형이상(形而上)을 도(道)라고 하고 형이하(形而下)를 기(器)라고 하는데 상(商)나라와 주(周)나라의 도(道)가 현재까지 보존된 것으로는 구경(九經)이 있고, 기(器)는 보존된 것이 아주 드문데 보존된 기물(器物)은 동기(銅器)로 된 종(鍾)과 정(鼎) 같은 것일 뿐이었다." 특히 이런 기물은 고대 사회의 제도와 예의(禮儀)를 반영하고 있어서, 완원은 이것에 대해 특수한 애착을 가졌다. "매번 한 기물을 매만지고 한 명(銘)을 탁본해서 해석할 때마다 어느새 마음이 수천 년 전으로 가고 있었다." 여러 해 동안 게을러짐 없이 수집하고 연구하여 완원은 마침내 3부의 금석(金石) 관련 전문서적을 편찬하였다.

선교사는 일식에 대한 정확한 예보를 통해 여러 차례 흠천감(欽天監) 관원들을 굴복시켜 조야(朝野)를 놀라게 하였다. 그러자 많은 실학자들은 시세에 순응하여 눈을 예전에는 생소하였던 역산(曆算) 분야로 돌려 열심히 연구하였다. 완원은 무조건 외국문물을 배척하지 않고 시대의 조류를 따라 사회발전에 유용한 서양과학을 정밀히 연구하였다. 하지만 결코 맹목적으로 서양과학을 숭배하지는 않고 선교사들이 고의로 왜곡한 중서(中西) 산학사(算學史) 관련 언론에 대해 사실을 밝히는 기초 위에서 명확히 변별하였다.

완원은 일생동안 실학을 강구하였기에 후세 학자들은 그에 대해 경전에 대한 해석이 "실질에 맞고 명백하여 노장(老莊)과 불교의 잘못을 바로잡고 육상산과 왕양명의 폐단을 구제할 만하였으니 확실히 경전의 옛 의미를 밝혔다고 할 수 있다"라고 평가하였다. "강학(講學)의 옳고 그름은 실사(實事)에서 갈리고, 독서의 어리석고 지혜로움은 허심(虛心)에 달렸다. 실학을 강구하지 않는 사람은 흉중이 온통 선입견으로 가득 차 있고, 허심으로 시비를 구하지 않으면 아주 어리석은 일이다.

완원은 학술을 통해 경세(經世)의 의무를 다하려고 노력하였다. 동시에 이런 학술의 길은 또 그의 역사와 사회의 책임과 사명에 대한 자각의식을 더욱 강화시켰다. 그는 경학, 사학, 문학 등 여러 학술분야에서 휘황찬란한 성취를 거두었을 뿐 아니라 아전들을 관리하고 백성들을 보살피며 군대를 단련하고 세금을 관리하며 조운(漕運)을 관리하는 등 사공(事功) 방면에서의 성적도 두드러졌다. 완원은 일찍이, "옛사람의 벼루에 옛 사람의 법규로 경전을 연구하고 수묵(守墨)하였다. 범사에 옳은 것을 구할 때는 반드시 실제를 기준으로 해야 하니, 돌이 단단하고 무거우면 나라에 도움이 될 수 있다."라는 시를 지었으니, 온힘을 기울여 "경세(經世)"에 힘썼던 마음을 볼 수 있다. 청나라 조정의 중요 관원이자 큰 지방을 다스리는 대관료로서 그는 시시각각으로 늘 학술과 치도(治道)의 관계에 대해 관심을 가졌다. 그의 "옛 의미를 헤아리는" 학문은 그의 정치활동에 이바지하기 위한 것이었다. 그래서 그는 "옛 의미를 헤아리는 데 정밀히 하지 않으면서 정사에 정밀히 할 수 있었던 이는 없었다."라고 하였고, 또 "학문은 벼슬과 합일된 것이고 세상의 활용에 이바지 하는 것이다."라고 하였다.

◉ 참고문헌

林久貴, 『阮元的經世實學思想芻議』(『光明日報』 2015年1月12日)

◉ 필자

동예(董曄), 주캉요(朱康有)

龔自珍

공자진

1792–1841

> 중인(衆人)들의 척도는 도(道)도 아니고 극(極)도 아니니, 스스로 '나'라고 이름짓는다.
>
> (『龔自珍全集』)

공자진(龔自珍, 1792–1841)은 "경법(更法)"과 "개도(改圖)"를 주장하였고, "3백 년 역사에서 제일 뛰어난 부류였다."라고 칭송되었다.

공자진은 자(字)가 백정(伯定)이고 호는 정암(定庵)이며 인화(仁和)[지금의 절강성(浙江省) 항주(杭州)] 사람이니, 청대의 사상가, 시인, 문학가이며 개량주의의 선구자이다. 내각(內閣) 중서(中書) 등의 관직을 역임하였다. 폐정(弊政)을 혁신하고 외국의 침략에 대항하자고 주장하였고 임칙서(林則徐)가 아편(鴉片)을 금지하고 억제한 일을 지지하였다. 48세에 관직에서 사퇴하고 남쪽으로 돌아갔다. 저서로 『정암문집(定庵文集)』이 있는데 남아있는 문장은 3백여 편이고 시사(詩詞)는 8백 수(首)에 가깝고 요즘 사람이 『공자진전집(龔自珍全集)』으로 편집하였다.

공자진은 전통과 현대가 교차하는 시대에 살았는데 그는 중국근대 인문주의 사상의 시작을 알리는 인물이었고 사상이 전환하던 시기의 통유(通儒)였다. 그의 사상은 경학, 사학, 전장제도(典章制度), 훈고, 음훈(音訓), 금석, 천문, 지리, 시사가부(詩詞歌賦), 불교, 노장(老莊) 등 섭렵하지 않은 것이 없었다.

공자진은 "중인(衆人)들의 척도는 도(道)도 아니고 극(極)도 아니니, 스스로 '나'라고 이름짓는다."라고 말하였다. 그는 자아를 세계의 제일 원리로 제기하였으니, 현대적 "자아"가 깨어나기 시작하였음을 보여주는 것이다. 이것은 개성 자유를 내용으로 하는 근대 인문주의의 시작이다. 공자진은 "나의 힘이 해와 달을 만들었고, 나의 힘이 산과 강을 만들었으며, 나의 변화가 털과 깃과 꼬리를 만들었고, 나의 리(理)가 문자와 언어를 만들었고, 나의 기(氣)가 천지를 만들었고, 나의 천지가 또 사람을 만들었고, 나의 분별이 윤리기강을 만들었다."라고 하였다. 그는 창조와 실천은 자아의 가치를 확정하는 방식 중의 하나라고 주장하였다. 사람은 정서를 가진 존재로서 시시각각으로 자신의 정서, 욕망, 이익을 추구하려는 요구가 있다. 리(理)와 욕(欲)의 구분 문제에 있어서 공자진은 사람이 진실한 감성적 존재라는 것을 긍정하고, 욕망과 정욕을 불합리한 요구로 보는 관점을 반대하였다.

인류는 의식주행(衣食住行)의 생활문제를 먼저 해결한 연후에 귀신·성현이 있는 것이고 기본적인 물질적 생활이 만족된 뒤에 "성(性)과 천도(天道)"가 있는 것이니 사람이 신을 만드는 것이지 신이 사람을 만든 것이 아니며, 사람이 하늘보다 먼저 존재하는 것이지 하늘이 사람보다 먼저 존재하는 것이 아니다. 개인의 발전이라는 측면에서 말하면 마음의 힘[心力]을 아주 중시해야 한다. "큰 원수를 갚고, 큰 병을 고치며, 큰 곤경을 해결하고 큰 일을 모의하며 큰 도를 배우는 것은 모두 마음의 힘이다." 사회의 변화는 인재의 심력(心力)에 의존한다. 마음의 힘이 구체적인 사회행위의 성패를 결정한다.

공자진은 "명(命)"이라는 이 개념에 대해 새롭게 해석하였다. 그는 "명(命)"의 첫 번째 해석은 명령과 규율이라고 주장하였다. "하늘의 명(命)을 유행(流行)이라고 하고, 군주의 명을 내적 발출[內出]이라고 한다." 자연변화의 규율과 군왕의 명령은 사람들이 존중해야 하는 것이다. 하지만 하늘의 명과 군주의 명 사이에는 결코 선험적인 감응의 관계가 없다. 두 번째 해석은 "명(命)"이 사회관계의 윤리도덕 준칙을 표현한다는 것이다.

공자진은 선과 악은 인성 안에서 한 쌍의 모순되면서도 병존하는 것으로서 저쪽이 줄어들면 이쪽이 자라나는 식으로 서로 억제하는 관계라고 주장하였다. 선이 악을 억제하면 요(堯)와 같은 대성인이 되고, 악이 선을 억제하면 걸(桀)과 같은 대폭군이 된다. "그렇기 때문에 요(堯)와 걸(桀)은 서로 주객이 되고 서로 기복이 되는 것이지 어느 한쪽을 없앨 수 없다." 그는 역사의 진전 과정은 군주가 추동하는 것이라고 여겼다. "주(周)나라 이전은 일대(一代)의 통치가 일대의 학문이었고, 일대의 학문이 모두 일대의 왕자(王者)가 개창한 것이었다." 군왕은 일대의 정치를 열고, 일대의 정치는 일대의 학술을 만들어내며 역사의 동력은 개인에게 있었다. 그래서 국가의 군주는 "그 힘이 강력하고 그 의지가 굳세며 그 총명이 높고 그 재물이 많아서" "한 사람이 강하고 만인이 약한" 국면을 조성할 수 있었다. 그는 심지어 왕조의 성쇠와 국가의 존망을 군주의 몸에 연계시켰다. "오행(五行)이 더 이상 월령(月令)을 담당하지 못하고, 한 성(姓)이 더 이상 성인을 낳지 않는 시기"에 이르자 기수(氣數)는 이미 다 하고 군주는 무능해져서 강산(江山)은 주인이 바뀌게 되었는데, 관건은 여전히 "성(聖)"에 있었다.

공자진은 정치는 응당 당대 자체에 대해 주의를 기울여야지 삼대(三代)라는 틀로 다른 시대를 재단해서는 안 된다고 여겼다. 그는 "일대의 통치는 곧 일대의 정책이다"라는 주장을 제기하여 전통의 복고적 정치 사조를 반대하였다. 공자진은 하늘의 명과 군주의 명은 분리되는 것이라고 주장하고 인류 자신의 수요를 목적으로 삼는 주권 의식을 확립하여, (사람은) "제작이라는 방식을 통해 스스로 하나의 기원[統]이 된다." 라고 하였다. 하늘의 명을 기초로 하는 정치란 전통주의적인 인순(因循)의 정치를 주장하는 것이다. 공자진은 사람의 주관적인 노력과 이성의 창조력을 통해 합리적인 정치에 도달해야 한다고 주장하였다. 이런 정치는 전통적인 권위와 습속에 호소하지 않고 사람의 이성적 기획에 호소한다.

공자진은 중국 근대철학의 시작을 알리는 인물이다. 19세기 중국철학은 이미 새로운 방향을 찾아서 중세기를 벗어날 방법을 찾기 시작하였는데 그것은 서양사상이 전래되는데 토양을 제공하였다. 공자진은 팔을 쳐들고 높이 외친 개혁가였다. 확실히 공자진은 "한 왕조의 법은 폐단이 생기지 않은 것이 없고, 천 사람의 논의는 억제할 수 없다. 남에게 강제적 개혁을 맡기는 것보다야 차라리 스스로 개혁하는 것이 낫지 않은가!"라고 호소하였다. 하지만 그의 사유방식에 따라 말하면, 그가 호소한 개혁은 여전히 점진적인 개혁이긴 하였지만, 만일 저 모든 사람들이 침묵하던 그 시대와 연계해서 생각해보면 점진적인 개혁의 호소도 귀머거리의 귀를 열어줄만한 것이기는 하였다.

◉ 참고문헌

陳銘, 『龔自珍評傳』(南京大學出版社1998年版)

◉ 필자

동예(董晔), 주캉요(朱康有)

魏源

위원

1794-1857

왕도(王道)는 세상을 경영하고 불도(佛道)는 세상을 벗어나며, 자취의 차원에 막혀있는 자는 다르다고 보고, 틀에 얽매이지 않는 자는 같다고 본다.

(『魏源集』)

위원(魏源, 1794-1857)은 "이적(夷狄)의 장기를 배워서 이적을 제압하자"는 주장을 제기하여 세계를 이해하고 서양을 학습하는 새로운 조류를 열었으니 중국사상이 전통으로부터 근대로 전향하는 중요한 표지였다.

위원은 청대 계몽사상가, 정치가, 문학가이다. 호남성(湖南省) 소양(邵陽) 융회(隆回) 금담(金潭) 사람이다. 진사(進士)가 되어 고우주(高郵州)의 지사가 되었고 만년에는 관직을 버리고 은거하여 불학(佛學)에 잠심하였다. 위원은 학문을 논할 때는 응당 "경세치용"을 종지(宗旨)로 삼아야 한다고 주장하며, "옛 제도를 바꾸는 것이 철저할수록 백성들의 편리가 더 커진다"라는 변법의 주장을 제기하여 서양의 선진 과학기술을 배우자고 제창하였으니 청나라 말기 경세 학풍의 창도자였다. 그는

『황조경세문편(皇朝經世文編)』을 편찬하였고, 저작으로 『해국도지(海國圖志)』 등이 있다.

사(事)와 심(心), 법(法)과 사람, 현재와 과거, 물(物)과 아(我)라는 이 몇 가지 대립되는 관계를 논할 때 위원은 명확하게 "사(事)", "법(法)", "현재", "물(物)"을 더욱 중시해야 한다고 지적하였다. 즉 사인(士人)은 응당 현재의 부단히 변화하는 사물, 현실사회의 각종 문제와 변혁을 제기할 방법을 관심의 중점으로 삼아야 한다는 것이다. 그래서 그는 "심(心)에 대해 잘 말하는 자는 반드시 사(事)에서 징험할 수 있게 한다"느니, "사람에 대해 잘 말하는 사람은 반드시 법에 바탕을 둔다"느니, "과거에 대해 잘 말하는 사람은 반드시 현재에서 징험할 수 있게 한다"느니, "이미 경세(經世)를 책 전체의 제목으로 삼았으니 학술이 그 강령이다"느니 하는 주장들을 했다. 이것은 『황조경세문편(皇朝經世文編)』의 지도사상이고, 학술이 현실에 이바지한다는 것을 잘 체현한 것이며, 학술이 사회에 길라잡이의 기능을 한다는 사실에 주목한 결과이다. 다시 말해 위원이 제기한 것은 "실사(實事)로 실공(實功)을 드러내고 실공(實功)으로 실사(實事)를 드러낸다"는 정신의 구체적인 체현이다.

위원의 학술사상은 법(法), 노장(老莊), 병(兵)에 두루 걸쳐 있었고, 서학(西學)까지 수용하였으며, 경학으로부터 사학으로 전환하였는데 그 종지는 실용(實用)에 있었다. 그는 성리학으로부터 입문하여 한학(漢學)으로 확대하였으며 다시 성음(聲音)을 "훈고(訓詁)" 하는 한학(漢學)으로부터 다시 금문경학(今文經學)으로 전환하여 공양학(公羊學)의 "미언대의(微言大義)"로 경술(經術), 고사(故事), 문장(文章)을 하나로 관철하였다. 그의 이른바 "하나"란 바로 "경술(經術)을 치술(治術)로 삼는" "도(道)"이다. 공양학의 "삼세(三世)"설은 "변역(變易)"관념을 포함하고 있어 사회개혁에 적합한 것이었다. 위원은 서한(西漢)의 "육경(六經)으로 세상을 다스린다"라는 치국의 방략을 존숭하여 치경(治經), 명도(明道), 정사(政事) 세 가지는 서로 결합되어 있으므로 현실사회의 정치문제를 해결하기 위해 이바지한다고 주장하였다.

위원 등은 경세파(經世派) 사인(士人)들은 경학 연구로부터 사학 연구로 전향하여 사학을 치술(治術)로 삼아 전통 사학이 근대의 "신(新)사학"으로 전환하는 과도기의 선구가 되었다. 그가 찬술한 『성무기(聖武記)』, 『도광양소정무기(道光洋艘征撫記)』, 『해국도지(海國圖志)』는 모두 "신사학"의 대표작이다. 『해국도지(海國圖志)』는 전통 사료학에는 없었던 새로운 것으로 이 책속에는 세계 각국의 연혁, 지리, 국제관계와 사회상황을 서술하고 있으니 비교적 완정한 세계 역사저작의 첫 번째 작품이며, 19세기 중엽 중국 내지 동아시아에서 내용이 가장 풍부한 세계지식 백과전서로서 중국인이 눈을 뜨고 세계를 보는 시야를 열어주었다.

1853년 위원은 관직을 버리고 흥화(興化)로 돌아갔는데, 이때부터 강남(江南) 각지를 두루 돌아다니며 『불설마하아미타경(佛說摩訶阿彌陀經)』을 번역하고 불학(佛學)에 전심하기 시작하였다. 근대중국에서 학자들이 불학을 연구하고 존숭한 것은 일종의 학술 풍조인데, 이 풍조를 형성하게 된 원은 여러 가지이다. 첫째, 서양 열강의 포함(炮艦)이 침입하자 중서(中西) 문화는 충돌이 발생하였고 중국전통사회는 해체되고 중건되었으며 경학과 경세의 이념은 붕궤되어 불학이 엘리트층에서 유행하게 되었다. 둘째, 아편전쟁(鴉片戰爭)과 국권 상실의 치욕을 겪으면서 변혁을 주장하던 사인(士人)의 고민과 적원(積怨)을 몹시 엄중하게 조성하여 그것을 해소하고 정신이 새롭게 기탁할 만한 곳을 찾을 필요가 있었다. 위원은 경학이 빈사 상태에 이른 시기에 실천을 중시하는 정토종(淨土宗)으로 전향하여 자신의 입장을 세웠다. 그는 선종(禪宗)과 정토종을 합일시켜 "선정쌍수(禪淨雙修)"를 주장하였다. 불교는 결국 궁극

관심과 관련된 신앙이므로 그것이 근대에서 부흥하게 된 것은 난세 속에서 "마음을 구제하려는" 수요에 쓸모가 있었다는 것이 더욱 큰 이유이다. 중생은 물이 깊고 불이 뜨거운 고난 속에서 그것을 가지고 고통에 위로를 받고 마음을 안정시켰다.

위원은 학술상의 경계를 타파하고 각 종파, 각 학파를 융회하고 관통해야 한다고 주장하였다. 그는 오랜 기간 동안 학술계에 문파가 숲처럼 들어선 국면을 강력하게 공격하며 각 학술 유파 사이의 분쟁은 완전히 아무런 의의도 없는 소모적인 일이며 국가나 백성에게 아무런 이익이 없다고 주장하였다. 그는 "황로(黃老)와 신한(申韓)의 장점을 수용하고 그 단점을 버리면 치국의 포정(庖丁)이다!"라고 하였다. 다시 말해서 유가 사상을 기초로 삼고 중화의 전통문화 중에서 각종 사상 유파의 우수한 부분을 융합하여 상호 보충해서 사회현실 문제를 해결하기 위해, 특히 사회질서를 유지하기 위해서 이론상의 지도와 해결의 방안을 제공해야 한다는 것이다.

위원이 전후(戰後)에 제기한 약간의 건설적 방안은 이미 뚜렷하게 근대 신(新)사상의 맹아를 갖추고 있었다. 그것은 바로 서양을 학습하고 "이적(夷狄)의 장기를 배우자"는 주장이다. "이적의 장기"는 위원의 손에서 비로소 하나의 신학문이 되어 "경세학(經世學)"의 중요 조성부분이 되었다. 그것은 근대 경세학과 전통 경세학의 차이점이기도 하고, 또한 전통 경세학이 근대로 이어졌다는 것을 보여주는 것인데, 중국문화와 서양문화의 교류는 처음에는 바로 이러한 이어짐 속에서 실현되었다. 비할 수 없이 심각했던 역사의 동탕과 사회의 변천에 직면하여, 깊고 엄중한 민족위기와 사회위기는 위원 등 지식인들을 국가를 구제하고 백성을 건질 방략을 사고하고 탐구하도록 내몰았다.

◉ 참고문헌

陳其泰·劉蘭肖, 『魏源評傳』(南京大學出版社2004年版)

◉ 필자

동예(董曄), 주캉요(朱康有)

黃遵憲

황준헌

1848–1905

나의 손이 내 입을 쓰는데 옛것이 어떻게 얽맬 수 있겠는가!

(『雜感』)

황준헌(黃遵憲, 1848–1905)은 청조(淸朝) 말기의 걸출한 외교가, 신파(新派) 시인, 유신파(維新派) 계몽사상가이자 정치개혁가이다.

황준헌은 주일(駐日) 참찬(參贊), 샌프란시스코 총영사, 주영(駐英) 참찬, 싱가폴 총영사를 역임하고 무술변법(戊戌變法) 기간에 호남안찰사(湖南按察使)에 임명되어 순무(巡撫) 진도잠(陳寶箴)을 도와 신정(新政)을 추진하였다. 시에 힘을 기울여 새로운 사물을 시에 녹여 넣기를 좋아하여, "시계(詩界)의 변혁 지도자"라는 칭호가 있었다. 작품으로는 『인경려시초(人境廬詩草)』, 『일본국지(日本國志)』, 『일본잡사시(日本雜事詩)』 등이 있다.

중국근대사에서 이른바 계몽이란 "봉건시대의 어리석음을 일깨우는 일"을 말한다. 황준헌의 계몽사상은 유가사상 중의 우수한 요소, 특히 학술로 "세계를 경영한다"는 사상을 계승하면서 또 서양문화, 특히 진화론과 사회계약론의 영향을 받았으니 중서(中西) 문화의 충돌과 융합의 산물이었다. 그는 국문(國門)을 나서기 전에 비교적 심후한 유학(儒學)의 토대를 갖추고 있었다. 특히 고염무(顧炎武)와 황종희(黃宗羲)의 경세학을 존숭하였다. 일본과 미국·영국 등 국가에 외교관으로 나간 뒤로 안목이 크게 열리고 사상이 날로 발전하여 점차 비교적 체계적인 계몽사상을 형성하게 되었다. 그는 당시 학술계에 통치 지위를 점유하고 있던 한학(漢學)의 고거(考據)와 송대의 의리(義理)와 사장(詞章)의 학문에 대해 비판을 진행하여, 시간을 쓸데없이 낭비하고 정력을 잘못 낭비하던 중국 전통학술의 유폐를 공격하였다.

이미 오랫동안 시행되어오던 팔고문(八股文) 관리 선발 제도는 광범위한 사인(士人)들이 "속발하고 책을 배우기" 시작할 때부터 꼼짝 못하게 붙잡혀 있게 하였다. 그리고 허영을 추구하기 위해 그 사인들은 그 중에서 빠진 채 빠져나올 줄 몰랐다. 이 제도는 단지 제왕의 인재 수요를 충족시켜줄 뿐이었다. 이에 대해 황준헌은 더욱 크게 비판을 가하였다. 그는 "시속의 유자들은 그대로 습관이 되어서 늙어죽을 때까지 후회할 줄 모른다. …… 영웅이 전부 그 과녁 안으로 들어가니 제왕들의 마음이 비로소 쾌족해한다."라고 썼다.

황준헌은 언어문자를 개혁하고 대중에게 문화를 보급하자고 주장하였다. 그는 "세계의 문자 중에서 중국이 가장 옛것이다. …… 대개 언어와 문자가 제대로 결합되어있지 못하니, 문자에 정통하기 어려운 것은 이상할 것이 없다."라고 주장하였다. 그래서 그는 당시에 이미 출현한 "명백하고 분명하며, 대체적인 뜻을 드러내려고 하며", "절대 옛사람들에게는 없었던" 새로운 문체를 매우 찬성하면서 그것이 "지금의 수요에 적합하고 일반 백성의 의사를 전달할 수 있는" 것이어서 "천하의 농상공(農工商)과 부녀(婦女)와 아동이 모두 문자를 쓸 수 있게 된다"고 주장하였다.

문학을 수단으로 삼아 새시대의 국민 영혼을 만들어내기 위해 황준헌은 "시계(詩界)의 혁명"을 창도하였다. 양계초(梁啟超)가 가장 존숭하였던 "시계의 혁명"의 대표 인물이 바로 황준헌이었다. 그는 황준헌의 시가 "새로운 이상을 옛 풍격에 잘 녹여넣었다"고 칭찬하였다. 여기서 말한 새로운 이상이란 황준헌의 시에 우국·우민과 사회개혁의 새로운 사상과 새로운 내용이 융합되어 있었던 것을 가리킨다.

황준헌은 서양의 "천부인권"과 "자유" 관념을 중국에 소개하였다. 그는 서양의 "천부인권설"과 권리·의무 관념을 소개하면서, "서양의 사회정치 학설 중에서 '의리(義理)를 논하자면, 사람은 천지의 명을 받아 태어났으므로 각자 스스로 말미암아 가는[自由] 길이 있다.'"라고 지적하였고, 서양 문화를 소개하면서 그는 결코 맹목적으로 받아들이는 태도를 취하지 않았다. 양계초에게 보낸 편지에서 그는 "지금 문호를 크게 개방하여 신학(新學)을 받아들이자 신학이 성행하게 되어 중국 고유의 학문과 서로 비교하고 서로 경쟁하면서 옛 학술의 참 정신이 더욱 잘 드러나고 참 진리가 더욱 명백해져서 전부 때맞춰 발휘되었다. 저 신학을 버리거나 취하거나, 부르거나 거부하거나, 조화하거나 병존하는 것은 우리에게 달렸지 남에게 달려있지 않다"라고 썼다. 다시 말해 서양문화의 수입을 계기로 전통문화에 생기를 불러일으키고 서학의 수입에서 주체성을 장악하여야지 자아를 잃고 맹목적으로 끌어들여서는 안 된다는 것이다.

황준헌은 외교활동가로서 아시아, 유럽, 미국의 각 대륙을 돌아다니며 명치유신(明治維新)과 유럽·미국의 자본주의 문명에 대해 실지 고찰과 실제 체험을 하였다. 그의 개혁사상은 주로 국외의 사상 자원을 참조해서 형성된 것이었다. 이른바 "중국은 반드시 서양의 법을 따라야 한다"라는 것이다. 황준헌은 주일 대사관의 참찬(參贊)으로 있을 때 섬나라인 일본이 중고(中古) 시대부터 근대까지 줄곧 강국을 학습하는 데 아주 힘을 기울였다는 사실에 주목하였다. 『일본국지(日本國志)』는 이 점을 소개한 책이다. 이것은 그가 일본의 국수주의 사조가 일어난 역사문화의 배경에 대해 비교적 깊은 이해가 있었다는 것을 보여준다. 황준헌은 일본이 국외의 문화에 취하여 자아를 잃어버렸던 것과는 달리 중국은 유구하고 끊임없이 연속된 문화 전통이 있고 "존대(尊大)", "고폐(固蔽)" 등의 구습이 있었기 때문에 당시의 급선무는 일본처럼 "국수(國粹)"를 창도하는 것이 아니라 문화를 크게 열고 신학을 받아들여 구학과 신학의 상호비교, 상호경쟁을 통해 중서 문화의 정수가 융합된 신문화를 만들어내는 데 있다고 생각하였다. 이렇게 중학과 서학, 구학과 신학에 대한 태도와 방법은 오늘날에 중시를 받을 만하다.

황준헌의 계몽사상은 서양 사상문화 관념을 참조한 것이다. 그래서 그는 『일본국지(日本國志)·학술지(學術志)·이(二)』에서 중국 사람들에게 근대 일본과 서양 자본주의 국가의 문명발전의 개황 및 그들이 성공적으로 현대화 건설을 진행했던 사실을 보도하고, 중국인들이 일본과 서양을 이해할 수 있도록 풍부하고 귀중한 지식 자료를 제공하였다. 그는 중국의 사대부 지식인과 광대한 군중을 향해 서양 선진사상을 소개하고 중국근대사에서 첫 번째로 발생한 사상 해방 운동의 물결에 호응하였으며 몇 세대의 지식인들에게 영향을 미쳤다.

◉ 참고문헌

黃升任, 『黃遵憲評傳』(南京大學出版社2011年版)

◉ 필자

동예(董曄), 주캉요(朱康有)

嚴復 엄복

1854–1921

개인은 자유가 귀중하고, 국가는 자주가 귀중하니, 개인의 삶과 사회의 관계는 이처럼 유사하다.

(『原強修訂稿』)

엄복(嚴復, 1854–1921)은 중국근대사에서 서양국가에서 진리를 찾았던 "선진적인 중국인"의 하나이다.

엄복은 복건성(福建省) 후관(侯官)[지금의 복주시(福州市)] 사람이다. 복건(福建) 선정학당(船政學堂)과 영국 황가해군학원(皇家海軍學院: Royal Naval College)을 졸업하였다. 이홍장(李鴻章)이 창건한 북양수사학당(北洋水師學堂)에서 가르치는 기간 동안 중국의 근대 제1차 해군 인재들을 배양하였다. 그는 『천연론(天演論)』을 번역하고 『국문보(國聞報)』를 창간하였으며 서양의 민주와 과학을 체계적으로 소개하고 유신변법(維新變法) 사상을 선전하였으며, 서양의 사회학, 정치학, 정치경제학, 철학, 자연과학을 중국에 소개하였다. 그는 청말의 아주 영향력이 컸던 계몽사상가, 번역가, 교육가였다.

엄복 일생의 가장 큰 성취는 바로 서학을 제창하고 서학을 선전한 것이다. 서양의 근대학술을 소개하는 것을 통해 그는 사람들에게 서양 국가가 부강해진 관건은 이 국가들에 민주자유의 사상이론 및 과학적 학술지식이 있었기 때문이었다고 인식시켰다. 근대 중국의 지식인 중에서 서양의 자유·민주 사상체계를 깊이 연구하고 체계적으로 소개한 사람으로는 응당 엄복을 첫 번째로 꼽아야 한다.

정치 입장에서 보면, 엄복은 확실히 당시의 중국에 곧장 민주정치를 실행하는 것에는 반대했었다. 하지만 그는 서양 민주정치의 참된 의미 및 자유정신에 대해 가장 명료하게 분석하였던 사람이었다. 어떤 사람들은 중국은 서양의 민주정치제도를 이식해야만 서양국가와 똑같이 강대해질 수 있다고 주장하였지만 엄복은 이런 의견에 반대하였다. 그가 볼 때 민주는 "자유"가 정치로 표현된 것 중의 하나여서 자유가 체(體)이고 민주는 용(用)에 불과하였다. 자유야말로 민주정치의 실질이고, 이것이 중국사회에서 가장 필요한 것이었다.

엄복은 스펜서(Herbert Spencer)의 사회유기체론을 받아들여서, "한 사회의 성립은 그 체용(體用)의 공능이 생물의 한 몸과 다르지 않기" 때문에 개인이 건강하지 못하면 국가는 반드시 병통이 있고, 개인이 건강하려면 가장 중요한 것은 자유로운 것이라고 주장하였다. 그래서 그는 "개인은 자유가 귀중하고, 국가는 자주가 귀중하니, 개인의 삶과 사회의 관계는 이처럼 유사하다."라고 말하였다. 엄복은 만년에 이르러 한편으로는 개인의 자유를 줄이고 국가의 이익과 사회의 이익을 기치로 삼아야 한다고 주장하였지만 여전히 적지 않은 논저 속에서 자유가 민주정치의 가장 근본적인 조건이라고 확신하였다.

엄복의 민주사회에 대한 심각한 이해는 근대중국 지식계에서도 보기 드문 것이었다. 개인 자유, 경쟁을 통한 이익추구, 개인을 사회의 근본으로 삼는 관점, 언론과 사상의 자유를 가장 고귀하게 보는 관점

등등을 민주사회의 본질로 보았다. 엄복은 이론상으로는 선진적이었고 철저하였지만 현실의 정치에서는 일관되게 신중한 태도를 유지하면서 정치개혁을 가볍게 말하지 않고 격렬한 수단으로 기존의 전장제도를 바꾸는 것을 반대하고 교육과 사상학술의 계몽을 통해 국가와 민족을 새롭게 바꾸어야 한다는 입장을 견지하였다.

청말(清末)에서 민국까지 엄복은 시종일관 자연과학 지식과 응용과학방법을 학습하여 사물의 이치를 연구하는 일의 중요성을 강조하였다. 그는 자연과학은 "병을 치료하고 허약함을 고칠 실력이 있어서 구학(舊學)의 얽매임을 타파할 수 있으면 혁신을 추구하는 데 확실한 도움이 된다."라고 말한 적이 있다. 그는 자연과학이 다른 과학의 기초이며, "하나의 이치가 밝혀지고 하나의 법이 세워질 때는 반드시 사사물물에 적용해보아서 전부 그러하다는 것이 밝혀진 뒤에야 불변의 법칙이 될 수 있다"라고 주장하였다. 자연과학의 지식과 원리는 반복해서 객관적 사물의 검증을 받았기 때문에 보편적인 정확성과 실효성을 가진다. 이런 방법도 그밖의 사회과학의 연구에 적용될 수 있어야만 확실한 지식진리를 얻을 수 있다. 중국의 고유한 학문, 예를 들어 송학(宋學)과 한학(漢學)은 그 학문의 내용과 방법이 모두 서양의 과학체계와 같지 않기 때문에 당시의 부강의 방법이 절실히 필요한 중국에는 일정한 역할을 하기가 아주 어려웠다. 그래서 그는 중국의 구학[의리(義理), 사장(詞章), 훈고(訓詁) 등을 포함한다]은 높은 누각에 매어놓고 서양의 과학으로 대체해야 한다고 주장하였다. 이를 위해 그는 몸소 열심히 서양 자연과학의 진화론, 과학연구방법의 귀납법, 논리학을 소개하였다. 『천연론(天演論)』, 『밀 논리학[John Stuart Mill의 논리학]』, 『명학천설(名學淺說)』 등을 번역하여, 근대 서양과학정신 및 그 학술논리를 체계적으로 설명하고, 그를 통해 서양 근대국가의 부강과 진보의 기본동력이 무엇인지

논증하였다. 엄복은 서양국가는 2백 년도 되지 않아 미증유의 성세를 이루었는데 사실에 근접한 이유를 말하자면 과학의 승리라고 지적하였다. 그는 "중국은 이전에 지식을 육성하는 일에 적합한 방법을 찾지 못하였기 때문에 백성의 지식이 증대되지 못하였고 국가도 그로 인해 빈약해졌으므로 이런 폐단을 구제하기 위해서는 반드시 물리과학을 빌려와야 한다"라고 말하였다.

엄복은 중국을 진흥시키려면 국학만 제창하고 서학을 흡수하지 않고서는 불가능하다고 주장하였다. 하지만 다른 한편으로 그는 결코 유가의 윤리도덕을 전면적으로 포기해야만 자유평등의 이념을 건립하여 사회를 개혁하고 쇠퇴한 국면을 진흥시킬 수 있다고 생각하지는 않았다. 그는 오히려 이 도덕수양으로 중국민족의 국가품성을 배양하고 개인의 고상한 인격을 기를 수 있으며 심지어 이를 바탕으로 서양문명의 문제를 구제할 수 있다고 여겼다. 만년에 이르러 엄복은 서양문명에 대해 염증을 느끼고 실망한 듯한 모습을 보였지만, 이것은 그가 과학을 포기하였다는 것을 표시하는 것이 아니고, 그가 민주와 개인 자유의 가치를 부정하였다는 것을 표시하는 것이 아니다. 그는 서양 열강의 문제는 과학 지식을 잘 이용하여 인류를 살리지 못하고 오히려 그것으로 사람을 죽이고 전쟁을 일으켜 서로 목숨을 걸고 싸우도록 만들었다는 점이라고 주장하였다.

◉ **참고문헌**

皮後鋒, 『嚴複評傳』(南京大學出版社2011年版)

◉ **필자**

동예(董曄), 주캉요(朱康有)

康有爲

강유위

1858-1927

그래서 하늘 아래의 생명을 가진 존재들은 모두 즐거움을 추구하고 고통을 피하려고 할 뿐이지 다른 길이 없다.

(『大同書』)

강유위(康有爲, 1858-1927)는 중국근대사에서 아주 영향이 컸던 창조적 이론가이고 정치사상과 학술이론으로 역사의 진전에 영향을 미쳤다.

강유위는 광동성(廣東省) 남해(南海) 사람으로 5세 때 100수(首)를 외울 수 있어서 어릴 때부터 "신동(神童)"이라는 영예를 받았다. 그는 서양문화를 접촉한 뒤 그 선진적 사상에 이끌려서 서양의 진화론과 정치관념을 받아들이고 유신정치(維新政治) 사상을 형성하기 시작하였다. 저작이 아주 풍부하였는데, 주요 저작으로는 『신학위경고(新學僞經考)』, 『공자개제고(孔子改制考)』 등이 있다.

『대동서(大同書)』는 강유위의 주요 대표작이고 중국인이 세계의 미래를 연구하고 탐색해서 쓴 첫 번째 공상 사회주의의 걸작이다. 대동(大同)사회는 유가의 이상사회로서 예로부터 줄곧 중국인이 추구하였다.

하지만 대동 사상을 정말 체계적으로 논술하고 전문적인 저술로 써낸 것은 강유위가 유일하다. 강유위는 "대동(大同)"을 정의하면서 태평세(太平世)가 곧 대동(大同)이라고 하였다. 이것은 공자(孔子)가 말한 이상사회이고, 『춘추(春秋)』에서 말한 태평세(太平世)이다. 그는 국가도 없고 국경도 없고 제왕도 없고 사람들이 평등하며 천하가 공공의 것인 이상사회를 묘사하였다.

강유위의 대동 철학의 논리적 출발점은 사람이 모두 남에게 차마 하지 못하는 마음[不忍之心]이 있다는 점이다. 그는 사람은 태어나면서 고통을 받는다고 여겼다. "그래서 하늘 아래의 생명을 가진 존재들은 모두 즐거움을 추구하고 고통을 피하려고 할 뿐이지 다른 길이 없다." 만일 사람이 고통이 많고 즐거움이 적으면 불선한 것이다. 고통과 즐거움은 억지로 사람에게 가할 수는 없는 것이다. 만일 한 사람이 괴로운 일을 행하면서 염증을 느끼지 않는다면 그도 역시 즐거움을 추구하고 있는 중이다. 하지만 이러한 고통은 모든 사람에게 억지로 전가될 수는 없고 이렇게 하는 것은 불가능하며 인도에 맞지 않다. 강유위는 현실에서 인생의 6대 고난을 열거하였다. 첫째, 인생의 고통, 둘째, 천재(天災)의 고통, 셋째, 인도(人道)의 고통, 넷째, 인치(人治)의 고통, 다섯째, 인정(人情)의 고통, 여섯째, 사람이 추구하는 일의 고통이다. 일체 고통의 근원은 모두 구계(九界)로 인해서이다. 만일 중생의 고난을 해결하려고 한다면 구계(九界)를 무너뜨려야 한다. 구계(九界)의 첫째는 국계(國界: 국경)이다. 일체의 고난을 없애려면 먼저 국가를 없애야 한다. 공유를 기초로 하는 대지(大地) 연합의 공공 정부를 실현하여 전체의 대지를 하나로 합쳐야 한다. 만일 세계 각국이 국계가 없는 때가 되면 사람들이 모두 평등하고 천하가 공공의 것이 되는 대동 세계가 도래할 것이다.

강유위의 대동 사상은 유가(儒家) 공양학(公羊學)의 삼세설(三世說)에서 기원한 것이지만, 그것과는 천양지차가 있다. 그의 사상은 서양의 민주·평등·자유와 박애의 사상을 흡수한 것이어서 중화 전통의 문화에 대해 하나의 도전이었고 중국 몇 천 년 사상에 대한 하나의 충격이었다. 대개 시대의 한계 때문이겠지만, 강유위 본인은 『대동서(大同書)』를 공개적으로 발표하지 못하였다.

공자(孔子)는 비록 "인(仁)"과 "지(智)"를 대거(對擧)하였지만, "지(智)"는 끝내 "인(仁)"에 종속되는 것이었다. 강유위는 공자의 인본(仁本) 철학을 인정하는 동시에 "지(智)를 중시해야 한다"는 논제를 제기하였다. 경전 개념에 대한 근대적 해석과 개조를 통해 지(智)로 인(仁)·의(義)·예(禮)·신(信)을 통솔하는 윤리 구조를 연역하고, 그를 바탕으로 "인(仁)"을 핵심으로 하는 옛 윤리철학 체계를 부정하였다. "인(仁)"과 "지(智)"의 관계에 대한 사변은 중국 학술사상이 전통에서 근대로 향해가는 중요한 사상적 고리였다.

근대 중국에서 가장 먼저 중서(中西) 문화의 특징에 주목한 사상가는 강유위였다. 그는 서양을 향해 진리를 찾는 과정 속에서, 서양사회는 지(智)·이(利)를 중심으로 한 이지형(理智型) 사회이고 중국사회는 인(仁)·의(義)를 중심으로 한 윤리형 사회라고 인식하게 되었다. 이런 서로 다른 문화가치의 취향은 국가 민족의 성쇠 명운에 관계된 것이었다. 서양 국가는 사람들이 모두 지력을 개발하여 국가는 강해지고 국민은 부강해졌고, 중국의 통치자는 예의(禮義)를 간성(幹城)으로 삼았기 때문에 외국의 침략을 막을 수 없었다. 이러한 "지력 중시론"은 내포와 외연에 있어 모두 공자의 "지혜로운 이는 미혹되지 않는다[知者不惑]"라는 말의 원의를 초월하여, 지력을 인류 자신을 개조하고 자연을 정복하는 도구로 본 것이었다.

강유위는 사람이 이 세상에 살아가면서 반드시 박애의 흉회도 있어야 하고 반드시 경쟁의 지혜도 있어야 한다고 주장하였다. 이런 품격을 다 갖춘 사람만이 정확하게 사람들 사이의 관계를 처리하고 아울러 인류사회에 공헌할 수 있으며 사람다움을 잃지 않는다는 것이다. 하지만 강유위는 근대 자연관과 과학물질 사상을 우선시하는 전제 위에서 윤리학에 알맞은 지위를 부여하였다. 그는 "입언(立言)의 중대성은 입덕(立德)과 함께 고려되어야 한다"라고 하여, 문인은 반드시 기개가 있어야 하고 좋은 문장은 명예와 지조를 지향한 마음을 가장 잘 격동시킬 수 있다고 강조하였다.

강유위는 러시아와 일본의 역사경험은 중국이 아주 거울로 삼을 만하다고 생각하였다. 그는 "러시아 피터 대제의 마음을 심법(心法)으로 삼고 일본 명치(明治)의 정치를 치보(治譜)로 삼아야 한다"라고 말하면서 광서제(光緖帝)를 위해 변법(變法)의 강령과 정책을 제정하는 데 하나의 성공적인 모범을 제공하려고 하였다. 강유위가 제기한 일련의 유신(維新) 개혁의 지도사상과 구체적인 조치는 대체로 서학에서 기원한 것이었다. 그는 결코 서양의 기계와 기술을 배우는 데서 만족하지 않고 근본적으로 서양의 정치제도를 배워야 한다고 주장하였다. 이것은 "이적(夷狄)의 장기를 배운다"느니 "중체서용(中體西用)"이니 하는 틀을 벗어난 것으로서, 이는 당시 중국인들 중에서 서양을 향해 진리를 찾은 첫 번째 사상적 돌파였음을 표시한다.

◉ 참고문헌

馬洪林, 『康有爲評傳』(南京大學出版社2011年版)

◉ 필자

동예(董曄), 주캉요(朱康有)

譚嗣同

담사동

1864-1898

심력(心力)의 실체는 자비(慈悲)보다 큰 것이 없다.

(『仁學』)

담사동(譚嗣同, 1864-1898)은 중국 근대 자산계급의 저명한 정치가, 사상가이자 유신(維新) 지사(志士)이다.

담사동은 호남성(湖南省) 유양(瀏陽) 사람이다. 1898년 무술변법(戊戌變法)에 참가하고 그것을 영도하였다가 실패한 뒤에는 피살되었는데 그 때 나이가 겨우 34세이었으며 "무술(戊戌) 육군자(六君子)" 중의 한 사람이다. 대표 작품으로는 『인학(仁學)』 등이 있다.

담사동은 중국이 강성해지려면 민족의 공상업을 발전시키고 서양 자산계급의 정치제도를 학습해야 한다고 주장하였다. 그는 문장을 써서 청나라 정부의 매국적인 투항정책을 공격하고 공개적으로 과거(科擧)를 폐지하고 학교를 일으키며 광산을 개발하고 철도를 개설하며 공장을 건설하고 관제(官制)를 개편하는 등의 변법 유신(維新)의 주장을 공개적으로 제기하였다.

담사동의 젊은 시기 철학적 관점은 기본적으로 장재(張載)와 왕부지

(王夫之)의 기학파(氣學派) 관점을 계승하여 천지만물의 본원은 기(氣)라고 주장하였다. 첫째, 만물은 기(氣)에서 생긴다. "혼돈으로 충만한 기(氣)가 모여서 굳어져 질(質)을 이루고 질(質)이 이루어지면서 사람과 그 밖의 만물이 생겨났다." 사람과 그 밖의 만물은 기(氣)가 굳어진 뒤의 산물이며, 기(氣)는 굳어진 뒤에 "질(質)"[기본적인 물질 입자]을 이루게 되고, 다시 나아가 사람과 그 밖의 만물을 형성하게 된다. 둘째 만물은 모두 기(氣) 속에 있다. 기(氣)는 일체에 충만되어 있어 만사만물이 모두 기(氣) 속에서 "운행[運]"한다. 기(氣)는 또한 만사만물 사이에 관계가 발생하는 데 있어 매개가 된다. "달의 빛은 땅을 비추면 밝은데 이것은 달의 기운이 땅이 도달한 것이다. 사람의 눈이 달을 우러러 보면 이것은 땅의 기운이 달에 도달한 것이다." 셋째, 음과 양은 한 기(氣)이다. 음과 양은 결코 둘이 아니고 하나여서 모두 기(氣)의 표징일 뿐이다.

담사동은 만년에 "인(仁)"을 더욱 주목하였다. 이 인심(仁心)을 근거로 일체의 사회 인류의 정치·도덕·종교 문제를 『인학(仁學)』안에 포함시켰다. 이 정신과 서로 등진 것은 곧 이단이고 사설(邪說)이다. 그는 "인(仁)"의 본의에 대해 "인(仁)자는 '이(二)'자와 '인(人)'자로 구성되어 있어 서로 짝이 된다는 뜻이다."라고 설명하였다. 그는 "인(仁)"을 인생의 근본으로 보았다. 그 안에는 유가의 "인(仁)"의 명제를 계승한 측면도 있고 또 다른 학설과 다른 학파의 유관한 사상도 섞어넣은 측면도 있다. 그는 "인(仁)"의 함의에 대해 한 사람으로부터, 한 사회로부터 전체 우주로 확대해 나가는 것이라고 생각하였다. 그는 "인(仁)"을 "원(元)"이라고 해석하였는데, 그 목적은 "인(仁)"이 우주 건곤과 천지만물의 본원이라는 것을 보이려는 데 있었다. 그는 또 "인(仁)"을 "무(無)"로 해석하기도 하였다. "인(仁)"이 최고의 경지에 도달하게 되었을 때에 사람은 피차를 구분하지 않는 "무아(無我)"의 경지에 도달할 수 있게 되고, 물아일체, 천인합일의 상태에 도달하게 된다는 것이다. 이리하여 "인(仁)"은 도덕관일 뿐 아니라 우주관이 되었다. "인(仁)"은 우주 건곤 속에 충만해있고 천지만물 사이에 가득 차있어서 영원히 보편적으로 일체 속에 충만해있다. 우주만물의 본원이자 사람 "마음"의 본체이다.

담사동은 전통사회에서는 일을 처리하고 사람 노릇을 할 때는 부드럽고 고요한 것을 위주로 하였는데 부드럽고 고요한 것은 생명을 위축시키는 태도를 대표하므로 "인"으로 대표되는 "끊임없이 낳고 낳는" 태도와는 아주 차이가 크다고 주장하였다. 이밖에 그는 전통의 이른바 "검(儉)"덕을 특별히 거론하여 비판하였다. 그는 부드럽고 고요한 것은 도가(道家)의 태도이고 "검(儉)"은 전통사회에서 사람마다 존중하는 미덕이었지만 사실상 "검"덕 뒤에는 부드럽고 고요한 것과 비슷한 것이 숨겨져 있어서 부수적이고 소극적이며 비겁하고 위축된 마음상태를 대표한다고 주장하였다. 이런 마음상태가 발전되면 인류를 상상하기도 싫은 지경으로 빠뜨리게 될 것이다.

담사동은『대학(大學)』에서 논하는 "격물치지(格物致知)와 정심성의(正心誠意)"는 본심을 배양하는 것이고, "인심(人心)"을 "도심(道心)"으로 전환시켜가는 과정이라고 주장하였다. 일단 이런 사상의 전환이 이루어지면 사람의 마음의 경계(境界)는 상승될 수 있을 것이다. 이 마음의 경계로 비추게 되면 우주는 만물일체의 혼연한 전체로 변하게 되고 개인의 생명도 이 우주의 혼연일체 속에 융화될 것이다. 이것이 바로『인학(仁學)』이 추구했던 최고의 경지이다. 지적할 만한 것은, 그가 이 우주관과 생명관을 발휘할 때 유가 이외의 사상의 영향을 받았다는 것이다. 예를 들어 그는『인학(仁學)』에서 어떤 때는 "인심(人心)"과 "도심(道心)"의 구분을 기독교의 육체와 영혼의 구분과 뒤섞어서 논하였고, 유교와 불교가 "심학(心學)" 방면에서 회통한다는 것을 특별히 강조하였다.

담사동의 만년 "인학(仁學)" 사상은 변법유신(變法維新)의 범주를 멀리 벗어나 자신의 독특한 철학이론을 형성하였다. 젊은 나이에 일찍 죽었기 때문에 그의 사상 체계는 정밀한 구조나 순통한 논리적 정합성을 갖추지는 못하였고, 더더욱 통철하게 연역되지는 못하였기 때문에 조금 조잡해 보이는 면이 있다. 하지만 이런 점이 그의 독특한 매력에 영향을 주지는 않는다. 그의 철학에는 인심과 도덕에 대한 낭만적인 환상으로 가득 차 있고, 그 자신은 종교적 경건함으로 그것을 신앙의 대상으로 삼았다.

◉ **참고문헌**

張灝, 『烈士精神與批判意識 : 譚嗣同思想分析』(廣西師範大學出版社2004年版)

◉ **필자**

동예(董曄), 주캉요(朱康有)

梁啟超

양계초

1873-1929

> 우주가 바로 인생이고, 인생이 바로 우주이다. 나의 인격은 우주와 둘이 아니고 구별이 없다. 이런 도리를 체험하면 이것을 "인자(仁者)" 라고 부른다.
>
> (『飮冰室合集』)

양계초(梁啟超, 1873-1929)는 중국 근대사상가, 정치가, 교육가, 사학가, 문학가이다.

양계초는 호(號)가 음빙실주인(飮冰室主人)이다. 광동성(廣東省) 신회(新會)[현재의 광동성(廣東省) 강문시(江門市) 신회구(新會區)] 사람이고, 청나라 광서제(光緖帝) 시대의 거인(擧人)이었다. 그의 저작은 『음빙실합집(飮冰室合集)』으로 편찬되었다.

양계초는 중국 전통 중의 유가, 도가, 묵가, 법가 및 불가 사상을 모두 섭렵하고 연구하여 그 속에서 숱한 정신적 양분을 흡수하였으며 그 중 유가를 위주로 하였다. 그는 "유가는 일체 학문을 전적으로 '사람다워지기 위한 방법'을 범위로 삼는다"라고 하였다. 유가 철학이 힘을 기울이는 지점은 바로 "수기안인(修己安人)"인데, "수기(修己)"란 인격을 양성하는 것을 가리키고, "안인(安人)"은 곧 유가의 이상 – "대동(大同)"을 실현하는 것을 가리킨다. "대동(大同)이란 우주에서 대인격을 완전히 실현했을 때의 원만한 상태이다." 하지만 그는 또 "우주에는 영원히 원만한 때란 없다"면서 "우리가 진행해야 할 것"은 "늘 우리 심력(心力)이 미치는 한계 내에서 앞으로 한 걸음을 옮겨, 우리들이 추구하는 바 인격이 실현되고 우주가 원만해지는 이상이 한 걸음이라도 진전되고 조금이라도 쌓여지게 하는 것일 뿐이다"라고 하였다.

인격과 성정의 형성에 대한 이상을 안고서 양계초는 자신의 인생관을 확립하였다. 그는 "나 자신의 인생관은 불경과 유서(儒書)에서 깨닫고서 형성한 것이라고 할 수 있다. 나는 유가와 불교는 두 가지 큰 공동점이 있다고 확신한다. 첫째, 우주는 원만하지 않고 아직 창조되고 있는 중이며 인류가 노력해서 완성하기를 기다리므로 하루하루 끊임없이 움직이고 있다는 것이고, 둘째, 사람은 단독으로 존재할 수 없고 세계의 어느 한 부분이 나라고 말하는 것은 아주 옳지 않아서 공자는 "아(我)가 없었고" 불교도 "무아(無我)"를 주장하였다. 세계에는 본래 '나'의 존재가 없었으므로 이 의미를 잘 깨달을 수 있으면 자신이 하는 일은 성패·득실이 전혀 상관없게 된다. 그 인생의 목표는 "어진 사람은 걱정이 없다[仁者不憂]"는 경지에 도달하는 것이다.

이런 인생관의 지도 아래 사람의 생활은 "번민을 느낄 때가 적은" 취미 생활이고[이른바 성패·득실을 따질 필요가 없기 때문이다], 활달한 인생태도를 형성한다. 그는 "나는 늘 즐거움을 느끼며 슬픔이 나를 동요시키지 못하니 신앙의 빛이 비추고 있는 것이다. 나는 이미 늙었지만 취미가 철철 넘치고 정신은 쇠하지 않았는데, 역시 이 인생관에 의존한 것이다." 인생과 우주는 세세대대로 계속해서 창조하고 점진적으로 완전해지는 완만한 과정이다. 이 과정에서 개체의 육체가 하는 활동은 잠시의 순간일 뿐이지만 정신은 영원토록 남아있게 된다. 두 개의 자아가 있으니 곧 "육체의 자아"와 "영혼의 자아"이다. "영혼의 자아"야말로 진정한 자아이다. 육체는 단지 "여관[逆旅]"일 뿐이고 우리의 정신이 "본가(本家)"이며 이것이 영원토록 죽지 않는 것이다. 이 영원히 남아있는 정신은 좋은 것이든 나쁜 것이든 모두 장래의 국민, 사회심리의 한 부분이 될 수 있다. 좋은 정신이 남아서 사회를 유익하게 하고 장래를 유익하게 하며 문명의 진화에 유익하게 할 수 있어야 한다. 사람마다 모두 이런 "죽어도 죽지 않는 이치"를 명백히 알고 정신의 수련을 중시해야 한다.

당시의 안녕하지 못한 사회현실에 직면하여 대다수 중국청년들은 정신이 기탁할 곳이 없는 "기황(饑荒)"의 지대에 처해 있었다. 그래서 양계초는 "정신의 기황(饑荒)"을 해결해야 하는 필요성을 호소하였다. 정신의 기황을 구제하는 방법으로는 동방, 즉 중국과 인도가 비교적 가장 훌륭하다. 동방의 학문과 도덕은 거의 전부가 사람들에게 어떻게 정신생활이 객관적 물질 혹은 자신의 육체에 대해 독립성을 유지할 것인가를 가르친다. 불교의 이른바 해탈이나 사람들의 이른바 해방도 또한 이러한 의미이다. 양계초는 "먼저 고상하고 완전한 인생관을 세우고 자신이 정신생활을 확정해야 한다는 것을 분명하게 인식하여, 그 힘에 의존하여 물질생활을 압도해야 한다."라고 지적하였다.

"백성을 사랑하여" 모든 중국인이 모두 "국민"의 자격을 가지도록 해야 한다. 이것은 중화민족의 영혼을 새롭게 만드는 위대한 사업이다. "무릇 한 나라가 세계에 설 수 있으려면 반드시 국민의 독자적인 특성이 있어서 위로 도덕법률로부터 아래로 풍속습관과 문학미술에 이르기까지 모두 독립적인 정신을 가지고, 조부모와 부모가 전수하고 자식과 손자들이 계승할 수 있어야만 사회가 결집되고 국가가 형성될 수 있다. 이것이 실로 민주주의의 근저이자 원천이다." 이런 국민을 만들기 위해서는 반드시 "그 고유하게 가진 것을 담금질하고 연마하여 새롭게 만들며", "본래는 갖지 못한 부분을 보충하여 새롭게 만들어야" 한다. "새로운 백성[新民]"이란 중서(中西)의 문명이 서로 격동시키고 서로 충격을 주며 서로 결합하고 서로 이끌어서 탄생하는 20세기 신시대의 민족혼을 갖춘 국민이다.

양계초는 "적극적인 자유정신"을 체현할 수 있는 정치 품덕을 중시하였다. 그 중에서 조국을 위해 생사를 가볍게 여기는 "상무(尙武)"정신이 가장 특출한 것이었다. "상무"정신은 곧 안으로 "자유의지"를 기르고 밖으로 우리의 큰 민족주의를 기르는 데 있어 필요한 여러 덕성들 중에서 가장 중요한 덕이다. 그는 여러 차례 "중국의 민풍(民風)과 유럽·미국·일본의 가장 큰 차이점은 그들이 무(武)를 숭상하고 우리 국민은 문(文)을 숭상한다는 점이다"라고 말하였다. 그는 또 여러 차례 "내가 유럽과 일본의 시를 읽은 적이 있는데 그들은 '군인이 되는 즐거움'을 노래하지 않는 이가 없었는데, 내가 우리나라 시를 읽어보니 처량하고 구슬픈 기운이 마음을 향해 엄습해 왔다"라고 탄식하였다. 하지만 "그 고유하게 가진 것을 담금질하고 연마하여 새롭게 만든다"는 큰 뜻을 어기지 않기 위해 그는 옛날의 실망에 빠진 심리를 고치고 우리 조상의 "상무"의 신덕(神德)을 크게 찬양하였다.

유가의 "천인합일"관은 양계초가 자신의 인생태도와 목표를 확립하는 데 비교적 큰 영향을 끼쳤고, 불교의 "영혼의 자아"를 중시하는 사상도 양계초에게 비교적 큰 영향을 끼쳤다. 양계초는 그것을 자신의 실천활동을 지도하도록 운용하였을 뿐 아니라 이 인생철학의 기본요구를 그가 만들려고 한 새로운 이상 인격 목표에 투사하기도 하였다.

그는 새로 흥기하는 국민들이 이런 "불가능할 줄 알면서도 시도하며" "천하 사람들이 걱정하기 전에 먼저 걱정하는" 기개를 갖추기를 희망하였다.

◉ 참고문헌

蔣廣學 · 何衛東, 『梁啟超評傳』(南京大學出版社2005年版)

◉ 필자

동예(董畔), 주캉요(朱康有)

孫中山

손중산

1866-1925

가만히 생각건대, 입신(立身)하려면 응당 자기 자신으로부터 미루어 나아가 남에게까지 미쳐야 하며, 도(道)를 행할 때는 가까이부터 시작해서 멀리까지 이르러가는 것이 중요하다.

(『孫中山全集』)

손중산(孫中山, 1866-1925)은 중국 민주혁명의 위대한 선구자이다.

손중산은 광동성(廣東省) 향산(香山)[지금의 중산시(中山市)] 사람이다. 일본에 망명하였을 때 남들에게 널리 알려진 가명 "중산초(中山樵)"가 있었기 때문에 세상 사람들은 "중산선생(中山先生)"이라고 불렀다. 1911년에 손중산을 대표로 하는 혁명당 사람들은 신해혁명을 일으켜 청나라 왕조의 통치를 전복시키고 중국을 몇 천 년간 통치해오던 군주전제제도를 종결시켰다. 그는 "삼민주의(三民主義)"사상을 제기하였고, 저작으로는 주요하게 『건국방략(建國方略)』, 『삼민주의(三民主義)』 등이 있고, 뒤에 『손중산선집(孫中山選集)』, 『손중산전집(孫中山全集)』 등으로 결집되었다.

"도덕이 있어야 국가가 있고, 도덕이 있어야 세계를 형성할 수 있다."

손중산은 중화민족의 부흥은 우리 민족의 우수한 도덕문명을 진흥시키는 것으로부터 시작해야 한다고 단언하고, 아주 좋은 도덕이 있어야 국가가 장기간 잘 통치되고 장구하게 안정될 수 있다고 주장하였다. 도덕이 없으면 국가는 생존할 수 없으므로, 중국이 영원히 세계에 우뚝 설 수 있으려면 반드시 도덕을 기초로 삼아야 하고, 높은 도덕적 표준을 유지할 수 있어야 국가가 멸명하지 않을 희망이 있게 된다는 것이다.

이런 도덕 신념은 사회진화론에 대한 신앙 위에 건립된 것이었다. 손중산은 이른 시기에 진화의 원칙을 획기적인 수준으로 높였는데, 그 의도는 중국사회를 개량하고 개혁하는 데 있었다. 뒤에는 강대국의 침략에 반대하기 위해 진화론의 원칙을 인류사회에 응용하는 데 있어 좀 더 높은 수준으로 수정하였다. 이 때문에 그는 여러 차례 공개적으로 사회적 다원주의를 비판하면서 인류 진화의 주요 동력은 서로 돕는 데 있는 것이지 경쟁에 있는 것이 아니라고 주장하였다. 투쟁의 본성은 동물의 그것이 인류에게 유전된 금수적 본성의 표현이므로, 일찌감치 제거하여 "금수적 본성을 없애고 신의 품성을 발생시켜야만 인류가 극점으로까지 진보한 것이라고 할 수 있다"는 것이다.

이 일체는 결코 무장 혁명과 부국강병의 관점을 포기하자는 주장이 아니다. 세계문명의 진화는 여전히 경쟁시대에 처해 있지 대동(大同)의 시대가 아니므로 국가 사이의 경계는 아주 엄격하고 국가와 국가 사이에는 경쟁이 없을 수 없고, 이렇게 경쟁이 격렬한 시대에 처해서는 사람마다 반드시 국가를 사랑하고 민족을 보존하는 것을 전제로 삼아야 한다. 자위(自衛)의 방도를 찾을 줄 모르면 생존에 적합하지 못하다. 혁명은 바로 "전국 민족의 진화를 촉진하고", "세계 진화의 조류에 호응하고 선(善)이 자라나고 악(惡)이 소멸하는 천리(天理)에 부합하게 하는 것이다."

중국은 4천여 년의 문명 고국(古國)으로서 사람들은 4천여 년의 도덕교육을 받았으므로 도덕문명이 외국인에 비해 몇 배나 높으며 외국인에게 미치지 못하는 것은 단지 물질문명 뿐이다. 유럽의 근대는 과학의 문화이고, 공리(功利)와 강권(強權)을 중시하는 문화이지만, 동양문화의 본질은 인의도덕이다. 이 문화는 민족과 국가의 "왕도(王道)"문화에 유리하다. 패도(霸道)는 결국 왕도에 굴복할 수밖에 없으니 이것이 세계문화가 광명으로 나아가는 새로운 출발점이다.

몇몇 좋은 도덕은 우리 민족이 고유하게 가진 정신이다. 이런 정신에 대해서는 보존해야 할 뿐 아니라 더욱 크게 발전시켜야 한다. 이 때문에 손중산은 "고유한 옛 도덕을 먼저 회복해야 한다. 고유의 도덕이 있어야만 민족의 지위를 회복하는 일을 시도할 수 있다."라는 주장을 제기하였다. 중국에는 일찍이 가장 체계적인 정치철학이 있었으니, 바로 『대학(大學)』에서 말한 "격물(格物), 치지(致知), 성의(誠意), 정심(正心), 수신(修身), 제가(齊家), 치국(治國), 평천하(平天下)"이다. 한 사람을 안으로부터 밖으로까지 발전시키는 것, 즉 한 사람의 내부로부터 실천하여 평천하까지 이르는 이 견해는 정미하게 발전한 이론이고, 우리 정치철학 지식 중에서 독자적인 보배이며 응당 보존되어야 한다.

중국은 근대 물질문명이 발전하지 못하였기 때문에 일정 정도로는 또한 심성 도덕문명의 진보가 지연되도록 하였다. 현대중국인은 옛사람들이 말하는 수신(修身) 공부에 대해 아주 결여되어 있고 일거일동에 대해 모두 점검이 부족하다. 타인과의 교류와 관련하여, 당시의 "큰 여관은 모두 중국인이 숙박하는 것을 허락하지 않았고 큰 식당도 중국인이 식사하는 것을 허락하지 않았는데, 이것은 중국인이 자신을 수양하는 공부가 없었기 때문이었다."

국가의 모든 진수를 전부 회복한 뒤에는 유럽·미국의 장점을 배워야만 유럽·미국과 어깨를 나란히 할 수 있다. 만일 외국의 장점을 배우지 않는다면 중국은 여전히 낙후할 것이다. 일본과의 교류에 있어, 손중산은 우리 고유의 인의도덕이라는 공동문화를 기초로 한 "대아시아주의"를 제창하였다. 이렇게 하면 "두 국가와 국민의 영구한 제휴가 반드시 이 도덕정신을 토대로 더욱 공고해질 것이다." 중국이 강성해지면 민족의 지위를 회복하게 될 뿐 아니라 세계에 대해 큰 책임을 지게 될 것이다. 세계 열강이 걸어가고 있는 길은 다른 국가를 멸망시키는 것인데, 만일 중국이 강성해지면 그들의 전철을 밟지 않아야 한다. 약한 나라를 구제하고 쓰러지는 나라를 떠받쳐주는 것이야말로 중화민족의 천직이다.

미국 선교사 아서 브라운은 중국에서 오래 살았는데 그는 1912년 3월 출판한 『신해혁명』이라는 책에서 "혁명파 영수들은 중산 선생의 카리스마와 높은 지혜와 관대한 인격 및 전혀 이기적이지 않은 동기의 배후에서 뿜어져 나오는 비교할 수 없는 도덕역량에 탄복하였다. – 손선생과 같이 여러 숭고한 미덕을 한 몸에 갖춘 위인은 세간에서 흔히 볼 수 없었다. 바로 손선생과 같이 도덕이 숭고한 사람이 많았기 때문에 신중국은 희망으로 충만할 수 있었고 희망으로 충만한 중국은 세계의 존중을 받을 만하였다."라고 지적하였다. 위의 분석이 보여주는 바와 같이 손중산은 심리(心理) 건설을 중시하여 자아인격의 수양 경지가 아주 숭고하였을 뿐 아니라, 윤리도덕에 대한 논술과 존숭도 고도의 자각적인 도덕신념을 보여주고 있다.

◉ **참고문헌**

朱康有, 『論孫中山的道德信念』(『教學硏究資料』2011年第12期)

◉ **필자**

동예(董曄), 주캉요(朱康有)

章太炎

장태염

1869-1936

인심(人心)의 지혜는 경쟁을 한 뒤에 생긴다. 오늘날 백성의 지혜는 다른 일을 가지고 열 필요가 없고, 단지 혁명을 가지고 열어야 한다.

(『章太炎政論選集』)

장태염(章太炎, 1869-1936)은 중국근대의 저명한 민주혁명가이자 사상가이다.

장태염은 절강성(浙江省) 여항(餘杭) 사람이다. 한대(漢代)의 한 사부(辭賦) 문학가를 기념하기 위하여 이름을 병린(炳麟)으로 고쳤다. 나중에는 반청(反淸) 의식이 농후하였고 고염무(顧炎武)의 사람됨과 활동을 흠모하였기에 이름을 강(絳)으로 고치고 호를 태염(太炎)이라고 하였다. 세상 사람들은 그를 "태염선생(太炎先生)"이라고 불렀다. 자신을 "민국의 유민(遺民)"이라고 여겼다. 연구의 범위는 역사, 철학, 정치, 불학, 의학 등에 걸쳐 있었으며 저술이 아주 풍부하였다. 뒷날 『장태염전집(章太炎全集)』으로 재편집되었다.

장태염이 볼 때 물종(物種)의 진화는 생물이 경쟁 중에 주관적 역량을 얼마나 발휘하느냐에 달려 있으며 인류도 이와 같다. 사람이 동물을 이길 수 있는 것은 지력에 의존한다. 하지만 사람의 지력은 쓰지를 않으면 퇴화될 수 있다. 생물이 목적에 맞게 진하할 수 있는 까닭은 그 의지의 역량에 달려 있다. 만물의 진화는 모두 "강한 힘으로 천지와 경쟁하려" 한 의지 역량의 결과인데 인류는 기구(도구, 무기)를 "강한 힘"으로 삼아 경쟁을 진행하였고 인류 자신의 사회 역량과 연결시켰다. 혁명만이 사회화를 추동할 수 있으니, "경쟁은 지혜를 낳고 혁명은 백성의 지혜를 개발시킨다."

하지만 진화가 인류에게 가져온 것은 부유함이나 즐거움만이 아니라 동시에 빈곤과 고통이었다. "만약 도덕으로 말한다면 선(善)도 진화하고 악도 진화하였다. 만약 생계로 말한다면 즐거움도 진화하였고 고통도 진화하였다."인류는 도덕에서는 다른 동물보다 뛰어난 점이 있기는 하지만 동물보다 못한 점도 있다. 호랑이나 표범은 사람을 잡아먹지만 동류를 해치지는 않는데 인류는 동류를 해치며 사회의 진화와 도구의 개선에 따라 동류상잔은 갈수록 격렬해진다.

혁명의 과정도 혁명가를 만들어가는 과정인데 혁명가를 만드는 제일 중요한 관전은 "혁명 도덕"을 갖추는 것이다. 진정한 도덕 행위는 원칙을 견지하는 데 있으니 말한 것은 반드시 지키고 행동은 반드시 결과를 이끌어내야 하며 혁명과 민족 대의를 위해 생명의 희생을 두려워하지 않아야 한다. 사회의 저층에 처해 있는 사람일수록 도덕이 더욱 고상하고, 사회의 상층에 처해 있는 사람일수록 도덕은 더욱 저급해서 도덕과 명리·권세는 반비례한다. 권세가 있을수록, 영화부귀를 누릴수록 "도덕에서도 그만큼 멀어진다."

1908년 장태염은 명확하게 "철학"이라는 이 개념의 근대적 함의를 다음과 같이 지적하였다. "만물은 다양해서 전혀 질서가 없어 보이는데 본원을 찾아들어가면 만물이 모 하나로 귀결되는데 철학이라는 이름은 거기서 생긴다."철학의 본질은 본원을 찾아들어가서 복잡다단한 현상세계에 대해 일원적 해석을 하는 것이다. 그는 세계만물은 "나의 마음"에서 근원하며, 마음이 일어나면 존재하고 마음이 없어지면 소멸한다고 생각하였다.

장태염은 "마음[心]", "식(識)", "나[我]"에서 출발하여 만사만물의 본원을 찾아들어갔다. 그는 또 "허무(虛無)의 도(道)"가 인성이 악해지는 것을 단절시키는 근본이고 인간의 완전한 선을 실현시키는 중요한 방법이라는 주장을 제기하였다. "허무(虛無)"는 결코 현실의 물질세계를 소멸시키려고 하는 것이 아니고 사람의 마음이 내면의 깨달음을 통해 도달하는 자유의 경지이다. 이런 자유의 경지는 또 "자아에 집착하는 견해[我見]"깨뜨리고 도달하는 "텅 비고 신령하며 밝고 깨어있는[空靈明覺]" 정신경지이고, 지극히 참되고 완벽히 선한 도덕적이고 자유로운 경지이다.

이 일체는 인류를 자유평등의 이상세계로 이끌어서 인류의 개성 해방과 자유를 진정으로 실현시키고 본원적 의의에서 인간 존재의 가치와 의의를 구현하려는 의도가 아닌 것이 없다. 장태염은 불학(佛學)으로 세상을 구제해야 한다고 생각하였다. 1903년 『소보(蘇報)』 사건이 발생한 뒤 그가 감옥에 갇히고 나서부터 불학의 연구에 잠심하였는데 이것은 그의 인생에서 중요한 전환점이었으니, 이른바 "입세간으로부터 출세간으로 전환한 것"이다. 그는 입세간에 더 관심을 기울이던 유가로부터 출세간의 불교로 전환하여 본체론의 차원에서 도덕의 본을 탐구하기 시작하였으며 나아가 근원으로부터 세상을 구제할 방법을 찾았다. 그는 인도인이 석가모니를 존숭하는 것은 중국인이 공자를 존숭하는 것과 마찬가지여서 그를 스승으로 삼는 것이지 신명(神明)으로 받드는 것이 아니므로 불교는 일종의 무신(無神) 종교라고 주장하며 "마음

[心], 부처[佛], 중생의 셋이 차별이 없다"고 강조하였다. 예불이나 염불 등의 일에 대해 말하면, "결국 자신의 마음에 예를 올리는 것이고 자신의 마음을 생각하는 것이지 결코 마음 밖에서 부처를 구하는 것이 아니다." 다르게 말하면, 부처는 자신의 마음 속에 있고 자신의 마음이 곧 부처이다. 그리하여 사람의 마음은 자신의 주재가 되고, 사람은 세계의 주체가 된다. 장태염은 "부처니 보리[菩提]니 하는 이런 이름들은 번역하자면 원래 '깨달음[覺]'이라는 뜻이다. 반야(般若)는 번역하자면 원래 '지혜[智]'라는 뜻이다. 일체 대승(大乘)의 목적은 '분별지(分別知)의 장애를 끊고', '일체의 지혜를 이루는 것'이 아닌 것이 없다." 지혜를 구하는 것이든 도(道)를 깨우치는 것이든 모두 자아에 의존하고 자신의 마음에 의존하며 안으로 노력을 기울이는 것이다.

장태염은 불교의 이런 마음을 구제하는 방법을 빌려와서 세계를 구제하는 목적을 달성하려고 하였다. 불교의 중생을 널리 구제하고 머리와 뇌수(腦髓)까지도 남에게 베푸는 "보살행(菩薩行)"정신은 사람들의 도덕수양과 실천에 대해 가장 도움이 크다. 그래서 그는 대승의 "보살행"의 도덕수양방법을 크게 제창하여 국민의 도덕을 끌어올리고 세도(世道)와 인심을 구제하며 혁명이 성공되도록 하고, 그로부터 스스로 자신의 마음을 귀중하게 여기고 남의 힘에 의존하지 않으며 용맹하여 두려움이 없고 죽는 길을 가더라도 기뻐할 수 있는 도덕이상을 실현하려고 하였다.

◉ 참고문헌

『中國哲學史』(人民出版社, 高等教育出版社2012年版)

◉ 필자

동예(董畔), 주캉요(朱康有)

일본 日本

나카에 도주 中江藤樹
이토 진사이 伊藤仁齊
아메노모리 호슈 雨森芳洲
뉴이 미쓰기 乳井貢
마에노 료타쿠 前野良澤
오쿠라 나가쓰네 大藏永常
니노미야 손토쿠 二宮尊德
다카노 조에이 高野長英
가쓰 가이슈 勝海舟
나카무라 게이우 中村敬宇
시부사와 에이이치 渋澤栄一
구마자와 반잔 熊澤蕃山
가이바라 에키켄 貝原益軒
이시다 바이간 石田梅岩
도미나가 나카모토 富永仲基
가이호 세이료 海保青陵
라이 산요 賴山陽
오시오 헤이하치로 大塩平八郎
야마다 호코쿠 山田方谷
사이고 다카모리 西鄕隆盛
하시모토 사나이 橋本左內
아라이 오스이 新井奧邃
미야자키 야스사다 宮崎安貞
오규 소라이 荻生徂徠
안도 쇼에키 安藤昌益
미우라 바이엔 三浦梅園
다다노 마쿠즈 只野眞葛
야마가타 반토 山片蟠桃
와타나베 가잔 渡邊崋山
요코이 쇼난 横井小楠
요시다 쇼인 吉田松陰
후쿠자와 유키치 福澤諭吉
나카에 조민 中江兆民

中江藤樹

나카에 도주

1608–1648

생각치도 못했다 괴롭고 덧없는 세상을 배워서 쉽게 즐길 줄은

오우미성인[近江聖人]이라 불렸던 고덕(高德)의 유학자 나카에 도주의 도가(道歌)*는 타인을 교유(敎諭)하는 것이 아니라 자신의 과거의 쓴 경험을 노래 속에 담고 있는 것들이 적지 않다.

배워 얻은 후의 마음과 비교해 보면 옛날은 무탈하게 잘 지냈네

과거를 후회 마라 옛 일들은 옳고 그름도 없다 지금은 일념으로
마음을 바로 잡는 것에 전념해라

무엇이든 유희인 이 세상을 괴로이 여기는 사람이야말로 보잘것없다

---

* 교훈 등 도덕적인 가르침을 담은 와카[和歌].

여기에서는 "학문을 하기 이전의 자신을 생각하면 소름이 끼친다. 아아, 정말 학문을 하길 잘했다"라는, 꾸미 없이 솔직하게 기뻐하는 마음이 표출되어 있다.

오우미국[近江國](현저의 시가현[滋賀縣]) 오가와무라[小川村]에서 태어나 9세 때 가족 곁을 떠나 요나고번[米子藩]의 무사(武士)였던 할아버지의 양자가 된다. 이듬해 이요국[伊予國], 현재의 에히메현[愛媛縣] 오즈[大洲]로 옮겼다. 11세 때 사서(四書)의 하나인 『대학(大學)』을 읽고 "천자(天子)로부터 서민에 이르기까지 모두 수신(修身)을 본으로 삼아라"라는 말을 접하고서 감격한다. 누구나가 유학을 배움으로써 '성인(聖人)'이 될 수 있다는 주자학의 가르침에 따라 홀로 유학 공부에 매진한다. 당시의 무사에게는 학문을 하는 자를 연약하다고 멸시하는 풍조가 강했기 때문에 동료들이 잠든 심야에 몰래 일어나 글을 읽었다. '성인'의 학문에 힘쓰던 22세 때의 어느 날, 도주를 '공자님'이라 가벼운 마음으로 놀린 동료에게 격노하여 "너 취했냐? 공자는 2천 년도 전에 죽었잖아"라며 거친 목소리로 "너는 문맹이야. 머슴이야"라고 상대방이 사과를 할 때까지 거친 욕을 해댔다고 한다.(「藤樹年譜」)

27세 때 탈번(脫藩)을 한다. 고향에서 혼자 사시는 노모에 대한 효양이 표면적인 이유였다. 귀향해서는 술 소매상으로 생계를 꾸려갔다. 약 20년 만에 그리운 고향집으로 돌아온 후에는 밤낮없이 틈만 나면 잠에 골아 떨어졌다. 오즈에 있었을 때는 늘 신경이 곤두서 잠자리에 들어도 작은 발소리나 사람 소리에도 눈을 뜨곤 했다. 밤새 잠 못 이루고 깨어 있는 채로 드러누워 있는 꼴이었다. 번(藩) 내에서의 고립·동료들과의 불화 등에 따른 신경과민증, 자유신경실조증(自律神經失調症), 불면증, 자기혐오 등이 복잡하게 뒤엉킨 고도의 노이로제였던 것이다.

이와 같은 사태를 초래했다는 사실을 통해 도주는 현실 세계·자신의 진실과는 관계없이 이상을 맹목적으로 추구하는 위험성과 어리석음을 깨닫게 된다. 실패한 인생을 다시 시작하기 위해서는 탈번이라는 목숨을 건 일대 모멘트가 필요했던 것이다.

아무리 훌륭한 이상이나 학문이라도 그것이 주위와의 소격(疎隔)을 낳고 자기 자신과도 저오(抵牾)하는 것이라면 그것은 성인의 길이 아니다. 주자학의 방법론에 의문을 느끼고 있던 37세 때 왕양명(王陽明)의 전집을 입수해 경희(驚喜)했다. 학문은 심(心)과 사(事)[이상과 현실]의 일치, 즉 '명덕친민(明德親民)'[천여(天與)의 영명(靈明)한 마음의 작용을 알고, 사람을 친애하는 것]의 실학이어야 한다. 명덕친민에 이르는 학문을 '양지(良知)'라는 단적인 한마디로 실천적으로 설명하고 있었던 것이다.

주자와 왕양명을 경유한 그의 학문의 중핵에 있는 것은 '효(孝)'의 실학이다. '효'는 부모에 대한 효양이라는 본능적인 친애(愛親)이다. 동시에 그것은 나의 근원적 모태인 '태허(太虛)'라는 우주적 생명력의 발현으로써, 만민을 애경(愛敬)하고 '천지만물일체지인(天地萬物一體之仁)'으로 확대되는 것이었다. 그런 한편으로 도주는 '효'를 '노(老)'와 '자(子)'의 합자라 이해했다.(『孝經啓蒙』) '노'가 죽음을 향해 가는 노인의 상(象)인 것에 비해 '자'는 생을 향해 가는 어린 아이의 모습을 형상화 하고 있다. '효' 자에 부여된 의미는 천지만상의 상대관계이자 동시에 천(天)으로 향하는 '노(老)'와 지(地)로 향하는 '자(子)', 즉 사(死)와 생(生), 천(天)과 지(地), 음(陰)과 양(陽)이라는 상반하는 이극(二極)·이기(二氣)에 의한 생생하고도 활발한 다이너미즘이다. 유학의 근본원리인 수기치인(修己治人)이 내향하는 '수기'와 외향하는 '치인'이라는 음양 양극의 동시달성이라고 한다면, 양극 간의 동적 긴장 속에 '나'의 원숙과 왕도

낙토(王道樂土)의 현성(現成)을 기하는 것이 '효'의 실천이 된다.

그러나 도주는 만 40세라는 약관의 나이에 수명이 다했다. 신분이 고정되어 있던 봉건시대의 사숙(私塾) 교사라는 입장에서는 그러한 실천은 원심적인 '치인'의 계기가 현저히 결여되어 있었고, 구심적인 '수기'에 한정되어 있었다. 고제(高弟) 구마자와 반잔[熊澤蕃山]이 도주의 학문을 '미숙'하다고 형용했던 것도 그것이 종교적 '수기'의 일극(一極)에 갇혀 있었기 때문이다. 다른 한편으로, 애독했던 『역경(易經)』에 기반을 둔 음양이기(陰陽二氣)의 '효'의 실학과, 대적승리(對敵勝利)를 최고로 여기는 전국무사도(戦國武士道)를 부정한 문무합일(文武合一)의 사무라이도[士道](유교적 무사도)의 제창, "예의작법은 때에 따라, 장소에 따라, 사람에 따라 그대로는 행해지지 않는 것"(『翁問答』)이라는 '시처위(時處位)'론과 겸허한 덕의 강조 등, 중국 유학을 저작(咀嚼)했던 독특한 도주학[藤樹學]은 그의 사후 반잔[蕃山]에 의해 사상적으로나 정치적으로 심화·전개되었다.

◉ 참고문헌

藤樹書院編, 『藤樹先生全集』 전 5권(岩波書店, 1940)
山井湧 外 校注, 『中江藤樹』(日本思想大系29, 岩波書店, 1974)
山住正己 『中江藤樹』(朝日新聞社, 1977)
內村鑑三 『代表的日本人』(岩波文庫, 1995)
大橋健二 『中江藤樹 異形の聖人』(勉誠出版, 2000)

◉ 필자

오하시 겐지[大橋健二]

熊澤蕃山

구마자와 반잔

1619-1691

어느 나라도 그렇다고는 하나 특히 일본은 교만하면 나라가 망하는 건 순식간

(『三輪物語』 제1권)

고아(高雅)한 조신함 -이 전통으로 살아가야 할 '소국(小國)' 일본이 분수도 돌아보지 않고 거만을 떨 때 나라는 곧 망국의 길로 들어선다. 1685년(貞享 2년) 이렇게 말한 도쿠가와[德川] 전기의 경세가(經世家) 구마자와 반잔[熊澤蕃山]의 경고는 260년 후 대일본제국의 패배로 실증되었다.

메이지[明治] 이래 강병(强兵)을 대신해 부국(富國)의 길에 매진하여 버블에 취했던 전후의 경제대국 일본도 또한 국력쇠퇴와 인구감소로 인해 국가쇠망의 위기에 직면해 있다. "일본의 왕도가 장구한 것은 예악문장[예의·음악·문학]을 잃지 않고 세속화되지 않았기 때문이다. 너무 강한 것은 오래 가지 않고 관유(寬柔)한 것은 오래 간다."(『源語外傳』) 군사력·경제력 등 '강강(剛强)'적 하드파워에 의한 대국화는 위험하다.

구게문화[公家文化]로 상징되는 '예악'이라는 고급문화, 즉 '관유'적 소프트 파워야말로 일본장구(日本長久)의 길이다.

도쿠가와 막부[幕府]의 강권정치에 의해 많은 다이묘[大名]가 위복(威伏) 당하고, 누구나가 그 안색을 살펴야만 했던 시대에 무사토착(武士土着)과 참근교대(參勤交代) 비판 등, 기탄없이 막부를 비판했던 스케일이 큰 용기 있는 사상가였다. 개인적으로는 아주 겸허·온화하고 얼굴은 마치 귀부인 같았다고 한다. 도쿠가와 말기의 인물일화집(人物逸話集) 『상고록(想古録)』은 "용모가 괴위(魁偉)하고 기골이 사람을 압도한다"는 것과 "유화온량의 극치였다"라는 정반대의 초상화가 존재했다고 전한다. 반잔의 상반된 이면성을 보여주고 있다.

에도 시대 굴지의 대유(大儒)였지만 유교의 기본서인 사서(四書)를 배운 것은 22세 때로 예외적인 만학이었다. 젊은 시절은 밤낮으로 무도수행에 정진했다. '일본의 무사'임을 자부하며 살았던 반잔이 제일 먼저 완수해야 할 것은 무사로서의 경세 실학이었던 수기치인(修己治人)의 도(道)였다. 당시의 많은 유자들을 수기치인의 실학과는 인연이 없는, 자구(字句)에 천착하고 관념론을 즐기는, 학문을 사고파는 장사치[게이샤, 藝者]에 지나지 않는다고 보았다. 학문은 무사의 '숨은 재주'로써 내면 깊숙이 남 몰래 영위해야 하는 것이었기 때문이다.

16세 때 비젠[備前] 오카야마번[岡山藩] 이케다 미쓰마사[池田光政]에게 출사해 무사=치자(治者)로서의 학문의 필요성을 통감하고, 20세 때 치사(致仕). 독학을 하며 스승을 찾아 나카에 도주[中江藤樹]의 문하로 들어간다. 아사 직전의 빈궁한 생활을 거쳐 27세 때 재차 오카야마번에 출사했다. 미쓰마사에게 중용되어 32세에 지행(知行) 3,000석의 반토[番頭]로서 번정의 중추를 담당하며 인정(仁政) 실현에 매진했다.

한편, 번 내의 질시와 번사세록개정(藩士世祿改正)에 따른 알력, 막부로부터의 위험인물시 등의 이유로 39세 때 치사. 추방과 금고처분으로 인해 각지를 전전했고 마지막은 이바라키[茨城] 고가성[古河城] 마을에 유폐되었다. 막부 비판뿐만 아니라 오카야마번을 떠난 후에도 유교의 이상주의 입장에서 양사자(養嗣子) 이케다 데루토시[池田輝録](미쓰마사의 삼남)를 통해 번정 비판을 계속했기 때문에 미쓰마사와는 절연상태가 되었다. 공자와 마찬가지로 '천(天)의 육민(戮民)'(『荘子』), 즉 천으로부터 벌로써 유교이상(儒教理想)을 끝까지 추구하도록 처분 받은 인간으로서, 감금 상태로 73세의 생을 마감했다.

그 어떤 절대성에도 고착(固着)하지 않는 정신의 동성(動性)과 '중화(中和)의 심법(心法)'에 바탕을 둔 자유사상가, 밸런싱 싱커로서의 그의 주장은 오늘날에도 충분히 통한다는 점에서 시대를 초월한다고 할 수 있다. 보편적 진리라 믿는 중국유학과 왕양명의 '양지(良知)'설·천지만물일체론(天地萬物一體論)을 경유하여 도주(藤樹)에게서 배운 시처위론(時處位論)[수토론(水土論) → 국가적 아이덴티티], 병농일치론(兵農一致論)[무사토착·농민구제 → 식량자급·지방부활], 상품경제통제론(商品經濟統制論)[반화폐경제 →'작은' 정부비판], 참근교대완화책(參勤交代緩和策)[낭인구제(浪人救濟) → 실업이 없는 국가운영], 산림보호론(山林保護論)[치산치수 → 환경입국], 구게문화(公家文化) '예악(禮樂)의 재흥'[겐지모노가타리론[源氏物語論] → 군자국(君子國)·도의국가(道義國家)의 실현] 등이다.

당시의 인구급증과 화폐경제·도시건설 등에 동반되는 난개발에 "천하의 산림, 열에 여덟은 없어진다."고 경종을 울리고, 삼림자원의 보전을 주장했던 에콜로지스트, 생태공생적(生態共生的) 문명론의 선구자이다. 또 인간이 시(時)[시대]·처(處)[환경]·위(位)[입장]에 따라 살아가는 존재라고 할 경우 반잔이 말하는 '시처위'라는 것은 하이데거의 '세계Welt' 또는 웍스퀼의 '환세계(環世界)Umwelt'와 같은 의미이다. 당시 무사들의 현실유용성 안에서 소비되는 인생을 "오쓰마[大津馬]의 추고(追枯)"(『夜會記』)라 개탄하고, 장자가 말한 '쓸모없는 나무'에 자신을 비유한 배경에는 소여(所與)의 '시처위'='世界Welt' '環世界Umwelt'에 대한 피상적 예속의 거부이다. 인간은 지금·여기에 현전(現前)하는 세계에서만 나를 충실케 하고 실현하는 수단을 가질 수 있다. 제약과 한정의 세계에 홀로 서서 존재의 밑바닥에 소용돌이치는 '생(生)'의 진실에까지 내려가 이것을 그 깊이와 풍요로움에 있어 향수하라고 하는 철저한 실존적 리얼리즘이 거기에 있다.

◉ 참고문헌

『增訂蕃山全集』 전 7권(名著出版, 1978~80)
後藤陽一·友枝龍太郎校注 『熊澤蕃山』(日本思想大系30, 岩波書店, 1971)
宮崎道生 『熊沢蕃山の研究』(思文閣出版, 1990)
吉田俊純 『熊沢蕃山 その生涯と思想』(吉川弘文館, 2005)
大橋健二 『反近代の精神 熊沢蕃山』(勉誠出版, 2002)

◉ 필자

오하시 겐지[大橋健二]

宮崎安貞

미야자키 야스사다

1623-1679

천(天)이 생성한 만물 중에 사람보다 고귀한 것은 없다. 사람이 고귀한 까닭은 즉, 천의 마음을 이어받아 천하의 만물에 은혜를 베풀고 양생하는 마음을 스스로 갖고 있기 때문이다. … 그러므로 귀천 모두 이 이치를 깊이 거울삼아 마음을 한결같이 농업에 두고 소홀히 해서는 안 된다.

(『農業全書』 農事総論 耕作 第一)

시간과 공간을 뛰어넘어 지금도 우리에게 농철학 세계- 농업을 통해 '누구라도 깊이 이해해야 할 도리'-의 향기를 드리우는 인물이 있다. 근세 농서(農書)를 대표하는 『농업전서(農業全書)』의 저자로 근세 3대 농학자의 한사람이라 불리는 미야자키 야스사다[宮崎安貞, 1623-1697]이다.

『농업전서』는 지금까지 에도 시대 최고의 농서라 평가되고 있는데, 그것은 주로 개개 작물의 재배방법을 기술한 부분에 대해서였다. 하지만 그러한 각론도 각론이지만 오히려 그 이상으로 '자서(自序)', '범례(凡例)', '농사총론(農事總論)' 등을 통해 알 수 있는 야스사다 자신의 농업관이야말로 농철학의 최고봉이라 할 수 있는 것이다.

야스사다가 살았던 시대는 겐로쿠기[元祿期]*였다. 야스사다도 화려한 세상을 접했을 것이다. 그러나 그는 농촌에 정착해서 농경에 종사했다. 야스사다의 일상은 농민으로서의 생활이었다. 경작 틈틈이 집필을 이어갔을 것이다.

맑은 날은 농사일로 땀을 흘리고 비가 내리는 날은 삶을 깊이 고민하는 영성적(靈性的)·지성적인 시간을 보내는, 이른바 청경우독(晴耕雨讀)의 생활-그것은 예부터 동아시아 문화권에서 이상적인 생활로 여겨져 왔던 라이프 스타일이기도 하다-을 실천한 사람이 저술한 일본 최초의 농철학서가 바로 『농업전서』이다.

미야자키 야스사다의 생애를 전하는 자료는 많지 않고 그것들도 극히 단편적인 것에 지나지 않는다.

미야자키 야스사다는 아키국[安藝國] 하로시마번[廣島藩]의 산림부교[山林奉行]로 일하는 200석 정도의 녹봉을 받는 무사, 미야자키 기에몬[宮崎儀右衛門]의 차남으로 태어났다. 부친은 산림부교라는 요직에 있었지만 훗날 그 지위에서 쫓겨나 녹을 잃어버렸다고 한다. 그 동안 그 자신도 농업에 종사했을 가능성이 있다. 야스사다는 25세 때 규슈[九州]로 가 후쿠오카번[福岡藩]에 출사한다.

그러나 어찌된 이유인지 수년 후에는 사직하고 낭인(浪人)이 된다. 『농업전서』 권두의 '범례'에 다음과 같은 기술이 보일 뿐이다.

"입년(立年) 후 이유가 있어 치사(致仕)해 ……" 즉, 30세에 이유가 있어 사직했다는 의미이다.

---

* 에도 시대 전기로 1688년부터 1704년까지의 기간을 가리킨다. 주로 교토[京都]·오사카[大坂]를 중심으로 하는 가미카타[上方] 지방을 중심으로 하여 서민적 문화가 만개했다.

실직한 무사가 세상에 넘치던 시기에 왜 그가 사직을 했는지 그 이유는 전혀 알 수가 없다. 번 당국[무사]이 농촌 실정을 너무 모르는데다가 연공(年貢) 징수가 날이 갈수록 혹독해지는 현실과, 부담의 경감을 호소하는 일반농민들 사이에 끼어 본의 아니게 사직을 했을는지도 모르겠다.

『농업전서』의 자서에는 "민간에 은거해 농업을 업으로 삼았다"라는 기술이 보인다.

야스사다는 찾아다닌 선진지역의 농업기술을 실지(實地)에 이식하기 위해 지쿠젠국[筑前國] 시마노코오리[志摩郡] 묘바루무라[女原村](현재의 후쿠오카시[福岡市]) 니시구[西區] 스센사[周船寺])에 정착해 스스로 농업기술 개선에 착수했다.

『농업전서』에는 야스사다 자신의 경험적 지식을 바탕으로 하는 농민의 생활이 잘 나타나 있다. 그의 눈에 비친 농민은 그 근면함에도 불구하고 수확이 그것에 동반되지 않는 경우가 많았다.

> 단지 나는 토민을 친구로 삼아 농사를 배운지 수년이다. 또한 세상 농민, 그 기술을 자세히 알고 있지 않음에 힘을 다해 농사를 짓는다 해도 그 공이 적고, 그 이익을 얻기 힘듦을 알았다.

그는 농민이 농업기술을 잘 모르고 고생한 만큼 보답을 받지 못하는 생활 상태에 있음을 염려해 농민에게 일조할 수 있는 농서를 간행하기로 마음먹었다. 농서는 그러한 상태의 농민에게 '의리(義理)'[이것은 인간과 자연의 관계, 즉 인간이 자연에 능동적으로 대처하는 방법이라는 의미]를 가르치는 최선의 방법이라고 그는 판단했기 때문이다.

그러한 야스사다의 태도는 당시 일류 학자라 불리던 사람들의 그것과는 현저히 다른 것이었다. 즉, 당시 일류 학자라 불리던 사람들 중에도 농업과 먹거리에 관한 책을 남긴 사람도 있지만, 그 대상은 농민이 아니라 각각의 먹거리와 관련된 해박한 지식을 습득해 인생을 즐기려 했던 상류계급 사람들이었기 때문이다.

후기 봉건사회라 불리는 에도 시대도 그 초기는 그야말로 농업사회로 농민은 혹독한 수탈의 대상이 되어 있었다. 『농업전서』 출현 이전에도 여러 종류의 농서가 나왔지만 그것은 주로 지배자 측이 농민통치책을 기술한 농정서(農政書)와 비슷한 것들이었다. 또 데라코야[寺小屋] 등 서민교육도 활발히 벌어졌지만 농업에 관한 교육은 거의 이루어지지 않았던 시대였다. 진정한 의미에서 『농업전서』는 농민에게 있어 최초의 실천적 교육서였다.

원래 농업은 자연환경과 생활 내용(생활습관)이라는 풍토를 기반으로 하는 것이라 할 수 있다. 그러나 풍토도 농업의 방식에 따라 크게 영향을 받는다는 것을 『농업전서』는 당시의 선진 농업지역의 농업 방식이라는 현장을 통해 우리들에게 암시하고 있다.

『농업전서』의 자서에 의하면 "민간에 은거해 농사를 업으로 삼았다" 각지(기나이[畿内]·주고쿠[中國]·규슈[九州])를 순유(巡遊)하며 그 지방의 농업을 시찰하고 노농(老農)에게 물어 종예(種藝) 방법을 연구했다고 쓰고 있다.

교통과 통신 사정이 지금 시대와는 비교할 수 없을 정도로 불편했던 시대, 그는 왜 각지를 순유하며 그 지방의 농업을 시찰하려 했을까. 야스사다야말로 풍토라는 것[현대의 의미로 '지구의 생태'에 해당한다]이 농업의 방식에 따라 크게 영향을 받는다는 것을 깨달은 최초의 인물이었을

는지도 모르겠다. 이것이 『농업전서』가 시간과 공간을 뛰어넘어 현대사회에서도 중요한 농서의 하나라 여겨지는 이유이다.

『농업전서』 전 11권이 출판되었던 것은 겐로쿠 10년(1697) 7월이었다. 그런데 기록에 의하면 같은 해 같은 달 23일은 야스사다가 세상을 떠난 명일(命日)이다. 향년 75세였다. 그 자신이 살아 있는 동안 완성된 『농업전서』를 보았는지 어땠는지는 알 수 없다.

현대사회의 인간이 땅과 인연을 맺는다는 것은 인간이 생명 순환의 원점으로 다시 돌아간다는 것을 의미한다. 따라서 인간의 생활 기반이며 생활문화의 기초인 농업을 경제 원리로만 다루려 한다면 자연환경은 물론 사회도 점차 이상해져 갈 것이다.

『농업전서』는 일본 농업의 과거와 현재, 그리고 미래로 이어지는 기본적인 자세를 볼 수 있는 귀중한 문화유산이라고도 할 수 있다.

◉ **참고문헌**

· 복각판 원문 또는 현대어 역

土屋喬雄校訂, 『農業全書』(岩波書店, 1936)

山田竜雄 外 編, 『農業全書』(『日本農書全集』 12, 13, 農山漁村文化協会, 1976)

『農業全書』(『日本思想大系』 62巻 『近代科学思想』 上, 岩波書店, 1972)

· 농사에 관한 통사

古島敏雄編, 『農書の時代』(農山漁村文化協会, 1980)

飯沼二郎編, 『近世農書に學ぶ』(日本放送出版協会, 1976)

筑波常治, 『日本の農書』(中央公論社, 1987)

◉ **필자**

황용성(黃用性)

伊藤仁齊

이토 진사이

1627-1706

> 인(仁)의 덕은 크지만, 그것을 한 마디로 말하자면 단지 애(愛)이다. …… 단, 애는 실심(實心)에서 나온다. 따라서 이 다섯 가지[오륜오상(五倫五常)]가 애(愛)로부터 나올 때는 즉, 실(實)이다. 애(愛)에서 나오지 않을 때는 즉, 거짓일 뿐.
>
> (『童子問』)

'인(仁)'의 '덕(德)'은 크고 한마디로는 이를 다 표현할 수 없다. 그러나 감히 한마디로 말하자면 '애(愛)'이다. 부모자식 관계에 있어서의 '친(親)', 군신 관계에 있어서의 '의(義)', 부부 관계에 있어서의 '별(別)', 형제 관계에 있어서의 '서(敍)', 친구 관계에 있어서의 '신(信)', 이들 다섯 가지도 '애(愛)'로부터 나올 때는 '실(實)'이지만 '애'로부터 나오지 않는다면 그것은 '거짓'이다. 그리고 그 '애'는 '실심(實心)'으로부터 발동되는 것이다. '인'의 근원에 있는 것은 무엇인가. 그것은 '애'이다. 그러면 그 '애'의 근원에 있는 것은 무엇인가. 그것은 '실심'이다. 진사이는 근원을 찾아 사색한다. 그 종착점은 '실심', 즉 진실한 마음이다.

선(善)도 '실심'으로부터 발동하지 않으면 '위선(僞善)'이라고 진사이는 말한다.

진사이의 저술에는 "실학(實學)이 있고 그런 연후에 실덕(實德)이 있다. 실덕이 있으면 곧 실재(實材)를 알 수 있다."(『童子問』), "실학이 있고 그 다음에 실지(實智)가 있다." (『中庸發揮』) '실심(實心)' '실덕(實德)' '실학(實學)' '실재(實材)' 등등, '실(實)'이라는 문자가 자주 나온다. '실'에 대한 개념으로서 진사이가 부정하는 것은 '허(虛)' '위(僞)' '공(空)' '가(假)'이다. 그리고 "성인의 도는 오직 성(誠)뿐. 이는 부처가 공(空)이라 하고, 노자가 허(虛)라 하는 것과 같다. 성인의 도는 실리에 있다."(『語孟字義』)라며 '허'를 이야기하는 노장사상과 '공'을 이야기하는 불교에 비해 유학은 '실(實)'을 이야기함에 그야말로 '실학'이라 주장한다. 여기에서 진사이가 말하는 '실학'이란 근대적인 의미에서의 '실용실학'이 아니라 '성'이라든지 '애'와 같은 '실심'을 구체적 내용으로 하는 인간적 진실을 추구하는 '실심실학(實心實學)'이다.

'실'이란 것을 추구했던 진사이는 그 생애의 궤적 그 자체가 그의 사상의 실천이었다. 진사이는 교토[京都]의 일반 서민의 장자로 태어났다. 10대 때 『대학(大學)』에 감동했다. 이후 학자가 되기로 마음 먹고 주자학에 심취해 20대 후반에는 스스로의 생각을 『경제기(敬齊記)』 『심학원리(心學原論)』와 같은 저작으로 결실을 맺었다. 그러나 29세 때부터 37세 때까지 세상과 단절한다. 이 동안의 소식은 분명치 않지만 주자학에서 이상으로 삼고 있는 '천리(天理)'를 체현한 본래의 자기를 찾아[復初說] 사상적으로 방황·고투하고 있었음에 틀림없다. 본래의 자기를 찾으려 하는 것은 피로 피를 씻는 것과 같이 빠져나갈 길이 없는 정신의 공전에 빠지는 경우가 있다. 자기통일에 대한 욕구가 격렬하면 격렬할수록 한없이 정신은 자기분열을 하고 그 결과 자기의 자기에 대한 관계성만이 비대해져 타자와의 공감과 동조를 잃어버리게 되고, 세계의 존재가 희박화하고 그것이 반조(反照)하여 더욱 자기 자신의 존재감까지가 희박화해 가는 경우가 왕왕 있다. 훗날 진사이는 이 쓴 경험에 대해서 술회하고 있다.

이 쓰디 쓴 자기탐구 끝에 자기를 순수한 내적 정신으로 파악하는 것이 아니라 세계와 타자와의 관계성에 있어 재규정되어지는 존재로서 파악하는 시점을 획득할 수 있다. 타자와의, 세계와의 관계성이 붕괴할 때 자기도 붕괴한다는 것을 진사이는 몸소 체득해 '관계성 안에 있는 나'를 재확인하는 것에 의해 멋지게 '속(俗)'의 세상으로 귀환한다. "속 밖에 도 없고, 도 밖에 속 없다." (『童子問』)는 구절은 그의 실제 체험에서 나온 무거운 말이다.

그러면 사람은 이 '속' 세계에 있어 구체적으로 어떻게 타자와의 관계를 맺어 가면 좋을까. 진사이가 말하는 바는 지극히 간단하다. 다른 사람의 입장을 내 입장처럼 배려하며 사랑할 것. 즉, '서(恕)'와 '인(仁)'의 실천이다. 주자학에서는 사랑 방식에 바른 그것과 그렇지 않은 그것을 '궁리(窮理)' 변별하여 '이(理)'에 부합하는 '애'만을 '인'이라 한다. 왜냐 하면 맹목적인 사랑은 '인욕(人欲)'일뿐이라 생각하기 때문이다. 그러나 진사이는 그렇게 생각하지 않는다. '이'에 적합한 사랑인지 아닌지 라는 발상 이전의 타자에 대해 넘쳐흐르는 '정(情)'을 진사이는 중히 여긴다. '인'이란 도리에 부합한 '애'같은 것이 아니라 마음이 사랑으로 충만하고 '심(心)'과 '애'가 아주 작은 틈도 없이 하나가 된 것을 말한다. 어째서 진사이는 '이'를 싫어하는 걸까. "만사를 오직 이에 따라 결단할 때는, 즉 잔인혹박(殘忍酷薄)의 마음이 많아지고 완유인후(完

裕仁厚)의 마음이 적어진다."(『童子問』) 즉, '이'에 따라 사물을 판단하는 가운데 '잔인각박(残忍刻薄)의 마음'을 간파한 것이다. 진사이는 자문자답한다. "묻겠다. 인은 필경 애에서 멈출까. 대답하기를, 필경 애에서 멈춘다. 애는 실덕이다. 애가 아니면 즉, 그 덕을 보는 일은 없다. 가령 추호라도 인혹박기해(忍酷薄忮害)의 마음이 있다면, 즉 인을 얻을 수 없다. 따라서 학은 곧 실덕인 것이다".(『童子問』) 진사이는 정의에 의한 심판보다는 자애(慈愛)에 의한 용서를 자타와의 관계에 있어 무엇보다도 긴요한 것이라 본 것이다.

◉ **참고문헌**

伊藤仁齊著, 清水茂校注, 『童子問』(岩波文庫, 1970)
源了圓, 「伊藤仁斉の実学観とその哲学」(『心』 30巻 2,3,5,8,9,11號, 31巻 2號, 平凡社, 1978-79)

◉ **필자**

고지마 야스노리[小島康敬]

貝原益軒

가이바라 에키켄

1630–1714

학문의 핵심에는 두 가지가 있다. 아직 모르는 것을 아는 것이 하나다. 이미 알고 있는 것을 고수하며 행하는 것이 하나다.

(『五常訓』 巻四)

가이바라 에키켄[아쓰노부, 篤信]은 에도 시대 전기의 유학자이다. 그는 유교를 아주 이해하기 쉽게 해설하여 일본사회에 보급한 사상가이지만, 특히 배우는 것의 중요함을 일관되게 강조했다. 모두에서 든 예문은 『오상훈(五常訓)』 안에 있는 것인데, 주목해야 할 부분은 두 번째 핵심이다. 알고 있는 것을 실행하기 위해서는 진정으로 아는 것이 필요한데, 이것이 바로 학문이 필요한 이유라고. 그는 학행일치(學行一致)를 스스로 실천하며 85세로 생을 마감하기까지 실로 많은 저작을 남겼다. 『대화속훈(大和俗訓)』(79세), 『대화본초(大和本草)』(80세), 『화속동자훈(和俗童子訓)』(81세), 『악훈(樂訓)』(81세), 『오상훈(五常訓)』(82세), 『양생훈(養生訓)』(84세), 『신사록(愼思錄)』(85세), 『대의록(大疑錄)』(85세).

그는 후쿠오카[福岡]의 구로다번[黒田藩]에 출사했던 유자(儒者)이다.

부친[구로다번의 우필(祐筆)* =문학]과 형의 지도로 의학과 유학 공부를 시작해 19세 때 임관을 하지만 번주(藩主)와 맞지 않아 7년간 낭인생활(浪人生活)을 했다. 마침내 번주가 바뀌어 문치주의(文治主義)가 되고 학문을 이해하는 가로(家老)(다치바나가[立花家])의 도움도 있고 해서 71세의 나이로 치사(致仕)할 때까지 가신으로서 맡은 바 업무(『구로다가보[黒田家譜]』편찬, 『지쿠젠노쿠니풍토기[筑前國續風土記]』편찬)와 자신을 위한 학문에 전념할 수가 있었다.

이하 많은 작품들 가운데 다섯 편을 예로 들어 보겠다.

『오상훈』은 유교의 다섯 가지 덕, 인의예지신(仁義禮智信)을 성현의 말을 다수 인용하면서 꼼꼼히 해설한 것이다. 단지 다섯 가지를 병렬해 해설하는 것이 아니라 '의예지'는 '인'에 포섭되어 있는 것이고, '신'은 인의예지가 모두 진실이라는 것을 나타내는 '덕'이라고 이를 구조적으로 파악하고 있다. '인'은 천지가 만물을 생생(生生)하고 키우는 자애의 마음이 인간에게 깃든 것으로 천지의 스케일을 갖는 큰 덕이라는 것을 강조한다. 인간에게는 공사(公私)의 사(私)에 구애받는 경우가 있음으로 공(公) 그 자체인 성인(聖人)과의 차가 생기고, '인' 그 자체인 사람은 극히 적다. '인'을 실천하기 위해서는 '서(恕)'라는 타인을 배려하는 마음을 단서로 할 것을 공자는 준비했지만, 에키켄은 '인'과 '서'의 차이에 주목하게 하고 있다. '의'는 선악을 판별하는 태도를 말하며, 각각의 상황에 바르게 응하는 대응(적절함)을 말한다고 한다. '예'는 절도(節度)를 말하며, '지'는 '인의예'를 바르게 인식하는 중요한 역할이 있다고 한다. 바르고 정확하게 인식하지 않으면 실행으로 나아갈 수

---

* 번(藩)에서 문서와 기록을 맡았던 직책.

없기 때문이다. 『오상훈』은 에케켄이 오상(五常), 즉 유교가 인간의 근본 조건으로서 얼마나 소중한 것인가를 진지하게 고찰한 작품이다.

『양생훈』은 평소 자신의 건강 관리를 게을리 하지 않았던 에키켄의 양생법을 체계적으로 정리한 것이다. 중국의 의학서를 많이 참고하고 있는데, 일본인과 대륙의 중국인이나 조선인과의 체력의 차[그들은 비위(脾胃)가 강하다] 또한 고려하고 있다. 결론에서는 마음을 차분히 하고 몸을 아주 많이 움직이는 것이 양생의 철칙이라는 것을 반복해서 말하고 있다. 또한 즐기는 것이 양생의 기본이라는 것도. 당시의 약은 생약이 주(主)여서 약의 성질을 알기 위해서는 『본초(本草)』[『신농본초경(神農本草經)』]의 지식이 필요했고, 그 실천으로부터 『대화본초(大和本草)』라는 작품도 태어났다. 또 형인 라쿠켄[樂軒]과 함께 미야자키 야스사다[宮崎安貞]의 『농업전서(農業全書)』의 간행에도 힘을 보탰다. 매일 아침 눈과 이를 염탕(塩湯)이나 탕으로 몇 번이고 닦아 83세 때까지도 세자(細字)를 읽고 쓰는 데 전혀 지장이 없었고 충치도 없었다는 것은 그저 놀라울 따름이다.

『대의록』은 주자학자이면서 무극(無極)[無]를 태극(太極)[有]의 본으로 삼거나 성(性)[理]의 불멸을 설유하는 주자의 사상에 불로(佛老)의 잔재가 남아 있음을 지적했다.

『신사록』은 보기 드물게 전문이 한문으로 되어 있고, 그의 학문관의 결정이라 고도 할 수 있다. 그가 유학의 배움을 통해 특히 중요하다고 깨달은 것을 한문으로 기록하고 있는데, 에키켄의 사상을 한문으로 알 수 있는 좋은 책이자 중국과 한국·조선 사람들에게도 알려진 책이다.

마지막으로 『악훈』인데, 이것은 비교적 짧은 작품이지만 나는 에키켄의 전 작품 가운데 최고의 걸작이라 생각한다. 처음에 즐거움에 대해 논한 총론이 있다. 즐거움이란 "측은한 마음을 바탕으로 한" '인(仁)'의 마음이라고 한다. 이 '인', 즉 즐거움의 근원은 사람이 하늘에서 부여받은 마음임으로 누구에게나 내재한다. 그러나 배우지 않으면 즐거움의 근원이 '인'이라는 것, 이를 모두가 내면에 갖고 있다는 것을 알 수 없다. 밖에 즐거움의 근원이 있는 것이 아니다. 이것을 배워 자각하고 스스로 즐기고 사람들에게 '인'을 베풀어 즐겁게 하는, 이것이 기본이라고 한다. 다음으로 춘하추동의 자연 경관을 즐기는 것과 독서하는 즐거움에 대해 말하고 있다. 나는 『악훈』이야말로 21세기의 인류의 바이블이라고 생각한다. 에키켄은 그야말로 멋진 작품을 후세에 남겨주었다.

◉ **참고문헌**

益軒会編, 『益軒全集』 1~8(益軒全集刊行部, 1910~11)
『樂訓』의 현대어 역은 日本の名著(中央公論) 『貝原益軒』에 실려 있는 松田智雄訳을 참조함
『大疑録』과 『五常訓』은 岩波思想大系 『貝原益軒・室鳩巣』에 실려 있음
井上忠, 『貝原益軒』(人物叢書103, 吉川弘文館, 1982)
小川晴久, 「貝原益軒の『楽訓』の世界」(『実心実學の発見』, 論創社)

◉ **필자**

오가와 하루히사[小川晴久]

荻生徂徠

오규 소라이

1666-1728

배움의 길은 방효(倣傚)를 바탕으로 한다.

(『徂徠集』)

배움의 기본을 '방효', 즉 모방에 있다. 독창성을 너무 존중하는 나머지 '모방'을 혐오하는 지금 우리들의 통념에 찬물을 끼얹는 듯한 발언이다. 고대 중국의 성인들이 천하를 통치하기 위해 책정했던 '도(道)'를 명확히 밝히기 위한 방법으로서의 고문사학(古文辭學)을 제창하여 에도의 유학계를 일변시킨 오규 소라이[荻生徂徠]의 말이다.

종래 소라이는 '경세제민(經世濟民)'의 실학자로 이해되어져 왔다. 소라이는 유학의 본질은 도덕[수기(修己)]에 있는 것이 아니라 천하 국가의 통치[치인(治人)]에 있다고 주장했다. 분명 소라이는 범용한 '도학선생(道學先生)'이 아니라 정치의 리얼리즘을 응시했던 보기 드문 유자(儒者)였다. 그런 의미에서 소라이는 '정치의 발견자'였고 후쿠자와 유키치[福澤諭吉]에 앞서 근대적 사유의 출발점에 위치하는 '실학'자에 어울린다. 그렇다고 해서 소라이는 경세제민의 술책만을 추구해 '사람'보다는 '법'제도를 더 중시했던 사상가는 아니었다. 모두의 소라이의 말은 근대적인 의미에서의 '실학'이 잃어버린, 다른 의미에서의 실학의 진정한 모습을 이야기한 것이다.

소라이는 말한다. '예악'은 아름답다. 사람은 아름다운 것을 흉내 내려고 한다. '성인(聖人)'은 그러한 사람의 모방행동을 간파해 '예악'을 제작하고 그 아름다운 범형(範型)의 힘에 의해 내면을 감화시키려 했다. 오직 '예악'이 가리키는 범형을 모방하라. 거기에 이런 저런 이유는 없다. 습자의 본을 뜨는 것과 같다. 따로 위조품을 만들자는 것이 아니다. '예악의 가르침'이란 원래 그런 것이다. 그러므로 배움의 초기단계에 있어서는 '표절모사(剽窃模擬)'라는 말을 들어도 괜찮다. 본을 틀대로 흉내 내 가면 마침내는 그 본의 틀이 '내 것'이 된다.

여기에서는 학습자의 자발성이나 개성의 존중이라는 식의 문제는 조금도 고려되고 있지 않다. 그런 애매모호한 개념에 휘둘리기 전에 학문의 기본은 오직 모방에 있다고 각오하라. 개성적인 그림을 처음부터 그릴 수 있는 것은 아니다. 창조성과 개성은 착실한 모사와 뎃상과 같은 기법의 습득 과정을 통해서만 비로소 발휘할 수 있다. 예도(藝道) 세계에 있어서도 마찬가지다. 스승의 몸짓을 늘 보면서 자연스럽게 배우며 단지 모방하는 수업(修業)이 이어진다. 독창은 전통적 양식에 대한 소박한 수련 끝에 얻게 되는 것이다. 소라이는 그런 배움의 기본, 모방의 의의를 누구보다도 깊은 곳에서 이해했다. 범형을 모방하는 일을 '오래'하면 저절로 '바뀌'어 '밖[外]'의 범형이 '내 것'이 된다. "따라서 모의(模擬)를 병이라 여기는 자는 배움의 길을 모르는 자"이다.

이러한 점에서 '덕'의 개념에 대한 소라이의 해석은 실로 유니크하다. 주자는 '덕'이란 '득(得)'이고, '마음[心]'으로 얻는 것으로 해석했다.

(『論語集註』) 이것은 『예기(禮記)』의 '덕은 몸으로 얻는 것'이란 말을 참고로 해 '몸'을 '마음'으로만 바꾼 것이다. 주자는 '덕'을 '몸[身]'으로 얻었다고 해석하는 것은 천박하다고 생각해 정신의 깊은 레벨에서 얻은 것으로 해석해 '마음[心]'으로 바꾼 것이다. 이에 비해 소라이는 『예기』의 '덕은 몸으로 얻는다'를 그대로 채용하여 주자설을 비판한다. 소라이에게 있어 '덕'이란 어디까지나 '몸'의 레벨에서 획득해야 하는 것이었다. 즉, 체득(體得)이나 체인(體認)이라는 말로 상징되는 신체에 깊이 각인된 것이 '덕'이었다. '덕'이란 우리들 밖에 객관적으로 존재하는 문화규범을 '배워' '내 것으로 해' '몸으로 얻은' 것이다. 이러한 차원에서 이야기되는 '덕'은 인격적인 개념과는 달라서 신체에 각인된 신체지(身體知)·암묵지(暗默知)라고 해야 할 것이다.

소라이는 외재적 문화규범에 의한 인간형성을 지향했다. 그것은 '몸'의 구조가 '마음'의 구조를 길러 간다고 생각했기 때문이다. 소라이는 신심을 분리해 육체로서의 신체와 정신으로서의 마음이라는 식의 이항대립적 관계로 파악하는 경우는 없다. '몸'은 그 안에 문화를 침투시킨 구체적인 의미적 존재였다. 즉, 인간을 순수하게 추상화된 정신으로서의 주체로서가 아닌 문화·풍속에 젖은 문화적 신체의 주체로서 생각했다. 그렇기 때문에 소라이에게는 문화의 바람직한 상태가 거기에 사는 인간의 정신 상태를 규정한다고 생각해 예악제도나 풍속에 특별한 관심을 기울였던 것이다. '선왕(先王)의 예악'이라는 문화적 범형을 모방해 그것에 '습숙(習熟)'하고, 그것을 '몸으로 얻어' 가는 것, 이것이 바로 소라이에게 있어서의 '배움'이라는 것의 진의였다. 그리고 범형이 신체에 각인화되어 의식적 노력이 창조적 무의식으로 승화하여 제2의 자연이 형성되면 그것이 바로 '배움'의 완성이라 생각했던 것이다.

이와 같은 소라이의 배움의 모습은 개(個)의 의식에서 출발해 인식하고 비판하는 주체로서 너무 성급하게 자기 형성을 지향하는 나머지 고전문화를 통해 자칫 다양한 문화적 규범을 신체화하여 자기 형성을 도모해 간다는 것을 등한시하기 쉬운 오늘날의 학문·교육 상황에 재고를 촉구하는 것이 있다.

◉ **참고문헌**

『荻生徂徠全集』 卷1~17(みすず書房, 1973~87)

吉川幸次郎, 「徂徠學案」(『仁齊·徂徠·宣長』, 岩波書店, 2004)

◉ **필자**

고지마 야스노리[小島康敬]

雨森芳洲

아메노모리 호슈

1668-1755

> 성신(誠信)이라는 것은 실의(實意)라는 것으로, 서로 속이지 않고 싸우지 않으며 진실로써 사귐을 성신이라 합니다.
>
> (『交隣提醒』)

'성신(誠信)'이란 진의(眞儀)를 말하며, 서로 속이지 않고 싸우지 않으며 진실에 바탕을 두고 사귀는 것이야말로 '성신'이다. 이것은 에도 시대 중기 조일(朝日) 외교에 진력했던 쓰시마[對馬] 번유(藩儒) 아메노모리 호슈[雨森芳洲]가 남긴 말이다.

호슈는 오우미[近江] 이카군[伊香郡] 사람으로 이름은 노부키요[誠清], 자는 하쿠요[伯陽], 통칭은 도고로[東五郎]이다. 18세 때 기노시타 준안[木下順庵]에 입문하여 동문인 아라이 하쿠세키[新井白石], 무로 큐소[室鳩巣], 기온 난카이[祇園南海] 등과 함께 재지(才知)가 세상에 널리 알려져 22세 때 스승의 추거로 쓰시마번[對馬藩]에 출사했다. 그 후 나가사키[長崎]에서 당화(唐話)를 배우고 부산으로 건너가 조선어를 배워 한중일 3국의 언어에 정통했다. 미쿠마 가텐[三熊花顚]의 『속 근세기인전(續近世畸人傳)』(1798)에는 호슈와 대화를 한 조선인이 "귀하는 삼국 언어

중에 특히 일본어를 잘하시는군요"라며 감탄했다는 일화가 전해지고 있어 호슈가 당화와 조선어를 모국어인 일본어와 거의 비슷한 수준에서 자유자재로 구사했었다는 것을 보여준다.

호슈는 중국어와 조선어를 깊이 연구하고 그 음운·구조를 일본어와 비교해 각각의 언어가 다른 특징을 갖고는 있지만 커뮤니케이션의 수단으로서의 가치는 같다고 결론지었다. 또한 문자에 대해서도 "중국의 문자, 서역의 범자(梵字), 한국의 언문(諺文), 이 나라의 가나, 그 밖에 달탄, 네덜란드의 문자, 모두 그 나라의 말에 따라 아녀자나 아이들, 아랫사람들까지 누구나가 이를 사용한다. 그야말로 자연의 이치에서 나온 것이다"(『たはれ草』)라고 각 민족의 문자에 고루 합리성과 의의를 인정했다.

또한 쓰시마번에 의한 조일 외교의 실무에 장기간 종사했던 경험에서 외교 교섭을 원활히 진행하기 위해서는 상대국 언어를 숙달하는 것만으로는 충분치 않고 그 나라의 풍속과 습속, 역사, 문화 등에 대해서도 깊이 이해할 필요가 있음을 통감한 호슈는 61세 때 대조선외교의 수칙을 정리한 의견서를 쓰시마 번주에게 제출했다. 그것이 모두에서 소개했던 말이 수록되어 있는 『교린제성(交隣提醒)』이다.

이 책자에서 호슈는 먼저 "조선 교접의 의는 첫째로 인정·사세를 잘 아는 것이 간요합니다."라고 하며 조선과 일본의 외교·무역의 구조, 민족의 기질, 예의작법과 기호의 차이 등을 거론하며 이와 같은 차이를 고려하지 않고 자국의 '풍의(風義)'에 따라 타국 사정을 추찰·판단하는 것은 오해와 마찰을 초래하기 쉬워 위험한 일이라고 주의를 환기한다. 또한 독선적으로 자국의 문화를 과시해 타국의 문화를 업신여기는 것은 '료간[了簡]' 없는 일이라 비판하며, 이와 같은 잘못이 생기지 않게 하기 위해서는 외교를 담당하는 관리들이 상대국의 언어뿐만 아니라 양국의 외교기록과 상대국의 현재 사정에 대해서도 제대로 배워야 하며, 이렇게 해야 비로소 '성신(誠信)'의 교(交)를 맺는 것이 가능하다고 한다.

『교린제성』의 마지막 단에 실려 있는, 전체의 총정리라고도 볼 수 있는 이 '성신'의 교 주장은 호슈의 외교사상의 핵심이었다고 할 수 있다. '성신'이라는 말은 그 이전부터 조일 간에서 교환되는 공문서에 상투구로 자주 사용되었다. 그러나 호슈는 많은 사람들이 이 말의 의미를 명확하게 이해하지 못한다고 하면서 '성신'의 교란 우선 서로의 진의를 아는 것이며 상호의 역학관계에 좌우되는 거짓 우호가 아닌 진실을 바탕으로 하는 공평한 교류라고 한다.

즉, 호슈의 외교사상의 근저에 있는 것은 평등주의이고, 그 학문과 세계관의 핵을 이루는 것은 상대주의였다. 그는 어느 특정한 민족 또는 문화의 절대적 우월성을 부정한 것이다. 그것은 "중국만 있고 이적(夷狄)이 없다면 생육의 길은 두루 미칠 수 없다. 약재기용을 비롯해 대사소사 모두 서로 도와야 할 일이 많다. 나라의 귀천이란 실로 군자소인의 많고 적음과 풍속의 좋고 나쁨에 의한 것이어야 한다. 중국에서 태어났다고 해서 우쭐댈 필요도 없고 이적으로 태어났다고 해서 부끄러워 할 필요도 없다"(『たはれ草』)라는 발언을 봐도 자명하다. 프란츠 보아즈와 그 제자들이 문화상대주의를 제창하기 약 200년도 전에 호슈는 이미 이와 같은 사상을 내세웠던 것이다.

그리고 국제화가 진행되어 이문화에 대한 이해와 존중이 요구되는 현대사회에 있어 아직도 호슈의 학문과 사상은 보편성을 갖는다. 민족·종교·문화의 차이에 기인하는 분쟁이 지금 세계의 여러 지역에서 심각해지고 있다. 동아시아 제국의 외교도 여러 가지 난관에 직면해 있다. 이와 같은 시대이기 때문에 더욱 호슈가 말했던 '성신'의 교 정신은 빛을 더할 것이다.

◉ 참고문헌

水田紀久校注, 『たはれ草』(新日本古典文学大系99, 岩波書店, 2000)
田代和生校注, 『交隣提醒』(平凡社東洋文庫, 2014)
『雨森芳洲全書』 一~四(関西大學出版部, 1979~84)
泉澄一, 『對馬藩儒雨森芳洲の基礎的研究』(関西大出版部, 1977)
上垣外憲一, 『雨森芳洲－元禄享保の國際人』(講談社, 2005)

◉ 필자

나카오 유카리[中尾友香梨]

石田梅岩

이시다 바이간

1685–1744

[신유(神儒)의 법] 나의 마음을 탁마(琢磨)하는 씨앗이다. 탁마한 후의 깨끗한 씨앗에 더러움이 묻을지 궁금하구나.

(『都鄙問答』, 이하 『問答』, 권3)

내 마음을 체인(體認)하는 것이 학문의 목적이라고 한 바이간은 석문심학(石門心學)의 창시자로 알려져 있다. 이 석문심학의 사상을 근세실학사상의 계보에 자리매김한 미나모토 료엔[源了圓] 씨는 "인간적 진실 추구를 바탕으로 자기의 경제적 행위를 구축하는 실학"이라고 논하고 있다. (『近世初期實學思想の研究』, 588쪽) 이 석문심학의 이해에 입각해 이시다 바이간을 실심실학자로서 자리매김하고, '아심(我心)'에 대해서 검토하기로 하자.

바이간이 은둔 학자 료운[了雲] 노사(老師)를 우연히 만나 홀연히 심(心)을 알고 성(性)을 알게 된 기쁨은 "죽은 부모가 소생해 다시 찾아오시다 해도 그 즐거움만 못할 것이다" (『問答』 권3)라고 할 정도였다.

> 심을 다해 성을 알고, 성을 알게 될 때는 천을 안다. 천을 아는 것을 학문의 시작으로 한다. 천을 알면 사리가 스스로 명백해진다. 이것으로 사를 버리고 공으로써 일월이 두루 비침과 같다.(『問答』 권 3)

이 말은 『맹자』 진심(盡心) 상(上)의 "맹자가 말하기를, 그 마음을 다하는 자는 그 성을 알 것이다. 그 성을 알면 즉 천을 알 것이다."라는 것에서 따온 문장이다. 바이간은 '행(行)은 심(心)에서 나온다'는 설에 반대한다. 심에서 직접 행위에 다다르는 것이 아니다. 마음을 다해 선한 성을 알고, 그 성을 자신의 스승으로 삼아 이를 따르는 마음을 갖고 스스로 선을 실천하는 것이다. 성을 자각적 행위로서 '아는' 것에 의해 그 성에 따라 선을 '행하는' 책임과 고통을 감당해야 한다. 본래 선(善)인 성은 성인이든 우리든 다를 것이 없다. 성인에는 미치지 못한다 하더라도 한 사람 한 사람이 성을 따르는 마음을 발분(發憤)시켜야만 한다. 바이간이 생각했던 행동이란 구체적으로는 "오늘 해야 할 인사(人事)를 있는 그대로 힘써 행하는"(『이시다선생어록[石田先生語錄]』 이하 『語錄』, 권8) 것이다. 각자가 직분으로서 그날그날 해야 할 일을 있는 그대로 힘쓰라는 가르침이다. 무사는 무사로서, 상인은 상인으로서 그날그날의 맡은 바 일이 있다. 바이간은 상도(商道)는 다른 사농공(士農工)의 도와 마찬가지라고 한다. 신분에 구애됨 없이 하나의 보편적인 도라는 것은 정직으로 이루어진 검약이라고 했다. 이 행동을 받쳐주는 것은 성이고, 성을 따르는 것이 심이다. 이 심을 바이간은 아심(我心)이라 칭했다.

그렇다면 이 아심의 '아(我)'란 무엇인가. 바이간은 '충(忠)'이라는 제목의 문답에서 "아(我)를 세우라"고 주장한다. 그 모두에서 "나는 성인도 부처님도 제도(諸道)에도 밝지 않아 이를 이용하지 않는다. 인아(人我)로써 충의 수호로 삼는다"(『語錄』 권4)라고 하며 인아(人我)를 충의 실천을 돕는 근원이라 자리매김했다. 분명 바이간이 말하듯이 불교용어에 아집(我執), 아의(我意), 아견(我見) 등의 말이 있고 '아'는 일반적으로 집착으로써 부정적인 의미를 갖고 있다. 그러나 바이간은 그런 줄 알면서도 아(我)를 세우라, 아(我)에 분명한 위치를 차지하게 하라고 주장한다. 바이간은 이해를 돕기 위해 비유를 들고 있다. 등장인물은 충심(忠心)에 비유한 주타로[忠太郎], 사심(私心)에 비유한 시지로[私二郎], 아심(我心)에 비유한 가사브로[我三郎] 삼형제이다. 주타로와 시지로의 성격은 '나와 타인의 간격이 없음'임으로 아심이 결락된 주타로는 유약하고 용기가 적으며, 시지로는 선사(善事)를 방해하기 좋아한다. 가사브로는 아에 집착하는데다가 사람들이 싫어하는 성격이었다.

아심은 자타를 나누는 욕심을 버림으로서 천지일면(天地一面) 아심(我心)이 되는 것이다. 한편, 비유담의 '아와 타의 간격 없음'이라는 표현은 사욕이 있든지[私二郎], 자립적인 아심이 결락되어 있음[忠太郎]을 의미하고 있다. 그렇다면 가사브로는 끊임없이 아를 세우고 주타로를 도우며, 마지막에는 가사브로야말로 실은 주타로가 아닐까 하고 사람들이 말할 정도가 되었다.

> 모든 세계의 선사(善事)를 아신(我身) 하나에 다 모으고 싶으면 아를 세워라. 또한 천지를 하나로 만들고 싶다면 아를 세워라. 최상지극(最上至極)한 곳에 나를 잃어버리고 싶으면 아를 세워라. 아를 세워 이를 관철시키지 않으면 안 된다면 심신견고(信心堅固)하게 아를 세움을 수호하고 나를 세움에 마음을 다해 충으로 삼는다. (『語錄』 권4)

충이란 굳은 결의로 자각적으로 또한 계속적으로 선을 향해 나가려 하는 아, 자아, 자기를 지속해 나가는 것이 아닐까 라고 묻는다.

이상과 같이 바이간은 도덕적 주체인 자기의 확립을 지향하며 일상생활과 자선활동에 끊임없이 노력 할 것을 주장했다. 그리고 이 아 에 심이 있어야만 타자와 접하고 타자의 마음을 헤아릴 수 있다고 생각했던 것이다. 이와 같은 생애를 보낸 바이간은 실심실학자로서 자리매김 할 수가 있을 것이다.

◉ 참고문헌

柴田實編, 『石田梅岩全集』 上卷 · 下卷, 改訂再版(清文堂出版, 1972)
圖像 石田梅岩肖像 京都明倫舍藏 全集口絵

◉ 필자

고토 도모코[古藤友子]

安藤昌益

안도 쇼에키

1703-1762

> 자연은 무시무종(無始無終). 오행(五行)·일진(一眞)·감신(感神)의 영활(靈活)이자 진퇴(進退)에 있어 통횡역(通橫逆)의 운회를 다하여 전정(轉定)·인(人)·물(物)이 된다. 이에 전정은 자연의 진퇴·퇴진이자 무시무종(無始無終)·무상무하(無上無下)·무존무천(無尊無賤)·무이(無二)이며 진퇴일체(進退一體)이다. 이에 전정(轉定)은 선후가 있는 것이 아니며 이는 자연이다.
>
> (『統道眞傳』)

전정(轉定)은 천(天)의 운동성과 해(海)의 정지성을 '진퇴(進退)'의 기(氣)의 관계라 보는 안도 쇼에키의 말이다. 천지의 선(先)으로 여겨지던 '태극(太極)'의 형이상성(形而上性)을 부정하고 오행의 기를 총칭한 '자연'을 대신한다. 진퇴는 음양을 대신하는 가치중립적인 개념으로, '진(進) 안의 퇴(退)'와 '퇴(退) 안의 진(進)'을 '진퇴(進退)'·'퇴진(退進)'이라 표기하며 후기사행론(後期四行論)에서는 이 관계를 '호성(互性)'이라 부른다.

정은 수구체(水球體)이고 구면(球面) 상 떠 있는 육토(陸土)가 다른 두께로 산재하고, 이 중토(中土)를 가운데 두고 승강(昇降)하는 전정의 기가 감합(感合)하여 만물의 생명을 생성한다. 전정(마크로코스모스)과 만물(미크로코스모스)은 오행과 (그 개변인) 사행팔기(四行八氣)의 원리를 가리키는 '활진(活眞)'의 '전체(全體)'와 '분체(分體)'의 관계에 있는 생명체라 간주되고 있으며, 전기(轉氣)와 정기(定氣)의 운기(運氣)가 감합하여 중앙의 육토에 만물을 생성하는 것이 생물의 자웅(雌雄)에 따른 생식의 원형이라 간주된다. '호성묘도(互性妙道)'는 생식에 의한 생명의 생성을 기론(氣論)으로 표현한 개념으로, '통횡역'은 전정과 인체와 만물의 기의 순환형태를 가리킨다.

후기 사행론에서는 남녀를 '사람'이라 훈독하고 '사람이면서 한 사람의 자하고 연하는' 논은 '일부일부제(一夫一婦制)'를 기초단위로 한 만인평등론의 주장이다. 막번사회(幕藩社會)의 상하를 불문하고 일부다처의 처첩제도와 '빈가(貧家)의 딸의 다녀(多女)를 구양(拘樣)하고', '일녀(一女)에 다남(多男) 이를 좇아 … 유녀(遊女)라 해 부끄러워함이 없는' 풍속을 비판하는 것으로, 18세기 중엽 쇼에키가 이것을 "금수와 다를 바 없다"고 혹독히 비난했던 것은 그 경제적 배경에 대한 지적도 포함해 여성해방론으로서 선구적인 위치를 점하고 있다.

일부일부의 단혼가족을 사회의 기초로 삼아, '직경(直耕)'에 의해 부모가 자식을, 자식이 나이 든 부모를 서로 양육하며 자기 부부를 중핵으로 한 조부모·부모·자식(부부)·손주(부부) 등 전후 5세대를 포함한 '자연의 오륜'을 유지하며 자손과 함께 가족·친족이 번영한다. 쇼에키는 "오륜, 다륜(多倫)이 되어 마을·읍·촌·다향(多鄕)이 된다"고 하며 혈연적 색채가 강한 근린의 집들이 "쭉 늘어서서 서로 친목하고 좋은 일은 서로 양보하며 어려운 일은 서로 도우"는 촌락의 상호부조 상태를 기초로 '읍정(邑政)'이라 부르는 지역공동체의 자치를 전망했다. 군신·부자관계를 우선했던 유교의 오륜은 "오륜 위에 서기 위한 모작(謀作)"이라 이를 부정하고, 남녀가 평등하게 '직경(直耕)·직직(直織)'하는 사회에 "무슨 사민(四民)이 있는가"라며 신분제도의 불합리함을 지탄했다. 남녀의 평등론이라기보다는 부부의 협동성을 핵으로 한 '자연의 오륜'을 인간간계의 기초로 삼고 있는 것이다.

교토에서의 수학을 엿볼 수 있게 하는 '유도통지도(儒道統之圖)'에서 안도 요시나카[安藤良中](쇼에키의 의호(醫號))는 후세 방별파(方別派)의 아지오카 산파쿠[味岡三伯]를 스승으로 하는 계보에서, 요(堯)·순(舜)에서 공자까지의 도통(道統)에 스스로를 자리매김하고 있다. 나중에 유의(儒醫)로서의 입장을 바꿔 이와는 정면으로 대결하는 '자연진영도(自然眞營道)'의 사상을 확립했다. 그 생략본 『통도진전(統道眞傳)』 본론부의 서명은 '자연진통도(自然眞統道)의 자전(自傳)'이라 되어 있는데, '자연'의 '(활)진'을 바탕으로 하는 '통도'이다. 복희(伏羲)·신농(神農)·황제(黃帝)의 삼황에 요·순으로부터 공자까지의 도통을 합친 11인의 성인을 '법세(法世)'의 기초를 구축한 장본인이라 하고 "전하(轉下)·국가를 훔치는 대도(大盜)"라 하며 지탄하고 있다. 대도란 '직경(直耕)의 중인(衆人)'으로부터 세금을 수검(收斂)하여 자기의 '불경탐식(不耕貪食)'을 유지하는 기생자(寄生者)이지만, 그 실태로서는 동물들의 '법세이야기(法世物語)'를 통해 적나라하게 비평하게 하고 있듯이 후세에 그 지위를 이어받는 천황과 막번 영주의 존재도 우의(寓意)되어 있었다. "다스린다고는 해도 자연을 약탈하는 것은 즉 난(亂)". '치(治)'의 본질을 봉건적 수탈로 보기 때문에 '치'와 '난'은 표층적인 차이에 지나지 않고, '치'가 '난'을 부르는 것은 필연이라고 보고 있다.

"대언(對言)이 있는 것은 모두 잘못이다. 이에 반드시 비(非)가 들어간다 … 자연을 다 하지 않기 때문에 편언(偏言)의 잘못이다." 권위화된 도덕적 교설(教說)은 그 반면에 있는 부정적인 실태를 보지 않으면 봉건적 수탈과 '불경탐식' 위에 서는 인정사상(仁政思想)과 불전(佛典)의 위해(僞善)와 교의(教義)의 편중을 차츰차츰 망라적으로 폭로하고 있다. '자연'의 시점에서 금전에 대한 '사욕'과 동시에 출가주의(出家主義)의 과도한 금욕도 역으로 성적난맥(性的亂脈)을 초래하고 있는 실태를 비판한다. 쇼에키의 유불비판의 기초에 일부일부의 남녀관이 있다.

쇼에키는 『역(易)』의 변역론(變易論)을 '변화가 아니다'라고 비판했다. 정상(定上)과 정하(定下)를 주야(昼夜)와 계절의 운기(運氣)가 운회(運回)하고 있다고 보는 구체적(球體的) 세계상이었다는 것과, 태극·음양·사상(四象)·오행 등의 송학적(宋學的)인 형이상학 개념을 연역적 생성론이라 하는 이해를 비판하기 위해서이다. '자연'은 전정과 생물에 있어서의 기(氣)의 통합이지만, 기의 제 규정을 추상성의 정도로써 파악하고 있었기 때문이다. "태극은 즉, 오행 자(自)가 연(然)하는 이호(異號)이다."라고 한다. 쇼에키의 '자연'은 현상, 즉 본질의 의미에서 '자가 연하는' 기론(氣論)이며, 전정·만물과 마을의 생산과 생활을 지탱하는 오행과 사행팔기를 존재의 원리로 하는 생명론이다.

◉ 참고문헌

『安藤昌益全集』 전 21권(22분책) 별권1(農山漁村文化協會, 1987)
『安藤昌益全集』 增補篇 전 3권(農山漁村文化協會, 2004)
『近世思想家文集』(日本古典文學大系97, 岩波書店, 1966)
『安藤昌益·佐藤信淵』(日本思想大系45, 岩波書店, 1977)
「安藤昌益」, 安倍能成編, 『狩野亨吉遺文集』(岩波書店, 1958)
E·하버드 노먼, 『忘れられた思想家－安藤昌益のこと』(岩波新書上下, 1950)
安永壽延·山田福男, 『增補写眞集 人間安藤昌益』(農山漁村文化協會, 1992)
萱沼紀子, 『安藤昌益の學問と信仰』(勉誠社, 1996)
若尾政希, 『安藤昌益から見える日本近世』(東京大學出版會, 2004)

◉ 필자

신타니 마사미치[新谷正道]

乳井貢

뉴이 미쓰기

1712-1792

오늘 바로 지금 이외에 성학(聖學)은 없다. 성학은 오늘이다. 오늘이 성학이다.

(『志學幼辯』)

뉴이 미쓰기[乳井貢]는 가독(家督) 50석이면서도 쓰가루번[津軽藩]의 간조부교[勘定奉行]*에 발탁되어 쓰가루번의 행재정개혁(行財政改革)을 단행했던 무사이다. 또한 그는 1775년에 도호쿠[東北]지방 일대를 덮친 대기근 시에는 과단의 처치로써 영내로부터 아사자를 거의 내지 않았다. 뉴이는 유능한 실무가였지만 동시에 보기 드문 일관된 철학을 가진 사상가이기도 했다.

눈앞에 있는 기근의 참상에 어떻게 대처해야 할지, 이것이 그의 사색의 출발점이었다. 주자학에서는 백성을 다스리기에 앞서 먼저 자신의 몸을 닦으라고 한다. 좋은 정치가가 되기 위해서는 먼저 좋은 인격

* 에도 막부에서 주로 재정(財政)이나 소송 관계를 맡은 직명.

자이어야 하는 것보다 더 나은 것이 없다. 그러나 그렇다고 해서 "몸이 닦길 때까지 기다린다면 지금 이 눈앞에 있는 굶주린 백성은 어찌 되겠는가."라고 뉴이는 '수기(修己)'에서 '치인(治人)'으로 라는 주자학의 수양론(修養論)을 '오늘 바로 지금' 에는 도움이 되지 않는 것이라 하여 그 관념성을 철두철미하게 비판한다. 뉴이는 시간의 흐름으로부터 '오늘 바로 지금'을 선명하게 끄집어낸다. 몸이 닦일 때까지 기다려 그 후에 사회 통치에 유념한다는 따위의 것은 실은 귀찮은 일을 뒤로 미루기 위한 핑계에 지나지 않는다. 내일을 기다리지 말고 '바로 지금' 여기 이 일에 전력을 쏟아 부으라고 한다.

뉴이는 시간을 연속적으로 흐르는 선으로서가 아닌 '그때그때, 지금'의 점(點)의 무한집합체로서 이미지한다. 그것은 말하자면 아나로그적인 시간인식이라기 보다는 디지털적인 시간인식이다. "대저 상(常)은 변(變)을 쌓아 나타나고, 변은 미(微)를 쌓아 통한다. 고로 상도 변이고 변도 상으로 상변본(常變本)이라 양자를 말해서는 안 된다." 상태적인 시간의 통합['常']도 미시적으로 보면 시시각각의 변화['變']의 집적체로 있으며, 또한 그 시시각각의 변화라 하는 것도 '지미(至微)'하게 분할된, 말하자면 시간의 아톰이라고도 부를 만한 것('至微')의 집적임에 틀림없다. 따라서 '상'도 '변'임에 틀림없지만, 그것을 '변'이라 인식할 수 없는 것은 '변에 익숙해지'면 '그 미(微)를 알 수 없게' 되기 때문이다. 이처럼 뉴이에게 시간은 미소분할(微小分割)된 시(時)의 원자(原子)가 절대적인 시로서 감득되고 있는 것이다. 뉴이는 미소분할된 시간의 한 점을 '오늘 바로 지금'이라 파악해 그 일순(一瞬)의 '지금'에 모든 것을 걸라고 한다.

그의 주저 『지학유변(志學幼辯)』에서는 '오늘 바로 지금'과 함께 '용

(用)' '공(功)'이라는 말이 빈출해 그의 사상을 특징짓는 핵심 개념이 되고 있다. 뉴이는 사물을 끊임없이 '용'의 시점으로 되돌려 이해한다. 사물은 존재 그 자체만으로 자족적인 가치를 갖는 것이 아니라 무엇인가와의 관계에 있어 '공용(功用)'을 발휘했을 때 비로소 가치가 인정된다고 보았다. 예를 들면 물. 그것은 이용해야만 비로소 귀중한 물이 된다. 그 어떤 '청수(清水)'라도 그것을 이용하지 않으면 '탁수(濁水)의 공용(功用)'만 못하다.

학문 또한 그러하다. 학문은 철두철미하게 '용'되어야만 하고, '용'되지 않으면 '성교(聖教)'가 아니다. 뉴이에게 있어 '성학(聖學)'이란 사서오경에 한정되어 있지 않다. 사실 그는 자신의 육도경작(陸稲耕作)의 실험을 근거로 냉해가 빈발하는 쓰가루와 같은 한랭지에서는 수도(水稲)보다 육도(陸稲)가 적합하다며, 육도를 장려하고 경지의 규모나 형태, 파종 방법, 작부(作付)의 방향 등등의 육도재배기술에 관한 책『육도기(陸稲記)』를 저술했다. 그에게 있어 실학이란 천하국가에 실익을 가져다주는 것이어야만 했다. 그 때문에 농업과 토목, 측량학, 실용수학이 '성학'의 일환으로써 그의 학문영역의 사정(射程) 안으로 들어오는 것은 당연하고, 그는 이들 분야의 저술도 많이 남기고 있다.

그에게는 프라그마티즘 사상과 통하는 것이 있다. 그는 내성(内省)보다도 실천을 중시했다. 그리고 그 실천에서의 진리치(眞理値)는 도움이 되는지 아닌지에 따라 검증되고 결정된다고 생각했다. 따라서 처음부터 고정된 원리와 절대적인 진리가 있는 것이 아니다. 같은 행위라도 그때그때의 상황에 따라 갖는 의미가 달라진다. 따라서 '시(時)의 일자(一字)'를 알고 구례(舊例)에 젖지 말며 임기응변으로 현실에 대한 유효성을 지표로 삼아 판단행위를 해 가는 것이 국가경영을 맡은 자에게는 요구되어진다. '사(士)' '학자'란 그야말로 그 소임을 맡은 자들이 아닌가. 그런데도 "지금의 학자는 예경(禮經)의 문언문자의 훈고(訓詁)를 배우고도 별로 치국(治國)의 대용(大用)에 쓰려하지 않는다."고 하는 상황이다. '선왕공맹(先王孔孟)'을 배우는 것이 아니라 '선왕공맹'이 추구했던 바를 헤아려 그것을 '오늘 바로 지금'에 도움을 주는 것이 '학자'의 임무이다. "죽은 공맹을 우러러 받들어 국가에 무슨 이익이 있겠나." 중요한 것은 '공맹'을 '오늘'에 유용하게 활용하는 '오(吾)'의 재량(裁量)이다. 여기에는 '고(古)'와 '성인'을 절대시함 없이 '지금'의 '오'의 주체적 요청에 따라 그것들을 도구로써 어떤 방식으로도 자유자재로 잘 읽고 구사해 가려고 하는 강렬한 목적의지가 분명히 있다.

◉ 참고문헌

『乳井貢全集』 四巻(乳井貢顕彰會, 1935~37)

小島康敬, 「弘前藩宝暦改革の主導者乳井貢の思想と実践」(浪川健治·佐々木馨編 『北方社会史の視座』, 清文堂, 2008)

◉ 필자

고지마 야스노리[小島康敬]

富永仲基

도미나가 나카모토

1715-1746

제법(諸法) 서로 이름을 다투지만 그 핵심은 선(善)을 이룸에 귀결된다.
(『出定後語』)

세상에 존재하는 '가르침'에는 엄청난 수의 교파(教派)와 학설이 있다. 게다가 역사적으로 축적되어 온 서책들도 많아 때로는 배우는 사람들을 혼란케 하고 도대체 무엇이 바른 가르침인지를 고민하게 만든다. 불교를 예로 들어 보자. 원시불교, 부파불교(部派佛教), 대승불교 순으로 불교의 역사는 시작되지만, 그 가운데에서 대승불교의 초기에만 한정시켜 보더라도 『반야경(般若經)』·『화엄경(華厳經)』·『법화경(法華經)』·『무량수경(無量壽經)』 등의 대표적인 경전이 있고, 여기에 『반야경』은 또 몇 개의 경전으로 나뉜다…… 라는 식으로, 학문의 세계가 아닌 일반사회 속에서 살아가는 인간들은 '불교'라는 하나의 가르침에 대해 어떻게 이에 접근하고 실천해 가면 좋을지 망설이게 된다. 에도시대 중기 오사카[大坂]의 사상가 도미나가 나카모토[富永仲基]는 바로 이와 같은 의문을 품고 있었다.

나카모토는 1715년 오사카의 유력한 상인의 집안에서 태어났다. 부친은 관허학문소(官許學問所)인 회덕당(懷德堂) 설립에 관계했던 인물이어서 나카모토도 소년기에는 회덕당에서 배웠다. 그러나 나카모토는 유교를 배우는 가운데 그 가르침에 의문을 품고 15세 정도의 나이 때 『설폐(說蔽)』라는 유교 비판서를 썼다. 『설폐』는 유감스럽게도 현재 남아 있지 않지만, 훗날 나카모토의 주저인 『출정후어(出定後語)』, 일본어로 쓴 『오키나노후미[翁の文]』와 같은 이론 구성이라는 것은 잘 알려져 있다.

『출정후어』는 나카모토가 『설폐』를 저술한 후 죽기 전까지의 십 수 년이라는 얼마 되지 않는 기간 동안의 불교연구를 통해 만들어진 저작이다. 즉, 『설폐』는 유교비판서, 『출정후어』는 불교비판서라고 할 수 있겠다. 그리고 그 비판 방식에 나카모토 독자의 사상이 보인다.

어느 학설을 주장할 때 "원조라고 하는 부분이 있어 그것을 포장하며 자기보다 먼저 세운 자의 위에 서려고 한다."(『오키나노후미』) 즉, 보다 오래된 가르침에 학설의 정통성을 찾고 대항하는 다른 학설 위에 서려 하는 법칙을 나카모토는 '가상(加上)'이라 명명했다. 학문은 역사의 축적 속에 존재한다. 특히 유교나 불교 같은 가르침에서 권위를 갖는 것은 시대의 흐름 안에서 살아남은 고전, 경전이다. 다른 학설과 대항하기 위해서는 권위와 정통성의 주장이 중요한 요인이 된다.

이와 같은 '가상'의 법칙은 나카모토의 사상의 중추를 이루고는 있지만 나카모토가 이것을 단지 설명하기 위한 법칙으로만 다루고 있었던 것은 아니다. 주목해야 할 것은 대상이 되는 학문의 계보를 해체하는 도구로써 이를 이용하고 있다는 점이다. 나카모토가 유교·불교를 비판한 것은 그 가르침의 구체적인 내용 그 자체가 아니라 '가상'을 행하고 논쟁을 함으로써 본래 있어야 할 가르침이 전해지지 않게 되는, 그런 결정적인 사실인 것이다.

유교도 불교(그리고 신도)도 독자적인 각자의 용어와 개념을 이용해 교의를 설명하며 그 의미는 시대와 인물에 따라 변화해 간다. 여기에 경전 해석의 문제가 나온다. 텍스트를 해석할 때 늘 그 해석의 타당성이라는 문제가 나와 언어의 해석이 경전의 원의로부터 일탈하지 않는지, 또한 독창적인지 아닌지를 묻는다. 다른 학설 위에 서기 위해서는 상대방이 사용하고 있는 언어의 개념을 물리치는 것이 중요한 것이다. 나카모토가 비판했던 것은 바로 이 점이었다. 논쟁에서 이긴다고 해서 학설에 가치가 있는 것이 아니다. 실천하는 것으로 이어지지 않으면 그것은 배우는 자를 현혹시킬 뿐 원래의 의미를 왜곡시켜버릴 가능성도 생긴다. "쓸데없이 그 파(派)의 다름을 다투는"(오키나노후미) 자는 그 교양의 본래의 가르침으로부터 어긋나 있는 것이다.

그러면 가르침의 근간에는 무엇이 있다고 나카모토는 생각했던 것일까. 그는 그것을 '선(善)' 또는 '성(誠)의 도(道)'라 했다. "군(君)을 섬기는 자는 충분히 여기에 마음을 다하고, 자식이 있는 자는 잘 이것을 가르쳐……"(『오키나노후미』)라는, 극히 평이한 형태로 설명하고 있다. 평범한 말이며 나카모토 자신도 '성의 도'를 '당연'하다 하며 별반 새로울 것이 없다고 했다. 그의 사상은 그 견실한 문헌연구와는 반대로 '성의 도'를 '현실에 어떻게 실천해 나갈지'에 신경이 쏠려 있다. 그의 유교·불교 비판도 가르침의 본래의 모습인 '선'이 논쟁을 위한 논쟁이라는 형태로 사라져 버린 것을 지적하기 위함이었다. 나카모토는 석가와 공자를 '선'의 가르침을 세운 자로서 높이 평가했지만 그들을 숭배하지는 않았다. 유교, 불교, 신도와 같은 비실천적인 개념을 사용하지 않고, 가상설(加上說)이라는 해체작업을 구사해 삼교(三教)로부터 '선'과 '성의 도'를 추출해 냈다고 할 수 있을 것이다.

『출정후어』·『오키나노후미』를 간행한 후 얼마 지나지 않아 나카모토는 31세의 짧은 생애를 마감했다. 오랫동안 병치레를 했던 그가 이 두 저서를 세상에 내 놓을 때는 이미 자신이 언제 죽을지를 알고 있었을 것이다. '성의 도'라는 말도 그와 같은 그의 처지에서 나온 개념인 것이다.

◉ 참고문헌

富永仲基, 『出定後語』[『富永仲基・山片蟠桃』日本思想大系43 수록](岩波書店, 1973)

宮川康子, 『富永仲基と懐徳堂』(ぺりかん社, 1998)

◉ 필자

미나토 슈타[港就太]

三浦梅園

미우라 바이엔

1723-1789

의심하고 괴히 여겨야 할 것은 변(變)이 아니라 상(常)이다.

(『다가 보쿠케이 군에게 답하는 글(多賀墨卿君にこたふる書)』)

'의심해 봐야 할 것은 이상한 것이 아니고 당연한 것으로 여겨지고 있는 것'이라는 이 태도는 철학의 정신이다. 사물의 근저를 의심하는 이 정신을 자력으로 길러 실천한 학자가 18세기의 일본에 있었다. 바로 미우라 바이엔[三浦梅園]이다.

그는 어렸을 때부터 눈으로 보는 것, 손으로 만지는 것 모두가 이상해서 견딜 수가 없었다. 이와 같은 현상은 어째서 생기는 것인지 어른에게 물어봐도 납득할만한 대답을 해주는 사람은 없었다.

23세 때 대지는 구체라는 것을 『천경혹문(天經或問)』(예수회계 선교사가 전해준 천문학. 한문]을 통해 알았는데, 서양의 학문은 천지의 형태를 파악하는 데는 정밀하지만 천지의 구조를 파악하기에는 불충분하다며 더욱 더 관찰과 사색을 계속해 30세 때 "기(氣)에 봄[觀]이 있고 천지에 조리(條理)가 있음을 알았다"고 하며 '일즉일일(一即一一), 일일칙일(一

一則一)'이라는 조리를 발견했다. 일원기(一元氣)와 음양 사이에 이와 같은 관계를 발견해 낸 것은 동아시아 세계에서는 이미 있었던 일이지만, 바이엔의 공헌은 일일(一一)이라는 예리한 규정에 있고, 음양의 동일성, 대립성, 공동성을 명확히 밝혀 음양(陰陽)에서 '阝' 편을 떼어 내 '侌昜'이라 표기했다. 일(一)과 일일(一一)의 관계를 성체기물(性體氣物), 혼찬식토(混粲食吐) 등 구조적으로 해명했다. 인식법으로서는 "뒤집어 보고 합쳐 보는" 반관합일법(反觀合一法)을 견지했다. 일원기 자체가 다이나믹한 존재이므로 그것에 육박(肉薄)하려 한 조리의 철학은 필연적으로 변증법적인 것일 수밖에 없었다.

그는 18세기의 백과전서파(百科全書派)[안시크로페디스트]라 함에 어울리고 그 업적은 다방면에 걸쳐 있다. 경제, 사회제도, 도덕, 문학, 의학, 천문, 교육…… 국제적으로도 높은 평가를 받고 있는 것은 화폐의 본질을 해명한 『가원(価原)』이다. 프랑스의 보아 구베르에 약 반세기 정도 늦기는 했지만 화폐는 유통 수단이지 부의 원천은 아니라고 하며 그 축적을 꾸짖었다.

인간의 능동성도 '인조즉리선(人造則理先), 천조즉기선(天造則氣先)'이라는 명제로 멋지게 규정했다. 사람이 물건을 만들 때 그 물건의 구조[理=설계도]를 모르면 안 된다고 하는 인식이다.

상기의 철학적 정신과 이와 같은 인간의 능동성 파악은 유럽 콤플렉스로부터 우리들을 구해주었는데, 바이엔의 뛰어난 점은 그래도 인간은 천도(天道)[자연의 도]를 따르지 않으면 그 우수성도 살지 않는다고 파악한 것에 있다. 바이엔은 인간을 '인도(人道)로써 사람이 된다'는 것과 '천도(天道)를 따라 사람이 된다'의 통일로 파악했다.(『贅語』善惡帙, 誠僞第六). 전자는 현대인에게 있어서는 자명하다. 배우고, 가르치고, 만드는 이와 같은 행위로 인간은 만들어져 있다. 그러나 천도를 따라 사람이 된다는 후자는 현대인은 알기 어려운 것이다. 이것은 '성자천지도야(誠者天之道也), 성지자인지도야(誠之者人之道也)'(『中庸』)라는 중국 고대의 명제에서 따온 것이기는 하지만, 바이엔의 '성(誠)이라는 설(說)'[随筆]이 천도로서의 성을 잘 설명하고 있다. 성이란 거짓이 없다는 의미이고, 거짓을 말하지 않는 '신(信)'보다 거대하다고. 성은 진실 그 자체이며 자연과 식물과도 같은, 음지와 양지가 없는 간단(間斷) 없는 행위 그 자체라고 설명한다. 바이엔은 "사람에게 지혜모려(智恵謀慮)가 있다고는 하나 천(天)에는 응당 싸워 이길 수 없다."(『養生訓』)라고 한다. 의식 있는['유의(有意)'한] '사람'은 의식 없는 무의(無意)한 '천(天)'[자연]보다 위대한 듯 보일지라도 의식이 있음에 연속할 수 없고 끊임없는 '천'의 영위의 성실함에는 이길 수 없다고 하는, 자연의 위대함에 대한 인식이다. 미우라 바이엔이 천에 육박하는 인간의 능동성 인식을 십이분 갖고 있었기에 사람의 한계에 대한 인식은 후쿠시마원자력발전소 사고로 고생하는 현대의 시점에서 볼 때 비범(非凡)하다. 아니 그보다도 천도라는 자연의 영위[식물의 영위의 성실함]를 모방하는 것이야말로 생존의 근본조건인 지구 생태계 유지에 불가결하다는 것을 꿰뚫어 보고 있었다고도 할 수 있어 보다 비범하다고 할 수 있다.

미우라 바이엔은 오이타현[大分縣] 구니사키반도[國東半島]의 산 속에서 태어나 67세의 생애를 자연계의 구조 탐구에 쏟아 부은 철학자였다. 대표작은 타인의 인용이 전혀 없는 『현어(玄語)』라는 철학서이고, 그 주에 해당하는 『췌어(贅語)』라는 백과전서, 『감어(敢語)』라는 정치·도덕서이다. 세상에서 이를 바이엔삼어[梅園三語]라고 한다. 대대로 의사이기도 하고 숙생(塾生)을 맡아 가르친 교육자이기도 했다. 동시대의 안도 쇼에키[安藤昌益]에 비해 그 사회관은 보수적으로 보이는, 천경(天境)[천의 조화를 돕는 직분의식]과 인경(人境)[상하의 신분의식]을 구별하는 시점이 있고, 천[자연] 앞에서의 평등의식은 철저하여 그야말로 천인(天人)이었다.

◉ **참고문헌**

梅園会編, 『梅園全集』 上·下(名著刊行会, 1970)
尾形純男·島田虔次編注訳, 『三浦梅園自然哲學論集』(岩波文庫, 1998)
梅園学会, 『養生訓』(『梅園学会報』, 特別號)

◉ **연구사**

1975년에 발족한 연구조직 '바이엔학회(梅園學會)'가 있고, 매년 발간하는 『梅園學會報』는 바이엔 연구의 바로미터이다.

◉ **필자**

오가와 하루히사[小川晴久]

前野良澤

마에노 료타쿠

1723–1803

경영(經營)은 많은 부분 인간의 힘을 사용한다. 대업(大業)은 전적으로 조화(造化)의 공에 달려 있다.

(「前野良澤先生自畫贊」, 早稲田大學圖書館藏)

란카[蘭化]라는 호로 불린 료타쿠의 자화상에 첨서되어 있는 자필자찬(自筆自贊)의 문구에는 인간의 힘[경영]과 위대한 자연[조화]의 작용이 대비되어 있다. 자신이 난학(蘭學) 연구에 있어 큰 업적을 이룰 수 있었던 것은 '조화'의 힘에 의한 것이 크다는 겸손의 말로 여겨진다. 동시에 그것은 조화[조물주·자연]의 큰 작용과 마찬가지로, 인간사회의 영위는 사람들의 엄청난 노력 위에 성립한다, 고 자신의 열성적 학문각고(學問刻苦)의 회고와 대단한 자부(自負)를 말하고 있는 것이기도 하다.

생전에는 저서 출판을 거부했다고 전해지는 료타쿠의 저역서는 모두 사본(写本)이다. 필명이 있는 것은 약 40부, 그 대부분은 번역과 어학서이지만 그의 사상을 알 수 있는 유일한 것이 『관려비언(管蠡秘言)』(1777)이다. 이하, 이 저서를 중심으로 료타쿠의 '실심실학(實心實學)'이

어떤 것이었는지를 살펴보자.

당시는 다누마[田沼] 시대*의 수뢰정치(賄賂政治)로 인해 정치는 부패했고 인심은 이반되어 세상은 극심한 혼란에 빠져 있었다. 규슈대지진[九州大地震, 1769], 전국적인 가뭄, 농민잇키[農民一揆, 1770- 1771], 에도대화(江戸大火)·홍수·한발(1772), 역병(疫病)의 대유행(1773) 등 천변지이(天變地異)가 빈번히 발생했다. 료타쿠는 "천지운행에 과불급이 있는 것은 그 원인이 인위(人爲)에 있다."고 단정하고 다음과 같이 말하고 있다.

인력을 이용해 산림을 다 베어버리면 한발열풍(旱魃烈風)이 일어난다. 많은 군세(軍勢)가 산이나 계곡에 주둔하면 격렬한 뇌명(雷鳴)이 울려 퍼진다. 지방이나 도읍에서 화재가 생기면 폭우지진(暴雨地震)이 발생한다. "민(民)을 사용할 때는 때를 보고 하라"[인민을 사역에 동원할 때는 농경과 민중의 생업에 지장이 없는 시기를 골라라. 『논어(論語)』·「학이(學而)」] 그렇지 않으면 엄청나게 메뚜기가 발생해 기근이 든다. '인위'에 의해 이처럼 '천지운행(天地運行)'[대자연의 작용]이 이상해 질 경우는 셀 수 없을 만큼 많다. "번(藩)이 인도(人道)를 따르지 않으면 책임은 한사람에게 돌아간다. 군주 되기가 어찌 어렵지 않겠는가" 국가도 또한 '인도'를 기본으로 두지 않으면 천변지이의 발생은 필연적이다. 인민이 겪어야만 하는 불행·고난의 책임은 군주 혼자서 져야 한다. 군주라는 것은 참으로 어려운 것이다, 라고. 쇄국 하에서 네덜란드어의 번역을 통해 세계의 사정에 정통하고 있었던 료타쿠가 기독교[천주교·화란국교]와 유대교[슈데아교]를 맹자를 원용하며 "환과(鰥寡)·고독·폐질·빈곤한 사람

---

* 에도(江戸) 시대 후기(1767-1786), 로추(老中) 다누마 오키쓰구[田沼意次]가 막정(幕政)을 주도했던 시기로, 중상주의(重商主義) 정책을 취했던 시기.

들을 구제해 이를 보살핌으로써 교정(教政)을 세우는 근본으로 삼고 있는 것이다."라고 이해하고 있었던 것은 당시의 사회체제에 대한 날카로운 비판이 포함되어 있었다.

료타쿠는 20세 때 친구가 네덜란드 서적의 단편을 보여주었던 것을 계기로, 맹우(盟友) 스기타 겐파쿠[杉田玄白]에 따르면 "나라가 다르면 언어가 다르다고는 해도 같은 인간이 하는 것인데 못할 것이 있겠는가."(『蘭學事始』)라 발분(發憤)해 네덜란드어를 공부하기 시작했다고 한다. 아오키 곤요[青木昆陽] 밑으로 들어가, 그리고 또 나가사키[長崎]에서 유학(遊學)을 하며 필사적으로 배웠던 네덜란드어 공부가 겐파쿠 등과 함께 했던 일본 최초의 네덜란드 해부서 번역본 『해체신서(解體新書)』(1774)의 위업으로 결실을 맺었으며, 여기에 근대 일본의 의학·과학이 탄생했다는 것은 역사가 말하는 대로이다.

번역작업을 통해 알았던 서양 학술에 대한 높은 평가와는 달리 동양의 학술, 특히 유교에 대한 평가는 혹독하다. 부록 「희론오행(戲論五行)」에서 유교의 자연관인 오행설(五行說)[물질의 木·火·土·金·水를 천지의 사물과 인간의 인의예지신에 적용한 세계관]을 황당무계한 '희언(戲言)'에 지나지 않는다며 철저한 비판을 가했다. 이것은 유교를 '실리(實理)·실용(實用)'이 결락된 '허학(虛學)'이라 철저히 비판한 후쿠자와 유키치[福澤諭吉]에 선구(先驅)한다. 유학의 '실학(實學)' 개념에 대해서 근대 '실학' 개념의 원조 격인 후쿠자와는 오이타[大分] 나카쓰번[中津藩]의 번의(藩醫)였던 료타쿠의 몰후 31년 후에 같은 번의 하급무사 집안에서 태어났다. 일본양학(日本洋學)의 역사는 아오키 곤요[青木昆陽]를 효시로 하여 료타쿠와 스기타 겐파쿠가 이를 계승했고, 두 사람의 이름에서 한 자씩을 따 '겐타쿠'라 스스로를 부른 오키 반스이[大槻磐水]를 거쳐 우다가와 겐신[宇田川玄眞]- 쓰보이 신도[坪井信道] -오가타 고안[緒方洪庵]으로 이어져 후쿠자와에 이르러 크게 꽃피웠다. 후쿠자와는 료타쿠를 '양학의 시조'(『福翁百話』)라 칭하고 열심히 현창활동을 벌여 에도에 있던 나카쓰번의 저택 자리에 료타쿠의 기념관 '란화당(蘭化堂)'을 설립하려 기획했으나 실현하지는 못했다.

유럽의 언어에 대한 구독법(句讀法)의 확립자로서의 료타쿠를 '언어학자'라 평가하는 경우도 있지만 후쿠자와와 마찬가지로 유교를 철저히 비판했던 근대 '실학'자임과 동시에, 모두의 「자화찬(自畫贊)」에 있는 자기인식과 『관려비언』에서 천도사상(天道思想)[천견설(天譴說)]과 '인도(人道)'를 주장하며 동양적 왕도정치를 이야기한 료타쿠를 서양과 동양의 틈바구니에서 독자의 '실학'을 주장한 실학자로서 다시 이해하는 시도가 앞으로 요구될 것이다.

◉ 참고문헌

岩崎克己, 『前野蘭化』 全3巻(平凡社東洋文庫, 1996~97)
杉本つとむ編, 『前野蘭化集』(早稲田大學出版部, 1994)
『洋學 (上)』(日本思想大系64, 岩波書店, 1976) [良澤의 저서 『管蠡秘言』·『和蘭訳文略』·『和蘭訳筌』을 수록]
杉浦明平·別所興一編著, 『江戸期の開明思想』(社會評論社, 1990)

◉ 필자

오하시 겐지[大橋健二]

海保青陵

가이호 세이료

1755–1817

> 책은 사물(死物)이다. 문자도 사물이다. 책에서 이야기하고 있는 뜻이 살아 있는 것이다. 문자에 포함된 뜻이 살아 있는 것이다.
>
> (『洪範談』)

가이호 세이료[海保青陵]는 생애의 대부분을 제국(諸國) 유력(遊歷)으로 보냈으며, 끊임없이 자기를 자유로운 경계에 두고 유니크한 언설을 전개한 경세사상가이다. 그는 경제경쟁사회의 현실을 직시하고 무사계급이 적극적으로 상업 활동에 참가해야 할 것임을 주장했다. 그는 『계고담(稽古談)』·『전식담(前識談)』·『선중담(善中談)』 등의 담의형식(談義形式)의 저작을 많이 남겼다. 그것은 그 당시까지의 '유자'들과는 전혀 다른, 생생한 가나문체(假名文體)로 이루어져 있으며, 그 시원하고 독특한 어조는 읽는 사람을 자기의 세계로 끌어들이는 매력이 있다. 그의 저작에는 고전을 쓸데없이 많이 인용하고 있는 종래의 한문체와는 정반대로, 자유롭고 독창적인 발상이 약동하고 있다. 모두의 일문(一文)에 이어 그는 다음과 같이 말하고 있다.

사물(死物)을 견고히 지키고 있는 자를 학자라 생각하기 때문에 유자(儒者)들에게는 별로 도움이 되지 않는 사람이 많다. 살아 있는 뜻을 취하는 사람을 오히려 호지(好智)의, 영인(佞人)이라 해서 성인(聖人)의 길에 반하는 사람이라 하는 것은 이상한 것이다. 굳건히 서(書)와 자(字)를 지키며 살아 있는 뜻에 구애받지 않는 사람이야말로 성인에 반하는 것이다.

유자는 경전의 자구 해석에 구애를 받으며 주소(註疏)의 해석만으로 일생이 끝나 버린다. 애시 당초 '유행(流行)의 현세에 맞는 정치를 깨닫기 위한 논맹(論孟)'이 아니었는가. '정치를 보필'할 수 있다면 이미 논맹은 읽은 것이나 다름없다. "나라를 잘 다스리더라도 글을 읽을 수 없으면 아무런 도움이 안 된다는 것이 무슨 말인가. 나라를 잘 다스린다면 성현(聖賢)도 뭐도 필요 없다." 이것을 모른다면 그거야말로 '유(儒) 만큼 아무런 쓸모가 없'다. 이처럼 세이료는 속유(俗儒)의 경전묵수적(經典墨守的)인 학문태도를 날카롭게 비판하며 현실의 여러 문제를 극복하는 것이야말로 학문의 의미가 있다고 한다. "오늘 바로 지금을 잘 아는 것이 좋은 학문이라는 것이다. 무릇 지금에 어두운 것은 쓸데없는 학문이다."(『계고담』)

세이료는 '고인(古人)의 지(智)'를 대신해 '나의 지'를 구사해야 한다고 했지만, '나의 지'가 자기의 독단편향에 빠지는 일 없이 보편타당성을 갖는 근둔(根鈍)은 어디에 있는 것일까. 그는 그것을 '(천)리[(天)理]'에서 찾고 있다. '리(理)'에 근거하는 한 '자기류(自己流)'가 아닌 '천리심(天理心)'으로서의 '나의 지'가 성립하는 것이다. 그러면 그가 말하는 '(천)리[(天)理]'란 무엇인가. 그가 말하는 리(理)는 사회·경제사상(經濟事象)에 내재하고 있는 법칙['하지 않으면 안 되는 조리']이라는 의미가 강하다. 사회·경제대상세계(經濟對象世界)에 내재하는 리(理)['筋']를 꿰뚫어 보고 대상세계에 능동적으로 작용할 수 있는 것이 세이료가 말하는 '지자(智者)'이다. "조리만 있으면 무엇이든 할 수 있는 것을 지자라 한다. 세이료에게 '지(智)'란 형이상적(形而上的) 실체를 인식하는 능력도 아니고 고전·역사에 대한 해박한 교양지(教養知)도 아닌, 외적 대상세계를 인간의 체계(體系) 안으로 과감히 집어넣으려 하는 극히 프라그마틱한 지(智)이다. 그는 그것을 '활지(活智)'라고 부른다. 그리고 그는 지(智)의 소유가 아닌 지(智)의 사용을 중시한다. "지(智)의 부족함이 없이 타고난 사람이라도 쓰지 않고 놔둔다면 바보가 된다."(『계고담』)고 한다. 그는 '활지'를 구사하게 만드는 방법으로써 '정위(定位)'[실위(實位)]·'공위(空位)'[활위(活位)·허위(虛位)']라는 개념을 가지고 아주 유니크한 논의를 전개했다.

세이료의 합리적 사유를 관통하는 경세제민의 실학사상은 그것이 유교적 사유의 틀을 돌파했던 만큼 반면유교적(反面儒教的) 휴머니즘이 없는 강세제민의 실학사상이 어떠한 것인지를 잘 보여준다. "민(民)을 효제충신(孝悌忠信)으로 삼는다는 것은 무리다. 유상(唯上)의 명(命)을 따르지 않는 사람을 벌주는 것 이외에 다른 방법은 없다."(『海保儀平書』)고 세이료는 엄형주의(嚴刑主義)의 입장을 취한다. 오규 소라이[荻生徂徠]도 다자이 슌다이[太宰春台]도 마음의 내적 자율에 기대하지 않는 외적 제도로 인한 사회적 질서의 안정을 생각했다. 세이료도 사고의 기본형식으로서는 이것을 따른다. 그러나 거기에서 도출해 낸 것은 소라이·슌다이의 경우는 선왕(先王)의 예악 정치였지만 세이료의 경우는 법가적(法家的)인 '형정(刑政)'이었다. 그는 "벌을 주지 않고 민의 풍기(風紀)를 고치려 하는 것은 모기에게 후지산을 업게 하는" 정도로 불가능한 일이라며 도덕과 예악에 의한 통치를 버린다. 그 결과 "사람의 목숨에 구애받지 말고, 법이 손상되지 않도록 유의해야 할 것이다."라는 극단적인 법지상주의(法至上主義)를 전면적으로 주장한다.

또한 세이료의 지나친 경제적 합리주의는 인간뿐만 아니라 기물(器物)이 갖고 있는 다양한 질적 가치 또한 수량화해 마지않는다. "녹봉도, 옷감도, 다도(茶道)도, 찻잔[茶碗]도 모두 돈이라 봐야 한다. 모두 돈으로 계산해야 한다. 돈이 얼마 집에 들어왔는지를 계산해야 한다."(『대호담(待豪談)』)라는 그의 발언은 현대의 경제지상주의의 가치관을 선취했다고 할 수 있다. 세이료의 경세제민론에서는 수단이 목적화되고 그 목적 수행에 관한 방법의 합리성만을 추구한다. 세이료에게 있어 영리 활동은 자명한 수행명제이지 그 명제가 어떤 의미를 갖는가 하는 물음은 불문에 붙여진다. 도대체 무엇을 위한 영리인지, 그것에 대한 물음이 그에게는 없다.

◉ **참고문헌**

藏並省自編, 『海保青陵全集』(八千代出版, 1976)
德盛誠, 『海保青陵 江戸の自由を生きた儒者』(朝日新聞社, 2013)

◉ **필자**

고지마 야스노리[小島康敬]

只野眞葛

다다노 마쿠즈

1763-1825

그렇다고 어찌 여자라 하여 마음을 일으키지 않을 수 있겠는가.

(『獨考』)

다다노 마쿠즈[只野眞葛]는 『적하이풍설고(赤蝦夷風說考)』의 저자로 잘 알려진 센다이번의[仙台藩医] 구도 헤이스케[工藤平助]의 장녀로 태어났지만 부모와 형제를 위한 자기희생적 결혼을 해 그녀의 가정생활은 늘 '새장 속의 새'와 같이 자유롭지 못했다. 게다가 친정의 7명의 형제자매 중에 다섯 명이 이미 세상을 떠났고 남은 여동생 하나도 비구니가 되는 불행이 이어져 "성(聖)의 도(道)를 지키면 불행해진다"고 느끼며 지금까지 막연히 존귀한 것이라 생각했던 "성인의 도" 그 자체에 대해 맹렬히 회의를 느꼈다. 마쿠즈는 "세상 사람들을 고통스럽게 하는 그 원인이 무엇일까"라며 고독한 사색에 몰두해 그 사색 끝에 우연한 계기로 오랜 세월 울적했던 마음속 상념을 단숨에 써 내려가 완성한 것이 마쿠즈 55세의 저작 『독고(獨考)』였다.

마쿠즈는 45,6세 무렵 모토오리 노리나가[本居宣長]의 『고사기전(古

事記傳)』을 읽고 신대권(神代卷)의 국토생성 신화에 힌트를 얻어 "사람의 마음이라는 것은 음소(陰所)를 뿌리로 해서 온 몸을 감싸 두르고 있는 것이다."고 단언하기에 이르렀다. 즉, 사람의 마음은 '성기(性器)'를 근거로 해서 만들어져 온몸에 정주하며 나타나는 것이고, 남녀가 서로 만나는 것은 그 '성기'에 바탕을 둔 마음을 서로 마찰시켜 승부를 결정짓는 것이라는 주장이다. 따라서 남녀의 애욕의 장면에서는 아욕(我欲)을 관철시키는 여자가 이기며, 타인에 대한 의리를 생각하는 순진한 남자가 지는 경우도 있다고 설명한다. 인간의 욕망을 긍정하고, 인간 자연의 감정대로 살아가는 것이 도(道)에 맞는 삶이라고 주장하는 마쿠즈는 유교도덕에 얽매이지 않고 국학(國學)에 바탕을 둔 실심실학(實心實學), 여성의 입장에서의 경세제민을 지향했었다고 할 수 있다.

긴 사색적 방황 끝에 마쿠즈가 궁극적 진리로서 발견한 것은 "이 천지지간에는 무엇인가 약동하는 박자(拍子)가 있고 그것은 불교나 유교 등의 도덕적 규범과는 관계없이 운행하는 천지자연의 법칙과 리듬, 나아가 시대의 공기와 같은 것이다. 인간의 세속적 성공과 실패는 이 '천지의 박자'에 대한 적합 여부에 달려 있다. 성인의 가르침을 바르게 지키는 자가 '천지의 박자'를 못 맞추는 것은 성인의 가르침의 내실이, 사람의 마음은 규제가 있으면 제어하기 쉽기 때문에 먼저 마음에 오랏줄을 매야 할 것이라는 지도법 때문이다. 따라서 성인의 가르침에 구애되는 인간은 그것을 아무렇지도 않게 생각하고 멋대로 행동하는 부도덕한 자들과의 싸움에서 지게 된다. 학자가 우인(愚人)에게 이기기 어려운 이유도 거기에 있다"고 마쿠즈는 생각했던 것이다. 이러한 관점에서 마쿠즈는 "많은 학자들이 일종의 깨달음의 경지에 서서 자기의 학문을 '천지의 리듬'을 탈 수 있게 노력하면 자기 한 사람의 이익뿐만 아니라 '나라의 이익[일본 전체의 이익]'이 증진할 것이다"라고 역설하고 있다.

게다가 마쿠즈는 공자성당(孔子聖堂)[에도의 유시마성당(湯島聖堂)과 각 번의 번교(藩校)]를 나라의 낭비를 걱정하는 학자들의 집회소로 개조해 서로 의견을 교환하고 '천지의 박자'에 합치하도록 고구(考究)할 것, 성당 문 앞에 투서함을 만들어 '귀천을 가리지 않고' 널리 여러 사람들의 의견을 모을 것 등을 제안하고 있다. 그렇게 하면 여러 학문이 학자 본인의 일대(一代)에서 끝나버리는 것을 막을 수 있고 '국익'의 증진에도 기여하는 것이라고 시사하며 그 실시를 호소했다.

다른 한편으로 마쿠즈는 다년에 걸친 가정인(家庭人)으로서의 비통한 체험과 그녀 특유의 '승부 이론'에 근거해 여성의 종속성을 강조하는 유교사상의 기만과 불합리성을 고발했다. 그녀의 '승부 이론'에 따르면 막번제사회(幕藩制社會) 체제에서 현실의 승부를 결정하는 것은 도덕적인 선악이 아니라 본인이 갖고 있는 힘의 강약임으로 '무학무법(無學無法)' '하우(下愚)한 사람'이라 자리매김 되어 있는 여자들이 성인군자의 법을 주장하는 남자들에게 이길 수도 있다고 어필했던 것이다. 또한 마쿠즈는 『독고』 중권 초록(抄録) 부분에서 아마테라스 오카미[天照大神]·신공황후(神功皇后)·무라사키 시키부[紫式部] 등 여자지만 역사의 주역을 담당했던 사례가 있음을 소개하고, "그렇다고 해서 어찌 여자라 하여 마음을 일으키지 않을 수 있겠는가"라며 여성의 자립적 사고의 필요성을 호소했다.

마쿠즈는 당시의 사회적 약자인 여성의 이해안위(利害安危)를 내 일처럼 받아들여 그 처지의 개선과 자립을 주장했다. 그 실심실학적인 사색은 너무나도 시대를 앞서갔기 때문에 『독고』의 초고를 에도 소설계의 중진이었던 다키자와 바킨[滝澤馬琴]에게 보내봤지만 도쿠가와 일본을 위협하는 위험사상이라 배격되어 사장되어 버렸다. 그 때문에 근대 일본의 여성해방사상의 선구로서의 마쿠즈의 저작은 세상에 알려지지 않은 채 오늘날에 이르게 된 것이다.

◉ 참고문헌

鈴木よね子校訂, 『只野眞葛集』(叢書江戸文庫』 30, 國書刊行會, 1994)
關民子, 『江戸後期の女性たち』(亜紀書房, 1980)
門玲子, 『わが眞葛物語』(藤原書店, 2006)

◉ 필자

벳쇼 고이치[別所興一]

大藏永常

오쿠라 나가쓰네

1768–1860

금은을 폐색하여 자손에게 물려주는 것보다 산야에 양재(良材)를 심어 물려줄 것을 마음에 새기는 것이 만전(萬全)의 계(計)이다.

(『廣益國産考』)

이 말은 산업을 진흥시키고 역내와 타국에 판매하는 것을 통해 얻은 수익을 축재하는 것이 아니라, 예를 들면 재용(材用)을 역내에 넘치게 하기 위해 양재(良材)를 얻을 수 있는 임업(林業)에 투자를 하는 등, 다각적인 투자로 돌리는 것에 의해 화폐순환을 통한 역내 자원 순환을 활발히 하고, 산업의 지속 유지 가능한 발전을 탐구하는 것이야말로 민부(民富) 형성의 만전의 계(計)라고 하는 나가쓰네의 기본사상을 잘 표현하고 있다.

세대를 뛰어넘는 시간 축으로 경제의 지속가능성을 고려하는 그의 시점을 확인하지 않고서는 타국으로부터 거두어들인 금은(金銀)을 갖고서 자국의 발전이라 여기는 중상적(重商的)인 개념과는 대조적인 그의 지향성을 오인하게 된다.

나가쓰네는 에도의 3대 농학자 중 한사람이다. 농가의 4남으로 태어나 10대에 유자가 되려고 마음먹었지만 아버지의 반대에 부딪쳐 농학 연구의 길로 들어선다. 20대 때 집을 나와 각지를 떠돌며 일을 하면서 농업과 산업의 실제를 견문한다. 화폐경제의 발전에 대응한 농업경영을 권고한 농정가로서 알려져 있으며, 농가의 화폐수입을 올리기 위해 상품작물의 재배와 각지의 특산품의 제조, 가공을 추장(推奬)하여 농업의 다각경영을 주장했다.

그러나 그에 대한 평가는 이와 같은 역사적 자리매김에 그치지 않는 현대성이 빛을 발하고 있다. 나가쓰네를 한마디로 평한다면 철저한 밑으로부터의 민부 형성의 권고자였다고 할 수 있다. 화폐경제에 대응한 농가경영의 제언에서 볼 수 있듯이 논리에 풍부하고 자기완결성 높은 지역경제형성에 대한 시점이 수미일관하고 있기 때문이다.

그가 생각하는 민부는 번부(藩富)와 국가의 부를 관(官)의 높이에서 문제시하는 경세가들의 그것과 다르다. "나라를 부강하게 만드는 경제는 먼저 하민(下民)의 경기를 좋게 한 후에 영주의 이익이 되는 일을 도모해 이루어야 할 것이다. 먼저 이루어야 할 것은 밑에 있다."고 하고 있듯이, 그의 영위는 산업의 실제로부터 출발해 무엇보다도 민중의 풍요를 문제시하는 것에서 시작한다. 그리고 "백성의 주인은 논과 밭이고, 조닌[町人]*의 주인은 잘 알고 있겠지만 여러 가지 수단을 써서 금은을 버는 것이 주인이다"라며, 조닌과 백성이 화폐상의 이익을 올릴 필요성을 말한다. 그러나 이것은 "영주가 이익을 내기 위해 조닌과도 같은 계산을 하시는"이라며, 영주가 번부를 조닌과 같이 화폐상의

* 에도 시대 때 주로 도시에서 살며 상·공업에 종사했던 사람들의 총칭.

풍요로움으로 생각해 버리는 것을 경계하면서, 논밭에서의 노동이 이익을 낳고 다각적인 산물의 전개가 나라를 부유하게 만드는 산업의 의의를 확인하는 문맥에서 나온 말이기도 하다.

그의 농가의 실사(實事)에 이익을 되는 실천적 지식보급에 힘쓴 생애는 당초 농가의 이익이 되는 '농가익(農家益)'에서 시작해 널리 사회의 이익이 되는 '광익(廣益)'으로 점차 그 시계를 확대시켜 간다.

나가쓰네는 먼저 농가경영을 본작(本作)을 다종(多種)의 여작(餘作)으로 보충하는 다각경영에 의해 지속적이면서도 자족적인 영농의 지속성확보의 시점으로 본다. 그러나 그 농가에 이익이 되는 권고는 홀로 농가만을 부유하게 만들면 된다는 것은 아니었다. 그는 농가경영의 안정과 풍요의 실현을 번(藩)이라는 역내경제의 이익, 즉 광익이라는 시점으로 확대시켜 나간다.

그 기본은 역내에서 자기 완결할 수 있는 산품(産品)은 필수품이라면 그 역내에서 생산해 배분해야 한다는 점에 있다. 이것은 나가쓰네의 개념으로 '국용(國用)'이라고 한다. 그것은 역내의 수요물을 타국에 의존하고 금은을 타국으로 유출시키는 것이 아니고 역내에서의 생산·조달에 힘쓰면서, 말하자면 자금이 타국으로 나가는 것을 억제하는 개념이다. 이렇게 해서 역내수요에 따른 산물을 만들고, 경쟁력 있는 산물을 육성해 타국에 판매함으로써 역내경제의 진흥을 꾀하려 한다. 이것을 '국산(國産)'이라 한다.

즉, 민부는 역내에 널리 이익이 되는 형태로 성립되어야 한다. 광익을 금은의 유출을 억제하는 국용과, 들어오는 것을 꾀하는 국산의 형성이라는 양면에서 통일적으로 파악하고 있다. 이러한 국용국산에 의한 진흥책은 확대되어 가는 화폐경제의 지배력에 대해서 역내산업의 자립성과 발전을 확보하려는 것이다.

나가쓰네는 또한 관제(官製)의 경제진흥책이 실패한 예를 들어 “이익에만 밝고 법을 모른다”고 평하고, 반대로 사업에 밝은 민(民)에 맡기면 성공예(成功例)가 사람의 이욕(利欲)이라는 동기부여를 얻어 발전을 가져온다고 한다. 국산의 기반을 일으킴에 있어 민의 힘과 주도성에 대한 견고한 신뢰를 알 수 있다.

너무 화폐상의 이익에만 얽매여 만전(萬全)의 계(計)가 없는 근대에 경제사회의 지속가능성이 과제가 될 때 나가쓰네의 현대성이 언제나 되살아난다.

◉ 참고문헌

土屋喬雄校訂, 『廣益國産考』(岩波文庫, 1946)
山田龍雄 外編, 『除蝗録 · 農具便利論 · 他』(日本農書全集 15, 農山漁村文化協會, 1977)
早川孝太郎, 『大藏永常』(山岡書店, 1943)
筑波常治, 『大藏永常』(國土社, 1969)

◉ 필자

모리노 에이이치[森野榮一]

賴山陽

라이 산요

1780–1832

학문이 실용에 적합하지 않은 것은 후세의 통질(通疾)이다.

(「仁壽山書院席上 對問」)

학문이란 그것을 배우는 사람이 장래 통치에 관계할 때 유용한 것이어야 한다. 라이 산요[賴山陽]의 이와 같은 학문관은 현대의 '실학'관과 통하는 것이 있다. 실제로 산요는 자신의 학문을 '실용의 학'이라 칭했다.

모두에서 소개한 말은 히메지번[姬路藩]의 학문소(學問所)에서 행한 강연에서 한 말이다. 이 '후세'란 다름 아닌 도쿠가와[德川] 일본을 가리킨다. 과학이 있는 중국에서는 "경(經)과 사(史)를 연구하는 것은 타일(它日)의 시위(施爲)라 누구나가 기대한다". 그렇기 때문에 학문과 통치는 분리하지 않았다. 일본에서도 율령시대(律令時代)는 '관직의 위계를 정한 전(典)'이 있었고, 일부 집안에 한정되어 있었다고는 하나 미요시 기요유키[三善淸行] 같은 유능한 관료도 배출했다. 그러나 그들도 섭관가(攝關家)의 주구(走狗)로 전락했고, 전란(戰亂) 시대에 학문은 승려들이 담당하는 것에 지나지 않게 되어 버렸다.

도쿠가와 일본에서는 이에야스[家康]가 학문을 통치에 활용하려 했지만 당시의 유자들에게는 그 뜻에 부응할 만한 능력이 없었고, 그래서 유자가 무사의 자제들에게 가르치는 학문이라는 것은 그야말로 "심장적구(尋章摘句)하고, 조회철사(藻繪綴詞)하는 식"이었다. 학문과 통치는 분리되어 버렸고, 번교(藩校)에서는 그런 실무와는 무관한 학문만을 가르치고 배우게 되었다. 그래서 산요는 학문 자체의 쇄신을 도모했다. "자제(子弟)를 표솔(表率)하기에 족한" 인격의 도야(陶冶)와, "치란득실(治亂得失), 그러한 세상을 논하고, 또한 변통적용(變通適用)함에 부족함이 없는" 견식을 육성하는 '배움[學]'의 목적인 것이다. 산요의 주저인 『일본외사(日本外史)』『일본정기(日本政記)』, 그리고 무엇보다도 『통의(通議)』는 이러한 학문의 교과서로서 만들어진 것이다.

산요의 학문에 있어 역사·상황을 해석하는 가장 중요한 개념은 '세(勢)'이다. 역사·정치는 이 '세'의 변화에 따라 다양한 변동을 보여 왔다. 군현(郡縣)이 봉건(封建)으로 바뀌고, 천황에서 장군으로 지배의 실권이 변했다. 이러한 변화는 다양한 계기에 의해 탄생한 '세'가 산 속 개울물이 하구(河口)에서는 대하(大河)가 되듯이, 극도에 달해 이루어지는 것으로 생겨났다. 그러나 인간은 단지 '세'에 농락당하는 존재가 아니다. 그 '세'를 만들어 내는 것은 인간이며, 발생한 '세'도 어느 정도는 제어할 수 있다. 산요의 관심은 그야말로 그러한 '세'를 사람이 어떻게 제어할지에 쏠려 있었다.

'세'의 제어는 정치가 해야 하는 것이고, 그것은 군주의 결정에 따라 이루어진다. 즉, 산요의 정치학의 근간은 '천하'와 정국·논의의 장에서의 '세'를 군주가 어떻게 통어(統御)할지에 있었다. 군주가 군주인 이유는 '권(權)'을 잡고 있기 때문이다. 그것은 또 군주가 그 자리의 '세'를 조정하기 위해서는 거기에서의 '권'을 잡는 것이 중요하기 때문이다. '결단' 및 '결정권'이 그 정치학의 중심에 있었다.

산요는 『통의』에서 어떻게 해서 이에야스[家康]가 '천하의 대세'를 제어하고, 그 이후 전란이 일어나지 않도록 교묘히 제도를 설계했는지를 분석한다. 그리고 산요는 도쿠가와의 평화를 언축(言祝)하고, 이에야스의 공적을 찬미한다. 산요의 목표는 도쿠가와 정권의 재건에 있었고, 군권(君權) 확립에 의한 강고한 정치체제의 재구성에 있었다. 이 책에서는 재정 핍박의 재건에 대한 지침도 보인다. 체제의 혁명적인 변혁이 아니라 점진적인 개선이 옳다고 했다. 산요는 세상의 급격한 변화를 긍정하지 않는다. 메이지유신[明治維新]은 그의 정치사상에는 맞지 않는 것이었다.

그것은 주자학의 '이(理)'의 정치에서 선택결정의 '권(權)'의 정치로 변화한 것과 관련이 있다. 산요는 정치적 상황에 있어 정해(正解)가 아프리오리에 있다고는 생각하지 않는다. 정치에는 취사선택에 따른 판단 이외에는 있을 수 없음을 인정하고, 군주의 결정에 따른 정치에 대한 새로운 이론을 구축했다. 그것은 그것이 '이'이기 때문에 이래야만 한다는 원리주의적인 주장과의 결별이기도 하다. 경서(經書)에 있는 정책이라도 현상에 적용할 수 없는 것은 부정한다. 왜냐 하면 그것은 '민(民)'을 위한 것이 아니기 때문이다. 통치란 먼저 '민'이 평온하게 생활하기 위해 필요시 되었던 것이었다.

단, 이것은 통치의 정통성을 현재의 평화에 귀착시켜 버린다. 그 때문에 그 정권의 정통성은 민이 현상을 안태(安泰)라 볼지 위기라 볼 지에 의해 좌우되는 위험성을 갖는 것이었다.

라이 산요는 일본에서는 필시 처음으로 일관된 정치이론을 구축했던 정치학자이다. 그 이론은 유학에만 머물지 않고 법가(法家)·병가(兵家) 등 폭넓은 '한학(漢學)'을 바탕으로 하여 만들어진 것이었다. 동시에 본인은 그것을 '여기(餘技)'로 여기고 있었지만 시와 서화로도 이름이 나 있고, 문인으로서의 평가도 높다. 그 영사시(詠史詩)와 『일본외사』에서도 볼 수 있는 문학성은 구스노키 마사시게[楠木正成] 등의 칭양과 겹쳐지면서 '존왕(尊王)' '도막(倒幕)'의 이미지를 산요에게 부여해 버렸다.

◉ **참고문헌**

木崎愛吉·賴成一共編, 『賴山陽全書』(賴山陽先生遺跡顯彰會, 1931)
德富猪一郎 外編, 『賴山陽書翰集』, 德富猪一郎 [ほか] (共編民友社, 1929)

전기는 『全書』에 수록되어 있는 木崎好尚 『賴山陽全傳』이 가장 자세하다.
사상과 정치이론에 대해서는 濱野靖一郎 『賴山陽の思想 日本における政治学の誕生』(東京大學出版會, 2014)를 참조.

◉ **필자**

하마노 세이이치로[濱野靖一郎]

山片蟠桃

야마가타 반토

1748-1821

죽으면 지(智)도 없고, 신(神)도 없고, 혈기(血氣)도 없고 …… 그러므로 귀신이 어디 있고 또 신이 어디 있겠는가. 살아서 기능하는 부분, 이것을 신이라 해야 할 것이다.

(『夢ノ代』 無鬼 下)

야마가타 반토[山片蟠桃]는 대작 『유메노시로[夢ノ代]』)를 남겼는데, 그 가운데에서도 특히 유명한 것은 '무귀론(無鬼論)'이다. 『유메노시로』의 발문은 사후의 자신을 노래한 2수로 끝을 맺고 있다.

지옥도 없고, 극락도 없고, 나도 없다. 단지 있는 것은 사람과 만물.

신불화물(神佛化物)도 없다. 세상에 기묘하고 이상한 것은 더더욱 없다.

그의 무귀론[=무신론]의 취지는 이 두 수의 노래에 잘 나타나 있다. 오늘날에는 이렇게 생각하는 사람들이 많지만 2백여 년 전의 동아시아 세계에서는 아주 용기가 필요한 발언이었다. 『유메노시로』는 사본으로밖에 세상에 전해지고 있지 않았고, 그 안에 수록되어 있는 무귀(無鬼) 상편이 활자로서 세상에 나온 것은 메이지 25년(1892), 전본 번각(翻刻)은 다이쇼 5년(1916)[滝本誠一編 『日本經濟叢書』 수록]이었다. 특히 불교가 지옥·극락설을 가지고 서민으로부터 기진(寄進)을 받아 많은 불각(佛閣)을 지어 온 것을 통렬히 비판하면서[이단편(異端篇)], 공자가 말하는 '여재(如在)'[살아 있는 것과 같다], '경귀신이원지(敬鬼神而遠之)'의 태도로 충분하다고 했다.

그는 철저한 무신론자였다. 인정(人情)을 생각하고 공자의 가르침을 실천하라고 강조한 것이다. 그의 이와 같은 합리주의의 기반은 그가 배운 오사카 회덕당(懷德堂)의 나카이 지쿠잔[中井竹山]·리켄[履軒] 형제의 유학[주자학 계통], 아사다 고류[麻田剛立]의 천문학, 다이묘가시(大名貸)* '마스야(升屋)'의 반토(番頭)**로서 번(藩)(특히 센다이번[仙台藩])의 재정 재건에 보인 경제적 수완에 있었다.

반토는 반슈[播州](지금의 효고현[兵庫縣]) 인나미군[印南郡](가즈메무라[神爪村])의 백성(百姓) 하세가와 고헤이[長谷川小兵衛]의 차남으로 태어났지만 반슈목면[播州木綿]을 거래하는 재향 상인의 가정환경에서 자랐다. 아버지 쪽 형제의 한 사람이 마스야(升屋)에서 근무를 했고, 그 별채[別屋] 초대(初代) 구헤[九兵衛]가 되었던 관계도 있고 해서 반토도 마스야에서 일을 하게 되었고, 나중에 마스야를 역경에서 구하는 명반토[名番頭]가 되었다. 마스야는 초대가 도지마미두[堂島米相場]를 통해 엄청난

---

* 에도(江戶) 시대, 번(藩)의 재정이 궁핍했던 다이묘[大名]에게 금융업자가 구라마이[藏米] 등을 담보로 돈을 빌려주는 것. 또는 그런 일을 하는 사람.

** 상점 등의 사용인(使用人) 중 가장 높은 위치의 사람.

성공을 거뒀다. 『유메노시로』 경제편(經濟篇)에서 사람의 지(知)를 취해 이용했던 '순(舜)'이 왜 '야마토[大知]'라 불리게 되었는지를 설명하는 개소에 오사카의 미두가 등장한다.

> 천하의 지(知)를 모아 혈액을 돌게 하고, 대성(大成)하는 자는 오사카의 미두*이다. 대순(大舜)은 마음을 이용해 천하의 지를 모았다. 이 미두는 자연 천연히 모여 대성하여 천하의 혈액 여기에서 통하며, 지가 달(達)하지 않음이 없고, 인(仁)이 미치지 않는 곳이 없다.
> 이에 지금 천하에 영리한 자들도 미두에 미치지 못한다.
> 그런데도 대지(大知)가 오사카에 모이는 것은 어째서 그런가 하면 깃테[切手, 어음]와 조아이미(張合米)**가 있기 때문이다.

'깃테'란 고메킷테[米切手]를 말하는 것으로 고메킷테로 정미(正米)와 교환을 한다. 따라서 깃테로 갖고 있으면 손상, 화재의 걱정도 없다.

반토는 센다이번의 궁상(窮狀), 막대한 차금재정(借金財政)을 누차 구해줬다. 그 수완의 하나가 고메킷테의 일종인 '미찰(米札)'[센다이번 안에서만 통용되는 번찰(藩札)]. 번의 위에서 지불하는 돈은 모두 미찰로 내고, 번의 수중에 남는 돈으로 오사카에서 돈놀이를 해 이자를 남긴다고 하는 묘안으로, 가이호 세이료[海保青陵]는 『계고담(稽古談)』과 『승소담(升小談)』에서 이를 상찬하고 있다.

당대 최고의 천문학자 아사다 고류 밑에서 천문학을 배웠던 것도 도

---

* 쌀, 콩, 따위의 곡물을 시세 변동을 이용하여 현물 없이 약속으로만 거래하던 일종의 투기 행위.

** 에도 시대 때 널리 행해졌던 공물(空物) 거래를 조아이(張合)라 하고 그 대상물이 된 쌀을 조아이미(張合米)라 한다.

움이 되었다. 그 성과는 『유메노시로』 천문편(天文篇)에서 종횡으로 소개되고 있다. 지동설이 그림을 섞어가며 해설되어 있어, 당시로서는 이것이 제일 큰 공적이었지만 태양과 같은 것이 우주에 무수히 있다는 대우주론(大宇宙論)이 오늘날에는 주목할 만한 가치가 있다. 그리고 유럽의 천문학이 실지실측(實地實測)에 기반을 두고 있음을 절찬한다.

> 유럽이 천학(天學)에 밝은 것은 고금만국(古今萬國)에 비할 데가 없다. 특히 만국을 회시(廻視)하여 모두 실견(實見)한 것을 갖고 발명한 것으로 누가 이에 대적하겠는가.

이 천문학의 발달이 '통상(通商)의 이익'에서 생겨난 것도 정확히 지적하고 있다.

반토의 합리주의는 당대 최고의 실측천문학자 아사다 고류와 『역상고성(曆象考成)』 정후편(正後編), 『역상신서(曆象新書)』(志筑忠雄)로부터 배운 천문학과 그것을 관통하는 수학과 물리학[중력·인력], 마스야의 반토로서 발휘했던 미두와 번정 재건에 빠트릴 수 없는 계산력, 전체적으로 수학의 힘이 그것을 단련시켰다고 할 수 있다.

특히 사후에는 지옥도 극락[기독교에서는 천국]도 없다는 것을 꼼꼼히 논해 가며 가난한 사람들을 금전적으로도 정신적으로도 구제하려 했던 무귀론과, 상인이면서도 국부(國富)는 한 사람이라도 농민을 늘리고 상인을 줄이는 데에 있다고 주장하는 농본주의에 그의 실심실학(實心實學)의 실심을 간파할 수가 있다.

또한 반토는 신화와 역사를 준별(峻別)하여 일본의 신대사(神代史)를 부정하고 문자의 전래 이후의 오진조[応神朝]부터 신뢰성이 있다고 했

다. (『유메노시로』 神代篇)

여기에 장수(長壽)를 의미하는 호 반토에는 반토[番頭]의 음이 겹쳐져 있다. 만년에는 장님이 되면서까지도 『유메노시로』를 완성시켰다.

◉ 참고문헌

山片蟠桃, 『夢ノ代』(岩波日本思想大系 43, 『富永仲基・山片蟠桃』 수록, 岩波書店, 1973)
有坂隆道, 「山片蟠桃と『夢ノ代』」(상동, 1973)
亀田次郎, 『山片蟠桃』(全国書房, 1943)
末中哲夫, 『山片蟠桃の研究 「夢乃代」篇』(清文堂, 1971)
有坂隆道, 「山片蟠桃」(『世界伝記大事典』 「日本・朝鮮・中国編」 第五巻 수록, ほるぷ出版, 1978)

◉ 필자

오가와 하루히사[小川晴久]

二宮尊德

니노미야 손토쿠

1787-1856

> 나의 길은 지성(至聖)과 실행(實行)뿐이다. 고로 조수충어초목(鳥獸蟲魚草木)에도 모두 영향을 미칠 수 있다. 하물며 사람에게 말해 무엇 하겠느냐. 고로 나는 재지변설(才智辯舌)을 중히 여기지 않는다. 재지변설은 사람에게는 통할지라도 조수초목에게는 통하지 않는다. (중략) 따라서 재지변설을 중요시 하지 않고 지성과 실행을 존중할 뿐이다.
>
> (『二宮翁夜話』, 이하 『야화』, 권4)

니노미야 손토쿠[二宮尊德]가 생애를 통해 관철했던 신조는 인도(人道)로서의 지성(至誠)과 실행(實行)이다. 인도란 『중용(中庸)』의 "성(誠)은 천(天)의 도(道)이다. 이것을 성(誠)으로 하면 인(人)의 도(道)이다"를 바탕으로 한 것이며, 이 구에 대해서 손토쿠는 "이것을 성으로 한다는 것은 나를 버린다는 것, 즉 나를 극복한다는 것이다"(『야화』 권4)라고 한다. 손토쿠는 모든 사람들이 나태와 욕망을 이겨내 근로하고, 분도(分度)[검약]와 추양(推讓)[남은 것을 타인에게 양보하는]을 실천할 것을 제창했던 실심실학자(實心實學者)이다.

손토쿠가 살았던 에도 시대 후기에는 대 기근이 두 번 있었다. 덴메이[天明] 2년(1782)에서 7년(1787)까지 계속됐던 덴메이대기근[天明大飢饉] 시에는 많은 아사자(餓死者)들이 나왔다. 손토쿠가 태어난 것은 기근의 마지막 해였다. 손토쿠는 14세 때 아버지와, 16세 때 어머니와 사별하고 소유하고 있던 논밭도 홍수로 인해 모두 떠내려갔다. 이와 같은 환경에서 자랐던 것이 훗날 손토쿠로 하여금 덴포기근[天保飢饉] 구제에 매진할 수 있게 만들었던 것이다.

덴포[天保]의 두 번째 기근이란 덴포 4년(1833)과 7년(1836)의 흉작을 가리키는데, 실제로는 덴포 4년부터 10년 사이 냉해와 풍수해에 의한 대기근이 발생, 사망자수는 오우[奥羽] 지방 전체에서만 10만 명에 이르렀다고 한다. 이하, 손토쿠가 덴포 7년의 대기근 당시 가라스야마번[烏山藩](도치기현[栃木縣] 나스초[那須町] 나스가라스초[那須烏町])에서 전개했던 시법(仕法)에 대해 살펴보도록 하겠다.

손토쿠의 재해에 대한 인식은 60년에 한 번 정도는 주기적으로 찾아온다는 것이었다. 그렇기 때문에 평소부터 재해에 대비해 농민도 관리도 금전과 곡물을 비축해 두어야 한다는 것이다. 그것은 "천도는 자연이다. 인도는 천도를 따른다고는 하지만 이 또한 인위(人爲)이다. 인도를 다해 천도에 임해야 한다. 인위를 소홀히 하면서 천도를 원망하지 마라"(『야화』 권4)라는 말에 나타나 있듯이, 자연재해에 대해서는 인도로써 대처해야 한다는 생각에 입각해 있다. 구체적으로 기근을 예측한 것은 복날 먹은 햇가지에서 가을 가지의 맛이 난 것에 의해서였다. 사람들에게 풍요로운 은혜를 베푸는 자연은 또한 때로는 사람들을 속이고 큰 타격을 준다. 이와 같은 자연의 힘을 숙지하고 경외(畏敬)했던 손토쿠이기에 할 수 있었던 예견이었으리라.

기근 도래를 앞두고 손토쿠는 황무지, 황폐지를 개간해 메밀, 무, 가부, 당근, 감자 등을 심고, 피[稗], 콩 등 식량이 될 만한 것을 기르게 했다. 또한 벼베기가 끝난 건전(乾田)에 보리를 심고 밭에 심은 유채씨앗의 모를 논에 옮겨 심어 보조 식량으로 삼았다.(『야화』 권5) 손토쿠는 사쿠라마치[桜町]에서 덴포 5년부터 3년간 밭의 조세를 면제하는 대신에 피를 심어 살기 위해 대비하라고 농민들에게 충고했다. 덴포 7년에는 실제로 혹독한 기근을 겪었지만 사쿠라초에서는 어느 누구도 기갈(飢渴)의 고통을 맛 본 사람은 없었다.[富田高慶『報德記』 권2] 기근을 예견하고 재빨리 밭에 대한 세금을 면제하고, 사람들에게 식량을 재배하게 했던, 이것이 손토쿠의 시법의 기본이었다.

마찬가지로 덴포 7년 11월, 가라스야마 가로(家老) 스가야 하치로에몬[菅谷八郎右衛門]과 덴쇼사[天性寺] 지주 엔노[円応]의 요청을 받은 손토쿠는 가라스야마번[烏山藩] 구제에 진력을 다하게 되었다. 손토쿠는 제일 먼저 긴급구원미 백 가마를 보내고, 이천 량에 상당하는 미곡을 빌려주었다.(『二宮尊德全集』이하 『전집』, 권24) 이것을 받은 주지 엔노는 덴쇼사에 스쿠이고야[救小屋]* 11동을 짓고 구원미를 하루에 한사람에게 2홉씩 나누어 주었다. 밥을 지어 돌리는 것은 덴포 7년 12월1일 이후 이듬해 5월 5일까지 실시되었다. 이 구제책이 실시된 이후 끝날 때까지 한사람의 아사자도 나오지 않았다.(『報德記』 권3))

손토쿠는 건강하고 일 할 수 있는 자에 대해서도 시책을 마련했다. 먼저 6백량 준비해 개발 및 권농(勸農)을 위해 무이자 연부금(年賦金) 대출을 실시했다.(『전집』 권24) 개발이란 다소 축재가 있는 농민에 대해서

* 에도 시대 지진이나 화재, 홍수, 기근 등의 천재지변 시에 피해를 입은 사람들을 구제하기 위해 막부나 번에서 지은 구제시설.

황무지를 개발시키고 1단보(反歩) 개발에 월 1량(兩) 1부(分)를 준다는 시책이다. 권농이란 마을을 위해 진력할 마음가짐이 좋은 자를 투표로 뽑아 무이자 5년 연부로 돈을 빌려주는 시법이다. 구체적인 일의 내용은 낮에는 길이나 다리를 수리하고, 용수로를 정비하는 등이다. 또한 밤에는 새끼를 꼬아 조리[草履]를 만든다. 이것들도 통상보다 높은 가격으로 수매했다. 이 방법은 민(民) 스스로가 일을 배워 자활하는 절차를 결정한다는 점에서 큰 효과가 있었다.

가라스야마시법[烏山仕法]은 3년 이라는 짧은 기간 동안의 실천이었지만, 손토쿠의 생애 에 걸친 신념은 "부와 빈이란 멀리 떨어져 있는 것이 아니다. 내일 살아남는 것만을 생각해 오늘까지의 은혜를 생각하지 않는 것과, 내일 살아남기 위해 어제까지의 은혜까지 잊지 않는 것, 이 두 가지뿐이다" (『야화』 권5)라는 것이었고, 어제까지의 은혜를 미래로 이어가는 것에 목숨을 건 인물이었다고 할 수 있을 것이다.

◉ **참고문헌**

二宮尊德偉業宣揚編, 『二宮尊德全集』 전 26권 (복각은 龍溪書舍, 1997)

◉ **필자**

고토 도모코[古藤友子]

大塩平八郎

오시오 헤이하치로

1793-1835

> 아아, 인간 7척의 몸, 게다가 천지(天地)와 같기는 즉, 이와 같다. 삼재(三才)라는 호칭이 어찌 도연(徒然)한 것이겠는가. 기질(氣質)을 잘 변화시킴으로써 태허(太虛)의 몸으로 돌아가야 한다.
>
> (『洗心洞箚記』 上)

눈을 떠 하늘을 우러르고 땅을 보니 토석(土石)은 나의 골육, 초목은 나의 모발(毛髮), 우수하천(雨水河川)은 나의 체액, 운연풍음(雲煙風音)은 나의 호흡, 일월성신(日月星辰)의 빛은 내 양안(兩眼)의 빛, 춘하추동은 나의 윤리적 실천이다. 인간의 신체가 천지와 일체라는 것은 여기에서 보는 그대로이다. 천·지·인은 일체공동(一體共働)[三才]의 존재이다. 사람은 깊이 나의 몸을 돌아보고 우주생성의 본원(本源)·우주적 생명인 '태허(太虛)'라는 본래의 상태로 회귀하여야 한다. 오시오 헤이하치로[大塩平八郎)] 말하고자 하는 것은 마크로코스모스[대우주]에 대한 미크로코스모스[인체]라는 중국의 천인합일사상(天人合一思想)이다.

호를 중재(中齊)라고 했던 오시오는 "아침에는 늘 오전 2시에 일어나

천상(天象)을 관측하고, 문인들을 불러 강론을 한다. 겨울날에도 문을 열고 계신다. 문인들 모두 견디지 못한다. 게다가 중재는 전혀 개의치 않는다. 그 기백이 사람을 압도하여 문인들이 감히 쳐다보지 못한다" (池田草庵)이라는 일상도 천인일체의 실천 결과이다. 오사카[大坂]의 마치요리키[町与力]*이면서 1835년(덴포 8년) 2월, 궁민구제(窮民救濟)를 슬로건으로 불과 수백 명으로 막정비판(幕政批判)의 반란을 일으켰다. 사자가 솔축했던 덴포[天保]의 기근 시, "하늘로부터 받았다"고 상서(上書)했던 "사해곤궁(四海困窮)한 것은 천록(天祿)이 영원히 끊이질 않는데 있고, 소인에게 국가를 맡겨 재해가 계속된다"고 시작하는 거병격문(擧兵檄文)은 천인합일사상의 정치 버전, 즉 악행을 하늘이 경고한다는 중국 고래의 천도사상(天道思想)[天人相関説·天譴説]으로 일관되어 있다.

선조는 이마카와 료시모토[今川義元]까지 거슬러 올라가 도쿠가와 이에야스[德川家康]와도 연고가 깊은 유서 있는 집안에서 태어났다. 프라이드가 높았던 오시오는 일상생활에서 접하는 것은 죄인이나 동료 등 보잘 것 없는 하급관리들뿐인 것에 절망해 20세 때 공명영달(功名榮達)의 야심을 버리고 유학에 뜻을 두었다. 왕양명의 철학을 신봉했지만 공맹[공자와 맹자]학이라 자칭하며 가숙(家塾) '선심동(洗心洞)'에서 태허(太虛)·치량지(致良知)·기질변화·사생일여(死生一如)·거허위(去虛僞)를 강의했다.

오시오 실학의 특징은 숭배하는 양명의 '양지(良知)' 철학과 나카에 도주[中江藤樹]의 '효(孝)'의 철학을 일직선으로 '태허'에 집약했던 점에 있다. '효'가 갖는 역경적(易經的) 이원론(二元論)은 사상(捨象)된다. "심

* 에도(江戶)의 마치부교(町奉行)에 직속하면서 동심(同心)을 지휘하며 소송의 심사나 시내를 순찰하고, 제반 사무를 감독·수행했던 자.

(心), 태허로 돌아가면 즉, 비상사(非常事), 모두 또한 도(道)임을 알 수 있다"(『洗心洞箚記』 상). 내 마음이 태허로 귀입(帰入)·일체화하는 것에 진아(眞我)·진실재(眞實在)가 현성(現成)하고, 그 전부는 긍정된다고 하는 유심론(唯心論)은 자기중심적인 영웅주의와 표리(表裏)된다. 태허사상을 핵으로 왕양명에게서 배운 '공비(共悲)'의 철학 '천지만물일체의 인(仁)'과 궐기주의적(蹶起主義的) '지행합일'에 압도되어 천도사상의 '천주(天誅)'를 원리주의적으로 실행했던 것이 '오시오의 난'이다.

막병(幕兵)과의 교전에서 오시오의 군사는 하루도 버티지 못하고 궤멸했다. 그들이 쏜 대포·불화살은 강풍을 타고 오사카·덴만(天滿) 일대를 전부 태워버렸고, 많은 사람들이 살 집을 잃었다. 40일 후, 오시오 부자는 은신처에 불을 놓아 자인(自刃)하였다. 시체는 소금에 절여진 채 책형(磔刑)을 당했다. 구민(救民)의 영웅이라 칭송하는 목소리가 있는 한편, 당시부터 지금에 이르기까지 당랑(螳螂)의 무모(無謀), 시중(市中) 대화(大火)와 쟁란으로 오히려 민중에게 고통을 안겨 준 멍청이라 조소당하며, 일본 역사상 굴지의 돈키호테라고 야유를 받는 경우도 적지 않다. 미구엘 데 우나무노의 돈키호테 옹호론에서는 "어느 인간의 행위를 그 외적인 결과와 그것에 의해 고통을 받는 사람이 받는 일시적인 해(害)에 의해 심판하는 변변치 않은 법적 기준에 고집해서는 안 된다. 우선은 내적 의미에 도달하라. 그리고 부당한 의도에 의해 초래된 은혜보다도 성스러운 의도에 의해 받게 되는 해가 보다 가치가 있다는 진리에 숨어 있는 감정, 사상, 그리고 사랑이 얼마나 심원한 것인가를 이해하라"고 말했다.[『돈키호테와 산초의 생애』 1905, 佐々木孝 외 역]. 여기에는 극히 위험한, 무서운 사상이 숨어 있다. 오시오는 비참한 패배를 예상하고 "우리들의 소업(所業)이 어떻게 끝나는 지 너희들은 눈을 크게 뜨고 잘 보아라"라고 격문의 마지막에 적고 있다. 우나무노의 몽상이 현실에서 실행되었던 것이다.

세상 일반에 오시오의 초상화라 알려져 있는 것은 에도 시타야[下谷]에서 태어난 화가 기쿠치 요사이[菊池容齊, 1788~1876]의 작화로, 혼천의(渾天儀)를 앞에 두고 뚱뚱하고 등이 굽은 모습으로 정좌를 하고 앉아 있는, 눈이 처진 둔중(鈍重)해 보이는 노인상이다. 그러나 난 이후의 수배범전단에서는 "얼굴이 가늘고 길며, 하얗고 눈이 가늘게 치켜져 올라가 있으며, 귀는 보통 크기로 보통 체격에 보통 키"라 기재되어 있다. 문인 히키다 지쿠오[疋田竹翁]의 "꽤 미남으로 조금 여위었지만 늠름한 풍채"라는 증언 등도 기쿠치의 초상화와는 많이 다르다. 이런 사람이 그런 난을 일으켰을 리가 없다. 게출(揭出)한 초상화는 후지타 도코[藤田東湖]의 『浪華騷擾紀事』(大阪城 天守閣藏) 안에 있는 인상서(人相書)로, "살신성인의 화환(禍患)도 또한 전적으로 쾌활하다"(『洗心洞箚記』 상)이라 했던 오시오 헤이하치로의 실상에 가깝다고 생각된다.

◉ 참고문헌

相良亨 · 溝口雄三 · 福永光司校注, 『佐藤一齊 大塩中齊』(日本思想大系46, 岩波書店, 1980)

宮城公子, 『大塩平八郎』(朝日新聞社, 1977)

相蘇一弘, 『大塩平八郎書簡の研究』 전 3권(清文堂出版, 2003)

大橋健二, 『神話の壊滅—大塩平八郎と天道思想』(勉誠出版, 2005)

◉ 필자

오하시 겐지[大橋健二]

渡邊崋山

와타나베 가잔

1793–1841

> 서양 제국이 도(道)로 삼은 부분, 우리가 도로 삼는 부분, 도리(道理)에 있어 하나이지 둘은 없다.
>
> (『愼機論』)

1837년의 모리슨호 사건의 정보에 촉발되어 쓴 『신기론(愼機論)』에서 와타나베 가잔[渡邊崋山]은 위와 같이 주장하며 도덕의 세계 보편성을 밝히고 유학을 세계 5대 교학(教學)의 하나로 상대화시키고 있다. 또한 교역을 요구하는 영국이 표류와 식음료를 요청해 왔음에도 이전의 쇄국정책 때문에 이를 내칠 경우 어떤 사태가 벌어질지를 설명하고 있다. 영국 측은 일국의 사정만으로 지구의 여러나라들이 지켜야 할 '인(人)의 도(道)'를 무시하고 타국의 곤혹을 헤아리지 않는 것은 너무나도 횡포한 것이 아닌가, 일본인은 야수와 같은 성행(性行)인가, 라고 이를 이해하고 오히려 침략의 구실이 될 수 있다고 가잔은 경고한 것이다.

가잔은 '일소백태(一掃百態)' '응견선석상(鷹見泉石像)' 등의 문인화가로 유명하지만 다른 한편으로 미카와다하라번[三河田原藩]의 가로(家老)·해방(海防) 담당의 입장에서 유학뿐만 아니라 난학(蘭學)에도 정통했다. 마침내 내셔널한 위기의식을 자각하고, 그것을 주된 동기로 하여 해외사정 연구에 매진한 결과, 일국의 조법(祖法)[3대 장군 도쿠가와 이에미쓰[德川家光] 이래의 쇄국정책]을 뛰어넘는 '세계 보편의 도리'의 존재를 자각하게 되었다. 일본도 지구 제국의 인류의 대도(大道)라고도 할 수 있는 '세계 보편 도리'라는 것을 따라야 한다는 생각이다.

이러한 점에서 가잔의 사고방식에는 글로벌한 사상의 맹아(萌芽)를 볼 수 있다고 할 수 있다.

이러한 사고에 가잔은 어떻게 해서 도달할 수 있었는가 하면, 난학에 의한 서양 지식의 영향은 부정할 수 없지만, 그 이상으로 유학사상 그 자체로부터 글로벌한 사상의 맹아를 획득한 것이라 추정할 수 있다. 즉, 가잔은 젊었을 때부터 유학을 배워 교양의 기본으로 삼았으며 자신이 배운 것을 천하국가의 정치에 유용하게 쓰고 싶다, 그러지 않으면 안 된다는 경세론적(經世論的) 사고를 견지하고 있었던 것이다. 그 결과 난학을 통해 얻은 신지식을 유교적 인식의 틀에 따라 수용하고, 자기의 유학적 세계관 안에 이를 포용하려 했던 것으로 보인다. 바꿔 말하자면, 가잔은 유럽 세계라는 것을 유학의 성인의 가르침을 모름에도 그 나름대로 독자의 '도(道)'를 실현했던 세계로 이해하고 평가했던 것이다. 동시대의 많은 유학자가 유럽 세계를 성인의 가르침을 모르는 미개의 상태에 있다고 규정하고 있었던 것과는 대조적이다. 한편, 유럽에 관한 학식이라는 면에서는 다카노 조에이[高野長英]와 고세키 산에이[小関三英] 등 직업적 난학자들이 가잔보다는 전문가였지만, 그들은 어디까지나 의학과 지리학과 같은 개별 영역의 틀 안에 머물러 있어서 종합적으로 서양사회 전체를 바라보는 정확한 퍼스펙티브를 가질 수 없었다. 이에 비해 가잔은 개개의 학문에 관한 전문지식은 그다지 없었지만 단편적인 지식을 가지고 개별영역의 인식의 틀을 뛰어넘어 서양사회의 전체상을 이해했고, 거기에 종합적인 견지로부터의 고찰을 가미했던 것이다.

가잔은 『격설혹문(鴃舌或問)』이라는 저서 안에서 서양 제국의 학예의 진보 요인에 대해 다음과 같이 설명하고 있다. "서양 제국에서는 인재양성에 정치의 중점을 두고 있기 때문에 학교교육이 완비되어 있고, 각자가 자기의 개성에 따라 진로를 결정하고, 그 재능을 발휘할 수 있도록 배려하고 있다. 뛰어난 연구에 대해서는 그것을 완성하기까지 정부에서 장려금을 지급해 주기 때문에 연구자는 생활에 궁핍함 없이 연구에 전념할 수가 있다. 게다가 연구성과는 일부 사람들에게 비장(秘藏)됨 없이 대학의 심사를 거쳐 출판되어 많은 사람들에게 보급한다. 이와 같이 학문의 공개성이 중시되고, 학문연구에 막대한 정부지원금이 지급되는 결과, 서양 제국에서는 실학이 발달하였고 향학심(向學心)을 갖는 자들이 늘고 있다."

다른 한편으로 가잔은, 천둥을 무서워하지 않는 그 정체를 밝히려 하는 '궁리(窮理)'의 정신과 '만사의논(萬事議論)'의 실행이야말로 서양 과학기술의 진보의 원동력이며, 일본에는 그것이 결정적으로 결락되어 있다고 지적한다. 요컨대 가잔은 서양의 학문에야말로 실리(實理)가 있고, 국정에도 도움이 된다는 확신을 갖게 되었고, 일본 학문의 현실을 근본적으로 수정할 필요성이 있다는 것에 생각이 미쳤던 것이다. 그런 반면 가잔은 인명(人命)을 최우선으로 하는 뛰어난 내정을 실시하는 서양 제국이 대외정책에 있어서는 침략·식민지화라는 비도(非道)·

부덕한 행동에 이르는 것에 '자연의 이치'라고는 도저히 납득할 수 없는 마음을 갖고 있었던 것 같다. 유교적 덕치주의를 신봉하는 입장에서 서양 열강과 같이 '권략(權略)의 정(政)'을 사용해 영토를 확장하는 움직임에는 결코 동조할 수가 없었다. 막번체제(幕藩體制)와 쇄국정책의 모순을 자각하고, 서양의 근대사회제도 도입을 꿈꾸면서도 당장의 서양 제국에 의한 침략 위협에 대비해야만 했던 것에 가잔의 고뇌가 있었던 것이다. 그러나 그런 가잔이 1839년 반샤노고쿠[蠻社の獄]* 에 연루되어 어둠에 묻혀 버렸다.

◉ **참고문헌**

小澤耕一・芳賀登監修,『渡邊崋山集』전 7권(日本図書センター, 1999)
佐藤昌介校註,『崋山・長英論集』(岩波文庫, 1978)
別所興一訳註,『渡邊崋山の手紙』(平凡社東洋文庫, 2015)

◉ **필자**

벳쇼 고이치[別所興一]

* 반샤란 만학사중(蠻學社中)의 약자로, 양학으로 결사한 사람들이라는 의미로, 난학숙을 중심으로 모인 사람들 정도로 해석할 수 있을 것이다. 1839년 에도 막부가 와타나베 간잔 · 다카노 조에이 등의 난학자들에게 가한 언론탄압사건이다. 【역자주】

高野長英

다카노 조에이

1804–1850

> 나는 어리석고 남에게 별로 도움이 되지 않지만 각고(刻苦)하며 책을 통해 배우는 노력과, 10여 년이라는 긴 세월을 들여 마침내 서문(西文)의 단서를 엿보았으며, 대략 어맥(語脈)의 조리를 이해해, 시중의 서양서를 지금에 이르러서는 대부분 이해할 수가 있어, 숙학의 작은 뜻을 신장시키고, 형설(螢雪)의 근로를 곧 보상받을 것이다.
>
> (『西説医原枢要』題言)

다카노 조에이[高野長英]는 네덜란드어[난어(蘭語)]를 이해하는 능력이 발군이었던 것과, 문장력 또한 겸비하고 있었기에 난서의학서(蘭書医學書)를 많이 읽어, 28세 때 『서설의원추요(西説医原枢要)』라는 일본 최초의 서양의학서[인체생리학서]를 세상에 내놓을 수가 있었는데, 위에서 예로 든 그의 말은 그것이 어떻게 실현되었는가를 잘 보여주고 있다. 의미를 알기 어려운 것은 "書を攻る"의 의미인데, '공(攻)'은 배운다는 의미이다. 문제는 '서(書)'의 의미이다. 이 '서'를 난어(蘭語)와 난서(蘭書)라고 해석하면 그야말로 엄청난 것이다.

다카노 조에이[高野長英]는 무쓰노쿠니[陸奥國](이와테현[岩手縣]) 미즈사와[水澤]에서 태어났다. 어릴 적 아버지를 잃고 어머니 쪽 숙부였던 다카노 겐사이[高野玄齊]의 양자가 된다. 다카노가[高野家]는 의사였고, 양부는 스기타 겐파쿠[杉田玄白]의 문인(門人)이었기 때문에 그가 훗날 난학에 뜻을 둔 것은 양부의 영향이었다. 17세 때 양부의 반대를 무릅쓰고 에도로 나와 요시다 조슈쿠[吉田長叔] 밑에서 난학을 배웠는데, 20세 때 조슈쿠가 급사했기 때문에 나가사키[長崎]의 의사 이마무라 호안[今村甫庵]의 권유로 이듬해 나가사키의 씨볼트의 나루타키주쿠[鳴滝塾]에 들어간다. 씨볼트는 조에이의 어학력과 행동력을 높이 평가해 슈쿠초[塾長]에 앉힌다. 그는 열심히 배웠다. 그러나 3년 후에 씨볼트 사건*이 일어났고, 그 2년 후에 에도로 돌아와 고지마치[麹町] 가이자카[貝坂]에 의원[다아칸도(大観堂)]을 열었다. 26세 때이다. 28세 때 『서설의원추요』 내편(内篇) 5책, 외편 7책을 저술했으며, 내편의 첫 번째 책을 간행한다. 서양의학을 배우고자 하는 의생(医生)들이 모여들어 가이자카의 다이칸도[大観堂]는 번성을 한다. 고세키 산에이[小関三英]와 와타나베 가잔[渡邊崋山] 등과의 교제도 이 시기의 일이다. 그러나 당시의 메쓰케[目付]**로 하야시다이가쿠노가미[林大學頭](하야시 후쿠사이[林復齊]의 차남이기도 했던 도리이 요조[鳥居耀藏])의 미움을 받아 35세 때 일어난 반샤노고쿠 때 영뢰(永牢)의 신세가 되었다. 조에이의 작품 『유메모노가타리(夢物語)』가 치명상을 입힌 것이다.

그러나 조에이는 옥중에서 덧없이 죽음만을 기다리고 있지는 않았

---

* 1828년, 시볼트가 귀국할 무렵 국금(國禁)의 일본지도와 에도 막부 문양이 새겨진 의복을 반출하려해 발각된 사건. 시볼트는 이듬해 국외로 추방되었고 문인들 다수가 처벌을 받았다.

** 1839년, 에도 막부가 와타나베 가잔, 다카노 조에이 등 막부의 정책을 비판했던 난학자들에게 가한 언론탄압사건.

다. 로나누시[牢名主]*가 되었던 그는 옥 내 잡역부 에이조[栄藏]에게 방화를 시켜 탈옥해 잠복(潛伏)한다. 아질산에틸로 얼굴을 태워 면모를 바꿔 약 6년간 도망을 계속한다. 그러는 동안 시코쿠[四國]의 우와지마[宇和島]에서 씨볼트의 문하 니노미야 게이사쿠[二宮敬作]의 주선으로 1년간 우와지마번(宇和島藩)의 비호를 받는다. 그 후 에도로 나와 사와 산파쿠[澤三伯]라는 이름으로 의업을 하는 한편으로 병학소(兵學所)의 번역에도 종사했다. 아이를 둘이나 두었다. 그러나 번역을 너무 잘해 의심을 받아 시초쿠[司直]**의 눈에 띄어 결국 집으로 들이닥치자 자인(自刃)해 목숨을 끊었다. 47세의 최후였다.

조에이의 본령은 탁월한 네덜란드어의 어학력을 구사한 의업(医業)과 번역업(訳業)에 있었다. 번역업으로서 「서양학술의 설(西洋學師の說)」[서양자연학사(西洋自然學史)]와 『서설의원추요(西説医原枢要)』 두 개를 들어 보자.

전자는 조에이의 자필 메모장 『견문만록(聞見漫録)』에 실려 있는데 원전은 불분명하다. 타레스에서 시작해 아리스토텔레스의 사원설(四元說)이 지배했던 중세까지를 서술한 후, 세상은 점차 "실측진리(實測眞理)를 가지고 사물을 고구(考究)하는 것"이 주가 되어, 폴란드에 서 코페르니쿠스가 나와 지동설을 제창하고, 갈릴레오가 새로운 실측을 해서 그 설을 확충시키고, 데카르트가 나와 또 그 설을 보익(補益)했다고 기술한 후, "세인(世人) 천고(千古)의 학풍을 버리고 실학의 진실에 입문하는 것은 이 사람의 힘이다"라며 데카르트를 높이 평가한다. 그 선구로서 영국의 베이컨 또한 잊지 않았다. 베이컨을 중흥의 아버지라 하

* 감옥 내의 잡역을 지휘하고 질서 유지의 책임을 명령받은 수감자.

** 법률에 따라 사건의 시비나 선악을 판단하는 에도 시대의 재판관.

며 그 기초 위에 뉴튼, 라이프니치, 로크의 3대가(大家)도 출현했다고 지적한다. 특징적인 것은 실측의 중시였고, 그 가운데에서도 수학의 힘을 강조하고 있다는 점이다.

『서설의원추요』에서는 사람의 몸을 다음과 같이 설명하고 있다. 사람의 몸은 응체(凝體)[고체를 말함]와 유체(流體)로 구성되어 있고, 활력[생명력을 말함]과 신력(神力)[감각을 말함]을 발휘하고 있다. 응체는 선질(線質), 교(膠), 수(水), 휘발질(揮發質)의 사질(四質)로 구성되어 있고, 유체는 보액(補液), 혈(血), 화액(化液)의 삼질(三質)로 이루어져 있다고. 혈액에 대한 설명은 꽤 자세하다. 혈액은 활기(活氣), 물을(勿乙)[혈청을 말함], 교질(膠質)[線質], 적구(赤球)의 사질(四質)로 이루어져 있다고. 교질은 "파관(破管)을 막고 상골(傷骨)을 복원하며 창구(瘡口)(상처)를 치료하는" 기능이 있고, 적구는 현미경을 통해 직접 확인하고 있다.

서양의학이 여기까지 발전해 있다는 것을 알 수 있다. 그는 번역어에 아주 고생을 했을 것이다. 사람 몸은 분해하면 "탄질(炭質), 질질(窒質), 수질(水質), 산질(酸質), 인질(燐質), 철휘발염(鉄揮發塩), 회즙염(灰汁塩) 등의 여러 원질(原質)"이 된다고 했는데, 이들 번역어는 탄소, 질소, 수소, 산소, 인, 혈청철, 산화칼륨에 해당한다.[岩波日本思想大系의 두주(頭注)]

다카노 조에이는 서양의학에 정통한 당대 최고의 의학자[과학자]였다. 47세로 그를 죽음으로 내몬 것은 큰 손실이 아닐 수 없다.

◉ 참고문헌

高野長運編, 『高野長英全集』 전 4권 (高野長英全集刊行會, 1930~31)
「西洋學師の説」과 『西説医原枢要』는 日本思想大系55, 岩波書店, 1943에 수록되어 있음.
高野長運, 『高野長英傳』 (岩波書店, 1943)
佐藤昌介의 「渡邊崋山と高野長英」은 日本思想大系55, 岩波書店, 1943에 수록되어 있음.

◉ 필자

오가와 하루히사[小川晴久]

山田方谷

야마다 호코쿠

1805–1877

왕자(王子)는 기학(氣學)으로, 기(氣)가 자연스럽게 작용하면 자연스럽게 조리가 서고, 물(物)은 그 줄기에 해당함에 아무것도 궁리할 필요가 없게 된다. …… 왕자는 기학임으로 지행(知行)을 합일한다.

(「孟子養氣章講義」『山田方谷全集第一册』)

막부(幕府) 말기에 활약했던 양명학파의 유자 야마다 호코쿠[山田方谷]는 일생 동안 심취했던 왕양명[王子]의 학문을 '기학(氣學)'[기의 철학]이라 형용한다. "기(氣)는 이(理)를 낳는다. 이는 기를 억제하지 못한다. 이에 사람이 일기(一氣)의 자연을 잘 따르면 즉, 인(仁)이 되고, 의(義)가 되고, 예(禮)가 되고, 지(智)가 되어 만변(萬變)의 조리(条理)가 저절로 생긴다. 이것은 그야말로 성문(聖門)의 진혈맥(眞血脈)이다."(「孟子養氣章或問圖解序」), "인생백반(人生百般)의 작용, 심기활발(心氣活發)에 따라 그 공(功)을 이룬다. 일분(一分)의 활발이 없으면 즉, 일분의 작용도 없는 것이다."(「贈岡本子」)라고 했듯이, 호코쿠의 철학 또한 '기학'이었다.

주자(朱子)의 '이(理)의 철학=이학(理學)'에 대항해서 탄생한 왕양명의 철학은 이기일체적(理氣一體的)인 '심학(心學)'이라기보다는 성선설(性善說)을 기본으로 하는 기일원론적(氣一元論的)인 '기학'이다. 호코쿠는 '공맹지학(孔孟之學)'[유학]도 또한 천지만물을 일체로 하는 '기학'이며, 이것을 진정으로 이해하고 실천한 것은 왕양명과 구마자와 반잔[熊澤蕃山] 두 사람뿐이라고 했다(「集義和書抄」). '기학'을 기축으로 하는 유자·정치가로서의 호코쿠의 위대함은 실무가로서의 의복과 쌀, 가지와 오이의 가격 등을 숙지하고 세상 실정·서민의 실태에 깊이 통해 있던 '실학'에 있다. 그것은 '기학'의 현실전개이자 양명이 정열을 가지고 주장했던 '지성측달(至誠惻怛)'이라는 인간애를 바탕으로 하는 당연한 정치적 영위였다. 호코쿠는 영민(領民)으로부터 그 덕학(學德)을 높이 평가받아 신과 같은 존경을 받았고, "백성 모두 야마다의 생사(生祠)를 지을 정도로 열복(悅服)했다."(南摩綱紀『負笈管見』)고 한다.

호코쿠의 기학은 '수렴(收斂)'과 '자연'이라는 두 개념으로 이루어져 있다. 단리(禅理)에도 통하는 '수렴'하는 기는 동시에 '몰아적(沒我的)인 무심(無心)=자연'에 있어 생생불식(生生不息)·활발발지(活潑潑地)로 바뀐다. 이 '수렴'은 왕양명의 "정신·도덕·언동은 대체적으로 수렴을 주로 한다. 발산(發散)은 어쩔 수 없는 것이다. 천지인물(天地人物)이 모두 그러하다."(『傳習録』)에 근거를 두고 있다. 사숙(私淑)했던 반잔과 마찬가지로 호코쿠도 또한 주자학을 존중해 초학자(初學者)에게는 양명학을 가르치는 경우가 없었다. 그러나 주자학의 '궁리'를 부정적으로 본 것은 일반적으로 '이(理)'라 여겨지는 것은 무의식하의 편의주의와 입장적인 사리사욕의 바이어스가 걸려 있는 경우가 많았기 때문이다. 그것은 허식·편집·독선·경쟁·패술(覇術)·이단(異端)·향원(鄕原)·격도(激徒)·부화(浮華)와 같은 여러 폐해를 불러, 세도인심(世道人心)을 현혹하고 이를 파괴한다. 몰아적무심(沒我的無心)으로 일관한 '자연의 성(誠)'에 근거해 판단하고 행동하는 것이 중요한 것이다(「師門問辯録」). 여기에는 맹자 및 왕양명으로 이어져 내려온 성선설에 대한 절대적 신뢰가 나타나 있다. 양명의 '내면에 전념하여, 요약하여 하나가 된다'라는 '수렴'적 실학이 현실 공간에서 바르게 운용될 경우에는 당목(瞠目)할만한 능력을 보인다고 한(「傳習録抜萃序」)것처럼, '수렴'이란 '자연의 성(誠)'의 별칭이다.

야마다 호코쿠는 빗추[備中] 마쓰야마[松山](오카야마현[岡山縣] 다카하시시[高梁市])에서 제유업(製油業)을 하던 농민의 자식으로 태어났다. 학문에 뜻을 두고 번교(藩校) 유슈칸[有終館]의 교수가 된다. 30세 때 에도에서 유학하며 사토 잇사이[佐藤一齊]에게 사사를 받았다. 31세에 잇사이주쿠[一齊塾]의 주쿠토[塾頭]로 근무하고 있을 때 숙우(塾友)였던 사쿠마 쇼잔[佐久間象山]이 "오늘날 세상을 다스리기 위해서는 서양 학문을 이용해야 한다"고 했던 것에 대해서 호코쿠는 "세상을 다스리는 학문은 우리들이 배우고 있는 유학이란 학문으로 충분하다"고 반론하며 밤 새워 격론을 벌였다.(高瀬代次郎『佐藤一齊と其門人』) 귀국 후, 번주였던 이타쿠라 가쓰키요[板倉勝静]로부터 모토도리시마리야쿠[元締役] 겸 긴미야쿠[吟味役]*로 발탁되어 상하절약(上下節約)·부채정리·산업진흥·지폐쇄신·군제개혁·교학진흥·서양 근대적 교육형제도의 도입(「獄政改革意見書」) 등 대담한 번정 개혁을 단행했다. 이것들을 다 성공시켜 번치(藩治)에 큰 공적을 올렸고, 10만 량의 부채를 변제하고 오히려 10만

---

* 모토도리시마리야쿠[元締役]란 빗추[備中] 마쓰야마번[松山藩] 독자의 관직으로, 에도 시대의 간조부교[勘定奉行]와 같은 관직이었다. 지금으로 치자면 재무부장관이다. 긴미야쿠[吟味役]는 모토도리시마리야쿠를 보좌하는 직책으로 장관 밑의 차관. 따라서 모토도리시마리야쿠 겸 긴미야쿠라 하면 번의 재정 일체를 담당했었다는 의미를 갖는다.

량의 여재(餘財)를 남기는 등 걸출한 재정가이기도 했다. 동시에 막부 말기의 동란기에 막부 로주[老中]가 된 이타쿠라 가쓰키요의 정치고문으로서 번정을 보좌·주도하였다. 병상에 누워 죽음이 가까워 졌음을 안 호코쿠는 책상 위에 향을 피우고 번주로부터 하사받은 단도(短刀)·소총(小銃)과 함께 『왕양명전집(王陽明全集)』을 안치하고는 의연히 죽음을 맞이했다고 한다.

나라 전체가 심각한 재정위기에 직면했을 때 재정재건에 뛰어난 수완을 발휘했던 재정가로서의 호코쿠의 평가는 최근 들어 점점 높아지고 있다. 그런 반면, 내정모순의 외공전환책(外攻轉換策)이라는 조략(粗略)한 정한론(征韓論)을 주장하여 그것이 훗날 동아시아침략론으로 구체화된 부(負)의 일면도 가지고 있다. 그의 문인(門人)에는 니쇼가쿠샤대학[二松學舍大學]을 창설한, 다이쇼천황[大正天皇]의 시강(侍講)을 역임하기도 했던 미시마 주슈(三島中洲), 호코쿠를 신처럼 존신(尊信)하여 일실(一室)에 선생님의 서폭(書幅)을 걸어 놓고 매일 아침 예배를 했던 가와이 쓰기노스케[河井繼之助](막부 말기 에치고[越後] 나가오카번[長岡藩]의 가로(家老), 호쿠에쓰무신전쟁[北越戊辰戰爭]을 지휘하다 패사(敗死)함) 등이 있다.

◉ 참고문헌

山田準編, 『山田方谷全集』 全三册(明德出版社, 1996)
矢吹邦彦, 『炎の陽明學 山田方谷傳』(明德出版社, 1996)
濱久雄, 『山田方谷の文 方谷遺文訳解』(明德出版社, 1999)
山田琢, 『山田方谷』(明德出版社, 2001)
大橋健二, 『新生の氣學』(勉誠出版社, 2012)

◉ 필자

오하시 겐지(大橋健二)

橫井小楠

요코이 쇼난

1809–1869

도(道)에 관해서는 요순공자(堯舜孔子)의 도 이외에 세계에 이에 필적할 것은 없으며 이는 더욱 더 심해졌습니다. …… 우리들이 이 도를 믿는 것은 일본과 당토(唐土) 유자(儒者)의 학문이 하늘과 땅 차이임으로 오늘날 일본에 역량을 다해도 사업이 이루어지지 못하는 것은 천명(天命)입니다.

([甥左平太・大平へ] 1867년 6월 26일)

이것은 메이지유신[明治維新] 전년의 요코이 쇼난[橫井小楠]의 말이다. 구마모토번사[熊本藩士]였던 요코이 쇼난(이름은 헤이시로[平四郎])은 좌막파(佐幕派)의 입장에서 서양 열강의 개국통상 요구에 유교로 대응했던 유자이지만, 그 유학은 본고장 중국과 일본 재래의 유학은 아니라는 강한 자각을 갖고 있었다. 그것은 '요순삼대(堯舜三代)의 도(道)'라 규정할 수 있고, 그 내실은 육부삼사(六府三事)의 학문=실학이었다. 단지 이것만으로는 중국의 유학과의 차이가 분명치 않다. 육부삼사의 학문으로 서양의 학문과 정치제도를 이해하고, 워싱턴[華盛頓]을 근세 최고의 인물이라 평하며, 군신의 의(義)를 없애고 공화제를 이해했던 것에 쇼난 유교의 독자성이 있다. 그러나 1869년 2월 61세의 나이에 교토[京都]에서 암살을 당해 그 사상이 실현되지 못했던 것이 두고두고 아쉽다.

〈주자학에서 출발해, 그곳으로부터의 탈각(脫却)〉

쇼난은 양명학적인 느낌이 들지만 실은 양명학을 평가하지 않았고, 주자학에서 출발했다. 구마모토[熊本]에는 조선의 주자라 우러르던 이퇴계의 주자학을 평가했던 오쓰카 다이야[大塚退野]가 있었기 때문에 그는 이퇴계와 오쓰카 다이야를 존경했다. 그의 독서 방식은 철저했다. 훗날 그가 그냥 아는 것과 납득해 안다는 것을 구별했듯이, 충분히 납득할 때까지 알려고 하는 노력을 멈추지 않았다. 서양 열강의 힘을 보았음에 어째서 중국은 열강과 큰 차가 벌어졌는지를 생각하게 되었고, 주자학의 격물궁리(格物窮理)가 요순삼대(堯舜三代)의 격물과 다르다는 것을 알게 되고서는 그것을 비판하게 되었다.

"송(宋)의 대유(大儒), 천인일체(天人一體)의 이치를 발명해 그 설론(說論)을 견지한다. 하지만 오로지 성(性)·명(命)·도리(道理)의 상(上)을 주장하고 천인(天人) 현재의 형체상(形體上)에 대해서는 사유(思惟)가 없음과도 같다. …… 이는 다름 아닌 삼대치도(三代治道)의 격물과 송유(宋儒)의 격물이 서로 의미가 다름에 있다고 해야 할 것이다."(「沼山閑話」)

반대로 '근세 서양'의 '경륜(經綸)의 도(道)' 쪽이 '요순삼대의 궁리(窮理)'에 잘 들어맞아 심지어 그 실천이라고 보고 있다.

〈납득인식과 그 두 가지 예〉

“학문을 하는데 아는 것과 납득한다는 것은 다른 부분이 있다. 천하의 이(理), 만사만변(萬事萬變)하는 것임에 헛되게 아는 것은 아무리 많이 안다고 해도 모든 것이 형태에 머물고 오히려 응용의 활용을 할 수 없는 것입니다. 납득이라는 것은 이 책을 읽고 이 이치를 마음으로 충분히 이해했다면 이(理)는 나의 것이 되고 그 글은 바로 조박(糟粕)이 됩니다. 그것이 내 것이 된 이상은 별사별물(別事別物)에 대응할 때도 이 이(理)가 그에게 잘 통해 활용할 수 있는 것입니다.”(「沼山對話」)

납득인식의 전형적인 예를 두 가지 들어보자. 하나는 ‘교역(交易)’ 이해이다. ‘통상교역(通商交易)’은 막부 말기 열강의 강요에서 시작되었다고 당시에는 일반적으로 생각되었지만 쇼난은 위정자[勞心者]와 민중[勞力者] 관계도 ‘정사(政事)’[‘육부를 닦고 삼사를 다스리는 것’]도 모두 교역이라고 한다. ‘요순삼대의 도’는 ‘교역’을 대원칙으로 삼고 있었다고[‘國是三論’(富國論)]. 다른 한 예는 그 납득인식으로 미국의 워싱턴을 근세 제일의 인물이라 평가할 수 있었다는 것이다.

“진실공평(眞實公平)의 마음으로 천리(天理)에 따라 이 활거견(割拠見)에서 벗어난 것은 근세에서는 미국의 워싱턴 단 한사람이라고 할 수 있다.”(「沼山對話」)

워싱턴은 미국에서 3대 방침을 세웠다고 했다. ①전쟁 폐지, ②지식을 세계만국에서 취해 치교(治敎)에 활용함, ③대통령의 권력을 남이나 자식에게 물려주지 않음. 군신의 의(義)을 없애고 오로지 공공평화를 의무로 삼음.

영국·러시아도 포함하여 서양의 ‘정교(政敎)’는 “하나같이 윤리에 따라 생민(生民)을 위하는 것을 급선무로 하였고”, “거의 삼대의 치교(治

敎)에 부합하기에 이르렀다고" 평가했다.(「沼山對話」)

〈'사업(事業)상의 학문'과 '심덕(心德)상의 학문'의 합체〉

그러나 쇼난은 "서양의 학문은 단지 사업상의 학문이지 심덕(心德)상의 학문이 아니다."라고 감히 단언한다. 실제로 전쟁을 하고 있기 때문이다. 전쟁을 멈추게 하기 위해서는 사업의 학문뿐만 아니라 심덕의 학문이 필요한 것이다. 심덕의 학문은 '인정(人情)을 아는' 학문이기 때문이라고. 이 모습이야말로 정덕(正德)·이용(利用)·후생(厚生)의 삼사(三事)의 학문이며, '삼대(三代)의 도'이다. 지금 일본에 부족한 것은 서양의 사업의 학문을 채용하는 것이고, '인정을 아는' 심덕의 학문[正德]의 실천에 따라 '세계의 인정에 공통해' 당대에 걸맞는 삼대의 도를 실현하는 것은 가능하다. 그 도는 "본조(本朝)에서 일어나야 한다"는 것이 쇼난의 확신이었다.(「沼山閑話」) 그는 후쿠이번[福井藩]에 초대되어 이와 같은 견해를 피력하고 후쿠이번주 마쓰다이라 요시나가[松平慶永](春嶽)을 매개로 해서 막정(幕政)에 반영시키려 했지만 1869년에 암살을 당해 그 비범한 사상은 실현되지 못했다. 그 일부는 제자인 유리 기미마사[由利公正]에 의해 5개조 서문(誓文)에 반영이 되지만, 군신의 의를 없애는 공화정(共和政)은 실현되지 못했다.

◉ 참고문헌

山崎正董, 『横井小楠』 上巻 傳記篇, 下巻 遺稿篇(明治書院, 1938)
松浦玲著, 『横井小楠』(朝日評傳選, 1976)
山崎益吉, 『横井小楠と道德哲學』(高文堂出版社, 2003)

◉ 필자

오가와 하루히사[小川晴久]

勝海舟

가쓰 가이슈

1823-1899

문명(文明)이라는 것은 이치를 잘 생각해서 민(民)의 해가 되지 않는 일을 하는 것이 아닌가. 그러니까 문명류(文明流)로 하라는 거다”

(『勝海舟語録』)

이 말은 막부 말기 유신기(維新期)에 활약했던 정치가 가쓰 가이슈[勝海舟](통칭은 린타로[鱗太郎])가 청일전쟁 후 아시오동산[足尾銅山]의 광독문제(鉱毒問題)가 심각해졌을 때 현지 주민의 생명과 생활을 허술히 취급하는 메이지정부[明治政府]의 요인(이토 히로부미[伊藤博文] 등)에게 경고를 한 것으로, 문명개화의 참된 방향을 명시하고 있다.

아편전쟁에 대한 정보를 접하고 일본이 서구 열강에게 식민지화될 위험성을 자각한 가이슈는, 페리 내항 시(1853)에 난학적(蘭學的) 지식을 바탕으로 한 해방건언서(海防建言書)를 막부에 제출했는데 그 내용이 주목을 받아 막부의 난서번역담당(蘭書翻訳担當) 자리에 추거되었다. 가이슈의 건언이 채용되어 1855년에는 나가사키해군전습소[長崎海軍傳

習所]가 설립되었고, 가이슈 자신이 전습생 백여 명의 생도감(生徒監)으로서 나가사키에 부임한다. 가이슈가 3년 수개월 간의 전습소 생활에서 습득한 것은 단지 네덜란드식 해군의 이론·실기와 그 베이스가 되는 제 과학뿐만 아니라 막신(幕臣)의 입장을 뛰어넘은 일본인으로서의 자각이었다. 가이슈는 여기에서의 교육과 개명적인 사쓰마번주[薩摩藩主] 시마즈 나리아키라[島津斉彬]와의 만남을 통해 네이션으로서의 자각을 깨우치며 구폐(舊弊)에 사로잡힌 막부정치에 대한 비판의 눈과 막부개혁의 구상을 갖기에 이르렀던 것이다. 게다가 1860년에는 간린마루[咸臨丸]의 선장으로서 태평양을 횡단해 미국에서 2개월 정도 체류하기도 했다.

귀국 후 가이슈는 일국중심주의에서 탈각한 세계인식을 바탕으로 고베해군조련소[神戸海軍操練所]를 설립해 일본해군의 인재양성을 담당했다. 거기에는 막신뿐만 아니라 반막부적인 움직임을 보이는 사쓰마[薩摩]·조슈번사[長州藩士]와 도사탈번낭인[土佐脱藩浪人] 사카모토 료마[坂本龍馬] 등도 출입했는데, 가이슈 자신도 세계의 형세를 모르는 막부의 각료에게는 희망이 없다는 식의 발언을 한 것이 막각(幕閣)의 노여움을 사 1864년 면직을 당했고 조련소는 폐쇄되었다. 그러나 1866년에는 막부 수뇌로부터 요청을 받아 복직, 제2차 조슈정토[長州征討]의 뒤처리를 담당했다. 그 후 막부의 '사정(私政)'을 용납하지 않고, 사쓰마·조슈번의 '사정'을 용납하지 못한다는 입장을 고수하며 내전을 멈추고 거국일치체제(挙國一致體制)를 확립함으로써 구미 열강에 대치해 국가의 독립을 보지(保持)함을 목표로 막말유신기(幕末維新期)의 정국을 리드하였다.

막부 말기의 가이슈는 정치적으로 고립되고 늘 자객이 목숨을 노리는 처지가 되었지만, 요코이 쇼난[横井小楠] 등으로부터 계시(啓示)를 받은 공의정체론(公議政體論)을 잊지 않고, 그 실현 의욕을 변함없이 견지하고 있었다. '요순(堯舜)의 정치'에 통저(通底)하는 미국식 공화정치를 실현하기 위해서도 막각(幕閣)에 '사심을 버리고 공평의 양찰(諒察)'을 요구했던 것이다. 다른 한편으로, 가이슈는 도쿠가와가[德川家]의 운명도 그러하거니와 근왕(勤王)을 캐치프레이즈로 내걸고 있던 삿초번벌[薩長藩閥]의 '대사(大私)'가 민중을 전쟁에 말려들게 해 인도나 중국처럼 서구 열강의 식민 지배를 초래할 것을 우려해 메이지 신정부의 중역들에게 영단(英斷)을 촉구하는 정치공작의 필요성을 통감했다. 이러한 시국인식을 갖고 '안민태평(安民治平)'을 무엇보다도 중시했던 가이슈는 '관군(官軍)'의 에도성[江戸城] 총공격의 직전에 그 참모를 맡고 있던 옛 친구 사이인 다카모리[西鄉隆盛]와 직접 담판을 벌여 에도의 시가전을 회피할 수가 있었던 것이다.

메이지유신 후 특히 만년의 가이슈는 추밀고문관(枢密顧問官)의 직책을 얻어 메이지 신정부의 고문격인 대우를 받았는데, 오로지 구막부(舊幕府)의 역사 편저와 삿초번벌정권[薩長藩閥政權]에 대한 비평가로서의 시사방담(時事放談)을 하며 지냈다.

메이지 10년대 후반부터 후쿠자와 유키치[福澤諭吉]의 '탈아론(脱亜論)' 등, 일본 국내에서는 조선을 문명개화가 늦은 나라로 열등시하는 언설이 만연했었는데, 청일전쟁 전야의 1894년 4월 가이슈는 다음과 같은 담화를 발표했다.

> 조선(朝鮮)이라 하면 '반은 망한 나라'라든지 빈약국(貧弱國)이라 경시하지만 나는 조선도 이미 소생의 시기가 왔다고 생각한다. …… 이것이

> 조선에 대한 나의 진단이다. 그러나 조선을 바보취급 하는 것도 단지 근래에 들어서의 일이지. 옛날에는 일본문명의 종자는 모두 조선으로부터 수입한 거니 말이야. 특히 토목사업 등은 모두 조선인에게 배운 거야. …… 수백 년도 전에는 조선인도 일본인의 스승님이었어.

가이슈는 세상의 통설에 대항해 일본문명의 원류가 조선에서 시작했고, 일본인은 오랜 동안 조선인을 스승으로 존경해 왔던 역사경과를 분명히 했다. 그리고 조선인들이 갖고 있는 저력을 평가해 조선의 장래에 큰 기대를 걸고 있음을 표명했던 것이다. 또한 청일전쟁에 관해서 가이슈는 대의명분이 없는 전쟁이라고 하면서, 전쟁 전부터 또 전쟁이 진행되는 동안 그리고 전쟁이 끝난 후까지도 일관되게 통렬한 비판을 퍼부었다. 또 서구 열강이 동양시장에 끼어들기 전에 근린국(近隣國)의 정의(情誼)로 서로의 상공업을 발전시키는 편이 득책(得策)임을 역설했다.

◉ 참고문헌

松浦玲, 『明治の海舟とアジア』(岩波書店, 1987)
松浦玲・江藤淳他編, 『勝海舟全集』 전 22권(講談社, 1994)
別所興一, 「勝海舟の東アジア認識と“文明開化”観」(『自然と実学』 第4號, 2013)

◉ 필자

벳쇼 고이치[別所興一]

西鄕隆盛

사이고 다카모리

1827–1877

문명(文明)이란 도(道)가 널리 퍼지는 것을 찬칭(讚稱)하는 말이지 궁궐의 장엄, 의복의 미려, 외관의 겉치레를 말함이 아니다.

(『西鄕南洲遺訓』)

'문명'이란 영원 보편의 인도(人道)·정의(正義)가 널리 퍼지는 것을 말한다. 멋진 저택을 자랑하고, 값비싼 양복을 입는 외면적 화려함을 말하는 것이 아니다. 사회가 욕망과 에고이즘으로 물들 때 거기에는 '교사(驕奢)'='야만(野蠻)'이 있을 뿐이고, 진정한 '문명'은 없다. 유신(維新)의 원훈공신(元勳功臣)들을 보면 당초의 이상정신(理想精神)을 망각하고 서양의 '야만'에 죄다 물들어 멋진 저택, 미복(美服), 미첩(美妾)을 갖고 축재하기에 바쁜 무리도 있다. 정말 면목이 없다. 이렇게 말하며 사이고는 눈물을 흘렸다 한다.

영명진취(英明進取)하고 열렬한 개국론자였던 사쓰마번주[薩摩藩主] 시마즈 나리아키라[島津斉彬]에게 발탁된 사이고는 가쓰 가이슈[勝海舟]와 에도성[江戸城] 무혈개성[無血開城]을 실현하고 도쿠가와 막부[德川幕

府]를 무너뜨린 메이지유신 최대의 공로자이다. 한편으로, 정한론(征韓論)의 패배로 하야해 1877년 불평사족(不平士族)의 반란인 '서남전쟁(西南戰争)'에서 역적으로서 패사(敗死)했다. 지금도 그의 존재는 거대한 성공과 거대한 패배, 선열(鮮烈)과 혼돈이라는 콘트라스트의 한가운데에 있다. 유신개혁의 체현자, 염담무욕(恬淡無欲)·지성대도(至誠大度)의 동양적 영웅, 근대 일본의 건설자라는 절대적 인기와 존경을 받는 한편에서, 우익반동의 심볼, 울트라 내셔널리즘의 원류, 태평양전쟁을 도달점으로 하는 대륙침략사상의 고취자라는 생리적 혐오감으로 회자된다. 일본의 저명한 위인 중에 사이고 만큼 평가와 호오(好惡)가 극단적으로 갈리는 존재는 전무하다. 지기(知己)였던 가쓰 가이슈를 비롯해 나카에 조민[中江兆民], 후쿠자와 유키치[福澤諭吉], 우치무라 간조[内村鑑三] 등 근대의 거인들이 사이고의 숭배자였던 것에 비해, 한국인들 사이에서는 악명 높은 '정한론'에 의한 조선침략의 원흉으로 압도적인 혐오의 대상이다.

사이고의 정한론이란 무엇이었는가. 근세 이래의 화이질서(華夷秩序)에 속해 있던 쇄국주의의 조선은 유신정부가 도쿠가와 막부의 유교주의에서 서양의 패권주의로 돌아섰다며 국교수립 요청을 거부하고, 메이지 이전의 선린관계에서 일전하여 배일주의(排日主義)를 취한다. 1873년 정부 내에 조선정벌론이 비등했을 때, 사이고는 정리공도(正理公道)로써 조선 정부를 설득할 것을 제안하는 견한사절(遣韓使節)의 명을 받았다. 사절 '폭살(暴殺)' 후에 출병하면 대의명분이 선다는 것이었다. 이것은 평화교섭을 빙자한 모략적 '사절폭살론(使節暴殺論)'이라는 것이 통설이다. 젊은 날의 입수사(入水死) 미수 이래의 자살욕으로 인해 죽을 장소를 찾아 '폭살'되기를 바랐다고 하는 '사처설(死處說)'도 뿌리 깊다.

이에 대하여, 사이고는 '정한론'자가 아니라 평화주의자였다고 모리 도시히코[毛利敏彦]는 주장한다. (『明治六年政變の研究』, 1978) 사이고는 어디까지나 '평화적·도의적' 교섭을 바랬다는 모리의 설은 커다란 반향을 일으켰지만 이에 대한 혹독한 비판도 많다. 다만, '사절폭살론'은 그가 모토로 삼았던 '경천애인(敬天愛人)'에 위배되는 것으로서, "일(事)에 대소(大小)가 없고 정도를 밟아 지성을 다해 일사(一事)의 사모(詐謀)를 사용치 않는다." "작략(作略)을 이용해 일단 그 지지(指支)를 관철시키면…… 반드시 패하고 만다." "사람에게 뭔가를 제언할 때는 공평지성(公平至誠)을 갖고 하라. 공평하지 않으면 영웅의 마음은 결코 얻을 수 없다."(『遺訓』)고 했던 사이고는 하늘을 두려워하지 않는 언행불일치의 거짓말쟁이가 되어 버린다.

도막(倒幕)의 수많은 큰 무대(舞台)에서 힘든 교섭을 성공리에 매듭지어 온 데서 말미암는 절대적 자신감, 이에 더해 조선 국왕의 아버지로서 정권을 잡고 있던 사람은 사이고와 마찬가지로 '서양의 충격(웨스턴 임펙트)'의 위협과 유교적 정신을 공유하며 가이슈와는 지기(知己)의 관계에 있던 대원군(大院君)이다. 사이고가 의기투합에 의한 국교수립의 가능성을 믿고 있었다 해도 과언은 아닐 것이다. 3년 전, 정부비판과 '정한' 반대를 건백(建白)하고 배를 갈라 자결한 사쓰마번사[薩摩藩士] 요코야마 야스타케[橫山安武]와는 아주 친한 관계에 있었던 점, 메이지 정부의 강제적인 으름장외교, '강화도사건'(1875)을 도의외교론(道議外交論)에 입각해 강하게 비난했던 것만 보더라도 사이고의 대 조선외교를 모략적 '정한'론과 사처설 등으로 축소해서는 안 될 것이다.

사이고의 대 조선외교의 핵심에 있는 것은 '친한(親韓)' 혹은 '개한(開

韓)'이다. 사상적으로는 시마즈 나리아키라[島津齊彬]의 뒤를 잇는 '동아경륜(東亜經綸)'이라는 세계전략이 있었다고 봐야 할 것이다. 구미 열강의 제국주의·식민지주의와 남하를 꾀하는 러시아 등에 의한 동아시아 침략의 '서방동점(西方東漸)'에 대항하면서, 억지로라도 한국의 쇄국을 풀고 국교를 맺어야 한청일(韓淸日) 삼국동맹으로 나아갈 수 있다는 기대를 배경으로 한 '개한'론, 이것이 사이고의 진의였을 것이다. 서양의 패도문명(霸道文明)과 동양의 왕도문명(王道文明)이 맞서는 '문명 충돌', 거기에서 기대했던 것은 조선정벌 같은 것이 아니다. 그것은 내셔널리스틱한 독선외교라는 혹독한 비판을 면하기 어렵다고는 하더라도 오늘날의 '동아시아공동체' 구상과 통하는 대(對) 서양적 가치관 네트워크의 구축이었고, 동시에 메이지 정부와 후쿠자와 유키치 등의 서구화노선 = '탈아(脱亜)' 지향과는 다른, 동아시아의 전통에 뿌리를 두는 진정한 '문명'국 건설의 발판이라 할 것이었다.

◉ 참고문헌

『西郷南洲全集』 전 6권(大和書房, 1976)
山田済斉編, 『西郷南洲遺訓』(岩波文庫, 1939)
橋川文三, 『西郷隆盛紀行』(朝日新聞社, 1981)
韓桂玉, 『「征韓論」の系譜』(三一書房, 1996)
高大勝, 『西郷隆盛と「東アジアの共生」』(社會評論社, 2010)

◉ 필자

오하시 겐지[大橋健二]

吉田松陰

요시다 쇼인

1830–1859

이리 하면 이리 될 줄은 알면서도 어쩔 수가 없구나. 야마토 정신.

(『回顧録』)

지성(至誠)의 진심이 전해지는 이 명구(名句)를 남긴 것은 '안세이[安政]의 대옥(大獄)'*으로 막부(幕府)에 의해 처형되어, 겨우 30세의 생애를 마감한 막말지사(幕末志士), 혁명가 요시다 쇼인[吉田松陰]이다.

내우외환의 막부 말기, 쇼인에게 있어 시대적 과제는 말할 나위도 없이 어떻게 일본을 식민지의 위기로부터 구해내고 일본을 보전할지, 또는 그 실현을 위해 어떻게 거국체제(擧國體制)를 구축해 대응해 갈지였다.

조슈번[長州藩]에서 태어난 병학자(兵學者) 출신의 요시다 쇼인은 이 시대적 과제를 안고 평생 사색하고 행동했다. 그는 중국의 아편전쟁

* 안세이 5년(1858)부터 이듬해에 걸쳐 안세이 5개국 조약 조인 및 장군 후사 문제를 둘러싸고 격화된 존왕양이파(尊王攘夷派)의 반막(反幕) 운동에 대해 다이로[大老] 이이 나오스케[井伊直弼]가 벌인 탄압. 요시다 쇼인·하시모토 사나이[橋本左内] 등 8명이 처형되었고 100여 명의 연루자가 처분을 받았다.

패배로부터 세계정세에 대한 개안(開眼), 서양식 병학이 중국의 그것에 앞선다는 것, 군주의 실정, 정치의 쇠퇴, 한간(漢奸)의 존재가 아편전쟁의 패인이라 생각해 민중 중시의 중요성 등을 배웠다.

페리 내항으로 의해 일본은 공전의 위기상태에 빠졌다. 쇼인은 재빨리 천황을 중심으로 하는 새로운 거국체제 구축을 고안하고 '존황양이(尊皇攘夷)' 사상을 제창한다. 그뿐만 아니라 스스로 만국정세 파악을 목적으로 페리 함대에 잠입해 밀출국(密出國)을 계획을 계획했지만 거부당해 국금(國禁)을 어긴 죄로 구속되었다. 이것이 그 유명한 '시모다사건[下田事件]'(1854년)이었다.

조슈하기번[長州萩藩]의 노야마고쿠[野山獄]로 이송되어 수금(囚禁)된 쇼인은 국내외의 정세에서 한시도 눈을 떼지 않았다. 해외정세에 대해 그가 먼저 눈여겨 본 것은 중국에서 일어난 태평천국(太平天國)의 난이었다. "내가 좋은 규범으로 삼아야 할 것은 청국(清國) 만한 것이 없다."(『清國豊亂記』 서문) "고로 그 나라의 치란(治亂)은 왕왕 우리들과 관계가 있다"(『清國咸豊亂記』例言)라는 발상으로 중국의 이 변란에 주목해 재빨리, 그리고 면밀히 연구했다. 즉시 태평천국의 난에 대한 상세한 기록인 『만청기사(滿清紀事)』(清 · 羅森 저, 1855년)를 『청국함풍란기(清國咸豊亂記)』라는 제목을 달아 역주(訳注)했다. 해방(海防)을 위한 서양의 선진 군사기술과 장비[군함과 대포 등]의 도입에 따른 농민에 대한 수탈, 민중생활의 빈곤, 그것에 의해 빈번히 일어났던 일본 국내의 반란[一揆]이 화친조약 체결 후의 최대의 위기였다고 인식하고, 태평천국의 난에 대한 연구가 깊어지면 깊어질수록 그러한 위기감이 증폭해 긴급대응책이 절박해진다. 그가 서양의 군사기술과 장비를 무턱대고 도입하는 것에 반대하고, '민정 · 내치'를 우선하라는 주장과 대책을 호소했던 것이 바로 이 시기였다. 거의 때를 같이 해 쇼인은 중국 유가(儒家)의 대표자 맹자의 민본사상(民本思想)과 혁명사상에 주목하게 된다. 쇼인의 이 무렵의 사상영위를 기록한 것이 바로 그 유명한 『강맹여화(講孟餘話)』(1856년)이다.

맹자의 정치론에서부터 도덕론에 이르기까지 그 수용이 잘 나타나 있는 『강맹여화』에서 쇼인은 '민정론(民政論)', '인간론(人間論)', '천황론(天皇論)' 등을 통해 자신의 체제비판과 변혁사상을 전개해 나간다. 그가 막부 말기에 제출했던 '민정론'은 인덕정치(仁德政治)의 요청, 안민(安民)의 실현, 감세, 생산의 발전, 부민부국(富民富國), 약자보호, 교육중시 등 구체적 시책과 풍부한 내용을 포함하고 있고, 날카로운 막정 비판의 정치적 함의를 갖고 있다. 또한 쇼인의 '인간론'에는 인간의 도덕심에 대한 신뢰, '인간의 차등, 불선(不善)을 인정하는' 주자학의 '기질(氣質)의 성(性)'·'성즉리(性即理)'와 그 실천법으로서의 '거경궁리(居敬窮理)'에 대한 비판, 위정자의 '악정(惡政)'·용인정책(用人政策)에 대한 비판, 천황의 '인정(仁政)'에 대한 기대 등의 특징을 볼 수 있어, 그와 같은 '인간관'이 '도막혁명(倒幕革命)'과 '초망굴기(草莽崛起)' 사상의 형성을 낳은 원유(原由)로 이어진다. 게다가 얼핏 '민본사상'과 모순되는 듯이 보이는 쇼인의 '천황관'에서는 '군권신수(君權神授)'라는 전통사상 외에 천황이 그야말로 정치주체가 되어 '인정(仁政)'과 '안민(安民)'을 실현하는 존재, 나중에는 스스로 정신(挺身)하여 도막·양이의 대임(大任)을 담당하는 존재여야 한다고 규정했다. 즉, '왕도정치(王道政治)'라는 유교의 '합리적' 정치사상도 쇼인의 '천황관'에서도 볼 수 있었던 것이다.

막말 정세는 쇼인의 사상을 탁상공론으로 한정하는 것을 용납하지 않았다. 그는 그 후, 번주의 참근교대(參勤交代) 저지, 막부의 노주(老

中) 마나베 아키카쓰[間部詮勝] 암살 등을 도모했지만 모두 실패로 끝난다. 쇼인이 스스로 고백했던 마나베 암살계획이 그 사죄인정(死罪認定)의 증거가 되어 끝내 형장의 이슬로 사라지게 되었다. 사형집행 직전에 그는 제자들에게 남긴 유서에서 다음과 같은 구를 남겼다.

> 몸은 비록 무사시평야의 들판에 썩어 없어지더라도 야마토의 정신[大和魂] 만큼은 남겨두고 싶구나.(『留魂録』)

이와 같은 '불충불의(不忠不義)'의 '반역행위'는 모두 일본보전(日本保全), 식민지의 위기로부터 탈출시키려는 순수한 진심(眞心), 즉, 일본이라는 나라에 대한 충성심에 바탕을 둔 것이었다. 쇼인의 사상적 달성을 만약 '존황양이', '도막', '초망굴기', '일군만민' 등의 키워드로 비유할 수가 있다면, 그 근본에 있는 것은 그야말로 그가 자주 입에 담았던 맹자의 "지성(至誠)으로 움직일 수 없는 것은 아직 없다"고 하는 말로 표현된 실심(實心)이었다.

그 지성의 실심에 감명을 받은 다카스기 신사쿠[高杉晋作]를 비롯한 쇼카손주쿠[松下村塾]의 제자들은 그의 유지를 받들어 기병대(奇兵隊)를 만들거나 막말 유신에 적극 가담하는 등, 회천운동(回天運動)에 몸을 던졌다.

◉ 참고문헌

山口縣教育會編纂, 『吉田松陰全集』 전 12권(岩波書店, 1938~40)
郭連友, 『吉田松陰與近代中國』(中國社會科學出版社, 2007)
郭連友, 「梁啓超と吉田松陰」(ぺりかん社, 『季刊日本思想史』 제60호, 2007)

◉ 필자

곽연우[郭連友]

中村敬宇

나카무라 게이우

1832-1891

> 대저 서국(西國)이 강한 것은 인민이 독실하게 천도(天道)를 믿고 있기 때문이며, 인민에게 자주(自主)의 권리가 있기 때문이다. …… 스마일즈가 말하기를 나라의 강하고 약함은 인민의 품행(品行)에 관계가 있다고.
>
> (『西國立志編』)

약관 31세의 나이로 막부 유관(儒官)으로 발탁된 나카무라 게이우[中村敬宇](본명은 마사나오[正直])는, 막부 말기 영국 유학을 거쳐 메이지 초기에 영역서 『서국입지편(西國立志編)』과 『자유지리(自由之理)』 등을 출판했다. 인간과 정치의 사명은 도리의 달성이라는 유교사상의 전통을 고수하면서 서양의 근대사상을 소개하는 일에 종사했던 것이다. 게이우는 서구 제국(諸國)의 부강의 요인은 군사력이 아닌 그 뛰어난 '풍속[생활습관, 정치의식 등]'과 '품행[인격, 행동거지]'에 있다고 생각했고, 게다가 그 원천이 기독교임을 발견했다.

『서국입지편』 후기에서 게이우는 영국에서는 정부 관료와 의원의 품행이 고결하고, 만사에 있어 10분의 9는 인민이 주도적으로 움직여 결정하고, 나머지 10분의 1만 정부가 결정권을 갖고 있는데, 그 정부도 단지 인민을 위해 설립된 기관에 지나지 않는다는 것을 지적했다.

나카무라 게이우는 국가방위의 중심을 '힘'이 아닌 '도리(道理)'라 주장함과 동시에, 이 '도리'를 세계에 확대시켜 가려는 적극적인 국제평화주의를 제창했다. 근년의 국가 간의 '병력을 가지고 경쟁하는' 상태와 세인(世人) 상호가 '온정(温情)이 없는' 상태를 '요기(妖氣)'라 비판하며, 높은 도덕을 기반으로 한 국제평화를 실현하기 위해서는 "애경(愛敬)을 배워 애경을 실행"해야 한다고 역설했던 것이다. 당시는 '완력세계(腕力世界)' '우승열패(優勝劣敗)' '경쟁사회'라 불리는 제국주의적인 식민지 쟁탈이 격화하는 국제 환경이었지만, 그 가운데서 게이우는 일본의 부국강병은 일본이 얼마만큼 '도리'를 달성하는지에 달려 있다고 주장했다. 게이우에게 세계평화란 사람들이 그 밑에서 단지 풍요로운 생활을 향수하는 것이 아니라 지성과 덕성을 더욱 향상시켜 가는 상태를 의미했다. 인민의 경제적 번영은 인민의 '품행'에 의해 지탱되어야 함에 앞으로의 교육의 최대 과제는 "인민의 성질을 개량하는" 것에 있다고 호소했던 것이다.

1873년의 「미리견지서(米利堅志序)」에서는 세계 제국이 토지와 인민을 돌려주고 만국공법(萬國公法)하에 일대(一大) 국회(國會)가 설립되어 '세계연방(世界連邦)'이 성립되는 날이 언젠가는 도래한다고 하는 세계평화 실현의 장대한 구상을 그리고 있다. 또한 '「지나불가모론(支那不可侮論)」에서는, 메이지 일본의 "자국의 개명(開明)을 자만하고, 청국의 위미부진(委靡不振)을 경멸하는 풍조"를 "사람들의 미복(美服)을 빌려 입고 악의(惡衣)의 사람들을 비하하는 것과 같다"고 비판했다. 게이우는 중국과 조선에 대한 멸시감정을 전혀 갖고 있지 않았고, 일·청·한 3

국의 관계를 동문동종(同文同種)이라 보고 서양 열강의 약육강식적인 아시아침략에 대해서 연대하여 저항해야 한다고도 주장했다. 그러나 게이우의 이러한 언설에 대해 메이지국가의 지도자들은 공감과 이해의 자세를 보이지 않았을 뿐만 아니라 반대로 무의미한 공상적 언설이라 조소 혹은 묵살했던 것이다.

1887년의 「한학자불가폐론(漢學者不可廃論)」에서 게이우는 유학의 경전만을 유일절대시하는 구시대의 유학자들을 비판하며 "물리학에서도 역학(力學)에서도 경험에 의해 비교에 의해 추측에 의해 실증(實証)을 얻은 것은 모두 진리다"고 해설하고 있다. 그것들에 의해 구래(舊來)의 유학의 맹점을 보강할 필요성을 설명하면서도 천지인(天地人) 모두에 통저(通底)하는 보편적 학문으로 유학을 배워야 한다고 주장하고 싶었던 것 같다. 또한 1889년의 「고금동서일치 도덕의 설(古今東西一致道德の說)」에서는 "자유주의는 인민의 지식이 도달하고 도덕을 갖추고 자치를 능숙히 하는 것에 있는 것이 아님에, 이것을 맹용(盲用)하면 복이 되는 것이 아니라 오히려 화(禍)가 될 수 있다" "서양의 자유의 정의는 중국의 경우 도심(道心)[天理]이 주가 되어 자유를 얻는 것이다. 인심(人心)[人欲]의 노예가 되지 않는 것이다. 이 자유라는 것은 실로 수신(修身), 즉 자치의 근본이다"라고 주장하고 있다. 이러한 실학정신에 기반한 게이우의 제언은 천리(天理)보다도 천황에 대한 절대적 충의(忠義)를 우선하는 메이지국가의 정치노선[대일본제국헌법 · 교육칙어]과 결정적으로 다른 것으로, 메이지 전기의 청년들에게 군국일본과는 다른 또 하나의 장래상(将来像)을 제공한 것이기도 했다.

그러나 게이우는 유교문명과 서양문명을 공통면(共通面)으로 보고 그 이질성을 충분히 인식하지 못했기 때문에 구래의 유교의 통폐(通弊)

에 대한 비판에 소극적이었으며, 동시에 전통문화의 무조건적 긍정으로 이어지는 요소를 갖고 있었다. 그 결과, 게이우의 신앙의 자유를 비롯한 내면적 자유의 주장은 결국 황국사상을 체현(體現)한 메이지국가의 국민교화정책에 포함되게 되었던 것이다.

◉ 참고문헌

高橋昌郎, 『人物叢書 中村敬宇』(吉川弘文館, 1966)
大久保利謙編, 『明治啓蒙思想集』(明治文學全集 3, 筑摩書房, 1967)
源了圓, 「幕末維新期における中村敬宇の儒教思想」(『季刊日本思想史』 26號, 1986)

◉ 필자

벳쇼 고이치[別所興一]

橋本左内

하시모토 사나이

1834–1859

> 비록 소신(小臣)일지라도 벌을 내리시려 한다면 정중히 당부를 잘 살피셔야 합니다. 그렇지 않으면 틀림없이 인심(人心)을 잃고 민노(民怒)를 범하실 겁니다.
>
> (『爲政大要』)

1867년 6월경, 하시모토 사나이[橋本左内]는 번(藩) 당국에 대해서『위정대요(爲政大要)』라 제목붙인 의견서를 제출했다. 그 안에서 사나이는 현명한 위정자는 상과 벌을 적확히 행사하는 것에 의해 가신(家臣)의 신망을 얻고 정부는 청렴하고 화목하게 통합을 이룰 수 있지만, 벌이 상에 선행해 난발하게 되면 비참한 결과를 초래한다고 역설했다. 1년 4개월 후에 안세이[安政]의 대옥(大獄)으로 금옥(禁獄)의 몸이 되었을 때 사나이는 다시금 이 일문을 상기하고 사나이 등의 변명에 일절 귀 기울이려 하지 않는 대로(大老) 이이 나오스케[井伊直弼] 등 막각(幕閣)의 정치 자세에 슬픈 분노를 느꼈을 것이다. 이이 등 막각에게는 밑으로부터의 새로운 의견을 진중히 검토해 좋은 것은 상찬하려는 자세가 전혀 보이질 않는다. 이러한 막부의 편협한 정치 자세는 머지않아 민심의 이반을 불러와 그 분노에 찬 반대운동을 일으킬 것이라는 것을 사나이는 시대를 앞서 예견했던 것이다.

후쿠이번의[福井藩医]의 집안에서 태어난 사나이는 8세 때부터 한적(漢籍)을 배우기 시작했고, 12세 때부터는 한방의학(漢方医學)을 배우고 15세 때는 악비(岳飛)를 사모해 경악(景岳)이라는 호를 썼으며, 자성(自省)을 위한 서『계발록(啓發録)』을 저술했다. 16세 때 오사카로 나가 오가타 고안[緒方洪庵]이 주재했던 데키주쿠[適塾]에 입문, 2년 3개월 정도 난방의학(蘭方醫學)을 원서에 기초해 배웠다. 18세 때는 아버지의 사거(死去)에 따라 번의(藩醫)가 되었고, 21세의 봄에는 에도에 유학(遊學)하며 스기타 세이케이[杉田成卿] 등의 난방의(蘭方醫), 후지타 도코[藤田東湖] 등의 우국지사(憂國志士), 이와세 다다나리[岩瀨忠震] 등의 개명파 막신(幕臣)들과 교제하며 막말(幕末)의 해외정세와 정국에 관심을 갖기 시작했던 것 같다. 이 에도 유학중에 집필한『서양사정서(西洋事情書)』에서는 서양 제국에서는 국가의 대사를 개정하거나 할 경우에는 정부의 각 부서에서 반복해 토론을 하게 하거나 해서 중의일결(衆議一決)한 다음 실시에 나선다는 것을 지적하고 있다. "따라서 국왕이라 하더라도 혼자서 자기 뜻에 따라 멋대로 대사를 만들거나 할 수 없기에"라고 특기하며 서양 제국의 정치의 민주적인 성격을 명확히 규정하고 있다.

후쿠이[福井]로 불려간 24세의 사나이는 번교(藩校) 명도관(明道館)의 학관심득(學監心得)에 추거되어 공리공론(空理空論)을 배제한 실학정신에 기초해 번정 쇄신을 위한 유망한 인재양성을 담당하게 되었다. 먼저 경학(經學)을 학습시킨 다음, 병법(兵法)·기계술(器械術)·산술(算術)·물산(物産) 등의 양학(洋學)을 배우게 하는 부분에서는 '동양의 도덕·서양의 예술'을 제창했던 사쿠마 쇼잔[佐久間象山]과 공통되는 부분이 있었지만, 사나이에게는 양학을 '예술(藝術)'로 봉인해 '도덕'에서 분리하려는 발상은 보이질 않는다. 사나이는 의학 등, 정통파의 양학을 본격적으로 배웠기 때문에 쇼잔처럼 '역(易)'과 '점(占)'을 고집하는 비합리적인 경향은 전혀 없었다고 할 수 있다. 또한 사나이는 수익성 높은 국산물[후쿠이번의 경우 포목·종이 등]의 증산과 외국무역을 번영(藩營)으로 적극 추진해야 한다고 역설했지만, 이를 단순한 이해타산을 바탕으로 하는 상거래라 생각하지 않고 정신적인 상호이해와 연대를 기반으로 해야 한다고 생각했던 것 같다.

1857년 8월부터 사나이는 번주 마쓰다이라 요시나가[松平慶永]의 측근 정치고문이 되어 번정 개혁의 지도자로서라기보다는 요시나가의 뜻을 받아 막부정치의 개혁-일본국 전체의 정치개혁에 힘을 쏟게 되었다. 그리고 구미 열강에 대항해 적극적인 개국정책을 실현하기 위해서는 영명(英明)한 히토쓰바시 요시노부[一橋慶喜]를 장군으로 옹립해 마쓰다이라 요시나가·시마즈 나리아키라[島津斉彬] 등 국내사무재상(國內事務宰相)을 전임(專任)으로 하여 그 밑에 이와세 다다나리[岩瀨忠震] 등의 개명파 막신(幕臣)을 배치함과 동시에 제 번사(藩士)·민간인을 불문하고 유명달식(有名達識)한 인물을 거용(擧用)한다는, 거국일치체제(擧國一致體制)를 확립하는 것이 필요하다고 역설하게 되었던 것이다. 다른 한편으로, 사나이에게 있어 천황은 신성불가침한 존재가 아니라 천황은 천하국가를 위해 현상에 맞지 않는 양이론(攘夷論)을 철폐해야 한다고 사나이는 생각했다. 이와 같은 사나이의 천황관은 동시대의 존왕양이(尊王攘夷)를 부르짖던 지사들의 천황관과는 결정적으로 달랐다. 현실적으로 사나이는 개국과 공무합체(公武合體)의 입장에서 존왕양이파의 언동에 대해서는 분명히 반대의 태도를 나타냈었다.

그럼에도 불구하고 사나이는 이이[井伊] 대로가 강행한 안세이의 대옥에 있어 공의(公儀)[幕府]를 개의치 않고 조정공작(朝廷工作)을 했다는 이유로 존왕양이파와 함께 사형에 처해졌다. 이이 대로가 사나이를 히토쓰바시파[一橋派]의 수모자(首謀者)로 보고 사죄(死罪)를 명했기 때문이라고 한다. 사나이 형사(刑死) 후의 정국은 존왕을 겉으로 내걸면서 신격화된 천황을 새로운 국민통치의 심벌로서 정치적으로 이용하는 방향으로 전개되어 갔다.

◉ 참고문헌

景岳會編, 『橋本景岳全集』 上・下(景岳會, 1939)
山口宗之他校註, 『橋本左内他』(日本思想大系 55, 岩波書店, 1971)
別所興一, 「橋本左内の學問觀と貨幣經濟認識」(『自然と實學』 第3號, 2003)

◉ 필자

벳쇼 고이치[別所興一]

福澤諭吉

후쿠자와 유키치

1834-1901

내가 다년간 주장해 왔던 것은 오직 실학으로, 고풍스런 한학(漢學)이 아니다. 소시 적부터 고학(苦學)으로 공부하고 학업을 성취한 후에는 그 공부를 통해 얻은 지식과 견문을 실제 실천하고, 독립해 생활하기 위한 생활비를 벌고 심신을 안락하게 할 수 있고, 그러한 것을 통해 인생의 목적을 달성하려 하는 것, 이것이 즉 실학의 본령인데, 웬일인지 범속(凡俗)의 정(情)을 만족시키기에 부족함에 이 또한 어쩔 수 없는 것 같다. 왜냐하면 문명의 실학이라는 것은 정말로 진실하다 할지라도 단지 사물의 진리와 원칙을 분명히 하고 그 응용방법을 설명할 뿐이기 때문이다.

(『福翁百話』)

후쿠자와 유키치[福澤諭吉]는 '실학(實學)'을 제창했다. 오늘날 안이한 실효성과 실용성의 노하우를 습득하는 학문이라 오해 받기 쉽지만, '심신을 안락하게 할 수 있고' '사물의 진리와 원칙을 분명히' 하는 것으로 오히려 학문 그 자체의 상태를 표현하고 있다. 즉, 후쿠자와는 본래는 번역이 불가능하다고 생각했던 근대 서구의 기초를 구축하고 있는 '사이언스'와 '필로소피' 등을 정확하게 파악하고 있었다. "…… 지금의 서양문명의 학문을 문명이라 하고 이것을 화한(和漢)의 고학(古學)과 비교할 때 양자가 서로 다른 곳의 요점을 찾자면 단지 물리학(物理學)[과학-역자 주]의 기본에 의지하느냐 의지하지 않느냐의 차이가 있을 뿐이다. 우주와 자연의 진리 원칙에 기초해 물질의 수와 형태와 성질을 자세히 밝혀 그 작용을 알고, 결국 그 물질을 인간을 위해 이용하는 것, 이것을 물리학이라고 한다."(『福翁百餘話』)라 하며, 일찍이 오가타주쿠[緒方塾]를 진동시켰던 패러데이의 전기설(電氣說)의 사례를 들고 있다. 패러데이는 말할 나위도 없이 '과학사상 최고의 실험주의자'이고, 후쿠자와는 근대 서구의 기층에 있는 그 근원적 의의를 정확히 꿰뚫어 보았다. 이미 메이지 원년(1868)에 일본 최초의 과학입문서 『훈몽궁리도해(訓蒙窮理圖解)』를 출판했던 후쿠자와는, 세상의 모든 사물은 그 대소(大小)에 관계없이 잘 유념하여 이를 음미하면 먼지 한 조각, 나뭇잎 한 장이라도 그 이유가 없는 것은 결코 없다고, 말하자면 '과학하는 마음'의 중요성을 주장했다. [마루야마[丸山]는 후쿠자와의 그런 '실학'에서 학문관의 진정한 혁명성을 보았다.]

이 '과학(科學)'이라는 말도 근본적으로는 후쿠자와의 번역어이다. 그것이 등장하는 것은 '탈아론(脫亜論)'[마루야마가 지적하였듯이 '탈아(脫亜)'는 후쿠자와의 '자유' '인권' '문명' '국권' '독립의 기상'이라는 말과 동렬로 놓을 수 있는 키워드가 아니다]에서, "지나(支那), 조선(朝鮮)의 사인(士人)이 깊이 혹닉(惑溺)하여 과학(科學)이 뭔지도 모른다."라고 하는 부분에서 처음 보인다.

1835년 1월 10일, 오사카[大阪] 다마에바시[玉江橋] 기타즈메[北詰] 나카쓰번[中津藩] 구라야시키[藏屋敷]에서 태어난 후쿠자와는 21세 때 나가

사키[長崎]에서 난학(蘭學)을 배우고, 이듬해 에도로 가는 도중 오사카에서 오가타 고안[緖方洪庵]의 데키주쿠[適塾]에 입문해 24세 때 숙장(塾長)이 되지만 이듬해 번명(藩命)을 받아 에도로 갔다. 이 무렵부터 독학으로 영학(英學)을 배웠고, 만엔[萬延] 원년 27세 때 우라가[浦賀]에서 간린마루[咸臨丸]를 타고 태평양을 왕복, 귀국 후 막부 번역방(翻譯方)으로 고용되어 막신(幕臣)이 되어, 이듬해인 분큐[文久] 원년 28세 때 구주파견막부사절(欧州派遣幕府使節) 수행원으로 근무하고는 약 1년 후에 귀국했다. 메이지(明治) 원년 25세 때 막신(幕臣)을 그만두고 메이지 정부의 출사(出仕) 요청도 고사한 채 귀농했다. 메이지 4년 38세 무렵 게이오의숙[慶應義塾]을 미타[三田]로 옮기고, 메이지 12년 46세 때 도쿄학사원(東京學士院)이 설립함에 따라 그 초대 회장이 되었다. 이듬해 교순사(交詢社)를 세웠고, 메이지 15년에 『시사신보(時事新報)』를 발간하였으며, 메이지 23년에는 게이오의숙 대학부를 설치했다.[대학부는 후쿠자와의 깊은 애정이 있는 사업이었고, 만년에 재정상의문제로 폐지 움직임이 숙내(塾內)에 있었던 것을 대학부 1기생이면서 그대로 교원으로 남았던 하야시 기로루[林毅陸] 등의 젊은이들과 연대하여 존속을 위해 동분서주했다.] 「오기로 버팀의 설[瘦我慢の説]」을 이 무렵 탈고했는데, 그것을 공표한 것은 메이지 34년 68세로 세상을 떠나기 직전이었다.

「오기로 버티기 설」은 구 막신이면서 유신 후 신정부에 출사하여 영달을 이룬 가쓰 가이슈[勝海舟]와 에노모토 다케아키[榎本武揚]의 출처진퇴(出處進退)를 혹독하게 비판한 것으로 일려져 있는데, 그 모두에는 "국가를 성립시키는 것은 사정(私情)이다. 공평한 마음이 아니다. 지구의 표면에 있는 인류는 수억이 넘는다. 산과 바다와 같은 자연에 의한 경계선으로 나뉘어져 각각의 장소에서 무리를 이루고, 각각의 장소에서 나뉘어 살고 있는 것은 어쩔 수 없는 일이지만, 각각의 장소에 각각의 의식(衣食) 생활을 유지하기 위한 부(富)의 원천이 있고, 그것에 의해 생활해 나가야 할 것이다. …… 어째서 반드시 보잘 것 없는 인위적인 국가로 나뉘어 인위적인 경계선을 정할 필요가 있는가. 하물며 각각의 국가로 나뉘어 인국(隣國)과 경계선을 다투는 등, 도대체 무슨 필요가 있겠는가."라며 국가 그 자체의 인위성(人爲性)을 실로 멋지게 갈파(喝破)하고 있다. 즉, 의제(擬制)로서의 국가, 그리고 그 픽셔널한 성격 안에서 전개되는 분쟁은 본질적으로는 환상에 지나지 않고, "음양(陰陽) 표리(表裏) 모두 자국의 이익과 명예의 주장으로 거의 일관하고 있다. 자국의 이익과 명예를 주장하는 것이 활발해지면 활발해질수록 그 인물을 군주에 충의(忠義) 있는 자라거나 애국자 등으로 부르며 충의와 애국이 국민의 가장 훌륭한 미덕이라 칭하는 것이야말로 이상한 것이다."라고 리버럴리스트 후쿠자와는 국가주의의 허망함을 간파했던 것이다.

◉ 참고문헌

松崎欣一編, 『福澤諭吉著作集』 전 22권(慶應義塾出版會, 2002~03)
丸山眞男, 『福澤諭吉の哲學 他 六篇』(岩波書店, 2001)
井田進也, 『歴史とテクスト－西鶴から諭吉まで』(光芒, 2001)
桜井邦朋, 『福澤諭吉の「科學のススメ」 / 「訓蒙窮理圖解」を讀む』(祥傳社, 2005)
「デジタルで讀む福澤諭吉」 http://project.lib.keio.ac.jp/dg_kul/fukuzawa_about.html

◉ 필자

스즈키 노리오[鈴木規夫]

澁澤榮一

시부사와 에이이치

1840–1931

그러나 나는 상인(商人)에게도 또한 신념이 있어야 한다고 생각했기에 주판의 기초를 『논어(論語)』 위에 놓기로 했는데, … 마치 마호메트가 한 손에는 검을 또 한 손에는 경전을 흔들며 세상에 임했던 것처럼 나 또한 한 손에 『논어』 또 한손에는 주판을 흔들며 오늘에 이른 것이다. 이와 같은 사정에서 다소 어려운 표현을 하자면 경제도덕설(經濟道德說)이라고도 부를만한 것이 있다. 이 경제도덕설을 논어주판설이라고도 나는 부른다.

(『實驗論語處世談』)

사(士)뿐만 아니라 농공상(農工商)도 인의도덕(仁義道德)과 학문을 하게 하지 않으면 안 된다는 시부사와[澁澤]의 주장은 직접적으로는 학문도덕을 통해 민간 실업가(實業家)가 정부의 관료와 대등한 지위를 확보할 것을 의도한 것이었다. 그러면 어째서 그는 주판[경제활동]의 기초를 『논어(論語)』에 둔다고 했는가. 시부사와는 『논어』는 "이것은 모두 일상처세(日常處世)의 실제에 응용할 수 있는 가르침이라고도 할 만한 것으로, 아침에 이를 들으면 저녁에 바로 실행할 수 있는 도(道)를 설명하고 있다."(『實驗論語處世談』)고, 그 이유를 말하고 있다. 그리고 『논어』의 설법(說法)은 제자의 성격과 처지를 보고 교훈을 내리는 '응병여약(応病与薬)의 도(道)' (『論語講義』이하 『강의』, 제5권)임으로 더욱 사람의 실생활에 맞춰 실천하기 쉽다고 한다. 그리고 이와 같은 『논어』는 공론(空論)을 설명하는 서(書)가 아니라 '실학(實學)'의 가르침이라고 주장한다.

이렇게 되면 이는 인도(人道)를 실제(實際)에 학득(學得)하게 하는 것이다. 이것을 실학이라고 한다. 실학이 이미 내 몸에 배어 있으면 사람이 사람인 도(道)에 맞춤으로써 이것 외에는 필요 없다는 말이다. (『강의』 제1권)

공자의 가르침은 일상의 실제에 있어 인도(人道)를 실천하는 '실학'이라는 주장은 '공자의 가르침은 실제학(實際學)', '이천적(履践的) 실학', '공자의 가르침은 학문과 실행이 수반되는 것을 중히 여기는' 등과 같이, 『강의』의 여기저기에서 볼 수 있다.

시부사와는 자신의 도덕경제합일설(道德經濟合一說)에 대해서 "공리공익을 도모하려는 마음이 도덕이라는 것이다. 사리사익만을 꾀하는 것이 부도덕이라는 것이다."(『青淵修養百話』 이하 『백화』)라고 한다. 그러면 시부사와가 부정했던 사리사익을 도모한다는 것은 어떠한 행동인가. 예를 들면 그것은 경제활동에 있어서의 투기(投機)라고 한다. 『논어』 이인편(里仁篇)의 "군자는 의(義)에 밝고, 소인은 이익에 밝다.[君子喩義, 小人喩利]"를 해설하는 데 있어 시부사와는, 등귀(騰貴)가 확실한 철도채권(鉄道債券)을 자기는 매입하지 않았던 경험담을 설명하며, "투기는 절대로 하지 않는다는 나의 조수(操守)"를 역설했다.

한편으로, 공리공익이란 무엇일까. 혼자 사익을 꾀하는 것이 아니라 파는 자, 사는 자 모두가 함께 이익을 공유하는 것이라고 해석한다. 게다가 시부사와는 실업에 종사하는 자의 이익뿐만 아니라 사회, 국가, 세계, 인류 전체의 이익이 공리공익이라고 한다. 국민 전체, 사회 전체, 세계 전체의 이익이 공리공익이라는 것, 더구나 공리공익은 일시적인 것이 아니라 영원한 것이어야 한다. 이런 인류 전체의 이익, 영원한 이익을 도모하는 것이 의(義)이고, 강자가 약자의 이익을 도도하는 것이 인(仁)이기에 인의(仁義)를 실천하면 이(利)는 그 안에 포함되어 있다.(『백화』)

또한 시부사와는 국가를 부유(富裕)로 이끌어가는 실업가야말로 신시대의 '사(士)'이며, 무사도정신으로 경제활동에 매진해야 할 것을 주장했다. "생각건대, 이 무사도는 단지 유자라든지 무사라는 부류의 사람들만이 실천하는 것이 아니고, 문명권에 있어서의 상공업자가 규범으로 삼아야 할 도(道) 또한 여기에 존재한고 생각한다."(『백화』)고 하면서, 실업가의 도덕은 무사도에 있다고 한다. 이 주장을 도덕경제합일설과 합치시킨 것이 '사혼상재(士魂商才)'론이다. 이에 대해서 "인간이 세상에 자립하기 위해서는 무사도정신이 필요한 것은 물론이지만, 그러나 너무 무사도정신에만 치우쳐 상재(商才)라는 것이 없으면 경제상으로도 자멸을 초래하게 된다. 따라서 사혼(士魂)뿐만 아니라 상재가 있어야 한다. 그 사혼을 기르기 위해서는 많은 서책이 있지만 역시 『논어』는 가장 사혼 양성의 근저가 되리라 생각한다. 그렇다면 상재는 어떤가 하면, 상재도 『논어』로 충분히 기를 수 있다."(『論語と算盤』)고 설명한다.

시부사와는 60년이라는 긴 세월 동안 언제나 도덕경제합일설을 주장했다. 만년의 1929년에는 제일은행(第一銀行) 주주총회 석상에서 '의리하시능양전(義理何時能両全)'이라는 제목의 연설을 했다. 거기에서 도덕과 경제의 합일(合一)이 아직도 실현되지 않았다는 인식을 볼 수 있다. 그러나 시부사와가 사리(私利)를 꾀하는 투기활동에 대해 엄격히 금욕적이었던 점, 사회의 신뢰를 얻는 실업가를 육성하려 했던 시부사와의 이러한 시도 속에서 현대를 살아가는 우리들이 실제로 변혁해 나갈 가능성을 발견할 수 있지 않을까.

◉ 참고문헌

渋澤栄一, 『實験論語處世談』(實業之世界社, 1922)
渋澤栄一, 『論語講義』 전 7권(講談社, 1977)

◉ 필자

고토 도모코[古藤友子]

新井奧邃

아라이 오스이

1846–1923

무릇 겸(謙)이라는 것은 선미(善美)의 장자[首子]이다. 선(善)은 미(美)와 함께 높이 하늘 위에 있으며, 그리고 겸(謙)은 깊숙이 그 밑에 자리하며 선미(善美)를 받든다. 깊숙이 그 밑에서 둘 사이를 주선하며 이것을 사람들에게 체현케 한다.

([奧邃語録] '謙' 1906년 11월, 『新井奧邃著作集 』第二巻)

아라이 오스이[新井奧邃](본명 쓰네노신 야스요시[常之進安静])는 막부 말기에 태어나 다이쇼[大正] 시대에 세상을 떠난 센다이번[仙台藩] 출신의 크리스천이다. 유교적 교양을 갖고 크리스천이 된 사람은 많지만 오스이의 기독교 이해는 유니크하며 또한 엄격하다. 모두에서 소개한 일문(一文)은 겸(謙)의 덕 하나로 크리스천의 역할을 설명한 명제(命題)인데, 그는 신을 아버지와 어머니 양성(兩性)으로 이루어진 것으로 보고[天父天母, 즉 아버지 어머니 神], 미(美)는 천부(天父), 선(善)은 천모(天母), 혹은 그 반대로, 장자[首子]는 그리스도를 의미하고 또 크리스천을 의미한다. 크리스천은 겸의 태도로 양친[天父天母, 善美]을 섬기고, 그 선미의

덕을 자기 것으로 만들기 위해 평생 노력한다고 했다.

독특함은 그의 경력에 기인한다.

센다이번은 좌막파(佐幕派)였다. 그들 청년들은 번주의 항복에 납득하지 못하며 에모모토 다케아키[榎本武揚] 등을 따라 하고다테(函館)에서 항전하지만[戊辰戰爭], 니콜라이[러시아정교]와 성서를 만났던 쓰네노신은 무진전쟁 후 모리 아리노리[森有禮]에게 인정을 받아 1871년 미국으로 건너가 모리가 유학 시절 사사(師事)를 받았던 T.L.해리스가 주재(主宰)했던 신생동포교단(新生同胞教団)[The Brotherhood of The New Life]에서 30년이나 농업을 주로 한 노동과 명상의 나날을 보냈다. 53세 때 영어로 쓴 자저(自著)『Inward Prayer and Fragments』를 들고 귀국한다. 그 후 일본에서의 사상[신앙] 표명은 이 영문 자저의 역에서 거의 벗어나지 않기 때문에 그의 사상은 30 수 년 동안의 미국 생활을 통해 형성되었다고 봐도 좋을 것이다. 일본어로 표현되어 저작집에 기록된 그의 사상[신앙]의 내용[특징]을 이하 다섯 가지 면에서 검토해 보기로 하겠다.

1. 신은 아버지 어머니로 선미(善美)이다. 둘이 하나이고 하나가 둘이다.

"대저 신은 유일전능(惟一全能)하고 유체진령(有體眞靈)하다. 그것이 사람과 접촉하면 크라이스트 예수가 되고, 이로써 전 세계를 구속(救贖)한다. 내가 이를 봉칭(奉称)하여 귀신(貴神)이라 함은 즉 크라이스트 우리 아버지를 말함이다."

여기까지는 보통의 기독교의 교양이다. 그러나 "그리고 아버지와 어머니를 겸한다. 둘이 하나고, 하나가 둘이다."라는 말에 이르러서는 독자성이 보인다. (信感 第二, 1904년,『新井奧邃著作集』第二巻 160쪽)

“대저 영생명(永生命)은 하늘에 계신 아버지 어머니의 양연일성(兩然一性)과 일호양성(一乎兩性)인 영생명에서만 존재한다. …… 서로 자아(自我)를 포용하는 것은 양일(兩一)한 영생명으로부터 격리되는 실(實)로서, 즉 죽음에 빠져드는 길이다.”(『新井奧邃著作集』 第二卷, 527쪽)

하늘에 계신 아버지 어머니를 선(善)과 미(美)로 여기고 있다.

“선미(善美)는 하늘에 계신 아버지 어머니이다. 그리고 겸(謙)은 장자(首子)이다”, “미는 어떤 때는 힘을 표출해 아버지를 본뜬 것이며, 선은 어떤 때는 사랑을 모아 어머니를 본뜬 것이다. 상(象)은 시(時)와 다르지 않다. 높이 천색(天色)을 이루고, 미는 또한 어머니와 같다. 주성(主聖)한 생명으로서는 두 신 모두 같다. 그렇긴 해도 두 신은 아니다. 하나이다.”(상동, 374쪽)

‘이이일(二而一)’, ‘일이이(一而二)’는 하늘에 계신 아버지 어머니의 관계뿐만 아니라 하늘에 계신 아버지 어머니와 자식으로서의 그리스도, 우리 인류부만물(人類否萬物)도 ‘이이일’, ‘일이이’라는 것이다. ‘이이일’은 화합이다. 화합과 일체가 되기 위해서 자아(自我)는 저해(阻害) 요인이다.

2. 자아(自我)의 철저한 부정

자신의 속을 일절 신을 의미하는 선과 미로 바꾸는 것이기 때문에 자의식과 자아를 일절 버려야 한다고 설명한다. 그러나 오관(五官)의 기능과 생각한다는 사고기능을 일절 부정한 것은 아니고 신을 따라 감각하고, 신을 따라 사고하는 것이라고 한다.

3. 신은 진인(眞人)이며 완전한 사람이다.

신 앞에서 인간은 철저히 부정된다. 그러나 신의 모습은 인간으로 표상된다.

“신은 원래부터 성(聖)하고, 그리고 실체(實體)가 있다. 실체라는 것은 진인(眞人)의 체(體)이다. 따라서 신에게는 그야말로 정(情)도 있고, 느낌도 있고, 언제나 영원하고 완전한 인간이다”(상동, 250쪽)

“만물의 아버지이며 만물의 어머니이신 신은, 즉 진정한 사람이다. 성(誠)의 신(神)은 진(眞)의 인(人)으로, 그들은 전체를 가지며 진정한 즐거움으로 가득 차 있다”(상동)

4. 애(愛)는 식(食)이다.

애는 사랑하는 사람을 살리는 것이다. 살리기 위해서는 그 사람을 먹여야 한다. (상동, 530쪽)

5. 이러한 영위는 실학(實學)이며, 그 방법은 겸(謙)이다.

자기의 속을 신과 바꾸는 행위는 대단히 어려운 행위이다. “천만년이라도 싸워야 한다.”고 표현되어 있다. 인생 50년 아니 80년의 단위가 아니다. 그 방법은 겸(謙)이라고 한다.

“사람은 겸양비하(謙讓卑下)하여 대겸(大謙)[그리스도 -인용자]에 의하지 않으면 선미를 그 몸으로 체현할 수 없다”

겸은 자기를 낮추는 것임으로 그 위치는 가장 밑이다.

“겸은 언제나 그 위치를 가장 밑으로 정한다. 그 가장 밑은 오하(汚下)가 아니다. 이것을 영계(靈界)의 대반근(大磐根)이라 한다. 신인체(神人體)의 중추(中樞)이다.”

그는 겸을 다음과 같이 열거한다. '포용(包勇)한다', '생지(生智)한다', '수애(受愛)한다', '용인(容人)한다', '극기(克己)한다', '사람을 상진(上進)한다', '희망을 낳는다', '편견하지 않는다', '화(和)를 이룬다', '선전(善戰)한다', '대덕(大德)을 이룬다' (상동, 375~390쪽)

아라이 오스이는 겸의 사상을 인간개조의 근간으로 삼았던 크리스천이다. 그는 일본이 낳은 뛰어난 실심실학자(實心實學者)이다.

◉ 참고문헌

新井奧邃著作集編纂会編, 『新井奧邃著作集』 全九巻, 別巻一(春風社, 2000)

◉ 필자

오가와 하루히사[小川晴久]

中江兆民

나카에 조민

1847–1901

> 우리 일본은 예부터 지금에 이르기까지 철학이 없다. …… 철학이 없는 인민은 무슨 일을 하려 해도 심원한 뜻이 없어 천박함을 피할 수 없다. …… 그리고 그 부조경박(浮躁輕薄)의 대병근(大病根) 또한 바로 여기에 있다. 자기 자신이 만든 철학이 없고 정치에 있어서도 주의(主義)가 없고, 당쟁에 있어서도 계속(繼續)이 없는데 그 원인이 실로 여기에 있다.
>
> (『一年有半』)

나카에 조민[中江兆民]에게 있어 '생각한다'는 것은 사회변혁에 있어 무엇보다도 중요했다. "일국 문명의 진부진(進不進)은 그 국인(國人)이 생각을 하는지 생각을 하지 않는지에 기인"(『一年有半』)하기 때문이고, '생각하는' 주체 형성이 바로 세계 변혁의 핵심인 것이다. 이와 같은 '생각하는' 행위가 서양 열강의, 제국주의가 지배하는 세계에 있어 '철학'을 필요로 한다는 것을 조민은 숙지하고 있었다. "우리 일본은 예부터 지금에 이르기까지 철학이 없다"고 하는 인식은 근대 서구의 혁명과 학문시스템 관계의 커먼센스로 보자면 자명한 이치이고, 만년의 자크 델리다가 "중국에 철학은 없다"고 한 것과 궤를 같이 한다. 하기는 그것은 필로소피가 서구 문명에 독자의 문맥을 갖는다는 자각이 근대 서구를 구축했다는 엄연한 사실 인식임에 틀림없다. "고래 동양에도 철학이 있다"고 반론하더라도 의미가 없다. 조민에게 있어 "그 자기 자신이 만든 철학"이란 어디까지나 주체적으로 구축되어야 하는 것이었으며, 니시 아마네[西周] 처럼 서구 제어(諸語)를 기계적으로만 '번역'하고 '생각하지 않고' 용어의 치환으로 환상을 전파하는 사람들을 싫어했다.

조민은 메이지[明治]의 민권운동(民權運動)의 이론적 지도자이며, 자유·평등·우애의 사상적 원리 위에서 민권을 앙양(昂揚)하고, 일본의 전제정치 타도에 그 일생을 바쳤다. 미리 '생각하는' 것을 봉쇄당한 아시아에 있어 진정한 실천적 변혁의 기초에 '생각하는' 것을 위치시키고, 그것을 근원적으로 일본의 변혁주체와 접합하려 했던 조민의 원리적 선견성(先見性)을 우리들은 오늘날 높게 평가해야 할 것이다. 그것은 조민과 그의 스승인 도사[土佐] 양명학파의 오쿠미야 조사이[奥宮慥齊]와의 관계를 되짚어 보는 것을 통해 더욱 잘 이해될지도 모르겠다.

이 '생각하는' 사람 조민은 배우는 것에 있어서도 주체적이고 탐욕적이었다. 1847년 11월 1일 도사[土佐] 고치[高知]에서 태어났고, 유명(幼名)은 다케우마[竹馬], 나중에 도쿠스케[篤助, 篤介]라 불렀다.[1887년 이후 조민이라는 호로 불렸다.] 번교(藩校) 문무관(文武館) 개교와 동시에 입학해 한학과 함께 영학(英學), 난학(蘭學)을 배웠고, 그 후 나가사키[長崎]에서 영학을, 21세 때 에도 유학의 뜻을 세우고 무라카미 히데토시[村上英俊]의 주쿠[塾] 달리당(達理堂)에서 프랑스학을 배웠으며, 요코하마[橫浜]의 가토릭 사제[아마도 파리 외선교회(外宣敎會) 프랑스어학교]에서 불어를 배웠고, 효고[兵庫] 개항 시에는 프랑스공사(公使) 레옹 로슈, 영사(領事) 레크의 통역으로서 효고에 부임해 1871년 25세 때 외국 유학을 지망해 오쿠보 도시미치[大久保利通]와 직접 담판[스승인 오쿠미야가 친구인 오쿠보에게 사전에 의뢰했다는 설이 있다.], 오쿠보의 알선으로 이와쿠라사절단[岩倉使節團]의 일행과 함께 출발해 프랑스에서 유학을 했다.

28세로 귀국할 때까지 프랑스에서 무엇을 배웠는지 체재 중의 족적은 자세히 알려져 있지 않다. 하지만 조민이 프랑스에서 무엇을 어떻게 흡수하고 왔는지에 대해서는 귀국해서 바로 고지마치[麴町]의 자택에서 연 '프랑스학사(佛蘭西學舍)' [나중에 불학숙(佛學塾)이라 개칭]의 '개숙원(開塾願)'과 거기에서 사용되었던 프랑스의 일반적인 초급교과서의 종류, 최첨단의 주제를 논한 철학·정치사상총서가 혼재된 교과서의 일람 등을 통해 대략 엿볼 수가 있다.

"문법서 지지(地誌) 사류(史類) 등을 과(課)하고 함께 그 나라의 천 칠백, 팔백 양 연대의 대가집(大家集) 가운데 그 학교 생도의 문과(文科)에 종사하는 자를 위해 선용(撰用)할 수 있는 제서(諸書)를 취해 이것을 구독일과(購讀一過)하는 것이 필요하다."

귀국 후 십 수 년 동안 『민약론(民約論)』, 『민약역해(民約譯解)』, 『비개화론(非開化論)』, 『유씨미학(維氏美學)』, 『이학연혁사(理學沿革史)』, 『이학구현(理學鉤玄)』, 『혁명전 프랑스 2세기사(革命前法朗西二世紀事)』, 『민주국의 도덕(民主國ノ道德)』, 『삼취인경론문답(三醉人經綸問答)』 등의 번역서를 발표하고, '동양의 루소'라고도 불렸지만, 조민은 단순히 공화사상(共和思想)의 매개자는 아니다. 그 정치적 실천자이면서 동시에 그것을 실천시키는 사상가였다. 『이학구현』에서는 '필로조피'는 그리

스어인데 '철학'이라고 번역하는 것은 본디 불가능하다고 하면서, 그 가장 중요한 '번역불가능성'을 충분히 인식하였다. 후에 조민은 "나는 즉 역경궁리(易經窮理)라는 말에 따라 이를 이학(理學)이라 번역한다." 고 하면서, '이학(理學)의 제설(諸說)'이 여러 갈래에 걸쳐 있기 때문에 "나는 여기에 제설을 망라해 이것을 약간 파(派) 속에 자리매김해 사가계보(史家系譜)의 도(圖)를 본떠 이것을 그린다[余茲ニ諸說ヲ網羅シテ之ヲ若干派ノ中ニ列シ史家系譜ノ圖ニ倣ヒ之を圖スル]"고 하는 수법을 구사해 다양한 '지(知)의 분류'에 따라 동시대 서구의 지의 상황을 단적으로 서술했다. '분류'에 의한 '조직적'인지의 질서화는 근대 서구의 핵심이고, 만년에는 여기에 더해 '나카에니슴'이라 칭하는 조직적 이학을 구축하고자 하는 바람을 갖고 있었다. 완성했다면 그 후의 아시아 사상계의 혼돈상황도 상해(上海)에서의 델리다의 발언도 그 양상은 크게 달라졌을지도 모른다.

◉ **참고문헌**

中江篤介著, 松本三之介 外 編, 『中江兆民全集』 전 17권, 별권 1권(岩波書店, 1983~86)
井田進也, 『中江兆民のフランス』(岩波書店, 1987)
宮村治男, 『理学者 兆民』(みすず書房, 1989)

◉ **필자**

스즈키 노리오[鈴木規夫]

번역자

손성하 孫聖河

고려대학교 한문학과를 졸업하고, 중국사회과학원(中國社會科學院)에서 중국철학 전공으로 석·박사 학위를 취득하였다. 현재 고려대에서 강의하고 있으며, 한국고전번역원의 번역위원으로 활동 중이다.

· 담당 번역 범위 : 중국실학사상가 「서문」, 「나흠순(羅欽順)」~「유종주(劉宗周)」

전병욱 田炳郁

고려대학교 한문학과를 졸업하고, 고려대학교 철학과에서 석·박사 학위를 취득하였다. 동양철학(성리학)을 전공하고 있으며, 현재 고려대학교 철학연구소 연구교수 및 중국 남창대학교 강우철학연구중심(江右哲學硏究中心) 방문교수로 재직 중이다.

· 담당 번역 범위 : 중국실학사상가 「손기봉(孙奇逢)」~「장태염(章太炎)」

이권희 李權熙

일본 도쿄대학(東京大學) 총합문화대학원 비교문학비교문화 전공과정에서 석·박사과정을 수료하였다. 문학박사. 일본 상대문학 및 근대 교육사상을 전공하고 있다. 경희대학교 객원교수, 단국대학교 동양학연구원 책임연구원, 단국대학교 일어일문학과 연구교수(Research Fellow)를 거쳐 동 대학 일본연구소의 학술연구교수로 재직 중이다.

· 담당 번역 범위 : 일본실학사상가 전체

동아시아 실학사상가 99인

2015년 11월 20일 초판 1쇄 인쇄
2015년 12월 10일 초판 1쇄 발행

편　자 : 한국실학학회 · 중국실학연구회 · 일본동아실학연구회 · 실학박물관
발행인 : 김병환
발행처 : 학자원
주　소 : 134-814 서울시 강동구 천호대로 1121
전　화 : 02) 6403-1000
팩　스 : 02) 6338-1001
E-mail : hakjaone@daum.net
등　록 : 2011년 3월 24일 제2011-14호

HAKJAONE Publishing Co.
1121 Cheonho-Daero Kangdong-Gu Seoul

ISBN 979-11-85395-19-7 93910
값 30,000원